Uni-Taschenbücher 37

C. v. Esse

UTB

Eine Arbeitsgemeinschaft der Verlage

Birkhäuser Verlag Basel und Stuttgart
Wilhelm Fink Verlag München
Gustav Fischer Verlag Stuttgart
Francke Verlag München
Paul Haupt Verlag Bern und Stuttgart
Dr. Alfred Hüthig Verlag Heidelberg
Leske Verlag + Budrich GmbH Opladen
J. C. B. Mohr (Paul Siebeck) Tübingen
C. F. Müller Juristischer Verlag – R. v. Decker's Verlag Heidelberg
Quelle & Meyer Heidelberg
Ernst Reinhardt Verlag München und Basel
F. K. Schattauer Verlag Stuttgart – New York
Ferdinand Schöningh Verlag Paderborn
Dr. Dietrich Steinkopff Verlag Darmstadt
Eugen Ulmer Verlag Stuttgart
Vandenhoeck & Ruprecht in Göttingen und Zürich
Verlag Dokumentation München-Pullach

Heidelberger Autorengruppe

Steckbrief der Psychologie

Herausgegeben von Klaus-Eckart Rogge

Autoren: Hans Joachim Ahrens, Manfred Amelang, Jürgen Bredenkamp, Karin Bredenkamp, Jürgen Dieker, Carl Friedrich Graumann, Monika Keller, Bernd Köhler, Lenelis Kruse, Rainer Leisner, Michael Ort, Lothar Quack, Ernst Röck, Klaus-Eckart Rogge, Gert Sommer, Franz Weinert, Margret Wens, Christa Wirtz, Dzintars Zébergs

3., erweiterte Auflage

Quelle & Meyer Heidelberg

CIP-Kurztitelaufnahme der Deutschen Bibliothek

Steckbrief der Psychologie / Heidelberger Autorengruppe. Hrsg. von Klaus-Eckart Rogge. Autoren: Hans Joachim Ahrens ... – 3., erw. Aufl., 21.–26. Tsd. – Heidelberg: Quelle und Meyer, 1977.
(Uni-Taschenbücher; 37)
ISBN 3-494-02007-8
NE: Rogge, Klaus Eckart [Hrsg.]; Ahrens, Hans Joachim [Mitarb.]

1. Auflage, 1.–10. Tausend, 1971
2. Auflage, 11.–20. Tausend, 1974
3., erweiterte Auflage, 21.–26. Tausend, 1977

Satz und Druck: Druckerei Georg Appl, Wemding.
Einbandgestaltung: A. Krugmann, Stuttgart.
ISBN 3-494-02007-8

Inhalt

I. Einleitung

von Klaus-Eckart Rogge

Psychologie ist

- interessant (eine häufig anzutreffende Behauptung)
- das, was Psychologen tun
- eine besondere Tätigkeit: „Eines Tages dämmerte es den Bürgern der guten Stadt Schilda, daß sie sich gelegentlich bei ihren Unternehmungen geirrt hatten. Da sie aber nicht ganz sicher waren, ob nicht etwa auch diese Einsicht irrig sei, beauftragten sie einen der Ratsherren damit, sich fortan über die Irrtümer seiner Mitmenschen zu irren. Sie nahmen an, daß auf diese Weise die lautere Wahrheit zutage kommen werde. Die Tätigkeit dieses achtbaren Mannes aber nannten sie Psychologie“. (Briefzitat, Hofstätter, 1965)
- eine Wissenschaft, um mir und anderen zu helfen (Aussage einer Bewerberin für das Studium der Psychologie)
- Mist (Kommentar des Studenten B.G. nach 6-semestrigem Psychologiestudium)
- ein „nasty little subject – all one cares to know lies outside“. (W. James)

Psychologie ist ein Wort, das in der Alltagssprache sehr häufig und oftmals in merkwürdigen Verbindungen gebraucht wird. Da gibt es die Psychologie der Frau, die Psychologie des Autofahrers, die Psychologie des Herzens, die psychologische Sichtweise, das psychologisch so wichtige Anschlußtor vor Ende der ersten Halbzeit, das psychologische Drama oder den psychologischen Effekt. Die vielfache und verschiedenartige Verwendung der Worte „Psychologie“ oder „psychologisch“ hat nicht dazu geführt, die Begriffe zu klären oder zu präzisieren. Im Gegenteil: heute werden sie immer mehr in Form vager Andeutungen benutzt, wobei an ein allgemeines, undifferenziertes Verständnis appelliert wird. Vermutlich kommt dabei die Annahme ins Spiel, daß jeder Mensch in einem gewissen Ausmaß über Menschenkenntnis (als vermeintlich zentralem Inhalt der Psychologie) verfüge und folglich auch verstehen könne, was das Wort „psychologisch“ im jeweiligen Zusammenhang ausdrücken soll. So steckt dann in jedem Menschen ein tätiger und verständiger „Psychologe“. Sollte aber tatsächlich jemand auftreten, der sich als Fachmann ausweisen kann, dann zeigen sich die mit ihm konfrontierten Menschen reserviert, scheu oder neugierig interessiert. Ihrer alltäglich geübten Anwendung von Menschenkenntnis hat der Psychologe offenbar mehr und sicherlich anderes entgegenzusetzen; er kann – so wird vermutet – Menschen „durchschauen". Diese unterstellte Fähigkeit wird aber durchaus zwiespältig aufgenommen. Die Aufdeckung bisher unbekannt gebliebener oder nur geahnter Sachverhalte wird erhofft, die dafür eingesetzten Methoden sind jedoch nicht unmittelbar einsichtig und kontrollierbar, so daß Abwehrreaktionen auftreten.

Noch immer haftet den Tätigkeiten des Psychologen etwas Geheimnisvolles, Trickhaftes und bisweilen Unverständliches an. Solche Vorstellungen von den Handlungsweisen des Psychologen führen dann zu recht festgefügten Einstellungen und Vorurteilen. Die Wissenschaftlichkeit seiner Arbeitsweise wird in Frage gestellt, die praktische Verwertbarkeit seiner Ergebnisse angezweifelt und seine Urteilsfähigkeit bestritten, besonders dann, wenn die vorher an seine Auskünfte gestellten Erwartungen nicht mit den von ihm mitgeteilten Resultaten übereinstimmen. Einseitige und mißverständliche Auffassungen über Psychologie und Psychologentätigkeit entstehen oft auch durch bestimmte Zeitungs- oder Illustriertenartikel, die sich „psychologischen Themen" (etwa: „Psycho-Test") bezeichnenderweise im Unterhaltungsteil zuwenden.

Das unscharfe, verfälschte und schräg geratene Bild in der Öffentlichkeit über Psychologie und den Beruf des Psychologen ist nicht zuletzt auch durch das Versäumnis der Psychologen selbst entstanden, ihr Fachgebiet in klarer, einfacher und verständlicher Sprache darzustellen. Die Mehrzahl der als „Einführung in die Psychologie" bisher erschienenen Bücher behandeln, in der Fachsprache abgefaßt, Teilbereiche der „Allgemeinen Psychologie" oder berichten über spezielle Themen in populärwissenschaftlicher Form. Ein leicht verständlich gehaltenes Buch, das einen Überblick über die wesentlichen Inhalte der einzelnen Teilgebiete der Psychologie und über Berufsmöglichkeiten vermittelt, war bisher noch nicht aufgelegt worden.

Die Heidelberger Autorengruppe hat mit dem vorliegenden Buch den Versuch unternommen, Nichtfachleute über Inhalte, Teilgebiete, Methoden, theoretische Positionen, Forschungsgegenstände und -richtungen der Psychologie sowie über die berufliche Situation der Psychologen in einfacher Form und vertretbarer Ausführlichkeit zu informieren. Der „Steckbrief der Psychologie" soll eine erste grundlegende Orientierung ermöglichen.

Mit diesem Buch verfolgen wir insbesondere die Absicht, Abiturienten die Wahl ihres Studiums durch genauere Informationen über ein bestimmtes Fach zu erleichtern. Der „Steckbrief der Psychologie“ soll vor allem denen eine Entscheidungshilfe bieten, die als Studienfach Psychologie in die engere Wahl einbezogen haben; das soll auch für die ständig steigende Zahl von Studenten gelten, die Psychologie im Nebenfach studieren möchten.

Die Notwendigkeit für eine im Überblick gegebene Darstellung der Psychologie für Abiturienten ergibt sich aus folgenden Gründen:

(1) durch die ständig steigende Zahl von Studienbewerbern für das Fach Psychologie (im WS 70/71 nach Angabe der Westdeutschen Rektorenkonferenz 3800);
(2) aufgrund der Diskrepanzen zwischen Erwartungen an die Wissenschaft der Psychologie und an die Berufsmöglichkeiten gegenüber dem tatsächlichen Lehrangebot und den Tätigkeitsbereichen in der Praxis.

Die Ursachen für den enormen Anstieg an Studienbewerbern für die Psychologie sind bisher noch nicht vollständig erkannt und geklärt worden. Vermutlich dürfte ein Anteil zu Lasten des numerus clausus (Zulassungsbeschränkung) in anderen Fächern gehen, d. h. Psychologie wird als Ausweichfach gewählt, obwohl bei der Mehrzahl der Psychologischen Institute der BRD ebenfalls ein numerus clausus besteht. Ein anderer Teil wird sich wahrscheinlich dem Psychologiestudium zuwenden, weil – nicht ganz zu unrecht – angenommen wird, dieses Fach eröffne eine Vielzahl von Verbindungen zu anderen Studienrichtungen (z. B. Soziologie, Pädagogik, Psychiatrie, Medizin, Politologie, Philosophie, Physiologie, Genetik, Verhaltenswissenschaften, Mathematik). Letztlich ist für eine nicht geringe Anzahl von Studienbewerbern die Wahl des Faches Psychologie eine Verlegenheitslösung; der bereits wiederholt geäußerte Verdacht des Modestudiums ist hierbei nicht ganz von der Hand zu weisen.

Wie dringend erforderlich Informationen über die gegenwärtige Wissenschaft Psychologie und der Berufspraxis sind, ergibt sich aus den Angaben der Gründe der Bewerber für die Wahl dieses Studienfaches und ihrer daran geknüpften Erwartungen (Auszug aus: ORLIK, FISCH und SATERDAG, 1970):

„Inhaltskategorien der Beweggründe für die Wahl des Studienfaches Psychologie:

- Wissenschaftliches Interesse an der Psychologie oder Teildisziplinen
- Interesse am Menschen (ohne weitere Hinweise darauf, wie und wozu Menschenkenntnis eingesetzt werden soll)
- Anstoß von außen (z. B. Lektüre, Besuch von Einrichtungen, Berufskollegen, Verwandtschaft)
- keine Zulassung zum Medizinstudium
- Einwirkenwollen auf Menschen und Gesellschaft

- Psychologie im Dienste der Persönlichkeitswerdung
- Einsatz psychologischer Kenntnis in der beruflichen Arbeit
- Sonstige (z.B. „will noch länger Student sein", keine Angabe)
- Persönliche Schwierigkeiten (mit sich selbst oder im Umgang mit Menschen)

Gesichtspunkte für die Studienwahl
- Ausgeprägte persönliche Neigung für das Fachgebiet
- Meine späteren Studieninteressen traten bereits auf der Oberstufe des Gymnasiums hervor
- Ich war unzufrieden mit der unwissenschaftlichen Art, mit der im Alltag gewisse Probleme angepackt werden. Mit der Wahl meines Studiums wollte ich dem begegnen.
- Einen nichtakademischen, nur aufs Geldverdienen ausgerichteten Beruf lehnte ich entschieden ab.

Besondere Neigungen, die für die Entscheidung wesentlich waren:
- Mich leitete ein allgemeines Streben nach breiterer Erkenntnis. Von meinem Fachgebiet versprach ich mir ein besseres Verständnis für das, „was die Welt im innersten zusammenhält".
- Mich zog vor allem die große Bedeutung an, die meinem Fach für die „Welt von morgen" zukommt.
- Mein Studium schien ein guter Weg zu sein, zu besserer Selbsterkenntnis zu gelangen.
- Ich suchte weniger den Wissenserwerb um seiner selbst willen, sondern vielmehr eine Ausbildung für die berufliche Praxis."

ORLIK, FISCH und SATERDAG kommen in ihrer Arbeit „Warum studiert man Psychologie?" (1970) zu dem Schluß, „daß erhebliche Unterschiede bestehen zwischen den Vorstellungen von den Aufgaben und Inhalten des Psychologiestudiums auf seiten der Studienanfänger und dem Lehrangebot und Studienalltag an einem naturwissenschaftlich-experimentell orientierten Psychologischen Institut. Hier besteht eine Informationslücke, die geschlossen werden muß und zwar schon auf der Oberstufe des Gymnasiums, denn hier fällt wohl für die meisten die Entscheidung für die Studienwahl ..., daß ein erheblicher Prozentsatz der Studenten am Institut im Studium verunsichert ist und im Grunde mit ganz anderen Zielvorstellungen studiert" (S. 255).

Die Erwartungen des Studienanfängers über die Psychologie gehen meist sehr einseitig in Richtung auf Inhalte der Tiefenpsychologie oder Psychoanalyse. Das liegt sicherlich größtenteils an der vor dem Studienbeginn gelesenen Lektüre, die in der Mehrzahl der Fälle auf Werken von Sigmund FREUD, in neuerer Zeit auch von A. MITSCHERLICH beschränkt bleibt. Der „Steckbrief der Psychologie" sollte der falschen Gleichsetzung von Tiefenpsychologie oder Psychoanalyse gleich Gesamtpsychologie entgegenwirken können.

Zu den Mißverständnissen über Psychologie gehört insbesondere der häufig benutzte, aber fälschlich vereinheitlichende Singular „die Psychologie“. Zum einen ist es nicht möglich, einen wirklich eigenständigen Gegenstandsbereich der Psychologie anzugeben, zum anderen sind die meisten ihrer Methoden „Leihgaben“ anderer Wissenschaftsgebiete. Von einer Einheit der Wissenschaft Psychologie kann kaum die Rede sein. Daher ist es auch nicht verwunderlich, daß sowohl eine befriedigende Definition als auch umfassende Theorie der Psychologie fehlt.

Sind als zentrale Fachgegenstände Verhalten und/oder Erleben zu nennen, dann wird deutlich, daß sich damit auch andere Disziplinen beschäftigen, wie beispielsweise die Anthropologie, Soziologie oder Genetik. Der Sachverhalt läßt sich auch so ausdrücken: unter dem Dach der Psychologie versammeln sich als Betrachtungsgegenstände viele verschiedenartigste Lebensvorgänge.

Die Uneinheitlichkeit der Psychologie wird auch in der unterschiedlichen Zuordnung zu den Fakultäten der Universitäten deutlich. Sie hat in der geisteswissenschaftlichen, sozialwissenschaftlichen (derzeitiger Trend) und naturwissenschaftlichen Fakultät Aufnahme gefunden.
Ob die Psychologie als Geistes- oder Naturwissenschaft anzusprechen sei, ist ein alter, nunmehr aber im Abklingen begriffener Streit. Gegenwärtig richtet sich – im Zuge eines immer stärker werdenden Methodenbewußtseins – das Interesse mehr wissenschaftstheoretischen Fragen zu. In engem Zusammenhang damit können die in jüngster Zeit zunehmenden gesellschaftspolitischen Reflexionen gesehen werden – eine Entwicklung, die auch durch die Studentenbewegung mitbedingt worden ist. Gegenwärtig besteht lediglich die Hoffnung, daß sozialpolitische Überlegungen auch dazu führen, daß psychologische Arbeiten verstärkt zur Lösung komplexer, auf praktische Erfordernisse zu beziehende Probleme wie Umweltschutz, Strafvollzugsreform, Sexualerziehung, Umweltgestaltung (z.B. Städteplanung, Verkehrsprobleme), Veränderung sozio-ökonomischer Verhältnisse, Kriegsvermeidung etc. eingesetzt werden, denn bisher war von psychologischer Seite zu solchen Themen herzlich wenig zu erfahren. Unter anderem wäre eine wichtige Voraussetzung für die Realisierung solcher Vorhaben die Beseitigung der teilweise katastrophalen Zustände an den Psychologischen Instituten der BRD, die vor allem in Personal- und Raummangel, in miserablen technischen Ausstattungen und in erschreckender Finanznot zu sehen sind.
Der „Steckbrief der Psychologie“ beginnt mit einem zweigeteilten Kapitel über *Methoden* in der Psychologie. Der erste Teil behandelt Fragestellung, Methoden, Gegenstand und Bedingungen der Psychologie unter Betonung politischer Aspekte. Im zweiten Teil werden *ste-*

zielle Methoden der Psychologie – deren Verständnis vom Laien einige Mühen erfordert – dargestellt. Die *Wahrnehmungspsychologie* leitet eine Fächergruppe ein, die zur *Allgemeinen Psychologie* gerechnet wird. Die Kapitel *Lernen und Gedächtnis* sowie *Denken* informieren über mentale Prozesse. Die Teilbereiche der Allgemeinen Psychologie werden mit dem Kapitel *Motivation* abgeschlossen; dabei werden Begriffsklärungen und Methoden der Motivationsforschung hervorgehoben. Die *Psychophysiologie* handelt von der Betrachtungsweise von Lebensvorgängen in der beidseitigen Verbindung von Psychologischen Prozessen und Funktionen des Organismus. Die *Sozialpsychologie* analysiert Erleben und/oder Verhalten von Individuen in sozialen Zusammenhängen. Mit der *Entwicklungspsychologie* werden die im Lebensablauf eintretenden Veränderungen, ihre Bedingungen und Erklärungsversuche dargestellt. Das Kapitel über die *Differentielle Psychologie* beschreibt psychologische Konzepte der Persönlichkeit.

Die *Diagnostische Psychologie* zeigt die Tätigkeit des Psychologen bei dem Versuch der Klärung der Sachlage und der Bewältigung von Problemen, die jemand ohne psychologische Hilfestellung nicht glaubt lösen zu können. Die dafür eingesetzten Methoden und Instrumentarien (Verhaltensbeobachtung, psychologisches Gespräch, Testverfahren, Fragebogen etc.) werden durch Beispiele vorgestellt und kritisch diskutiert. Die *Pädagogische Psychologie* informiert neben allgemeinen erzieherischen Fragen vor allem über schulpsychologische Probleme. Die Kapitel *Klinische Psychologie, Forensische und Kriminal-Psychologie* sowie *Betriebs- und Werbepsychologie* behandeln vor allem die praktischen Tätigkeiten auf den entsprechenden Gebieten und vermitteln darüber hinaus einen ersten Eindruck von begrenzten Aussagemöglichkeiten der Psychologen und bestimmten beruflichen Schwierigkeiten. Das abschließende Kapitel über den Beruf macht besonders auf die damit verbundenen speziellen Probleme aufmerksam.

Die Darstellungen der einzelnen Teilgebiete sind als bloße Skizzierungen zu verstehen, da detaillierte Ausführungen nicht der Art des vorliegenden Buches entsprachen und eher den jeweiligen speziellen einführenden Büchern (vgl. z.B. Literaturangaben am Ende der Kapitel) vorbehalten bleiben sollten.

Die Abfolge der Kapitel ist so aufgebaut, daß die für das Verständnis aller Beiträge des Buches wichtigen Methoden in der Psychologie an den Anfang gestellt wurden. Es folgen, mit der Wahrnehmung beginnend, diejenigen Teilbereiche, die in Zukunft den Lehrstoff bis zum Vordiplom (eine Zwischenprüfung, die in der Regel nach dem 5. Semester abgelegt wird) darstellen. Die Diagnostische Psychologie bildet den Anfang derjenigen Fächergruppe, die bis zur Abschlußprüfung (Hauptdiplom, in der Regel nach dem 10. Semester) gelehrt wird. Der

Abschlußbeitrag informiert über den Beruf des Psychologen. Die Kapitel sind so abgefaßt, daß sie auch einzeln gelesen werden können. Dabei ist aber zu empfehlen, zunächst beide Abschnitte der Methoden in der Psychologie zu lesen und ferner die in den einzelnen Beiträgen vermerkten Verweise auf andere inhaltlich verwandte Kapitel zu berücksichtigen.

Die am Schluß jedes Kapitels angeführte Literatur mit kurzer Kommentierung wurde nach zwei Gesichtspunkten ausgewählt:
(1) sie sollte ergänzende und weiterführende Studien ermöglichen
(2) sie sollte leicht zugänglich sein (billig, deutschsprachig).

Die übrigen im Text erscheinenden Literaturangaben sind in einem gesonderten Verzeichnis am Schluß des Buches aufgeführt. In diesem Zusammenhang sei noch erwähnt, daß viele Bücher, Zeitschriften und Berichte der psychologischen Fachliteratur aus dem anglo-amerikanischen Sprachraum stammen, sodaß gegenwärtig Kenntnisse dieser Sprache für ein Psychologiestudium dringend erforderlich sind.

Auf zunächst beabsichtigte Angaben über die Psychologischen Institute der BRD, ihres Personalbestandes und Studentenzahlen, Fachorganisationen und -verbände etc. wurde verzichtet, da darüber das Buch von SCHÖPFLUG, W., LUTZ, R. und KLEINBECK, U. „Das Studium der Psychologie“ Schöningh's Studienführer ausführlich informiert.

Mancher Leser mag aufgrund der Bezeichnung Heidelberger Autorengruppe ein unter inhaltlichen und stilistischen Aspekten einheitlich gestaltetes Buch erwarten. Er wird in dieser Hinsicht enttäuscht werden. Zum einen war es in der zur Verfügung stehenden Zeit nicht möglich, die dafür erforderliche umfangreiche Diskussions- und Koordinationsarbeit zu leisten; zum anderen war es die Absicht – insbesondere die des Herausgebers – mit dem „Steckbrief der Psychologie“ ein Buch herauszubringen, das die unterschiedlichen politischen und fachlichen Auffassungen, die voneinander abweichenden Darstellungsweisen und die innerhalb der jeweiligen Teilgebiete herausgestellten verschiedenen inhaltlichen Schwerpunkte repräsentiert, wie sie einzelne junge Fachkollegen gegenwärtig angeben. Damit sollte versucht werden, vielseitige und abwechslungsreiche sowie möglichst „realitätsgerechte“ Informationen über Psychologie zu vermitteln – eine Zielsetzung, deren Verwirklichung uns sicher nur in Ansätzen gelungen ist. Die einzelnen Beiträge sind also bezüglich der Ausführlichkeit, Schwierigkeit und Art der Darstellung, der gesellschafts- und fachpolitischen Stellungnahmen und der Auswahlgesichtspunkte für den Inhalt nicht oder nur in geringem Umfang aufeinander abgestimmt, so daß sie durchweg die „Handschrift“ des oder der jeweiligen Autoren tragen. Der Leser wird demnach mit heterogenen Ausführungen konfrontiert werden, die er vielleicht als scharfe, gegeneinander abgesetzte Konturstriche einer Skizze auffassen wird – eben als einen „Steckbrief der Psychologie“.

Für einen weitgehend unveränderten Steckbrief sind sechs Jahre ein beachtliches Alter. Mit einiger Berechtigung wäre daher zu fragen, ob er seiner ursprünglichen Intention und Funktion noch genügen kann. Hat sich die Psychologie in dieser Zeit nicht so verändert, daß dem Überblick über ihre verschiedenen Fachrichtungen eine Revision gut anstünde? Sie hat sich verändert. Wissenschaftstheoretische Überlegungen sind vorangetrieben worden, gesellschaftspolitische Kritiken zeichnen sich gegenwärtig durch weniger Polemik aus, in einzelnen Fachbereichen sind stark verbesserte Theorien vorgelegt worden, das methodische Repertoire hat erhebliche Erweiterungen und Ansatzänderungen erfahren, die neueren Entwicklungen diagnostischer und therapeutischer Verfahrensweisen haben die Hoffnung auf eine erfolgreichere Bewältigung der bestehenden Lebensprobleme verstärkt, in fast allen Fachrichtungen – insbesondere bei der Sozial-, Umwelt(Ökologie)- und Pädagogischen Psychologie – sind Tendenzen spürbar, für die drängenden Probleme der alltäglichen Praxis wissenschaftlich fundierte Lösungen zu entwerfen, und die Klinische Psychologie beginnt, ihren immensen Studenten-Zulauf durch Theoriemodifikationen, allmählich einsetzende Bewährungskontrollen ihrer Behandlungsmethoden und umfassendere Reflexionen ihrer Zielsetzungen zu rechtfertigen. Es wären also genügend Ansätze vorhanden, den „Steckbrief der Psychologie“ entsprechend zu erneuern. Trotzdem soll das noch nicht geschehen; denn der Zeitpunkt wäre schlecht gewählt: Das Studium der Psychologie befindet sich gerade jetzt durch die Entwicklung und teilweise bereits vorgenommene Realisierung neuer Studienpläne in einem Umwandlungsprozeß, dessen Auswirkungen bisher nur erahnt, nicht aber belegt werden können. Die erklärte Zielsetzung der Heidelberger Autorengruppe – Abiturienten bei der Studienplanung nützliche Informationen zu geben und denen eine Entscheidungshilfe zu bieten, die Psychologie als Studienfach in die engere Wahl einbezogen haben – hat sich nicht geändert. Die im „Steckbrief der Psychologie“ dargestellten Inhalte werden im wesentlichen auch in den neuen Studienplänen enthalten sein; die angestrebten Neuerungen entbehren aber noch teilweise so stark einer Konkretisierung oder fundierter Bewährung, daß ihre Aufnahme in einen Überblick des Faches Psychologie noch nicht angemessen erscheint. Davon ausgenommen ist das Kapitel Beruf (Psychologie in Studium und Beruf). Hier ist Aktualität eine unbedingte und notwendige Verpflichtung. Darüber hinaus ist als *beispielhafte* Konkretisierung der Rahmenverordnung für die Diplomprüfung in der Psychologie die für das Heidelberger Institut jetzt gültige Fassung der Prüfungsordnung für den Diplomstudiengang Psychologie der Universität Heidelberg vom 1. Juni 1976 hinzugefügt.

II. Methoden

Teil 1: Fragestellungen, Methoden, Gegenstand und Bedingungen der Psychologie

von Jürgen Dieker

1. Einleitung – Definitionen

In der Hoffnung, das folgende, sicher etwas schwierige Kapitel zugänglicher zu machen, wollen wir einige Definitionen der oft verwendeten Begriffe vorausschicken.

Unter *Fragestellungen* (Ziele, Zwecke, Probleme) der Psychologie verstehen wir alle Erkenntnisprobleme, die sich Psychologen stellen und die ihnen gestellt werden, die sie bearbeiten oder bearbeiten sollten und könnten. Damit sind nicht nur inhaltliche, sondern auch methodische Fragen gemeint.

Unter *Methoden* ist das gesamte Inventar an planmäßig eingesetzten Mitteln zu verstehen, die dazu geeignet sind, Fragen zu beantworten und Probleme zu lösen.

Im Rahmen der *speziellen Methodologie* (= Methodenlehre) werden die besonderen Verfahren diskutiert, die schließlich in den Forschungsprozeß und die Praxis eingehen und zur Anwendung gelangen: Experiment, Beobachtung, statistische Verfahren etc. Ihre Erarbeitung stellt innerhalb der Psychologie im Fach ‚Methodik' die Hauptarbeit dar. Wesentlich weniger Mühe wird dagegen auf die *Allgemeine Methodologie* verwendet. In ihr wird zur Zeit vorwiegend der *logisch-systematische* Zusammenhang (Ein hierfür wichtiges Buch von K. R. Popper lautet entsprechend ‚Logik der Forschung' 1966) zwischen Fragen und Ergebnissen und den verwendeten Methoden im Verhältnis zur untersuchten Wirklichkeit in ganz allgemeiner Weise untersucht: nämlich nicht spezifisch für bestimmte Wissenschaften, sondern für das Unternehmen Wissenschaft überhaupt. Dieser Zusammenhang ist auch meistens gemeint, wenn der Leser auf das Wort ‚Wissenschaftstheorie' stößt (Seiffert 1970, Stegmüller 1969, Leinfellner 1965).

Da *Wissenschaft betreiben,* und speziell ‚Psychologie als Wissenschaft und Praxis betreiben' eine Methode von Menschen ist, sich mit ihrer Wirklichkeit auseinanderzusetzen, zählen wir zur Wissenschaftstheorie auch jene Versuche, den Zusammenhang der Psychologie nicht nur logisch analytisch, sondern *empirisch* zu verstehen und in seiner Beziehung zur jeweiligen konkreten Gesellschaft zu untersuchen (Holzkamp 1968, 1970a).

Unter *Gegenstand* der Psychologie verstehen wir jenen Wirklichkeitsbereich oder Aspekt, auf den sich psychologische Fragen beziehen. Da allgemeine Definitionen wie ‚Erleben' und ‚Verhalten' von Menschen nur wenig sagen und auch Gegenstand anderer Wissenschaften sind, verweisen wir den Leser zunächst auf seine Vorverständnisse.

Unter der *Funktion* der Psychologie verstehen wir die Rolle, die die Psychologie als Wissenschaft und Praxis in der gesellschaftlichen Wirklichkeit, also auch für andere Wissenschaften, hat. Eine ihrer Hauptfunktionen ist ihre *Verwertung* für bestimmte gesellschaftliche Prozesse wie Wirtschaft, Kommunikation, Gesundheit, Organisation, Verkehr. Die Psychologie hat mehr Funktionen in der Gesellschaft, als sie Ziele artikuliert, da diese vorwiegend den Bewußtseins- und Reflexionszustand der Psychologen über ihre Lage wiedergeben, nicht aber bereits eine wissenschaftliche Analyse derselben darstellen. Auch müssen nicht alle Funktionen, von denen die Psychologie hofft, daß sie sie hat, tatsächlich verwirklicht werden können (s. Kap. Betriebs- und Werbepsychologie, Beruf).

Mit den *Bedingungen* der Psychologie meinen wir schließlich alle Zusammenhänge und Faktoren, die für die Beschaffenheit der Psychologie in allen ihren Aspekten bedeutsam sind: z. B. Finanzierungen entscheiden über Fragestellungen, Methodenentwicklung in der mathematischen Statistik über Auswertungsmöglichkeiten, Veränderungen der gesellschaftlichen Lage verändern den Gegenstand wie auch die Fragestellungen und Verwertungen etc.

Diese Bedingungen sind bislang in der Psychologie nicht systematisch und wissenschaftlich untersucht. Wenn dennoch von ihnen hier die Rede ist, so wegen ihrer Wichtigkeit und der Hoffnung, daß sich die Lage darin ändert (vgl. die Arbeiten von HOLZKAMP). Die Studentenbewegung (und deren Anlässe und Ziele) waren eine wichtige Voraussetzung für neue Entwicklungen in dieser Richtung.

2. Allgemeine Probleme der Psychologie als Wissenschaft und Praxis

2.1. Die wechselseitige Abhängigkeit von Methoden, Fragen und Gegenstand

Fragestellung, Methoden und Gegenstand der Forschung sind praktisch kaum voneinander getrennt zu besprechen, ohne daß ihr ursprünglicher Zusammenhang verloren geht: Da eine Methode zweckdienlich sein soll, kann man ihre Wahl nur verstehen, wenn man die Fragen und Probleme kennt, zu deren Bearbeitung sie eingesetzt wird.

Da der *Erfolg* der Methodenverwendung wie auch die *Angemessenheit* der Fragen und Ziele von der Gegenstandsbeschaffenheit abhängen, kann man wiederum das Verhältnis von Fragen und Methoden nicht ohne Kenntnis des Gegenstandes einsichtig machen. Ist jedoch die Kenntnis des Gegenstandes unvollständig (wäre dem nicht so, brauchte man nicht zu forschen) gerät man in folgendes Dilemma: Wie soll man sinnvoll nach etwas fragen können, das man nicht kennt und welche Methoden soll man anwenden? Man ist auf Vermutungen und Hypothesen angewiesen.

Beispiel: Man glaubte einmal, daß die Wahrnehmungswelt des Menschen aus ‚elementaren Sinnesempfindungen', gleichsam Atomen, rekonstruiert werden könnte, analog der Tätigkeit des Chemikers. Man hat lange und ausgiebig danach gesucht, ohne sie zu finden und ließ die Frage als falsch gestellt fallen. Ähnlich ging es der Vermögenspsychologie, die sich nie auf die Zahl der Grundvermögen (Lust, Hunger, Arbeit etc.) einigen konnte und keine Methoden hatte um die Vielfalt einheitlich beschreiben zu können:

Nun ist zwar gesagt worden, daß der erkenntnismäßige Zugang zur Wirklichkeit nur über bestimmte *Methoden des Fragens* sowie *Methoden ihrer Beantwortung* erreichbar ist und alle Erkenntnis darauf relativiert werden muß, wie sie gewonnen wurde. Jedoch heißt das nicht, daß die Ergebnisse willkürlich und beliebig ausfallen würden, sie hängen vielmehr von der Wirklichkeitsbeschaffenheit ab.

Folgender Vergleich (den man nicht zu stark strapazieren sollte) kann das Gemeinte vielleicht veranschaulichen. Wenn ich ein Schwarz-Weiß-Photo habe (= Ergebnis), so ist dieses bedingt durch die Kamerakonstruktion, bzw. allgemein, durch die Methode, die Wirklichkeit aufzunehmen (ich könnte auch einen Ton-Farbfilm nehmen) – also Methode sowohl, was das Gerät anbetrifft, als auch, welche Aspekte ich aufnehme und welche ich vernachlässige = Methode der Fragestellung. Obwohl also Kamera und Position des Photographen variierbar sind, bleibt die Ursache des Ergebnisses die abgebildete Wirklichkeit.

Damit ist noch nichts darüber gesagt, ob die so erhaltene Wirklichkeit immer so bleiben müsse, wie sie ist, noch, warum sie so ist, wie sie ist und welche Bedingungen für ihre Beschaffenheit verantwortlich sind. Ein Verkehrstoter (!) stirbt zwar unmittelbar am Schädelbruch (z.B.) und den daraus folgenden Zentralnervenzerstörungen (etc.); es ist jedoch genauso richtig zu sagen, die *Ursache* sei das gesellschaftliche Phänomen des Autoverkehrs gewesen. Auf die gesellschaftspolitischen Konsequenzen solcher Denkweisen wies bereits MARX in einem ähnlichen Fall hin (1968, 270).

2.2. *Komplexität und Veränderlichkeit des psychologischen Gegenstandes*

In psychologischen Untersuchungen gehen wesentlich *mehr Größen* in *komplizierteren Abhängigkeitsbeziehungen* ein, als in eine physikalische. Physiker kommen z.B. mit ca. sieben Grundgrößen aus: Länge, Zeit, Masse, Ladung, Temperatur, Stoffgrößen (Härte ...).

Mit ‚Elements of Psychology', wie noch ein in Deutschland früher viel gelesenes Buch von Krech und Crutchfield (1965) überschrieben war, würde heute keiner mehr ein Lehrbuch zu betiteln wagen, obgleich die Annahmen und Ziele der Forschungspraxis noch im wesentlichen die gleichen sind. Das liegt daran, daß es nicht möglich ist, sich über die Liste der Elemente zu einigen. Ihre Zahl ist unbekannt, ihre Eigenschaften unsicher. Beispiele für solche Größen sind: Persönlichkeitsmerkmale (Intelligenz, Alter, Erziehung, Interessen, Berufstätigkeit, Klassenlage etc.), Situationsmerkmale (persönliches Gespräch, größere Gesellschaft, Extremsituation wie Krieg etc.). Man könnte die Ansicht vertreten, daß es nur eine Frage der Zeit ist, bis die enorme Vielfalt auf die ‚echten' Grundgrößen, die also konstant sind und aus denen alles abgeleitet werden kann, ermittelt sind. Für 10 Milliarden individueller Zustände (z.B. Persönlichkeiten) braucht man nur 33 Grundgrößen, die pro Individuum jeweils vorhanden oder nicht vorhanden sein können (Hofstätter 1963, 224). Tatsächlich liegt die Sache aber sehr schwierig, denn man hat ja erst einmal die Vielfalt (die effektiv größer ist) zu beschreiben, bevor man sie auf einen einheitlichen Begriff reduzieren kann. Bislang sind Versuche (z.B. mit Hilfe von Faktorenanalyse, s. Kap. Differentielle Psychologie) dieser Art als fehlgeschlagen zu bezeichnen, was ihren Nutzen in anderen Zusammenhängen nicht beeinträchtigt.

Wie im letzten Absatz angedeutet, ist die Wirklichkeit, mit der sich Psychologen beschäftigen, *veränderbar*. Der Psychologe als Forscher kann zugleich Subjekt als auch Objekt seines Untersuchungsvorganges sein (ausführlich: P. Winch 1966, Habermas 1966). Ob mit der Veränderung nun die ‚*Natur* des Menschen' – wenn sie es als etwas allen Gemeinsames gibt – gemeint sein muß, oder ob lediglich die *Bedingungskombinationen* gemeint sind, spielt für das Problem eine geringe Rolle (z.B. ist Trauer heute etwas anderes als früher, oder sie steht nur in einem anderen Zusammenhang, ist weniger relevant ...). Denn man kann grundsätzlich nicht entscheiden, ob ein bestimmtes Forschungsergebnis eher etwas über die Natur des Menschen aussagt oder nur etwas über die Erscheinungsformen derselben. Stets kann die reale Entwicklung der Gesellschaft und der Forschung neue Überraschungen bringen.

Wie sollen die Psychologen nun die Gesetzmäßigkeit der psychologischen Wirklichkeit (man könnte auch sagen: der Wirklichkeit auf psychologisch) jemals untersuchen können, wenn diese in stetem (oder unstetem!) Wandel begriffen ist. Die Antwort erscheint einfach: Man braucht nur die Bedingungen des Wandels zu untersuchen und einzubeziehen. Die Soziologen im bürgerlichen Lager haben dies bereits erkannt (ZAPF 1970), was für marxistische Wissenschaftler selbstverständlich ist (RUBINSTEIN 1968). Von der offiziellen, an Hochschulen betriebenen Psychologie liegt dagegen über solche Themen wenig Arbeit vor. Das heißt nicht, daß die Psychologen nicht im Wandel begriffene Prozesse untersuchen (s. Kap. Entwicklungspsychologie und Sozialpsychologie). Jedoch wird der Wandel nur als solcher in *psychologischen* und nicht in *gesellschaftlichen* Zusammenhängen untersucht und beurteilt. Gerade auf die gesellschaftlichen Konstanten und Varianten käme es aber an, um die Konstanz und Änderbarkeit psychologischer Zusammenhänge richtig zu beurteilen.

Darin steht die Psychologie nicht alleine. In der Fischerlexikonreihe ist z. B. das Stichwort KRIEG kaum repräsentiert. Lediglich als außenpolitisches Phänomen, ohne systematischen Zusammenhang mit anderen Fächern wird es beschrieben. Im Soziologieband stehen zwar 11 Seiten über Kunst (was die Klassenlage der Autoren andeutet), aber kein eigenes Stichwort über Krieg. Das ist umso bemerkenswerter, wenn man bedenkt, welchen enormen Wandel ein Krieg mit sich bringt.

Ein weiterer Punkt ist noch zu berücksichtigen: Die Gesetze, die durch die psychologische Forschung aufgestellt werden, haben in der Regel nur einen sehr *kleinen Geltungsbereich,* dessen Erweiterung nur auf Kosten der Genauigkeit der Gesetze und Theorien erkauft werden kann (z. B. Anwendung der Psychoanalyse auf gesellschaftliche Phänomene). Die Menge der Grundgrößen nun, mit denen Psychologen arbeiten, sowie die relativ geringe Bedeutung, die jede einzelne verglichen mit der Gesamtwirklichkeit hat, bedingen, daß ein Wechsel innerhalb der gesellschaftlichen Verhältnisse in seinen Auswirkungen auf den psychologischen Gegenstand, Fragestellungen etc. mit herkömmlichen psychologischen Methoden kaum zu verfolgen ist.

Das hängt damit zusammen, daß die Psychologen weitgehend davon ausgehen, daß man alle Erscheinungen der konkreten Lebenswelt unbesehen ihrer historischen Bedingtheit auf ‚Grundphänomene' dergestalt zurückführen kann, daß Entwicklung nur noch verstanden zu werden braucht als neue Kombination gleichbleibender Teile. Ein Psychologe muß aber immer von einer *konkreten* Wirklichkeit ausgehen und kann nur das, was sich in seinen Untersuchungen als konstant erweist, als *mögliches* Grundmerkmal bezeichnen. Daß dieses Verfahren ohne Bezug auf eine erfolgreiche gesellschaftliche Theorie zu vorschnellen Verallgemeinerungen führt und zu blindem Suchen, erkennt man an vielen Fällen (ADORNO 1970).

Beispiel: Pubertätserscheinungen hat man lange auf die ‚hormonale Umbestimmung' geschoben und als Grundphänomen angesehen, ähnlich wie den ‚Generationenkonflikt'. Wahrscheinlich hängen diese Erscheinungen aber von der durch die Produktionsverhältnisse bedingten Unterdrückung ab, die der Jugendliche in diesem Alter vermehrt zu spüren bekommt und darauf in bekannter Weise reagiert. Auf der Insel Bali zählte früher die Pubertät zu den glücklichsten Jahren im Leben junger Menschen.

Sieht man die menschliche Wirklichkeit als durch den Menschen veränderlich an (woran wohl kaum Zweifel bestehen können), so kann man eher als die These von ‚psychischen Grundtatbeständen', die immer und alle Zeiten gelten und von denen die vorgefundenen nur Variationen sind, die These vertreten: Grundphänomen ist das, was aufgrund der gesellschaftlichen Lage, den Machtverhältnissen und Sozialordnungen darin konstant gehalten wird. Dazu zählen z.B. die gesamten Erziehungsnormen, die zur Aufrechterhaltung der kapitalistischen Produktionsweise wie der Tauschgesellschaft allgemein benötigt werden: nicht stehlen, fleißig sein, Gesetze befolgen, Familie gründen ...

Vergegenwärtigt man sich die aufgeführten Probleme noch einmal, so wundert es nicht, wenn Psychologen beginnen, die Meinung zu vertreten, ‚die' Psychologie könne es garnicht geben, sondern allenfalls eine Zahl von nebeneinanderstehenden ‚Ansätzen', wobei die Frage einer möglichen Integration offen bleibt. Schaut man sich einmal die Vielfalt der Fragestellungen in einem der großen Handbücher an, stellt man fest, daß sie sich auf fast jeden Lebensbereich beziehen. Statt sie nach immanenten Gesichtspunkten zu ordnen (wie das die Kapitelgliederung dieses Buches tut), wäre eine andere Möglichkeit, von vornherein nach den Bereichen der gesellschaftlichen Wirklichkeit zu gliedern. Am Psychologischen Institut in Berlin (marxistische Sektion, HOLZKAMP) wird in der Tat an dem Versuch einer Neuordnung der Sozialwissenschaften gearbeitet.

Jedoch wird – das als Trost für diejenigen, die sich vielleicht durch die Schwierigkeiten entmutigt fühlen könnten – die Psychologie sehr wahrscheinlich weitermachen wie bisher. Das ist bedingt durch ihre Institutionen, ihren Berufsstand, ihre gesellschaftliche Funktion, die sie hat, unbesehen ihres Zustandes als reine Wissenschaft.

Entmutigend und empörend sind allenfalls numerus clausus, Studienzeitbeschränkung und Verhältnisse, die dies noch als adäquate Auslegung von Grundgesetzen gelten lassen (s. Kap. Beruf).

2.3. *Wie kommen nun die Psychologen zu ihrem Gegenstand, ihren Fragestellungen und ihrer Praxis?*

Die Alltagssituation und die gesellschaftliche Lage haben Menschen schon immer beeindruckt und zu Fragen veranlaßt. Ob es sich dabei um Erscheinungen wie Schlaf und Traum, Persönlichkeitsveränderungen nach schwerer Krankheit oder Lebenskrisen handelt, oder ‚harmlose' Ereignisse wie Zorn, Trauer, Eifersucht, Probleme der Kommunikation und Organisation von Menschen. Sie sind seit Menschengedenken untersucht worden, wenn auch meist in anderen Zusammenhängen und auf andere Weise. In der Philosophie, Religion und Dichtung sowie der überlieferten Tradition, z. B. in der Erziehung, sind die gewonnenen Einsichten und Ansichten niedergelegt.

Damit ist freilich nicht erklärt, warum die Alltagssituationen so waren wie sie waren, noch warum Psychologen sie zum Gegenstand von Wissenschaft gemacht haben. Auf diese Fragen geben Psychologen folgende Antworten:

1. *Soziotechnische Motive.* Die Produktionsverhältnisse und der Entwicklungsstand der Produktivkräfte erfordern zu ihrer Aufrechterhaltung und Ausgestaltung Lösungen psychologischer Probleme, oder: Lösung von Problemen auf psychologische Weise: Anpassung der Menschen an bestehende Verhältnisse, sie zufrieden damit zu machen, Produktivität steigern, Unfälle verhindern ...
2. *Aufklärerische, humanistische, emanzipatorische Motive.* Es wird behauptet, die Menschen hätten eingesehen, daß Einsicht in psychologische Probleme ihr Lebensglück und ihre Sicherheit verbessern könnten. Deshalb sei die Psychologie als gesellschaftliche Institution damit beauftragt, das Wissen, das nötig ist, um zu einem glücklicheren Gesellschaftszustand zu kommen, bereitzustellen.
3. *Faustisches Erkenntnisstreben.* Es wird argumentiert, daß es bereits ein höchstes Gut ist, überhaupt Erkenntnis zu sammeln und daß es nicht ein einziges privates oder gesellschaftliches Ziel geben könnte, das nicht auf von der Wissenschaft gemachte Erkenntnisse zurückgreifen müsse.

Der Förderung der Wissenschaft ganz allgemein und darin auch der Psychologie gebühre deshalb ein Vorrang. *Welche* konkrete Frage dann untersucht werden soll, läßt sich dann natürlich nicht mehr aus der konkreten gesellschaftlichen Wirklichkeit herleiten, sondern allenfalls aus der Intuition des genialen (oder auch nur fleißigen) Forschergeistes.

Es ist unbestritten, daß man derartige Motive entwickeln kann. Für die Entwicklung des tatsächlichen Forschungsprozesses sagen sie jedoch wenig. Dessen Richtung wird vielmehr durch polit-ökonomische und ideologische Interessen bestimmt, eine Tatsache, die älteren Psychologen (z. B. EBBINGHAUS 1901) durchaus geläufig war. Das gilt natürlich auch für die ‚Tradition des Faches'. Daß es ebenfalls für die Grundlagenforschung, und nicht nur, wie einige meinen, für die angewandte Forschung und Praxis, der Fall ist, wird in dem Maße deutlicher, als das Grundlagenprogramm nicht mehr unterscheidbar ist vom Anwendungsprogramm.

Grundlagen kann dabei auf zweierlei Weise verstanden werden: Einmal in dem Sinne, daß zu Grundlagen gezählt wird, was die wichtigsten und häufigsten Probleme der Gesellschaft sind: z. B. Gesundheitswesen, Ausbildung, Organisation der sozialen Gemeinschaft und ihrer Reproduktion etc. Wissenschaftler würden dann deshalb wissenschaftliche Grundlagen erforschen, weil es ökonomischer ist, wenn eine kleine Gruppe Probleme für alle löst, als wenn jeder im Volk das Problem für sich lösen müßte. Das umso mehr, je stärker arbeitsteilig die Gesellschaft organisiert ist. Eine andere Möglichkeit, Grundlagenforschung zu betreiben und zu begründen ist *strategischer* Natur und mit dem obigen vereinbar: als Grundlage gilt, was in einer Voraussetzungskette am Anfang steht.

Beispiel: Will man Unfallverhütung im Verkehr betreiben, muß man die Ursachen kennen. Vermutet man Kurzsichtigkeit als Ursache (die man, stark methodenabhängig, messen kann), kann man diese zu beseitigen versuchen, oder entscheiden, ob Fahrverbot erteilt werden muß. Man kann natürlich auch den unfallträchtigen Individualverkehr einschränken.

Was dann schließlich als Grundlage erscheint, ist Ergebnis der primären Ziel- und Zweckwahl.

Die bedeutendste und häufigste Begründung für den Typ „Grundlagenforschung" knüpft unmittelbar an das obige, faustische Motiv an, sie ist kennzeichnend für das vorherrschende Wissenschaftsverständnis der Psychologie in den westlichen Ländern.

In den sozialistischen Ländern ist sie in anderem Zusammenhang und durch andere Merkmale gekennzeichnet. *Bewegungsgesetze* der Gesellschaft haben die gleiche Funktion wie die Strukturgesetze in der bürgerlichen Gesellschaft (Aufbau der Wirklichkeit).

Die Begründung für die Institution „Grundlagenforschung" enthält die Annahme einer geschlossenen, selbständigen psychologischen Grundwirklichkeit, die als endliche Menge von Ereignissen eines Tages voll erforscht werden könnte; jede konkrete lebendige Erscheinung soll als mögliche Ausgestaltung dieser Grundwirklichkeit gelten, auf sie zurückzuführen sein. Entwicklung wird dann nur als Kombination bereits bekannter Teile gesehen. Bei Geltung dieser Annahme ist einsichtig, daß man das Verhältnis von Fragestellung, Methoden und Ergebnissen, das Verhältnis von Theorie und Wirklichkeit, nur in seinen logisch analytischen Zusammenhängen und Begründungen meint betrachten zu müssen. Die Entwicklung der Fragestellungen, ihrer Inhalte und Zielbereiche, die Rolle der Gesellschaft sind dann nur sekundär. Der historisch bedingte Zustand, gesellschaftliche Ereignisse aller Art werden nur als Auslöser betrachtet, als Anreger für die Forschung. In diesem Sinne berücksichtigen Psychologen z.B. Krieg als Quelle für interessante Hirnverletzungen, als dankbarer Anlaß, Testforschung in großem Stil zu entwickeln – oder als Hemmung, weil bedeutende Psychologen vertrieben werden oder ‚fallen'.

Freiheit der Wissenschaft bedeutet dann für Forscher, die diese These vertreten, daß der Forscher selber bestimmen kann, was er forschen will, worunter viele auch den Fall zählen, daß sie Geld und Aufträge nehmen, woher sie sie bekommen. Sie sind frei in ihrem Gefühl – denn sie müssen den Auftrag ja nicht annehmen. Genau besehen können sie die Freiheit der Forschung im gemeinten Sinne nur taktisch und strategisch verteidigen: Wenn sie die Ziele und Fragen selber bestimmen könnten, sei die Wahrscheinlichkeit am größten, *schnell* auf die *echten Grundlösungen zu kommen.*

HOFSTÄTTER (1966) gibt in seinem Buch ‚Einführung in die Sozialpsychologie' dafür folgendes Beispiel: Lange Zeit wurden unter Vorurteilsforschung fast nur Vorurteile gegen ethnische Minderheiten und dabei gegen Juden untersucht, weil diese gerade eine Vernichtung und Vertreibung hinter sich hatten und an solcher Forschung interessiert waren, sie finanzierten. Tatsächlich, so HOFSTÄTTER, war das ein unnützer Umweg. Man hätte lieber allgemeine Urteilsforschung betreiben sollen, aus deren Ergebnissen sich die Vorurteile gegen Juden hätten ableiten lassen. Dagegen kann man die allgemeine Theorie aus dem speziellen Fall nicht ableiten und muß, wenn es um andere Urteile und Vorurteile geht, neue Forschung machen, also wieder von vorne anfangen.

Aus dem Beispiel erkennen wir auch, daß das Ziel der angestrebten Grundlagenforschung – Urteilsforschung – abstrahiert wird aus einer Reihe konkreter gesellschaftlicher Situationen, nicht aber aus einer primär vorhandenen Einsicht in den Grundlagencharakter der Frage (Sie hätte auch anders gestellt werden können, z.B.: ‚Funktion sozialer Stereotypen für die erlebte Umwelt relativ zu deren Sozialstruktur' etc.).

Wie es mit der Freiheit der Wissenschaft jedoch wirklich aussieht und schon immer ausgesehen hat, zeigen nicht nur die Bücher über Kriegsforschung und Auftragsforschung in den USA und der BRD, sowie Arbeiten über den Zusammenhang von Wirtschaft und Wissenschaft. Selbst die Organisationen von ‚Grundlagenwissenschaftlern', z.B. die berühmte Max-Planck Gesellschaft ist so konstruiert, daß einige hundert Professoren über einige tausend wissenschaftliche Mitarbeiter bestimmen (die die Arbeit machen) und die Wirtschaft, die mit wenig Geld drin steckt, mehr zu sagen hat als der Staat, der mit viel drin steckt (Barnett 1971, Hirsch 1970, Rilling 1970, SDS Marburg, 1961).

Da alle Wissenschaft aus der konkreten, historischen Wirklichkeit stammt, die durch Herrschaftsverhältnisse gekennzeichnet ist, kann Freiheit der Wissenschaft nur heißen: die eigene wissenschaftliche Tätigkeit in *öffentlicher* und *bewußter* Weise auf die Wirklichkeit zu beziehen, aus der sie stammt.

In diesem Sinne schreiben auch heute noch einige klassenbewußte Autoren wie H. J. Eysenck (1969). Er erkennt eindeutig die Rolle der Psychologie in der Parlamentarischen Demokratie und im Kapitalismus und drückt sie in Dollars als dem Oberbegriff kapitalistischen Gemeinwohls aus. Obgleich andere Wissenschaftler nicht anders arbeiten, wagen die meisten dies offene Bekenntnis nicht mehr. Politische Abstinenz nach der NS-Zeit, schlechtes Gewissen bei der Analyse des eigenen Faches und der Verfassungswirklichkeit relativ zu ihren idealen Ansprüchen dürfte wohl mit Ursache sein.

Politische Auseinandersetzungen sind natürlich dann nicht mehr auf rationale Weise zu führen und verbindlich für Wissenschaftspolitik zu machen, wenn die Funktionen der Wissenschaft und Standpunkte der Forscher ungeklärt bleiben.

Trotz der unklaren Lage hinsichtlich des Grundlagen-Anwendungsverhältnisses ist das Studium so aufgebaut, daß der Student in der ersten mit einer Prüfung abschließenden Studienhälfte ‚Grundlagenfächer' lernen muß. Sie sind es mehr von der Intention der Forscher her, als von ihrem wirklichen Standard.

Zu diesen Grundlagen zählen die Psychologen: Methodenlehre, geltend für alle übrigen Fächer. Sie wird allgemein für die schwierigste Disziplin gehalten. Das hängt damit zusammen, daß es den Schulen durch beharrliche Arbeit gelungen ist, ihren Schülern die Freude am mathematischen und planvoll-methodischen Denken auszutreiben. Tatsächlich ist die konkrete Psychologie im Grunde viel schwieriger, da ihr Gegenstand komplizierter ist. Aber zu ihm haben wohl die meisten noch mehr innere Beziehungen.

Zu den für alle übrigen Fächer zugrunde liegenden Disziplinen gehört in gewisser Weise auch die Diagnostik. Sie steht aber erst am Ende des Studiums. Es gibt dafür keine Gründe, wenn man bedenkt, daß die Ergebnisse der Grundfächer schließlich u. a. mit ihr gewonnen werden.

Die Grundlagen, inhaltlich gesehen und in Fächer aufgeteilt, sind folgende: Die Gesetze, nach denen sich Menschen entwickeln und erwachsen werden *(Entwicklungspsychologie),* sowie die Gesetze, nach denen eine Persönlichkeit zu einem bestimmten Zeitpunkt oder durch alle Zeiten hindurch funktioniert *(Persönlichkeitspsychologie).* Sowohl unter dem Gesichtspunkt der Entwicklung, als auch der entwickelten Persönlichkeit werden die folgenden ‚Grundfunktionen' untersucht: Das Erkennen *(Wahrnehmungspsychologie)*, das Behalten und Verarbeiten des Erkannten *(Denk- und Lernpsychologie)* sowie die Anlässe und Gründe, nach denen sich ein Individuum in Bewegung setzt und handelt *(Motivationspsychologie)*. Zu den Grundlagen zählt man auch die Gesetze, nach denen ein Individuum seine Beziehungen zur Umwelt regelt und diese sie zum Individuum *(Sozialpsychologie)*.

Wir haben die These vertreten, daß das, was im Laufe der Entwicklung der Wissenschaft als ‚Grundlagenforschung' auftaucht, Grundlagenforschung relativ zu den Erkenntnisbedürfnissen und praktischen Lebensbedingungen der Gesellschaft ist, die ihrerseits durch die Produktionsverhältnisse, den Stand der Produktivkräfte und die kulturelle Entwicklung gekennzeichnet sind. Das im Detail zu *beweisen* ist schwer. Man kann eigentlich bei der Komplexität der Angelegenheit nur *demonstrieren*.

Beispiele für solche ‚Basisbezogene Interpretation' von Forschung findet man natürlich in der Angewandten Psychologie. In der Forschung, die von den Forschern selber als Grundlage verstanden wird, schon weniger.

Als solche können aber gelten: Die Entwicklung der Kreativitätsforschung (Denkpsychologie und Motivationspsychologie) in den USA. Sie ging u. a. zurück auf den ‚Sputnikschock'. Die herrschenden Klassen in den USA befürchteten, in technologischen Rückstand gegen die UDSSR zu kommen. Das Bewußtsein (!) relativ und absolut im besseren (kapitalistischen) System zu leben, ist für dessen Stabilität außerordentlich wichtig (LEIBFRIED 1967, 1968).

Ein anderes Beispiel versucht K. J. BRUDER (1971 a) für die Erziehung (Pädagogische Psychologie, Lernpsychologie) nachzuweisen, die die gleiche Struktur hat wie die Arbeit in der Fabrik (Taylorisierung der Erziehung: Zum Begriff s. Kap. Betriebs- und Werbepsychologie). Die Themen Leistungsmotivation oder Lernforschung verstehen sich von selbst in der Leistungsgesellschaft, in der ständige Verwertungsschwierigkeiten des Kapitals immer zunehmender günstigere Verwertung der Arbeitskraft erfordern. Dazu ist bessere Ausbildung, billigeres und schnelleres Lernen nötig. So hat der Lernpsychologe SKINNER, berühmt geworden durch seine Entwicklung von Lehr- und Lernprogrammen, als bislang einziger einen hohen Orden von Präsident NIXON bekommen.

Deutlicher als bei den Grundlagenfächern (für die angemessene, diesbezügliche Forschung noch fehlt) ist der Zusammenhang mit der Basis bei den Fächern der *Angewandten Psychologie*. Sie entsprechen weitgehend gesellschaftlichen Institutionen und Lebensbereichen. Sie haben darin durchweg die Funktion, diese aufrecht zu erhalten, zu fördern und ihren Gegenstand der Wirklichkeit anzupassen. (Der umgekehrte Fall, die Wirklichkeit dem Menschen anzupassen, ist Psychologen fast nie möglich und kostet erhebliche Kämpfe). Systemgefährdende Arbeit kann er sich zur Zeit kaum leisten. Ein Betriebspsychologe, der zum Streik aufriefe, ein Wehrmachtspsychologe, der Wehrkraftszersetzung betriebe, ein pädagogischer Psychologe, der die Kinder zum genüßlichen und erfreulichen Lernen (und nicht, wie es TAUSCH (Hamburg; bei Vortrag in Mannheim 1968) formulierte: zum harten, langen, ausdauernden, erfolgreichen Arbeiten) erzöge, hätte in der augenblicklichen Gesellschaft kaum eine Überlebenschance.

Psychologie hat stets, unmittelbar gesehen, eine humane Funktion, sofern sie die subjektive Lage der Betroffenen verbessert. Ob das im Rahmen des Gesamtsystems und langfristigen Geschehens der Fall ist, ist Gegenstand von Zweifeln. Von marxistischer Seite, aber auch von bürgerlicher, wird ihr vorgeworfen, daß sie Systemmängel nur verdecke wie ein Arzt, der Symptome kuriere aber nicht die Krankheit. Sie mache z. B. den Menschen zufrieden mit dem status quo, der zu Zufriedenheit nicht Anlaß geben dürfte: Man denke an den wirtschaftlichen und militärischen Imperialismus, den irrationalen Einsatz von Produktivkräften, die profit- statt gebrauchswertorientierte Produktion, aufgrund derer wenig profitträchtige Investitionen wie Bildung, Gesundheit, Verkehr, Umweltschutz usw. vernachlässigt werden. Psychologen arbeiten (in anderen Ländern z. B. USA, England mehr als bei uns) als *Polizei- und Wehrmachtspsychologen* im Sinne einer größeren Effektivität dieser Institutionen und in der Politik, der sie unterworfen sind. Ähnliches gilt für die Kriminalpsychologen, die wohl eine Förderung erwarten können, nachdem immer deutlicher wird, daß man mit psychologischen Mitteln billiger arbeiten kann als mit dem archaischen Vergeltungsstrafrecht und Geld zunehmend eine wichtigere Rolle vor der Ideologie spielt. Wichtige Gebiete für die gesamtgesellschaftliche Reproduktion sind Ausbildung, Gesundheit, Verkehr und Arbeit. Entsprechend arbeiten Psychologen als *Pädagogische Psychologen, Klinische-, Verkehrs-Psychologen* sowie in der *Berufsberatung*.

Bedenkt man die Kosten für Ausbildung, den Arbeitsausfall durch Krankheit und Tod (1/3 aller Fälle in der Arztpraxis sollen psychisch bedingte Krankheiten sein, im Jahr sterben 19 000 an Verkehrsunfällen mit einer halben Million Verletzten), leuchtet die materielle Bedeutung einer vorbeugend und in der Wiederherstellung (Rehabilitation) wirkenden Psychologie ein.

Die Privatindustrie in den USA hat schon lange die „unbegrenzten Möglichkeiten der Sozialwissenschaften erkannt“ und macht sie sich zu nutze, nachdem sie bemerkt hat, daß Sozialwissenschaften nichts mit Sozialismus zu tun haben (EYSENCK, 1969).

Betriebs- und Arbeitspsychologen sorgen dafür, daß die eingestellten Arbeiter optimal (sicher, zufrieden, produktiv und zuverlässig) arbeiten und helfen somit, den Profit zu sichern. Dieser ist lebensnotwendig für den Kapitalismus und vor allen anderen Rücksichten zu bedenken (HIRSCH, 1970; LEIBFRIED, 1968; HUFFSCHMIDT, 1969).

Das geschieht weiter durch *Werbe- und Marktpsychologie,* die daran mitarbeitet, das aufrechtzuerhalten, was einige Konsumterror nennen und andere absatzorientierte Produktion. Es geht hier nicht darum, den Psychologen dies anzukreiden, sondern sich zu vergegenwärtigen, welche wichtige Funktion sie für den Kapitalismus haben. Um ein vielleicht überraschendes Beispiel zu geben: auch Gewerkschaften haben eine notwendige Funktion für das Kapital, da sie durch ihre Lohnforderungen (die alle und nicht einen Einzelunternehmer betreffen) verhindern, daß Überkapazitäten aufgebaut werden und dadurch Absatzkrisen entstehen, weil die Kaufkraft nicht mitkommt.

Ein Bereich, der langsam an Bedeutung gewinnt, beschäftigt sich mit der Anwendung von Psychologie in der Politik (*Politische Psychologie).* Sie ist aber als Fach noch nicht vertreten und wird meist im Rahmen der Sozialpsychologie behandelt. Politische Psychologie ist insofern ein Problem, weil dem untersuchenden Psychologen die tatsächlichen Motive für politisches Handeln meist nicht bekannt sind. Die mangelnde Öffentlichkeit fast aller wichtigen politischen Ereignisse lassen dann psychologisch bedingt erscheinen, was durchaus handfeste Hintergründe haben kann. Bestes Beispiel ist wohl die Vietnampolitik und ihre Aufklärung durch die Veröffentlichung der Pentagon-Studie in den Monaten Juni/Juli 1971.

Den Wählern bleibt nur eine psychologische Wahl, da sie keine echten Informationen haben. Politiker werden unter Mithilfe von Forschern wie Waschmittel verkauft; sie unterscheiden sich voneinander auch nur wenig und sind daher auf Imagepflege angewiesen (AGNOLI und BRÜCKNER, 1968). Dieser Öffentlichkeitsmangel hängt natürlich mit der kapitalistischen Produktionsweise zusammen, in der Wissen Macht ist, besonders für die, die über materielle Quellen verfügen und sie ausnutzen (ein Vergleich mit sozialistischen Ländern wäre nötig, die aus anderen Gründen ebenfalls wenig Öffentlichkeit haben).

Wir haben darauf hingewiesen, daß die wichtigste Funktion im kapitalistischen Gesamtsystem die Sicherung des Profites ist, der Ertragslage der Wirtschaft, der auch die Politik des Staates untergeordnet werden muß, soll nicht die politische Stabilität durch wirtschaftliche Krisen gefährdet werden. Dies ist nicht etwa nur die Meinung linker Kritiker, sondern auch der Kapitalisten selber. Man schaue sich einmal die

Schriften des Bundes der Deutschen Industriellen an (BDI) und demonstriere sich das zuvor Gesagte durch stete Lektüre des Wirtschaftsteiles von Zeitungen. Gerade weil innerhalb der kapitalistischen Wirtschaft- und Sozialordnung das *„magische Viereck“* Stabilität, Wachstum, Vollbeschäftigung und ausgeglichene Zahlungsbilanz im Kapitalismus nicht gleichzeitig in allen Teilen gesichert werden kann, haben die Psychologen eine ambivalente Position: humane Interessen können sie nur durchsetzen, soweit sie den Profitinteressen dienlich sind oder ihnen nicht zuwiderlaufen. Innerhalb der Psychologie wird diese Lage auch vereinzelt gesehen (z. B. HOLZKAMP, 1970, a u. b), aber auch, wenngleich weniger systematisch, bei amerikanischen Autoren (z. B. ULLMAN und KRASNER, 1969).

2.4. Allgemeinmethodologische Merkmale der Psychologie

2.4.1. Annahmen

Die Psychologen gehen davon aus, daß es ein *prototypisches* Individuum gibt, von dem alle vorhandenen nur Variationen sind. Ähnlich gilt die Annahme *prototypischer Situationen* und in beiden auffindbarer Strukturen und Funktionen. Um diese allgemeinen Durchschnitte zu erzielen, wird in der Regel mit vielen Versuchspersonen im Experiment gearbeitet. Die Unterschiede werden dann herausgerechnet.

Beide Annahmen haben eine materielle Korrespondenz in der gesellschaftlichen Wirklichkeit. Die prototypische *Situation* ist die des *Tausches* zwischen dem Arbeitsleistenden und dem Unternehmer, bzw. allgemein: zwischen Warenbesitzern (denn auch die Arbeitskraft wird wie eine Ware behandelt).

Das Wesentliche an dieser Situation ist jedoch, daß sie *nicht* universal, sondern an den historischen Stand der Gesellschaft gebunden ist, also geändert werden kann. SOHN-RETHEL (1970) versucht aus der Tauschsituation die wissenschaftlichen Denkformen überhaupt abzuleiten. Echte Wissenschaft (= universal gültige) sei erst dann angestrebt worden, als das *Geld* als universeller Maßstab aller Dinge und Verhältnisse erfunden worden war. Selbst für psychologische Experimente gilt die Tauschsituation weitgehend: Man versichert sich durch alle möglichen Hilfsmittel wie Geld oder Vorschriften der Mitarbeit der „Versuchsperson“, ohne deren loyale Mitarbeit kein Versuch durchzuführen ist (BRUDER, 1971 b, 1970 a); HOLZKAMP (in Druck).

Das prototypische *Individuum* ist bei uns der Lohnabhängige, von dem es an die 25 Millionen aktive gibt (in der BRD). Typisch ist seine Austauschbarkeit im sozialen Reproduktionsprozess, in den er nur als Arbeitskraft eingeht, als „hand“, wie es im Amerikanischen heißt. Keine Rolle spielt er dagegen im Einsatz der Produktionsmittel, des Kapitals. Darüber verfügen nur sehr wenige (1,7% der Familien über 75% des Kapitals; HUFFSCHMIDT, 1969). Zu beachten ist also, daß diese Typen nicht universal gültig sind, wie es von der Methodologie der Psychologie vorausgesetzt wird, sondern historisch bedingt und änderbar in dem Maße, als die Verhältnisse, in denen das Individuum steht, geändert werden können.

2.4.2. Analysestrategien

Um auf die vermeintlichen Grundmerkmale zu kommen, *reduzieren* die Psychologen die Situationen und Möglichkeiten eines Individuums sich zu äußern auf wenige, überschaubare Merkmale, *isolieren* die voraussichtlich wirksamen und stellen die Situation so her, daß die ins Auge gefasste „Variable“, das Merkmal, das interessiert, zur Wirkung kommen kann. Sie *labilisieren* die Situation. Man hofft so auf die Grundgesetze der psychologischen Wirklichkeit zu kommen und aus ihnen die Wirklichkeit rekonstruieren zu können. Dies wäre möglich, wenn die Annahme unveränderlicher Grundtypen zuträfe – was zweifelhaft ist. Da die Zahl der Fragen praktisch unendlich ist, die man stellen kann, müssen natürlich Auswahlen vorgenommen werden. Dies geschieht auch, ohne daß dafür allerdings theoretische und methodische Konzepte existierten. Zur Methode der Psychologie zählt auf jeden Fall das Verfahren, von bestimmten Wirklichkeitsinhalten abzusehen und sich auf das Psychologische – und darin auf bestimmte Fragen – zu beschränken, auch wenn dies nicht in wissenschaftlich geklärter Weise geschieht.

Ziele: Die Ziele, die mit dem Verfahren erreicht werden sollen, lassen sich allgemein so darstellen: die psychologische Wirklichkeit soll *beschrieben* werden, d.h. *Aufstellen von Gesetzen,* und sie soll erklärt werden. Ob man von Beschreibung oder Erklärung reden will, hängt von der Ausgangslage ab. Aus erfolgreichen Beschreibungen und Erklärungen lassen sich *Voraussagen* machen und die Wirklichkeit im optimalen Falle *kontrollieren.*

Andererseits verläuft der Prozess auch umgekehrt: aus der Möglichkeit der Kontrolle und Voraussage lassen sich Erklärungen und Gesetze herleiten.

Damit ein Ereignis eintreten kann, unterscheidet man *hinreichende* von *notwendigen* Bedingungen. Harte Masse, Fläche und Hebelkombination in bestimmter minimaler Anordnung sind *notwendig,* um einen Nagel einzuschlagen – dagegen ist es nicht notwendig, einen Hammer zu nehmen. Eine Flachzange, ein Stein oder Holzklotz würde es auch tun. Trotzdem ist es richtig zu sagen, man habe mit einem Hammer einen Nagel eingeschlagen (statt: mit der Masse ...). Ähnlich sind auch Aussagen zu verstehen wie: „bedingt durch die kapitalistischen Produktionsverhältnisse ...“ – ebenso fast alle Aussagen, die sich mit komplexen Erscheinungen beschäftigen. Man muß bedenken, daß selbst in der Medizin von kaum einem Arzneimittel bekannt ist, welche seiner Eigenschaften notwendige Bedingung für welchen Effekt und welche mit anderen austauschbar ist und den gleichen Effekt erzielt.

Unter *Fortschritt* wird häufig verstanden, daß man die notwendigen (spezifischen) von den hinreichenden (unspezifischen) Bedingungen unterscheiden kann. Die Methodik der Psychologie (Reduktion ...) ist daraufhin abgestellt.

Gesellschaftspolitisch und wissenschaftstheoretisch ist das wichtiger, als man auf Anhieb sehen könnte. Denn wenn aus einer Ursache mehrere Effekte entstehen können bzw. der gleiche Effekt durch verschiedene Ursachen, dann kann man z.B. nicht mehr *„automatisch"* sagen: Kapitalismus führt zum Faschismus und Sozialismus zur besseren Gesellschaftsordnung. Das heißt nicht, daß der Kapitalismus nicht zum Faschismus geführt hätte, sondern, daß er auch woanders hin führen könnte, bzw. der Sozialismus nicht unbedingt dahin führen muß, wo man hin möchte. Die ganz unterschiedliche Entwicklung der sozialistischen Länder demonstriert das nachhaltig (SCHMIEDERER, 1971).

Es ist aber auch klar, daß das Verfahren der Reduktion nicht automatisch auf die Grundeigentümlichkeiten des menschlichen (psychologischen) Lebens führen kann, solange es nicht in systematischen Zusammenhang mit der jeweiligen gesellschaftlichen Wirklichkeit vollzogen wird. Wir können sagen: Zum Auffinden von Naturgesetzen im Sinne der ersten Annahme ist es seinerseits notwendig, aber nicht hinreichend.

Die Zielwahl der Psychologie hat Methode, sofern sie sich auf das Psychologische zu beschränken versucht. Alles, was darüber hinaus geht, wird auf die anderen Fächer abgeschoben (das sollen die Soziologen tun ...), womit eine Reihe von Problemen zwischen die Stühle fällt, weil sie keiner untersucht – so z.B. die Rolle der jeweiligen Wissenschaft in der Gesellschaft.

2.4.3. Strategien der Wissensbildung

Beim *deduktiven* Vorgehen geht man im Idealfall von einer axiomatisierten Theorie aus (am Vorbild der Mathematik orientiert) und versucht, alle Aussagen in einen eindeutigen Zusammenhang zu Grundannahmen zu stellen. Beim *induktiven* Vorgehen nimmt man in eine Theorie nur solche Sätze auf, die in eindeutiger Beziehung zur Wirklichkeit stehen. In einer deduktiven Theorie können viele Sätze stehen, die keine Entsprechung zur Wirklichkeit haben, in der induktiven nicht. Da jedoch jede Theorienbildung voraussetzt, daß man bereits etwas erfahren hat, und andererseits nur unter dem Gesichtspunkt von Wissen Erfahrungen gemacht werden, sind diese beiden Strategien alleine wissenschaftlich nicht durchführbare Programme; sie setzen einander voraus.

Durch *hermeneutische und phänomenologische* Überlegungen versucht man, die Axiome der deduktiven Theorie aus der ganzen Breite der Wirklichkeit zu konstruieren (Konstruktivismus; LORENZEN, 1969) bzw. die Vorverständnisse zu identifizieren, die bereits in das Erstellen von Beobachtungen eingehen.

In der Psychologie gibt es wenig klare Beispiele für die erwähnten Strategien, was ebenfalls ein Hinweis dafür ist, daß der tatsächliche Forschungsprozess nicht danach abläuft. Für induktive Theorien könnte man die faktorenanalytische Persönlichkeitspsychologie (s. Kap. Differentielle Psychologie) von EYSENCK (1951) angeben, für deduktive die Lerntheorie (s. Kap. Lernen und Gedächtnis) von HULL (1940) und ein Beispiel für konstruktives Vorgehen in HOLZKAMPS (1968) Versuch der Wissenschaftsbeschreibung, einen phänomenologischen in GRAUMANNS (1960) Phänomenologie und Psychologie der Perspektivität.

Die *Gesellschaftstheorie,* die dem hermeneutisch-phänomenologischen Verfahren zuzuordnen ist, ist die der parlamentarisch-demokratischen Regierungsform (die überall mit kapitalistischen Produktionsverhältnissen einhergeht). Danach soll eine repräsentative Auswahl der Wirklichkeit nicht durch inhaltliche Überlegungen (wie in der marxistischen Theorie) erreicht werden, sondern durch die formale Möglichkeit, daß alle Individuen frei wählen und entscheiden können. Inhaltsprobleme sollen also per Entscheidung gelöst werden.

Die Gesellschaftstheorie, die versucht, *inhaltlich* etwas über die Entwicklung von Forschung zu sagen und die Richtung, in der sie entwikkelt werden soll, ist die marxistische. Es wird nicht davon ausgegangen, daß alle frei wählen können, sondern ob sie es tun und unter welchen materiellen und sozialen Verhältnissen sie wirklich leben. Aus marxistischer Theorie kann für kapitalistische Produktionsverhältnisse nicht viel folgen außer, daß man sie abschaffen müßte (BRUDER 1970b, 1971b).

Welche Möglichkeiten für Psychologen innerhalb einer kapitalistischen Wirtschaftsordnung bestehen, marxistisch zu arbeiten (und nicht nur zu denken), ist noch unklar. Für sozialistische Verhältnisse müßte nach dieser Theorie jedenfalls gefordert werden, daß die Forschungsziele und -zwecke in freier, öffentlicher Diskussion erörtert und festgelegt werden. Um die dabei auftretenden Diskrepanzen zu verdeutlichen sei auf die Arbeit von KRAUCH (1970) verwiesen. Die Meinung der Öffentlichkeit über Forschungsziele läuft der tatsächlichen Entwicklung genau entgegen, woran man sieht, daß sie nicht die Forschung der arbeitenden Klasse ist.

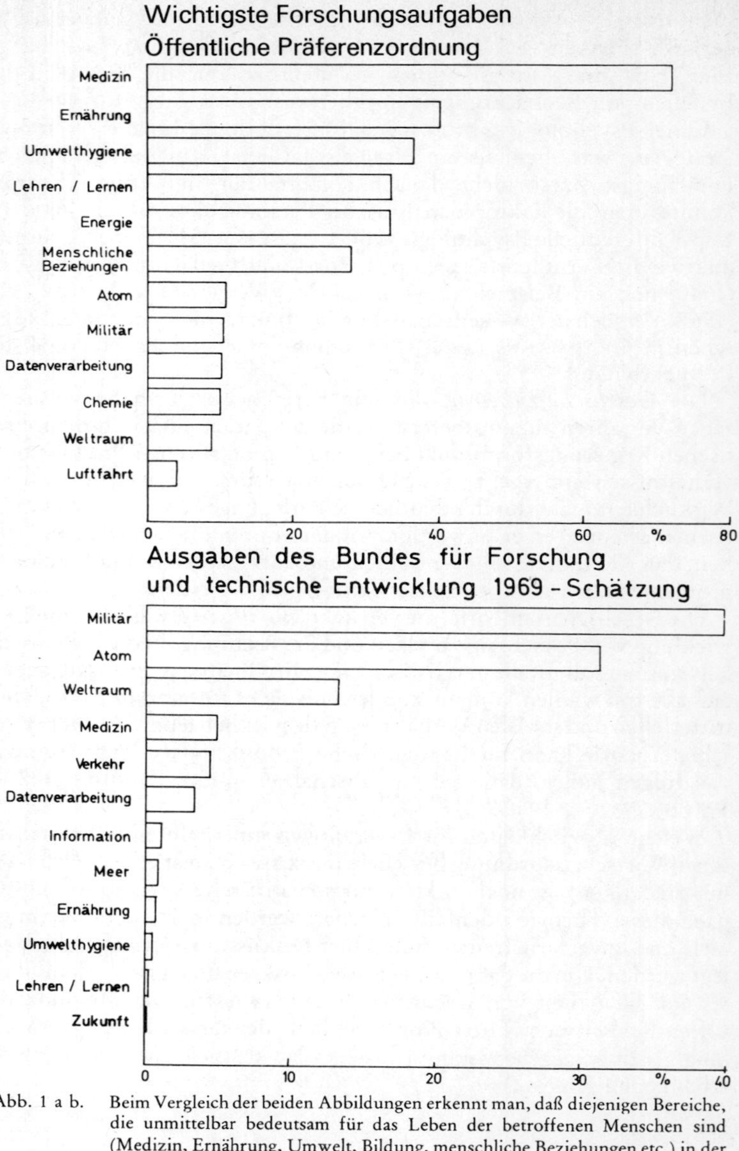

Abb. 1 a b. Beim Vergleich der beiden Abbildungen erkennt man, daß diejenigen Bereiche, die unmittelbar bedeutsam für das Leben der betroffenen Menschen sind (Medizin, Ernährung, Umwelt, Bildung, menschliche Beziehungen etc.) in der öffentlichen Meinung auch an die erste Stelle gehörten. Die Wirklichkeit sieht offenbar anders aus, wie eine Betrachtung von Bild 1 zeigt.
Zur genaueren Interpretation siehe die Originalarbeit.

Innerhalb der Wissenschaft Psychologie im Kapitalismus bestünden für Psychologen jedoch Möglichkeiten eine *neue Geschichte* der Psychologie zu schreiben. Sie würde dann freilich keine Ideengeschichte sein, wie das bislang ausnahmslos der Fall war, sondern eine Sozialgeschichte, die die Ideen zum Gegenstand hat und sie in ihrer Beziehung zur materiellen und ideologischen gesellschaftlichen Wirklichkeit sieht. Wie das methodisch zu bewerkstelligen ist, ist noch offen. Man könnte z.B. Bildungsherkunft und Klassenlage von Psychologen nehmen, ihre Bekenntnisse in Biographien, Finanzierungsgeschichten von Forschung (und nicht finanzierter Forschung vor allem), sozial-juristische Rahmen sowie die spezifisch gesellschaftlichen Lagen in Produktionsverhältnissen und Produktivkräften.

Auch Einzelthemen könnte man vorschlagen. Politische Möglichkeiten der Berufsausübung, Solidarisierungsmöglichkeiten für die apathisierten Massen suchen, politische Bildung fördern etc. – alles hauptsächlich Themen der Sozialpsychologie.

2.4.4. Strategien der Wissensbeurteilung

Eine Theorie kann, wie Laien meinen, nur falsch oder richtig sein. Warum eine empirische Theorie nie völlig widerlegt (= falsifiziert) werden kann, geht aus folgendem hervor: Damit eine Theorie richtig funktioniert, müssen Bedingungen herrschen, die man nicht zu kennen braucht. Man braucht nicht zu wissen, warum ein Stahl hart ist, wenn er es nur bleibt. Wenn nun eine Theorie offenbar nicht zutrifft, so kann ihr Vertreter immer noch die Meinung hegen, es seien eben noch nicht die richtigen Ausgangsbedingungen gefunden worden, unter denen die Theorie arbeiten kann. Und man kann natürlich nie beweisen, daß nicht eines Tages doch solche Bedingungen gefunden werden. Auch kann man umgekehrt für eine Theorie nie radikal ihre Wahrheit ermitteln (= verifizieren), da man ja nie weiß, *warum* sie funktioniert, wie sie funktioniert (was man von den Geltungsbedingungen, wenn man sie kennt, auch wieder sagen kann, und so fort). Das gilt auch für die physikalischen Theorien, die ihre Grundgrößen auch als nicht weiter erklärbar hinnehmen (müssen). Man greift daher auf eine Reihe von *Prüfverfahren* zurück, um zu maximaler Annäherung an das Ziel zu kommen.
Empirische Methode: Im Experiment, in der Beobachtung etc. versucht man, die gemachten Behauptungen und Erfahrungen über die Wirklichkeit dergestalt nachzuweisen, daß der *Erfolg* der Bemühung *nicht* auf den überlegenden Forscher sondern die Wirklichkeit zurückzuführen ist. Empirische Forschung ist daher, wie einer der Gründer der experimentellen Psychologie EBBINGHAUS (1901) sagte, Mittel zum Zweck, da die Philosophie mit ihren Mitteln die gesteckten Ziele nicht

erreicht habe. Man unterscheidet folglich zwischen *Theoriensprache* und *Beobachtungssprache*. In der ersten wird die Richtigkeit oder Falschheit von Aussagen durch logische Analyse ermittelt. In der zweiten hängt Richtigkeit oder Falschheit von der Richtigkeit der gemachten Beobachtungen ab, die in dieser Sprache bezeichnet werden (Prototyp: der Zeiger schlägt bis zum Punkt aus). In der Theorie wird also *Intersubjektivität* (viele Menschen kommen zu dem gleichen Ergebnis) durch Einigung über die Normen des korrekten Denkens (Widersprüche vermeiden u. ä.), in der Beobachtung, daß diese richtig gemacht ist, erreicht. Für den normalen Menschen ist diese (künstliche, methodisch bedingte) Trennung schwer verständlich, da er in der Regel zwischen beiden nicht unterscheidet.

Es ist nicht sicher, ob man beobachtet: „A ist wütend" oder „A haut auf den Tisch, hat einen roten Kopf". Vielfach sieht man eine Stimmung bei jemandem, ohne zu wissen, woran man das eigentlich erkennt. Zur logischen Überprüfung des Zusammenhanges der beiden „Sprachen" führt man noch *Korrespondenzregeln* an. Sie haben die Form: dem Begriff der Theoriesprache „Zorn" wird der Begriff der Beobachtungssprache „rot werden, um sich schlagen", zugeordnet. Es ist damit also nichts über den Forschungsprozeß gesagt, sondern eine formale Beziehung zur Wirklichkeit erstellt.

2.4.5. Schlußbemerkungen

Man kann sich natürlich fragen, wie man überhaupt Wissen und wissenschaftliche Forschung beurteilen soll, wenn endgültige Wahrheitsfeststellung (Verifizierung) oder Widerlegung (Falsifizierung) von Theorien nicht möglich ist. Praktisch ist die Sache natürlich weniger problematisch als vom Standpunkt der reinen Wissenschaft, von deren Erkenntnismöglichkeiten relativ zur Mathematik EINSTEIN sagte: „Insofern sich Sätze der Mathematik auf die Wirklichkeit beziehen, sind sie nicht sicher, und insofern sie sicher sind, beziehen sie sich nicht auf die Wirklichkeit" (nach DUNKER, 1966, S. 61).

HOLZKAMP (1970 b) schlägt folgende Bewertungsgesichtspunkte vor: *Umfang und Integrationsgrad* einer Theorie: man zieht eine Theorie einer anderen um so eher vor, je mehr sie an vorhandenem Wissen integrieren kann, je größer der Wirklichkeitsbereich ist, den sie erreicht.

Bestätigungsgrad und empirischer Gehalt: man zieht eine sehr wahrscheinliche Theorie, die empirisch gut bestätigt ist, einer darin ungünstigeren vor.

Einfachheit, Kohärenz: man wird eine in sich logische und kohärente, einfache Theorie einer nicht kohärenten und einfachen vorziehen (es kann über den gleichen Sachverhalt unterschiedliche Theorien geben, das ist in der Persönlichkeitsforschung z. B. der Fall).

Relevanz einer Theorie: die Theorie kann für unterschiedliche Zwecke relevant sein: sie kann *innere Relevanz* haben, dann entspricht sie den genannten Kriterien – oder sie kann auf ihre äußere Relevanz hin betrachtet werden. Gegenstand der bisherigen Wissenschaftstheorie und Beurteilung war nur die innere Relevanz. Entsprechend geht z. B. ZAPF (1970) von „geschlossenen" Systemen aus, die auf ihre inneren Funktionen untersucht werden, deren Randbedingungen unerklärt bleiben. Die äußere Relevanz ist mit wissenschaftslogischen Mitteln nicht zu bestimmen.

Forschung hat *kosmologische und anthropologische* Relevanz, wenn sie zum universalen, gültigen Selbstverständnis vom Menschen und seiner Umwelt beiträgt. Diese Universalität ist kaum zu ermitteln.

Forschung hat *technische Relevanz* (HABERMAS, 1968), wenn sie in sozioökonomischen Bereichen erfolgskontrolliertes Handeln möglich macht (Therapie, Didaktik, Beratung, Werbung etc.). Durch ihre Methodik, die einen einfachen Gegenstand wie die Physik voraussetzt, aber an einem komplizierten angewandt wird, ist bedingt, daß eine geringe Übertragbarkeit psychologischer Forschung in die Praxis „*automatisch*" möglich ist. Die tatsächliche Anwendung und Anwendbarkeit ist erheblich größer. Auch wird das Problem z. T. dadurch gelöst, daß man einfach die Wirklichkeit der Forschung anzupassen versucht. In der Verhaltenstherapie und Lernpsychologie z. B. stellt man die Bedingungen eben so her, wie es sich in der psychologischen Forschung bewährt hat (für auftauchendes Unbehagen sorgen dann die klinischen Psychologen). Von *emanzipatorischer* Relevanz kann man sprechen, wenn eine Forschung geeignet ist, den Menschen aus seinen Zwängen und Abhängigkeiten zu befreien. Dazu müßte innerhalb der Psychologie (zusammen mit anderen Wissenschaften) eine Forschung gehören, die zum Thema hätte: wie sich die Menschen dazu bringen können, politisch zu handeln und ihre Wirklichkeit selber zu gestalten, anstatt immer angstvoll auf die Fähigkeiten einer undurchschaubaren Regierung zum Krisenmanagement (HIRSCH, 1970) angewiesen zu sein.

Literatur

ADORNO, T. W.: Aufsätze zur Gesellschaftstheorie und Methodologie. Suhrkamp (Theorie), Frankfurt, 1970 (ein informativer Aufsatz, der sich jedoch nur auf die Psychoanalyse bezieht)

EYSENCK, H. J.: Wege und Abwege der Psychologie. rororo Enzyklopädie, Hamburg, 1969 (recht deutliche Darstellung der bürgerlichen (psychologischen) Position)

HIRSCH, J.: Wissenschaftlich-technischer Fortschritt und politisches System. Suhrkamp (edition), Frankfurt, 1970 (gibt Informationen zur Lage der BRD und des Verhältnisses von Wissenschaft und Politik; sehr zu empfehlen)

Huffschmidt, J.: Die Politik des Kapitals. Konzentration und Wirtschaftspolitik in der BRD. Suhrkamp (edition), Frankfurt, 1969 (gibt ebenfalls Informationen zur Lage der BRD und des Verhältnisses von Wissenschaft und Politik; sehr zu empfehlen)

Rilling, R.: Kriegsforschung und Vernichtungswissenschaft in der BRD. Rugenstein, Köln, 1970 (zeigt am Beispiel der Kriegsforschung das Zusammenspiel von politischer Entwicklung und Forschung)

Seiffert, H.: Einführung in die Wissenschaftstheorie. Band 1 und 2. Beck, München, 1970 (relativ einfache Einführung in die Wissenschaftslogik)

Teil 2: Spezielle Methoden der Psychologie

von Hans-Joachim Ahrens

1. Einleitung

Im vorangegangenen Abschnitt über allgemeinmethodologische Fragen wurde dargelegt und kritisch erörtert, daß sich die gegenwärtig vorherrschende und an den Universitäten gelehrte Psychologie als eine *empirische* Wissenschaft versteht, deren entscheidendes Merkmal darin zu sehen ist, daß ihre Aussagen, Sätze und theoretischen Konstruktionen einer empirischen Nachprüfung unterzogen werden und prinzipiell durch die Erfahrung widerlegbar sein müssen. Nur solche Sätze eines empirisch-wissenschaftlichen Systems können zur Erklärung realer Verhältnisse herangezogen werden, die nicht im Widerspruch zur Empirie stehen.

Die empirische Nachprüfung theoretischer Sätze erfolgt nach genau festgesetzten *allgemeinen* und *speziellen* methodologischen Regeln, in denen man so etwas wie die „Spielregeln" der empirischen Wissenschaften sehen kann (POPPER 1966, S. 25). Die Apostrophierung wissenschaftlicher Methoden als „Spielregeln" ist hier nicht als Zweifel an der Ernsthaftigkeit empiristisch-wissenschaftlicher Tätigkeit zu verstehen. Vielmehr soll lediglich dem häufigen Mißverständnis vorgebeugt werden, daß empirische Forschung der Auffindung letztgültiger Naturwahrheiten mit gleichfalls „wahren" Methoden dient. So wie der Roulette-Spieler nur im Rahmen bestimmter Spielregeln spielen, gewinnen und verlieren kann, so sind auch die Handlungen und Aussagen des empirischen Wissenschaftlers an die Voraussetzungen des jeweiligen Regelsystems der Gegenstandsfestsetzung und Gegenstandserfassung gebunden, das zu akzeptieren er bereit ist. Im Gegensatz zum Roulette-Spieler hat allerdings der Wissenschaftler die Möglichkeit, sowohl die inhaltlichen Zielsetzungen als auch die methodischen Spielregeln seiner Tätigkeit und seines Bildes der Wirklichkeit selbst festzusetzen und über ihre Veränderungen zu entscheiden. Wieweit diese prinzipielle Entscheidungsfreiheit im konkreten gesellschaftlichen Kontext durch Interessenabhängigkeiten, Konventionen und ähnliche Zwänge eingeschränkt werden kann, wurde im vorangegangenen Abschnitt diskutiert.

Mindestens nach der Auffassung ihrer meisten Vertreter kann auch für die Psychologie gesagt werden, daß sie sich nach einer längeren geisteswissenschaftlich-philosophischen (also nicht-empirischen) Phase wie vor ihr schon die Medizin und Biologie einer empiristischen Festsetzung ihres Gegenstandes bedient und somit ähnliche methodologische „Spielregeln" verwendet wie beispielsweise Physik, Chemie oder Astronomie. Nicht nur die anorganische, tierische und pflanzliche Umwelt und die biologische Ausstattung des Menschen werden damit der empirisch-quantifizierenden Erkenntnis zugänglich erklärt, sondern auch das individuelle und soziale Verhalten des Menschen wird mit prinzipiell gleichen Methoden erforscht, die bisher in den traditionellen Naturwissenschaften zur Anwendung kamen (s. z.B. GRAUMANN, 1971).

Probleme, die bei einer allzu unkritischen und direkten Übernahme naturwissenschaftlich „bewährter" Methoden in die Psychologie entstehen, verbinden sich nicht nur mit der großen Mannigfaltigkeit und wechselseitigen Abhängigkeit von Verhaltensvariablen, sondern insbesondere auch damit, daß das Erkenntnisobjekt der Psychologie mit dem erkennenden Subjekt im Prinzip identisch ist und immer nur in einem bestimmten historischen und gesellschaftlichen Kontext zu denken ist, der die Bedeutung bestimmter Fragen der inhaltlichen Relevanz und Interessenabhängigkeit psychologischer Lehre, Forschung und Praxis besonders augenfällig macht (s. dazu z.B. HOLZKAMP 1970 a, b, c, PETERS 1971).

Von der naturwissenschaftlichen Intention der Psychologie und den Problemen und methodischen Voraussetzungen innerhalb ihrer empiristischen Gegenstandssetzung erfährt der angehende Psychologiestudent während seiner Gymnasialzeit in der Regel wenig, hingegen unvermittelt sehr viel, wenn er schon in den ersten Semestern seines Universitätsstudiums Übungen über spezielle quantitativ-naturwissenschaftliche Methoden der Psychologie, nämlich über experimentelle Untersuchungstechniken und statistische Datenauswertung absolvieren muß. Das vielfach resultierende Unbehagen und Unverständnis gegenüber dieser unvorbereiteten Konfrontation mit speziellen quantitativen Methoden auf der Grundlage von Mathematik und Logik ist plausibel. Mindestens noch zu diesem Zeitpunkt stehen nämlich dem Studenten für eine angemessene Einschätzung des Stellenwertes spezieller quantitativer Methoden wenig oder gar keine Informationen zu folgenden *allgemeinmethodologischen* Gesichtspunkten der Psychologie zur Verfügung:

1. Wissenschaftstheoretische Begründung der empiristischen Gegenstandssetzung der Psychologie,
2. Begründung spezieller, mathematisch-naturwissenschaftlich fundierter Methoden als Konsequenz der empiristischen Gegenstandssetzung der Psychologie,
3. Begründung und kritische Reflexion der empiristischen Gegen-

standssetzung und ihrer Konsequenzen in Bezug auf die inhaltlich-praktische Anwendung, die soziale Einbettung und die Interessenabhängigkeit der Psychologie im jeweiligen Gesellschaftssystem.

Diese drei allgemeinmethodologischen Gesichtspunkte wurden im vorangegangenen Abschnitt dargelegt und kritisch diskutiert. Sie bilden den Rahmen und beschreiben die Voraussetzungen und Grundprobleme für die Anwendung *spezieller* Methoden der Psychologie, mit denen wir uns im folgenden – gemäß der allgemeinen Intention dieses Buches – mehr paradigmatisch als im vollständigen Überblick beschäftigen wollen. Zusammen mit der allgemeinen Methodologie kennzeichnen die speziellen Methoden den Status der Psychologie als Wissenschaft; denn eine Wissenschaft ist insbesondere als ein System methodisch gewonnener Erkenntnisse zu einem bestimmten Gegenstandsbereich ausgezeichnet (s. z.B. Traxel 1964, Selg 1966, Selg & Bauer 1971).

Die folgenden Abschnitte können wegen der erforderlichen Kürze der Darstellung lediglich dazu dienen, dem Leser einen paradigmatischen, ungefähren und vorläufigen Einblick in das Prinzip und in die Mannigfaltigkeit spezieller quantitativer Methoden der Psychologie zu verschaffen. Im *ersten* Abschnitt wird beispielhaft anhand eines konstruierten Experimentes zur Wahrnehmungspsychologie der Ablauf einer experimentellen Untersuchungsmethodik ausführlich erörtert. Das Experiment kann als eine typische Methode der empirischen Psychologie angesehen werden. Gleichzeitig wird die Abgrenzung von allgemeiner und spezieller Methodik diskutiert. Der *zweite* Abschnitt enthält den vereinfachten Versuch einer Übersicht über die wichtigsten speziellen Methoden der Psychologie.

Zu beachten ist dabei, daß viele dieser speziellen Methoden nicht nur für die Psychologie, sondern auch für benachbarte Sozial- und Verhaltenswissenschaften wie Soziologie, Politologie, Pädagogik und Ökonomie kennzeichnend sind und zudem in vielen Fällen nicht einmal für die speziellen Belange dieser Wissenschaften entwickelt wurden, sondern etwa dem Methodenrepertoire hochentwickelter Naturwissenschaften (wie z.B. der Physik) entnommen worden sind oder lediglich den Anwendungsversuch von gegenstandsneutral konzipierten Methoden der Mathematik auf die besonderen Fragestellungen der Sozialwissenschaften darstellen. Die Einzelwissenschaft „Psychologie" verfügt über kein geschlossenes und spezifisches System von Methoden, das eine eindeutige Abgrenzung gegenüber anderen empirischen Wissenschaften zuläßt. Bestenfalls in den multivariaten Methoden zur Analyse komplexer Systeme vieler, interdependenter Variablen (z.B. Faktorenanalyse) ist ansatzweise eine spezielle Methodengruppe zu erkennen, die mehr für die Belange der Sozialwissenschaften und z.B. weniger auf die Lösung physikalischer Fragestellungen zugeschnitten ist.

2. Beispiel einer experimentellen Untersuchungsmethodik

Die wichtigsten Eigenschaften und Prinzipien der empirischen Untersuchungsmethodik der Psychologie lassen sich paradigmatisch am allgemeinen Ablauf einer *experimentellen* Untersuchung veranschaulichen (s. Abb. 1). Der im unteren Teil des Schemas dargestellte Ablauf eines Experiments in 5 allgemeinen Schritten soll am Beispiel einer konstruierten Fragestellung aus der Wahrnehmungspsychologie erörtert werden. Dieses fiktive Beispiel wirft sowohl in inhaltlicher als auch in methodischer Hinsicht viele Probleme auf, die aber hier nicht näher diskutiert werden können.

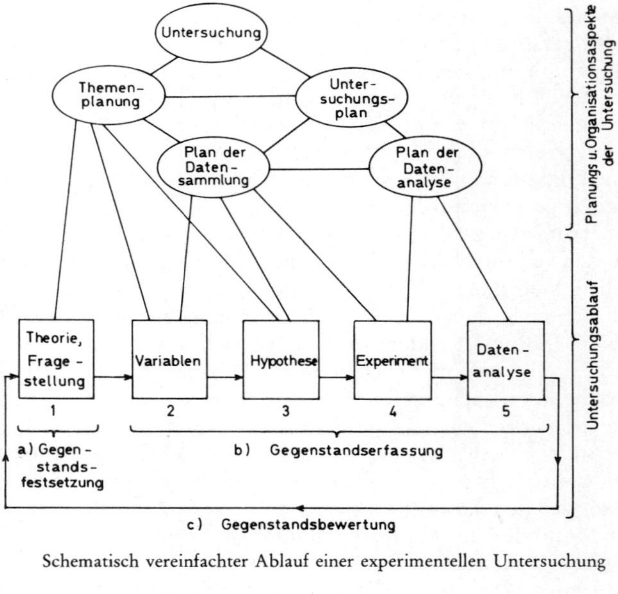

Abb. 1. Schematisch vereinfachter Ablauf einer experimentellen Untersuchung

2.1. Theorie und allgemeine Fragestellung

Eine Theorie der Wahrnehmung mag das Konzept enthalten, daß ein Wahrnehmungsvorgang als ein Prozeß der Bildung und Überprüfung perzeptiver Hypothesen aufgefaßt werden kann (z.B.: Dieses Wahrnehmungsobjekt ist ein Quadrat und nicht ein Kreis, ein Dreieck etc.). Dieses Konzept soll empirisch untersucht werden und somit nur so lange als theoretische Erklärungsmöglichkeit realer Wahrnehmungsvorgänge Geltung haben, wie kein Widerspruch zwischen herleitbaren Hypothesen und deren experimenteller Überprüfung nachzuweisen ist.

2.2. Variablen und Variablenrelation

Im Hinblick auf die konkrete Hypothesenbildung und ihre experimentelle Prüfung ist zunächst zu überlegen, welche Variablen und Variablenrelationen zur Repräsentation der obigen allgemeinen Fragestellung in Frage kommen. Unter einer *Variablen* verstehen wir hier eine Größe, die z. B. bestimmte Werte einer zugeordneten Zahlenmenge annehmen kann und auf der sich die Variation empirischer Ergebnisse quantitativ einstufen läßt.

Als beobachtbare Variable von Wahrnehmungsvorgängen könnte die Fähigkeit von Individuen herangezogen werden, ein nur einmal wahrgenommenes Reizobjekt später in einer größeren Reizmenge wiederzuerkennen. Eine im Sinne der vorgeordneten Theorie wirksame und auch experimentell manipulierbare Einflußgröße für diese Wahrnehmungsleistung könnte darin bestehen, dem Individuum bei der ersten Begegnung mit einem Reiz die perzeptive Hypothesenbildung völlig freizustellen oder sie in einer bestimmten Richtung zu beeinflussen. Wir benutzen hier als Variablenrelation also die Abhängigkeit der („abhängigen") Variablen „Reizwiedererkennung" von der experimentell manipulierbaren („unabhängigen") Variablen „perzeptive Hypothesenbildung".

Auf dieser Stufe einer experimentellen Untersuchung sind nicht nur Überlegungen zur Repräsentativität der Variablenauswahl für die vorgeordnete theoretische Fragestellung, sondern auch zur Meßbarkeit und experimentellen Kontrolle der Variablen anzustellen. Im Zusammenhang damit sind auch Überlegungen zur Stichprobenbildung, d. h. zur Auswahl der zu untersuchenden Personen erforderlich.

2.3. Hypothese

Aufgrund der vorgeordneten Theorie und der getroffenen Variablenauswahl könnte nun die Hypothese hergeleitet werden, daß eine Wahrnehmungsleistung (Wert auf der abhängigen Variablen) dann besser sein müßte, wenn die zugrundeliegende perzeptive Hypothesenbildung nicht im Belieben der untersuchten Individuen steht, sondern in einer bestimmten Richtung unterstützt wird (Bedingungen der unabhängigen Variablen). In dieser Hypothese wird also eine bestimmte Abhängigkeit der Variablen „Reizwiedererkennung“ von der vorangegangenen und experimentell herstellbaren Bedingung der Begünstigung einer bestimmten Hypothese behauptet. Diese aus der vorgeordneten Theorie hergeleitete Folgerung ist experimentell zu prüfen, d.h. sie muß sich in einer kontrollierten empirischen Situation bewähren. Empirische Bewährung bedeutet hier, daß sie aufgrund experimenteller Befunde nicht widerlegbar („falsifizierbar“) sein soll.

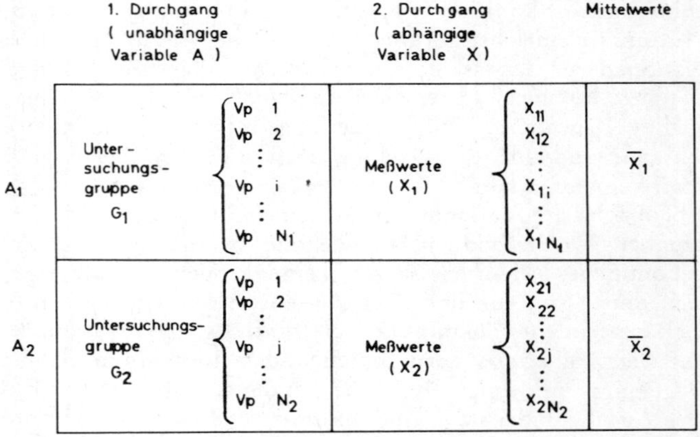

Abb. 2. Untersuchungsplan eines Wahrnehmungsexperiments (abhängige Variable X: Reizwiedererkennung; unabhängige Variable A: A_1 = mit perzeptiver Hypothese, A_2 = ohne perzeptive Hypothese)

2.4. Experiment

Zur empirischen Überprüfung der genannten Hypothese kann ein Experiment nach folgendem *Plan* durchgeführt werden (Abb. 2):

a) Stichprobenauswahl und zufällige Aufteilung von N Versuchspersonen (Vpn) auf zwei Gruppen G_1 (mit N_1 Vpn) und G_2 (mit N_2 Vpn).

b) Im ersten Durchgang werden den Vpn bestimmte Reizobjekte dargeboten (z.B. ein Quadrat). In der Gruppe G_1 wird willkürlich die Bedingung A_1 hergestellt, d.h. die Wahrnehmung der Reizobjekte wird mit einer perzeptiven Hypothese versehen (z.B. Quadrat mit der Bezeichnung „Kiste“). In der Gruppe G_2 hingegen wird die Bedingung A_2 realisiert, d.h. die Wahrnehmung erfolgt ohne zusätzliche perzeptive Hypothese (z.B. Quadrat ohne Bezeichnung).

c) Nach dieser experimentell hergestellten, unterschiedlichen Vorerfahrung erfolgt im zweiten Durchgang die entscheidende Wahrnehmungsleistung, d.h. die Vpn sollen das jeweilige Reizobjekt (z.B. Quadrat) ohne weitere Angabe einer zusätzlichen Bezeichnung in einer größeren Reizmenge wiederentdecken (z.B. ein Quadrat in einer Menge von Kreisen, Dreiecken etc.). Die Messung der abhängigen Variablen „Reizwiedererkennung" soll dadurch erfolgen, daß die Fehler jeder Vp ausgezählt werden. Es resultieren also zwei Mengen von Meßwerten, nämlich (X_1) für die Gruppe G_1 mit der Vorerfahrung A_1 und (X_2) für die Gruppe G_2 mit der Vorerfahrung A_2.

2.5. Datenanalyse

Durch die anschließende Datenanalyse des Experiments ist zu prüfen, ob die zunächst lediglich aus theoretischen Gründen behauptete Hypothese angesichts der Sammlung empirischer Befunde aufrechterhalten werden kann oder zurückgewiesen werden muß. Da sich in den individuellen Messungen der relevanten Variablen nicht nur experimentell kontrollierte Einflüsse, sondern auch mancherlei unbekannte Faktoren auswirken (z.B. Meßungenauigkeiten, Schwankungen zwischen Personen), kann die Hypothesenbeurteilung nur auf *statistischer* Basis erfolgen. Man versucht dann lediglich anzugeben, mit welcher Wahrscheinlichkeit eine Hypothese als nicht widerlegbar anzusehen ist. Diese statistische Hypothesenbeurteilung setzt voraus, daß man die bisher allgemeinsprachlich formulierte Hypothese nunmehr in die Sprache eines geeigneten statistischen Modells umsetzt und direkt auf die beobachteten Daten bezieht.

Es ist klar, daß die formalisierte Sprache eines mathematisch-statistischen Modells hier gegenüber der inhaltlichen Fragestellung lediglich eine Hilfsfunktion erfüllt. Andererseits muß aber auch deutlich gesehen werden, daß alle auf dieser Basis erfolgenden inhaltlich-psychologischen Aussagen, Entscheidungen und Interpretationen nur im Rahmen der Voraussetzungen des verwendeten mathematisch-statistischen Modells Geltung beanspruchen können. Genausowenig, wie sich der Gegenstand einer wissenschaftlichen Psychologie nicht nach irgendeiner Art Naturgesetzlichkeit sozusagen von selbst und im Sinne einer letztgültigen Wahrheit definiert, sondern nach objektivierbaren Regeln *festgesetzt* wird (hier eine empiristische Gegenstandsfestsetzung), so sind auch die darauf aufbauenden Aussagen immer an die Voraussetzungen des damit verknüpften spezialmethodologischen Konzepts der Gegenstandserfassung (hier ein Experiment mit einer statistischen Datenanalyse) gebunden. Wir erinnern an die anfänglich wiedergegebene Bemerkung von POPPER, der die methodologischen Regeln einer empirischen Wissenschaft im Sinne willkürlich festgesetzter „Spielregeln“ interpretiert. Diese relative (jedoch objektivierbare und diskutierbare) Willkür der Modellabhängigkeit psychologischer Aussagen wird oft nicht deutlich erkannt oder ruft andererseits zwischen Anhängern verschiedener Modellauffassungen und methodologischer Festsetzungen mancherlei Autoritätenstreit hervor.

Die behauptete psychologische Hypothese zielt auf Allgemeinfälle der Wahrnehmungsleistung in der Population, aus der die Stichprobe der untersuchten Vpn stammt, und hat somit Populationskennwerte („Parameter“) als Bezugsgrößen. Bei der *statistischen Hypothesenprüfung* geht man üblicherweise von der allgemeinen *Nullhypothese* (H_0) aus, die besagt, daß die in den experimentellen Bedingungen A_1 bzw. A_2 realisierten theoretischen Konzepte keinen Zusammenhang mit der zu erklärenden Wahrnehmungsleistung aufweisen. Bezeichnet man die zugeordneten Populationsparameter mit μ_1 bzw. μ_2, so kann folgende Nullhypothese formuliert werden:

$$H_0: \mu_1 - \mu_2 = 0$$

Sieht man von der Richtung des demgegenüber behaupteten Zusammenhanges zunächst einmal ab, so läßt sich der Nullhypothese eine *ungerichtete Alternativhypothese* (H) gegenüberstellen:

$$H: \mu_1 - \mu_2 \neq 0 \quad \text{bzw.} \quad \mu_1 - \mu_2 \lesseqgtr 0$$ [1]

Tatsächlich behauptet wird jedoch im vorliegenden Beispiel eine *gerichtete Alternativhypothese* (H_1), d. h. wir erwarten, daß die Wahrnehmungsleistung unter der Bedingung A_1 durch weniger Fehler ausgezeichnet ist als unter der Bedingung A_2:

$$H_0: \mu_1 - \mu_2 \geq 0$$

$$H_1: \mu_1 - \mu_2 < 0$$

Man versucht nun herauszufinden, ob sich die Nullhypothese H_0 zugunsten der gerichteten Alternativhypothese H_1 zurückweisen (falsifizieren) läßt. Diese Hypothese kann jedoch nicht unmittelbar beurteilt werden, weil sie auf unbekannte Populationskennwerte gerichtet ist. Zur Verfügung stehen lediglich die im Experiment gesammelten Meßwerte (X_1) bzw. (X_2) einer Personenstichprobe, die für die angezielte Popula-

[1]Zeichenerklärung:
- $=$ gleich
- $\neq$ ungleich
- $<$ kleiner als
- $>$ größer als
- $\geq$ gleich oder größer als

tion repräsentativ sein soll. Diese mittelbare Hypothesenprüfung erfordert bestimmte *statistische* Überlegungen.

Der erste statistische Aspekt der Hypothesenbeurteilung verbindet sich mit der Überlegung, wie man aufgrund der bekannten Meßwertreihen (X_1) und (X_2) zu einer geeigneten Schätzung der unbekannten Parameter μ_1 und μ_2 kommt: Es stellt sich ein Problem der *Parameterschätzung*. Der Rückschluß von einzelnen Stichprobenfällen auf die unbekannten Populationskennwerte wäre zu unsicher, weil mit Meßungenauigkeiten, unkontrollierten Faktoren und interindividuellen Schwankungen, die sich auf die individuellen Meßwerte auswirken, gerechnet werden muß. Geht man jedoch von der Annahme aus, daß die Meßwerte innerhalb jeder der beiden Versuchsbedingungen nur unsystematisch, d.h. zufällig schwanken, so könnten die Parameter μ_1 und μ_2 als die jeweils mittlere Tendenz der Meßwerte X_{1i} bzw. X_{2j} geschätzt werden. Demgemäß kann man z.B. vom *arithmetischen Mittel* der Stichprobenmeßwerte ausgehen:

$$(1) \quad \overline{X}_1 = \frac{1}{N_1} \sum_{i=1}^{N_1} X_{1i}; \; i = 1,2, \ldots, N_1 \quad \text{(Schätzung von } \mu_1\text{)}$$

$$(2) \quad \overline{X}_2 = \frac{1}{N_2} \sum_{j=1}^{N_2} X_{2j}; \; j = 1,2, \ldots, N_2 \quad \text{(Schätzung von } \mu_2\text{)}$$

Durch die Bildung von Durchschnittswerten wird einmal die reduzierte Beschreibung der Verteilung einer Menge von Stichprobendaten durch einzelne Kennwerte erreicht (Problem der deskriptiven Statistik). Zum anderen werden diese „Stichprobenstatistiken" als Schätzungen entsprechender Populationskennwerte weiterverarbeitet (Problem der Parameterschätzung).

Auf der Basis der durch Mittelwerte geschätzten Parameter werden die ursprünglichen Hypothesen nunmehr stellvertretend durch Mittelwertshypothesen ausgedrückt:

$H_0: \overline{X}_1 - \overline{X}_2 \geq 0$

$H_1: \overline{X}_1 - \overline{X}_2 < 0$

Schon aus der Überlegung, daß mit den Stichprobenkennwerten $\overline{X}_1$ bzw. $\overline{X}_2$ die Populationsverhältnisse nur statistisch geschätzt werden, wird die prinzipielle Unsicherheit, d.h. der Wahrscheinlichkeitscharakter experimentell-statistisch begründeter psychologischer Allgemeinaussagen plausibel.

Die Prüfung der Mittelwertshypothese erfordert weitere statistische

Überlegungen. Es handelt sich um Fragen der *Inferenzstatistik* oder der *beurteilenden Statistik*, die wir für dieses Beispiel nur im Grundansatz und ohne weitere Diskussion bestimmter Probleme des Signifikanztestens darstellen (s. z.B. BAKAN 1966, BREDENKAMP 1969).

Es sei angenommen, daß aus dem Experiment eine Mittelwertsdifferenz von $\overline{X}_1 - \overline{X}_2 = -2$ ersichtlich sei, d.h. in den beiden untersuchten Stichproben wurden unter der experimentellen Bedingung A_1 bei der Reizwiederentdeckung im zweiten Durchgang durchschnittlich zwei Fehler weniger gemacht als unter der Bedingung A_2. Berechtigt diese in der erwarteten Richtung liegende Differenz der Stichprobenmittelwerte nun schon zu der Zurückweisung der auf Populationswerte gerichteten Nullhypothese $H_0 : \mu_1 - \mu_2 \geq 0$, oder könnte die beobachtete Differenz lediglich auf Ungenauigkeiten und unsystematischen, d.h. zufälligen Schwankungen der Stichprobenbeobachtungen beruhen und somit nicht generalisierbar sein auf die Beurteilung der in der Hypothese behaupteten allgemeinen Populationsgesetzmäßigkeiten?
Man orientiert sich zunächst an der allgemeinen Nullhypothese $\mu_1 - \mu_2 = 0$. Würde man demgemäß keine systematische Bedeutung der experimentellen Bedingungen A_1 und A_2 in der Population erwarten und würde man das Experiment „unendlich oft" mit unabhängigen Stichproben wiederholen, so würden zwar alle beobachteten Mittelwertsdifferenzen $\overline{X}_1 - \overline{X}_2$ in positiver und negativer Richtung mehr oder weniger stark von 0 abweichen, jedoch im Durchschnitt eine gute Schätzung der Populationsmittelwertsdifferenz von $\mu_1 - \mu_2 = 0$ bei angenommener Geltung der Nullhypothese ergeben. Die denkbare Verteilung aller beobachtbaren Differenzen nennt man die „Stichprobenverteilung" der Mittelwertsdifferenz $\overline{X}_1 - \overline{X}_2$, die eine theoretische Zufallsverteilung bei unendlich großer Anzahl von Wiederholungen des Experiments beschreibt.

Man trifft gewöhnlich die Annahme, daß sich die einzelnen Mittelwerte $\overline{X}_1$ und $\overline{X}_2$ und auch ihre Differenzen $\overline{X}_1 - \overline{X}_2$ wie bestimmte Zufallsfehler verteilen und legt als Zufallsmodell die Gauß'sche Fehlerverteilung bzw. die Normalverteilung zugrunde. Dieses Zufallsmodell hat gewissermaßen die Funktion eines Vergleichsmaßstabes und impliziert praktisch die Annahme, daß positive und negative Abweichungen vom Mittelwert 0 gleich häufig auftreten (Symmetrie) und daß große Abweichungen viel weniger häufig sind als kleine Abweichungen (glockenförmige Verteilungsform). Mit anderen Worten: Je mehr eine beobachtete Mittelwertsdifferenz von 0 abweicht, desto unwahrscheinlicher ist eine Zufallserklärung im Sinne der Nullhypothese $\mu_1 - \mu_2 = 0$ und desto wahrscheinlicher ist ihre Interpretationsmöglichkeit als nichtzufällige Folge der experimentellen Bedingungen A_1 und A_2, d.h. zugunsten der behaupteten Hypothese H bzw. H_1.

Diese „zufallskritischen" Überlegungen werden systematisiert, indem man eine sinnvolle *Prüfgröße* definiert, in welcher die Abweichungen der beobachteten Differenz $\overline{X}_1 - \overline{X}_2$ von der unter der Nullhypothese erwarteten Populationsdifferenz $\mu_1 - \mu_2 = 0$ und außerdem eine Relativierung auf die aus der Stichprobe geschätzte Zufallsvariation der Differenzen (sog. „Standardfehler" $s_{\overline{X}_1 - \overline{X}_2}$ der Stichprobenverteilung der Differenzen $\overline{X}_1 - \overline{X}_2$) enthalten ist:

$$(3) \quad t = \frac{(\overline{X}_1 - \overline{X}_2) - (\mu_1 - \mu_2)}{S_{\bar{x}_1 - \bar{x}_2}} = \frac{\overline{X}_1 - \overline{X}_2}{S_{\bar{x}_1 - \bar{x}_2}}$$

Die Prüfgröße t ist die Basis des parametrischen t-Tests zur Prüfung einer Mittelwertsdifferenz und hat für unterschiedliche Stichprobengrößen jeweils bestimmte Zufallsverteilungen, die schon bei $N > 30$ gut durch die Standardnormalverteilung angenähert werden.

Nachdem t für die beobachtete Mittelwertsdifferenz aus der Stichprobe berechnet wurde, ist dann aus der zugehörigen t-Verteilung (s. Abb. 3) ersichtlich, ob die aus einem Experiment resultierende Mittelwertsdifferenz hinreichend unwahrscheinlich ist, um sie gemäß der experimentell hergestellten Bedingungen und nicht als Zufallsprodukt interpretieren zu können. Was als „hinreichend unwahrscheinlich" und somit im Sinne der statistischen Hypothese als bedeutsam (statistisch signifikant) anzusehen ist, wird als Konvention in Form des sog. *Signifikanzniveaus* α festgelegt. So kann man etwa mit $\alpha = 0.05$ (5%-Niveau) festlegen, daß nur solche t-Werte eine signifikante Abweichung des Ergebnisses von der Nullhypothese zugunsten einer gerichteten Alternativhypothese H_1 („einseitiger" t-Test) anzeigen, deren zufälliges Auftreten eine kleinere Wahrscheinlichkeit als $\alpha = 0.05$ hat. Mit der Wahl des Signifikanzniveaus wird praktisch die Verläßlichkeit der statistischen Hypothesenbeurteilung ausgedrückt, indem die Wahrscheinlichkeit für das fälschliche Zurückweisen der Hypothese festgelegt wird (s. „α-Fehler"). Die Wahl von α ist willkürlich, folgt jedoch gewissen Konventionen. Übliche Signifikanzniveaus sind $\alpha = 0.05$ und $\alpha = 0.01$. Eine Erniedrigung von α bedeutet eine Erhöhung der Vorsicht gegenüber dem α-Fehler. Für den praktischen Gebrauch liegen die Werte statistischer Prüfverteilungen (z.B. t-Verteilung) für übliche Signifikanzniveaus in tabellierter Form vor.

Zusammenfassend läßt sich sagen, daß die Signifikanzbeurteilung der gerichteten Alternativhypothese H_1 im Prinzip in der Angabe der bedingten Wahrscheinlichkeit $P(E/H_1)$ für das zufällige Auftreten des zu beurteilenden Ereignisses E (hier eine Mittelwertsdifferenz bzw. der zugehörige t-Wert) unter der Bedingung der Gültigkeit von H_1 besteht.

Ist $P(E / H_1) < \alpha$, so ist das zufällige Auftreten von E unter der Bedingung H_1 sehr unwahrscheinlich, d.h. H_1 wird im Rahmen des festgesetzten Signifikanzniveaus nicht widerlegt und die beobachtete Differenz $\overline{X}_1 - \overline{X}_2$ wird als „statistisch signifikantes" Ergebnis gewertet.

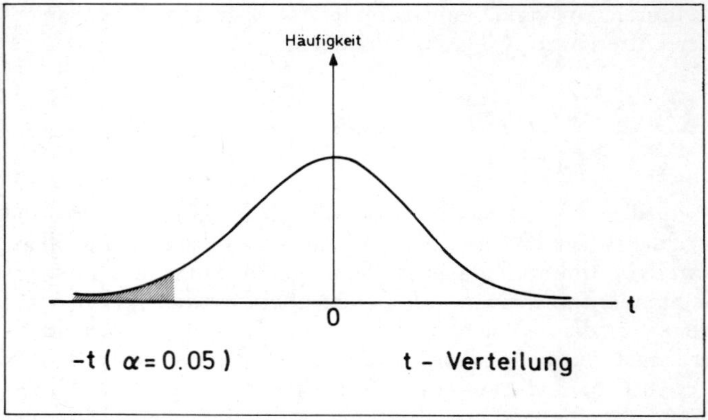

Abb. 3. Einseitige Signifikanzprüfung der Nullhypothese $H_0: \mu_1 - \mu_2 \geq 0$ gegen die gerichtete Alternativhypothese $H_1: \mu_1 - \mu_2 < 0$. Die schraffierte Fläche im linken Bereich der t-Verteilung entspricht bei einem Signifikanzniveau von $\alpha = 0.05$ einem Anteil von 5% der Gesamtfläche. Die Nullhypothese wird zurückgewiesen, wenn der beobachtete t-Wert unter der schraffierten Fläche liegt (nach EDWARDS 1971[3], 111).

2.6. Zusammenfassung

Wir fassen die allgemeinen Schritte des experimentellen Beispiels zusammen: Sofern es sich nicht um ein Erkundungsexperiment oder dgl. handelt, steht am Anfang eines Experimentes eine theoretisch begründete Fragestellung (Schritt 1), die hinsichtlich ihrer besonderen Inhalte durch eine bestimmte Auswahl beobachtbarer bzw. meßbarer Variablen und entsprechender Variablenrelationen repräsentiert wird (Schritt 2). Aufgrund der psychologischen Fragestellung, der vorgeordneten Theorie und der als relevant betrachteten Variablen wird als nächstes eine konkrete Hypothese hergeleitet (Schritt 3), deren empirische Überprüfung hier in die Durchführung eines Experimentes mit einer ausgewählten Stichprobe von Personen mündet (Schritt 4). Dieses Experiment wird so geplant, daß die resultierenden Daten eine möglichst umfassende und präzise Stellungnahme zu der behaupteten Hypothese ermöglichen können.

Die Hypothesenbeurteilung ist unmittelbarer Gegenstand der im letzten Schritt erfolgenden Datenanalyse (Schritt 5). Diese Datenanalyse erfordert bestimmte statistische Überlegungen. Dazu zählen zunächst Maßnahmen der deskriptiven Statistik, die eine vereinfachende Beschreibung größerer Mengen von Stichprobendaten durch einzelne Kennwerte (Statistiken) impliziert. Die beurteilende Statistik (Inferenz) beschäftigt sich mit den Schlußmöglichkeiten von Stichprobenstatistiken auf die zugehörigen Populationskennwerte (Parameterschätzung) und mit der zufallskritischen Prüfung von Hypothesen (Hypothesentesten). Die statistische Hypothesenbeurteilung läuft im Prinzip auf die Beantwortung der Frage hinaus, ob es hinreichend wahrscheinlich ist, daß die resultierenden experimentellen Befunde nicht zufällig, sondern im Sinne der behaupteten Alternativhypothese zustandegekommen sind. Kann die Nullhypothese zugunsten der Alternativhypothese statistisch widerlegt werden, so wird die ihr zugrundeliegende psychologische Theorie oder der Theorienausschnitt so lange als zutreffende Erklärungsmöglichkeit des angezielten psychologischen Gegenstandsbereiches gewertet, wie keine widersprechenden empirischen Befunde vorliegen oder sich nicht andere theoretische Konzeptionen als geeignetere Erklärungsmöglichkeiten für denselben empirischen Sachverhalt anbieten.

Insbesondere hinsichtlich des vorläufigen Charakters empirisch begründeter theoretischer Sätze muß bedacht werden, daß die gegenwärtige Psychologie keineswegs aus einem abgeschlossenen System endgültiger Sätze, sondern vielmehr aus einer Vielfalt theoretischer Ansätze, empirischer Ergebnisse, Methoden und offener Fragen besteht, die immer neue Untersuchungen, aber auch kritische Reflexionen über die allgemein-methodologischen Prinzipien psychologischer Forschung herausfordern.

Der gesamte Ablauf einer experimentellen Untersuchung läßt sich nach drei methodischen Gesichtspunkten zusammenfassen (s. Abb. 1), nämlich nach

a) Gegenstandsfestsetzung
b) Gegenstandserfassung
c) Gegenstandsbewertung

Diese allgemeinen Gesichtspunkte gelten im Prinzip auch für solche empirischen Untersuchungsmethoden, die sich nicht einer klassischen experimentellen Versuchsanordnung mit dem Primat der Theorie bedienen.

Die *allgemeine* Methodik einer psychologischen Untersuchung manifestiert sich in ihrer allgemeinsten Form in den Prinzipien und Problemen, die in der Abfolge „Gegenstandsfestsetzung – Gegenstandserfassung – Gegenstandsbewertung“ zum Ausdruck kommen. Wesentlich für die Psychologie ist dabei, daß sie zum gegenwärtigen

Zeitpunkt einen empiristischen Standpunkt einnimmt. Dieses allgemeinmethodologische Prinzip bedeutet vor allem, daß die Gegenstandsfestsetzung und die Konstruktion ihrer theoretischen Erklärungsmöglichkeiten nicht beliebig, sondern immer im Hinblick auf ihre prinzipielle empirische Verankerung und Überprüfungsmöglichkeit hin erfolgt, und daß keine sicheren, sondern lediglich Aussagen einer gewissen Wahrscheinlichkeit getroffen werden können. Der Wahrscheinlichkeitscharakter psychologischer Aussagen ist besonders gravierend für alle Bereiche der Differentiellen Psychologie und psychologischen Diagnostik, in denen Einzelfälle beurteilt werden sollen.

Die Begründungen, Rahmenbedingungen und kritischen Reflexionen dieser allgemeinmethodologischen Prinzipien sind Gegenstand einer allgemeinen Erkenntnis- und Wissenschaftstheorie, die zwar für die klassischen Naturwissenschaften relativ differenziert ausgearbeitet ist (s. z.B. POPPER 1966), jedoch für die Psychologie und benachbarte Verhaltenswissenschaften erst ansatzweise und mit vielen spezifischen Problemen behaftet vorliegt (s. HOLZKAMP 1964, 1968).

Gegenüber der allgemeinen Methodologie stellen die *speziellen* Methoden in der Regel nichts anderes dar als die verfahrenstechnischen Spezifikationen, die den einzelnen allgemeinen Prinzipien in der jeweiligen, konkreten Untersuchungssituation angemessen sind. So erfordert das Prinzip der empirischen Verankerung theoretischer Aussagen, daß man spezielle Verfahren zur empirisch-quantitativen Erfassung der psychologischen Variablen entwickelt, d.h. es müssen spezielle, der inhaltlichen Fragestellung angemessene Beobachtungs- und Meßmethoden bereitgestellt werden. Ist die Quantifizierbarkeit der Variablen gesichert, so müssen sie einer empirischen Untersuchungsprozedur der Datenerhebung zugeführt werden, wie beispielsweise einer kontrollierten Beobachtung, einem Experiment oder einer Fragebogenuntersuchung.

Weitere spezielle Methoden sind erforderlich, um die resultierenden empirischen Ergebnisse in einer solchen Form zu verarbeiten, daß auf dieser Basis eine objektivierbare Stellungnahme zu der vorgeordneten Fragestellung erfolgen kann. Je nach Zielsetzung und spezifischen Ausgangsbedingungen der Untersuchung kommen hier die verschiedenen Methoden der statistischen Datenanalyse zur Anwendung. Manchen Methoden der Datenanalyse – insbesondere vielen multivariaten Methoden der Dimensionsanalyse – liegen allerdings komplexe Strukturmodelle mit einer so großen Vielzahl einschneidender Annahmen zugrunde, daß man sie gegenüber der abzubildenden Realität nicht mehr ohne weiteres nur als reine Hilfsmittel und Verfahrenstechniken betrachten kann. Solche Methoden sind dann daraufhin zu untersuchen, wieweit sie gegenüber der inhaltlichen Realität nicht auch

Modellfunktionen erfüllen und somit als Erklärungskonzepte unmittelbare Bestandteile der Theorienbildung darstellen können. Bei diesen Methoden (z. B. Faktorenanalyse, multidimensionale Skalierung) muß eine starke Überlappung von allgemeinmethodologischen und speziellen verfahrenstechnischen Aspekten beachtet werden.

In unserem Beispiel einer experimentellen Untersuchung zur Wahrnehmungspsychologie wurden spezielle Methodenschritte etwa dadurch realisiert, daß die abhängige Variable „Reizwiedererkennung" durch Fehlerauszählung quantifiziert wurde, daß als empirische Untersuchungsmöglichkeit eine klassische experimentelle Versuchsanordnung gewählt wurde, und daß die Gegenstandsbewertung über eine übliche statistische Prozedur des Hypothesentestens erfolgte, und zwar unter Verwendung des t-Tests zur zufallskritischen Beurteilung von Mittelwertsdifferenzen. Es wäre durchaus denkbar, daß eine prinzipiell gleiche psychologische Fragestellung im Rahmen derselben allgemeinmethodologischen empiristischen Grundposition mit ganz anderen speziellen Methoden untersucht wird.

3. Überblick über spezielle Methoden der Psychologie

Da es im Rahmen unserer Einführung nicht annähernd möglich ist, dem Leser einen systematischen, vollständigen und auch noch ausführlichen Überblick über den Aufbau und die Prinzipien spezieller Methoden der Psychologie zu verschaffen, begnügen wir uns im folgenden mit allgemeinen Klassifikationsmerkmalen und einer tabellarischen Aufzählung der wichtigsten und üblichsten Methoden. Zum Kennenlernen einzelner Methodengruppen muß auf die Spezialliteratur verwiesen werden. Ein guter und auch für den Anfänger verständlicher Überblick über die Forschungsmethoden der Psychologie wurde kürzlich in Taschenbuchform von Selg u. Bauer (1971) vorgelegt.

3.1. Allgemeine Klassifikationsaspekte

Unter dem Gesichtspunkt des unmittelbaren Empiriebezugs lassen sich zunächst die allgemeineren Denkmethoden von den verschiedenen empirischen Methoden im engeren Sinne unterscheiden. Zu den Denkmethoden zählen z. B. die phänomenologische Methode, die induktive Methode, oder auch die mathematische Formalisierung der Theorienbildung (s. dazu Selg u. Bauer 1971, S. 30 ff). Wir beschäftigen uns hier nicht weiter mit den Denkmethoden, sondern nur mit den *empirischen Methoden,* die unmittelbar an der Sammlung und Analyse empirischer Befunde orientiert sind. Eine mittlere Position zwischen beiden

Gesichtspunkten nimmt beispielsweise die Computersimulation menschlicher Verhaltensweisen ein oder die Untersuchung der prinzipiellen Möglichkeit, mathematisch formalisierte Theorien empirisch zu testen. Wir verzichten auch auf die Aufführung spezieller Methoden der Diagnostik und Klinischen Psychologie, der Psychotherapie, der Analyse sozialer Strukturen und der Psychophysiologie, die in den speziellen Kapiteln besprochen werden.

Die meisten in der Literatur vorfindbaren Klassifikationsversuche empirischer Methoden sind notgedrungen unvollständig, weil in der Regel immer nur ein oder zwei Aspekte besonders berücksichtigt werden. Solche *Klassifikationsaspekte* sind beispielsweise:
Deskriptive vs. beurteilende Statistik,
parametrische vs. nichtparametrische Methoden,
datenerhebende vs. datenverarbeitende Methoden,
experimentelle vs. korrelative Methoden,
univariate vs. multivariate Methoden.

Der Unterschied zwischen deskriptiver und beurteilender Statistik (Inferenzstatistik) wurde schon erwähnt: Die *deskriptive Statistik* dient der zusammenfassenden Beschreibung von Daten durch einzelne numerische Größen, z.B. Mittelwerte, während das Ziel der *Inferenzstatistik* in der Lösung von Generalisierungsproblemen und in der Beurteilung von Hypothesen unter zufallskritischen Gesichtspunkten besteht. Gegenüber dieser klassischen Aufteilung der Statistik in Deskription und Inferenz wird in neuerer Zeit häufig ein dritter, ergänzender (oder auch übergeordneter) Problembereich abgehoben, der Gegenstand der *statistischen Entscheidungstheorie* ist. Mit dieser Methodengruppe wird das Problem der Konstruktion optimaler Entscheidungsfunktionen behandelt, welche das Risiko und den Nutzen (bzw. die Kosten) in der Folge statistischer Inferenz und Entscheidung explizit in Rechnung stellen. Die Grundsätze der Entscheidungstheorie werden nicht nur in der Statistik, sondern – zusammen mit der Spieltheorie – auch bei der Untersuchung individueller und sozialer Wahl- und Entscheidungsprozesse angewendet.

Parametrische und *nichtparametrische* Tests unterscheiden sich vor allem dadurch, daß letztere keine bestimmten Annahmen über die Verteilungsform der Daten voraussetzen und insofern leichter und allgemeiner anwendbar sind. Unter der Voraussetzung, daß die Daten bestimmte Verteilungsvoraussetzungen erfüllen (z.B. Normalverteilung), sind jedoch die parametrischen Prüftests (z.B. t-Test) besser geeignet, etwa den Fehler der fälschlichen Beibehaltung einer Nullhypothese (sog. „β-Fehler") zu vermeiden.

Die Unterscheidung von *Datenerhebung* und *Datenverarbeitung* ist ein sehr genereller Gesichtspunkt, dessen Hervorhebung dann nützlich ist, wenn man etwa Fragen der Variablenmessung von Problemen der Analyse und Verarbeitung schon vorliegender Meßwerte unterscheiden will. Die Konstruktion eines psychologischen Tests, einer Meßskala oder die Durchführung eines Experimentes ist primär eine Frage der Datenerhebung, während etwa die zufallskritische Beurteilung experimenteller Meßwertreihen ein Problem der Datenverarbeitung darstellt.

Die Abhebung von *experimentellen* und *korrelativen* Methoden (s. Cronbach 1957) ist heute eigentlich nur noch aus historischen Gründen als sinnvoll anzusehen. Die experimentelle Methodik hat ihre Tradition primär in der Allgemeinen Psychologie, die aus den Befunden experimentell hergestellter Situationen allgemeine Verhaltensgesetzmäßigkeiten begründet. Demgegenüber orientierte sich die Entwicklung der korrelativen Methodik ursprünglich mehr an der Erfassung von Zusammenhängen und Differenzen schon vorgefundener Untersuchungsobjekte und wurde primär als Methodik der Differentiellen Psychologie entwickelt. Während sich die klassische experimentelle Methodik an die experimentell herstellbaren Effekte hält, richtete sich die Korrelationsstatistik sozusagen mehr auf die „Experimente der Natur". Diese historisch relevante Unterscheidung wird jedoch in dem Maße bedeutungsloser, wie sich heute z. B. auch die Differentielle Psychologie der Grundsätze des kontrollierten Experiments und umgekehrt die Experimentelle Psychologie der Berücksichtigung von Variablenabhängigkeiten und individuellen Differenzen bedient.

Eine sehr allgemeine und alle bisher genannten Gesichtspunkte überdeckende Klassifikationsmöglichkeit bietet sich an, indem man die Anzahl der zu verarbeitenden Meßwertvariablen berücksichtigt. Unter diesem Gesichtspunkt lassen sich *univariate* und *multivariate* Methoden unterscheiden. Bei univariaten Fragestellungen werden immer nur Effekte hinsichtlich einer Variablen untersucht, wobei den Einflußgrößen durchaus mehrere (unabhängige) Variablen entsprechen können. Von multivariaten Methoden spricht man hingegen, wenn an jeder Person mehrere Variablen gemessen und unter Berücksichtigung aller Variablenabhängigkeiten einer gemeinsamen Analyse unterzogen werden. Viele multivariate Methoden zielen auf eine Strukturanalyse oder Dimensionsanalyse empirischer Befunde, wodurch z. B. die Beschreibung einer großen, unübersichtlichen Menge wechselseitig abhängiger Variablen durch eine einfache Struktur weniger hypothetischer und wechselseitig unabhängiger Dimensionen ermöglicht wird (z.B. Faktorenanalyse).

Keiner der genannten Gesichtspunkte kann für sich allein eine umfassende Klassifikationsbasis für alle speziellen Methoden der Psychologie abgeben. Um dem Leser trotzdem einen einigermaßen übersichtlichen Überblick zu verschaffen, heben wir in der nachfolgenden, tabellarischen Übersicht denjenigen Aspekt besonders hervor, nach dem sich die vorhandene Methodenliteratur der Psychologie noch am durchgängigsten gliedern läßt und der die Spezifität psychologischer Methoden am deutlichsten erkennen läßt: Gemeint ist die Unterscheidung von univariaten und multivariaten Methoden.

3.2. Überblick

Eine tabellarische Übersicht (s. Tab. 1) soll das Kapitel über spezielle Methoden abschließen. Wir müssen uns dabei mit einer bloßen Aufzählung und Nennung der wichtigsten Methoden begnügen, ohne auf ihre speziellen Zielsetzungen und Konstruktionsmerkmale näher eingehen zu können.

Die nachfolgende Tabelle berücksichtigt zwei allgemeine Gesichtspunkte spezieller Methoden, nämlich einmal (in der Senkrechten) die Anzahl der zu verarbeitenden Variablen (univariat vs. multivariat) und zum anderen (in der Waagerechten) die allgemeine Eigenart der Fragestellung, die unter Anwendung der jeweiligen Methode beantwortet werden soll.

Während in der obigen Tabelle hauptsächlich solche Methoden klassifiziert werden, die der *Verarbeitung* schon vorliegender empirischer Befunde und Meßdaten dienen, müssen weiterhin noch die wichtigsten Methoden aufgeführt werden, die für die *Gewinnung* empirischer Befunde erforderlich sind. Hier lassen sich – grob vereinfacht – folgende Methodengruppen der Datenerhebung unterscheiden, die sich allerdings teilweise überlappen:

1. Beobachtung
2. Gespräch (Interview, Exploration etc.)
3. Fragebogen
4. Experiment
5. Messung

Der Gesichtspunkt der *Messung* entspricht dem höchsten Quantifizierungsniveau der Erhebung empirischer Befunde und ist natürlich auch in allen Fragebogenuntersuchungen und Experimenten enthalten. Betrachtet man das Meßproblem in einem allgemeineren Sinne, so kann man bei einem Klassifikationsversuch von Meßmethoden zweckmäßig von einer Beziehung zwischen zwei objektivierbaren Anteilen ausgehen, nämlich von „Meßinstrumenten“ und „Meßobjekten“. Nimmt man hinzu, daß beide Anteile jeweils Personen oder Reizobjekte bzw. Eigenschaften sein können, so lassen sich vier wichtige Kombinationsmöglichkeiten unterscheiden:

Tab. 1. Übersicht der wichtigsten speziellen Methoden der Datenverarbeitung psychologischer Untersuchungen

Anzahl der Variablen	Allgemeine Art der Fragestellung			
	Deskription Verteilungsanalyse Parameterschätzung	Unterschiede	Dependenz und Interdependenz	Struktur von Variableninterdependenzen
univariat	Mittlere Tendenz (z. B. arithmetisches Mittel), Variabilität (z. B. Varianz), Vertrauensintervalle (z. B. Vertrauensintervall eines Mittelwerts), Verteilungs- und Kurvenanpassung (z. B. Anpassung an Normalverteilung), etc.	Unterschiede von Häufigkeiten (z. B. Chi^2-Test), Unterschiede zweier Mittelwerte (z. B. t-Test), Unterschiede von Varianzen (z. B. F-Test), Unterschiede mehrerer Mittelwerte (Varianzanalyse, Kovarianzanalyse, multiple Vergleiche), etc.	Trendanalyse, Veränderungsanalyse und Zeitreihenanalyse bei wiederholter Messung einer Variablen (z. B. Analyse von Lernkurven), Sequenzanalyse, Informationsanalyse, etc.	
multivariat (und bivariat)	Mittlere Tendenz (z. B. Centroidbestimmung), Variabilität (z. B. Varianz-Kovarianz-Matrizen), Mehrdimensionale Vertrauensintervalle, Mehrdimensionale Verteilungsanpassung (z. B. Anpassung an multivariate Normalverteilung), etc.	Mehrdimensionale Unterschiede nach Häufigkeiten, Unterschiede zweier Centroide (z. B. T^2-Test, verallgemeinerter Abstand), Unterschiede von Varianz-Kovarianz-Matrizen, Unterschiede mehrerer Centroide (mehrdimensionale Varianzanalyse und Kovarianzanalyse), Unterscheidung von vorgegebenen Klassen (z. B. multiple Diskriminanzanalyse), etc.	Einfache (bivariate) Regression, multiple Regression, einfache (bivariate) Korrelation, multiple und partielle Korrelation, kanonische Korrelation, Kontingenzanalyse von Häufigkeiten (z. B. Vierfelder-Chi^2), Konkordanzanalyse von Rangdaten, Mehrdimensionale Trendanalyse, Analyse von Moderatoreffekten, mehrdimensionale Informationsanalyse, etc.	Dimensionsanalyse (Faktorenanalyse, Hauptkomponentenanalyse, Analyse latenter Strukturen, kanonische Faktorenanalyse etc.), Typen- und Klassifikationsanalyse von Personen, Taxometrie, Konfigurationsanalyse, Cluster-Analyse, Profilanalyse, Content-Analyse, Strukturanalyse sozialer Wahlen (z. B. Soziogramm), etc.

Meßinstrumente		*Meßobjekte*
Eigenschaften	–	Reizobjekte
Eigenschaften	–	Personen
Personen	–	Reizobjekte
Personen	–	Personen

Die Messung von Reizobjekten in Bezug auf objektivierbare Eigenschaften ist primär ein Meßproblem der Physik und für die Psychologie nur indirekt von Interesse. Den übrigen, für die Psychologie unmittelbar relevanten Möglichkeiten lassen sich die anfänglich genannten Erhebungsmethoden empirischer Befunde einigermaßen eindeutig zuordnen:

Fragen der Testpsychologie und Psychodiagnostik, Fragebogenmethoden und Einstellungsmessungen gegenüber Personen stellen spezielle Gesichtspunkte innerhalb der Beziehung „Eigenschaften – Personen" dar. Die Beziehung „Personen – Reizobjekte" impliziert die subjektive Beurteilung von Reizobjekten, die beispielsweise in der Abgabe wertender Präferenzurteile zum Ausdruck kommt oder Gegenstand der Psychophysik und der verschiedenen Methoden der eindimensionalen und multidimensionalen Skalierung ist. In der Beziehung „Personen – Personen" werden Personen durch Personen „gemessen". Diese Meßprozedur ist nicht als Messung im engeren, quantifizierenden Sinne anzusehen, sondern umfaßt hauptsächlich die mehr qualitativen Methoden der subjektiven Personenbeurteilung wie Beobachtung, Interview oder Exploration.

Das Experiment läßt sich keiner dieser Kombinationen von Meßinstrumenten und Meßobjekten eindeutig zuordnen; denn die empirischen Ergebnisse aller Beziehungen können im Prinzip das Resultat einer kontrollierten, experimentellen Untersuchung sein. Je nach dem Meßskalenniveau der Untersuchung (z.B. Kategorisierung nach Häufigkeiten, Rangskalen, oder Intervallskalen) muß dann eine angemessene Technik der Datenverarbeitung und Hypothesenbeurteilung gewählt werden.

Hinsichtlich der technisch-numerischen Durchführung einer Datenanalyse muß noch erwähnt werden, daß bei vielen Methoden, insbesondere bei Methoden der multivariaten Datenanalyse, der Rechenaufwand so komplex und umfangreich wird, daß er von Hand praktisch nicht mehr zu erledigen ist. Deshalb spielt die Programmierung dieser Methoden für den Einsatz programmgesteuerter, elektronischer Rechenanlagen bei der Bewältigung komplizierter Analysen großer Datenmengen eine zunehmend bedeutsame Rolle in der Psychologie.

Literatur

CLAUS, G. und EBNER, H.: Grundlagen der Statistik für Psychologen, Pädagogen und Soziologen. Deutsch, Frankfurt, 1970 (umfangreiches, einführendes Lehrbuch der Statistik)

EDWARDS, A. L.: Versuchsplanung in der psychologischen Forschung. Beltz, Weinheim,[3] 1971 (Abhandlung über Planungsgesichtspunkte für psychologische Experimente. Vorherige Grundkenntnisse von Statistik erleichtern das Verständnis dieses Buches)

HAYS, W. L.: Quantification in psychology. Brooks and Cote Publ. Comp., Belmont (Calif.), 1967 (ein in leicht verständlicher englischer Sprache abgefaßtes Lehrbuch der Statistik. Recht gute Didaktik)

HOFSTÄTTER, P. R. und WENDT, D.: Quantitative Methoden der Psychologie. Barth, München[2], 1966 (nicht sehr umfassendes Einführungslehrbuch in die Statistik)

SELG, H.: Einführung in die experimentelle Psychologie. Kohlhammer, Stuttgart, 1966 (Urban-Taschenbuch Nr. 98) (als erste Einführung in die Methoden der Psychologie besonders geeignetes Taschenbuch)

SELG, H. und BAUER, W.: Forschungsmethoden der Psychologie. Kohlhammer, Stuttgart, 1971 (Urban-Taschenbuch Nr. 121) (als erste Einführung in die Methoden der Psychologie besonders geeignetes – erst kürzlich erschienenes – Taschenbuch)

III Wahrnehmung

von Ernst Röck

1. Einleitung

Der Titel Wahrnehmungspsychologie umfaßt eine ganze Reihe von recht heterogenen Forschungsansätzen und Fragerichtungen. Dementsprechend gehen auch die Meinungen auseinander, was als „Wahrnehmung" zu untersuchen sei. Autoren, die sich um die Berücksichtigung mehrerer Standpunkte bemühen, machen daher über die Fragestellung(en) der Wahrnehmungspsychologie recht allgemeine Angaben, wie etwa „unsere Erfahrungen der Welt erklären" oder „die Frage beantworten, warum die Dinge so aussehen (aussehen steht hier stellvertretend für die verschiedenen Sinnesgebiete), wie sie aussehen". Eine derart weite und allgemeine Fragestellung bietet den Vorteil, daß sie den Gegenstand nicht endgültig festlegt, daher für neue Fragerichtungen offen bleibt und engere Konzeptionen als Unterfragen allgemeinerer Fragen nach menschlichem Erleben und Verhalten auffassen kann. Damit werden Fragen nach der Abhängigkeit des Wahrgenommenen von nichtsensorischen Bedingungen möglich, wie z.B. nach dem Einfluß von Motivationen, Sozialität, individuellen Eigenarten, Einstellungen, Stimmungen und früheren Erfahrungen („Lernen") auf das menschliche Welt-Inne-Werden, Forschungsrichtungen, die sich in den letzten 25 Jahren lebhaft entwickelt und wichtige Beiträge zur Wahrnehmungsforschung geliefert haben.

„Unsere Erfahrungen von der Welt erklären" enthält unausgesprochen die Feststellung, daß diese Erfahrungen an etwas „erklärt" werden. Es stellt sich also die Frage nach einem Außenkriterium, mit dem unser Wahrnehmen in Beziehung gesetzt werden soll. Hierzu dienen die Kategorien, in denen die Naturwissenschaften, insbesondere die Physik, ihre Wahrnehmungen von der Welt beschreiben: Länge, Zeit, Masse, Energie usw. Das Welt-Bild der Physik hat eine hohe Einheitlichkeit, die darauf zurückzuführen ist, daß das vitale Interesse des Beobachters bei der Gewinnung ihrer Aussagen praktisch keine Rolle spielt, und sie Verfahrensregeln angeben kann, mit denen andere Beobachter zu den gleichen Ergebnissen kommen können („Objektivität"). Damit ergeben sich eine Fülle von Problemen, die sich in der Frage nach dem Abhängigkeitsverhältnis von wissenschaftlicher und alltäglicher Erfahrung bzw. der Realitätsfrage zusammenfassen lassen. Alles weitere Vorgehen, Fragen und Theoretisieren wird dadurch festgelegt, wie diese Fragen beantwortet werden. Danach richtet sich, wie Psychologie, Physiologie und Physik konzipiert und in welchem Abhängigkeitsverhältnis sie zueinander gesehen werden, sowie die Bedeutung des Wortes „erklären" (s. Kap. Methoden, Teil 1, sowie BISCHOF 1966, THOMAE und FEGER 1969, und HEISENBERG 1955).

Wir beschränken uns in diesem Kapitel auf die Besprechung der Gesetzmäßigkeiten zwischen physikalischen Eigenschaften der Umwelt und der durch unsere Sinne vermittelten Erfahrung, da auf nichtsinnliche Bedingungen des Wahrnehmens im Kapitel Sozialpsychologie eingegangen wird. Insoweit zählt Wahrnehmungspsychologie zur Allgemeinen Psychologie, d. h. sie sucht nach für alle Menschen gültigen Aussagen. Interindividuell variierende Einflußgrößen werden in diesem Zugang als Fehlerquellen betrachtet und vernachlässigt bzw. mit den entsprechenden Methoden (s. Kap. Methoden, Teil 1 und 2) relativiert. Daher haben die so gewonnenen Aussagen einen hohen Abstraktionsgrad und ihre praktische Anwendung auf alltägliche Probleme stößt auf einige Schwierigkeiten. Fragen nach dem Zusammenhang der in den Begriffen der Physik beschriebenen Welt (Reizquelle, Reizgrundlage), dem Auftreffen physikalischer Energie auf unsere Sinnesorgane (Reiz, Reizung) und den (vom Wahrnehmenden selbst nicht wahrnehmbaren und daher nur in physikalischen Begriffen beschreibbaren) Vorgängen in Rezeptoren, Leitungsbahnen und Verarbeitungszentren (Erregung, Erregungsleitung, Erregungsverarbeitung) klammern wir aus. Wir verweisen hierzu auf die einschlägige physiologische Literatur (z. B. KEIDEL 1967) und auf die entsprechenden Kapitel von KRECH et al. (1969). Dem in der Wahrnehmungsforschung besonders intensiv behandelten Zusammenhang von physiologischen Prozessen und dem Wahrgenommenen (Wahrnehmungsinhalt) kann in diesem Band nur wenig Raum gegeben werden.

Die Auswahl der einzelnen Themen sowie die unter diesen Themen besprochenen Erscheinungen ist begrenzt und exemplarisch. Auf die Darstellungen von Theorien wird zugunsten von Beschreibungen verzichtet. Bezüglich Theorien wird auf das Handbuch der Psychologie (METZGER 1966) und ALLPORT (1955) verwiesen. Auf eine getrennte Behandlung der einzelnen Sinnesgebiete wird weitgehend verzichtet, da dies den Rahmen dieses Beitrags sprengen würde. Die einzelnen Sinnesgebiete sind keineswegs alle gleichmäßig erforscht. Daher stammen die Beispiele meist aus dem Gebiet, auf dem die meisten Informationen vorliegen, aus der psychologischen Optik. Sie gelten aber meist analog für die anderen Sinnesgebiete.

Zusammenstellung der menschlichen Sinne:

Fernsinne: Gesicht, Gehör

Hautsinne: Berührung, Wärme, Kälte, Schmerz

Chemische Sinne: Geruch, Geschmack
Tiefensinne: Stellung und Bewegung der Muskeln und Gelenke (Kinästhesie), Gleichgewicht bzw. Lage, Sinne der inneren Organe

2. Die Wahrnehmung sensorischer Qualitäten

In diesem Abschnitt wird eine Klasse von recht einfachen Wahrnehmungsphänomenen behandelt. Alles, was wir wahrnehmen hat bestimmte Artung (der Apfel ist grün, das Essen riecht brenzlig, der Salat schmeckt sauer, die Holzkugel in unserer Hand ist hart und glatt), die Artungen sind in einem bestimmten Ausprägungsgrad (sehen: hell-dunkel; hören: laut-leise; riechen: stark-schwach) und in einer bestimmten Mischung gegeben (Farbe: Sättigung; Töne: Klangfarbe). Obwohl keine dieser drei Gegebenheitsweisen für sich alleine Bestand hat und sie ständig zusammenwirken, haben sie doch in unserer Wahrnehmung eine gewisse Selbständigkeit, die eine getrennte Untersuchung rechtfertigt. Untersucht wird die Abhängigkeit dieser Modi von den physikalischen Eigenschaften der Reizquelle. Von allen anderen Gegebenheitsweisen von Gegenständen wird abgesehen, experimentell, indem man Reizquellen einfachster Art darbietet (z.B. Farbpunkte), die andere Wahrnehmungen nur in begrenztem Maß zulassen und indem man sie jeweils bezüglich einer der drei (physikalischen) Dimensionen Frequenz (bzw. Wellenlänge), Intensität und Frequenzmischung variiert. Die Versuchspersonen haben dann bestimmte Angaben über ihre Wahrnehmungen zu machen (siehe hierzu Beispiel unten). Zwei Hauptfragen lassen sich mit den Methoden dieser sogenannten Psychophysik angehen: die Frage nach der oberen und unteren Grenze (absolute Schwelle) der verschiedenen Sinne und die Frage des „Auflösungsvermögens“ (eben merkliche Unterschiede, Unterschiedsschwelle) unserer Sinne, beides bezüglich der drei oben genannten Modi des Wahrnehmens. Hierzu werden verschiedene psychophysikalische Methoden angewendet. Eine soll hier beispielhaft beschrieben werden:

Bestimmung der absoluten unteren Hörbarkeitsschwelle für reine Töne von 1000 Hz mit der Grenzmethode (siehe Tabelle 1).

Beim ersten Durchgang beginnt man mit einer Lautstärke, die nicht gehört werden kann (das muß in Vorversuchen ermittelt werden) und steigert die Intensität in kleinen gleichbleibenden Schritten, bis die Vp mit „ich höre den Ton“ reagiert (aufsteigendes Verfahren; im Beispiel ergab sich eine Grenze von 5.5 Einheiten der Lautstärkeskala), beim zweiten Durchgang beginnt man mit einem gut hörbaren Ton und verfährt umgekehrt bis die Reaktion „ich höre nichts“ erfolgt (absteigen-

Tabelle 1. Bestimmung einer absoluten Schwelle mit der Grenzmethode

Intensität des Tones (willkürliche Einheiten)	Reaktionen der Versuchspersonen	
	1. Durchgang	2. Durchgang
3	kein Ton	
4	kein Ton	kein Ton
		4,5
5	kein Ton	Ton
	5,5	
6	Ton	Ton
7		Ton
8		Ton

Darbietungsabfolgen: 1. Durchgang: 3,4,5,6
2. Durchgang: 8,7,6,5,4

$$\text{Schwelle} = \frac{4{,}5 + 5{,}5}{2} = 5 \text{ Einheiten der Intensitätsskala}$$

des Verfahren; im Beispiel ergab sich eine Grenze von 4.5). Die Schwelle ist gleich dem Mittelwert der Grenzen (man benutzt in der Praxis natürlich nicht nur zwei, sondern weit mehr Durchgänge). Man sieht, (absolute und Unterschieds-)Schwellen sind keine absoluten, sondern statistische Werte. Sie variieren zwischen den Versuchspersonen und innerhalb der gleichen Versuchsperson bei verschiedenen Gelegenheiten. Als Einflußgrößen für diese Variation kommen interindividuelle Unterschiede (siehe Differentielle Psychologie) zwischen den Vpn, Schwankungen dieser Größen innerhalb der Vp über die Zeit (z.B. Aufmerksamkeitslage) und Situationsmerkmale (z.B. geräuschvolle Umgebung) in Frage (s. Kap. Sozialpsychologie).

Die Zusammenhänge zwischen Reizen und zugehörigen Wahrnehmungen werden (über viele Versuche und Versuchspersonen gemittelt) in sogenannten psychophysischen Funktionen ausgedrückt. Z.B. ist die sogenannte Hörfläche (s. Abb. 1) eine graphische Darstellung der psychophysischen Funktionen für Lautstärken und Tonhöhen. Eine Besonderheit ergab sich bei der Erforschung der Unterschiedschwellen, die in mittleren Bereichen für alle Sinnesgebiete und alle drei Modi des Wahrnehmens gilt. Für je einen gegebenen Modus ist das Verhältnis eines Reizzuwachses ($\triangle S$), der zu einem eben merklichen Wahrnehmungsunterschied führt, zum Ausgangsreiz (S) konstant (k):

$$\frac{\triangle S}{S} = k$$

Diese Beziehung ist als Weber'sches Gesetz bekannt geworden. Praktisch bedeutet dies: Je größer der Ausgangsreiz, desto größer muß der Reizzuwachs bei einem Vergleichsreiz werden um zu einem eben merklichen (Wahrnehmungs-) Zuwachs zu führen.

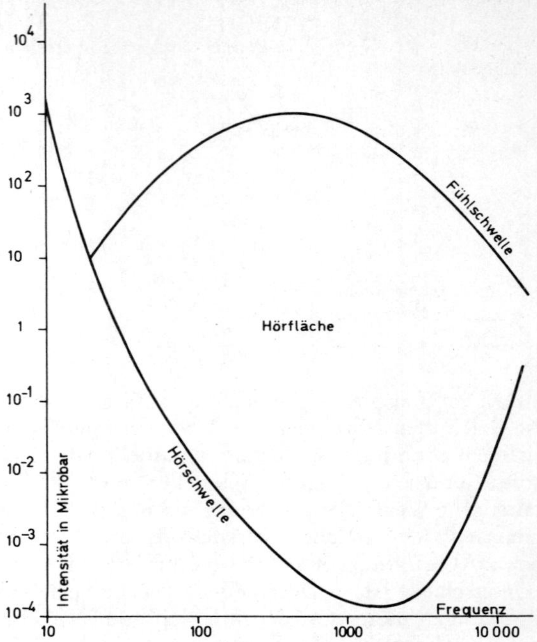

Beispiel:
Ein Gewicht von 41g wird als eben merklich schwerer erlebt als eines von 40g, eines von 205g eben schwerer als eines von 200g. Der konstante Bruch (△S/S) ergibt 1/40 = 5/200 = 0,025.

Hier einige Beispiele von solchen Konstanten für verschiedene Sinnesgebiete und Modi:

Tonhöhe	: 0,003	Lautstärke	:	0,088
Helligkeit:	0,016	Geruchsintensität	:	0,350

Wie diese Beispiele zeigen, haben die verschiedenen Sinnesmodalitäten recht unterschiedliche Unterschiedsempfindlichkeiten. Die Konstanten sind der Zahl der pro Reizeinheit unterscheidbaren Sinneseindrücke umgekehrt proportional. Aus der Kenntnis der Konstanten und der oberen und unteren Schwelle lassen sich die insgesamt möglichen unterscheidbaren Sinneseindrücke berechnen. Für den Tonhöhenaspekt ergibt sich beispielsweise (im Frequenzbereich von 100 bis 10000 Hz) eine Zahl von 1538 unterscheidbaren reinen Tönen, für den Lautstärkeaspekt etwa 325 Abstufungen.

3. Wahrnehmung von Räumlichkeit und Tiefe

Räumlichkeit und Tiefe sind ebenso unmittelbar gegebene Eigenheiten aller Wahrnehmungen wie die im vorigen Abschnitt behandelten Modi der Qualität, Ausgeprägtheit und Reinheit. Immer wenn wir etwas hören, schmecken, fühlen, riechen, sehen, ist es irgendwo an einem (wenn auch vielleicht nicht genau angebbaren) Ort. Selbst bei völliger Homogenisierung des Wahrnehmungsfeldes, die sich noch am einfachsten für den Gesichtssinn herstellen läßt, ergibt sich noch der Eindruck des Irgendwo und der Erstreckung in die Tiefe, z.B. beim sogenannten Eigengrau der Augen, das sich bei völliger Dunkelheit einstellt (s. METZGER 1930; KATZ 1911) oder beim Eindruck jenes grauen Nebels, der sich einstellt, wenn man die Augen mit halben Tischtennisbällen abdeckt (HOCHBERG et al. 1951; GIBSON und WADDEL 1952).

Welche Gegebenheiten im Reizfeld führen dazu, daß sich aus der unbestimmt gegebenen Tiefe im homogenen Reizfeld Gegenstände in bestimmbaren Entfernungen herausheben?

3.1. Hören

3.1.1. Distanz

Die entscheidenden Faktoren für die auditive Tiefenwahrnehmung scheinen (vor allem bei Mehrfachreizung) Lautstärke und Klangzusammensetzung zu sein. Lautere Schallquellen erscheinen als näher (lauter werdende als näherkommend), komplexere Klänge (aus vielen Frequenzen) vermitteln den Eindruck der Nähe, abnehmende Komplexität (selektive Filterwirkung der Luft) den Eindruck des Sich-Entfernens der Schallquelle.

3.1.2. Lokalisation

Beim einohrigen Hören ist die Lokalisation einer Schallquelle nicht möglich. Beim beidohrigen Hören scheinen Differenzen in der Zeit und in der Intensität des Schalles an beiden Ohren die entscheidenden Faktoren für die Lokalisation zu sein. Ihre Wirksamkeit läßt sich folgendermaßen nachweisen:

Bei festgestelltem Kopf können Schallquellen, die sich außerhalb der Medianebene (einer Fläche, die senkrecht auf einer durch beide Ohren gehend gedachten Linie steht) befinden, gut lokalisiert werden. Schallquellen auf der Medianebene werden zwar als auf der Medianebene befindlich wahrgenommen, die Vpn können jedoch nicht angeben, ob sich die Schallquelle oben oder unten, hinten oder vorn befindet.

Auf die Ohren können Röhren aufgesetzt werden, die in verschiedener Entfernung von beiden Ohren enden und so die Laufzeitdifferenz vergrößern. Schließlich können mittels solcher Röhren, die in gleicher Entfernung vom Kopf enden durch unterschiedliche Dämpfung künstlich verstärkte Lautstärkedifferenzen hergestellt werden.

Die Ortung von Schallquellen wird durch Kopfbewegungen entschieden verbessert, da der Unterschied zwischen den Entfernungen beider Ohren von der Schallquelle (und damit die Laufzeit- und Intensitätsdifferenz) dadurch maximiert werden kann.

3.2. Sehen

Man benutzt mit Vorliebe ebene Reizvorlagen. Hierdurch ist es durch den Wegfall tatsächlicher Tiefe besonders leicht möglich, die einzelnen, an der Ausdifferenzierung von Raumtiefe beteiligten Faktoren zu isolieren und unabhängig voneinander zu variieren, während bei räumlichen Reizquellen einzelne der Faktoren nur sehr schwer unterdrückt werden können. Man unterscheidet ein- und beidäugig wirksame Tiefenfaktoren.

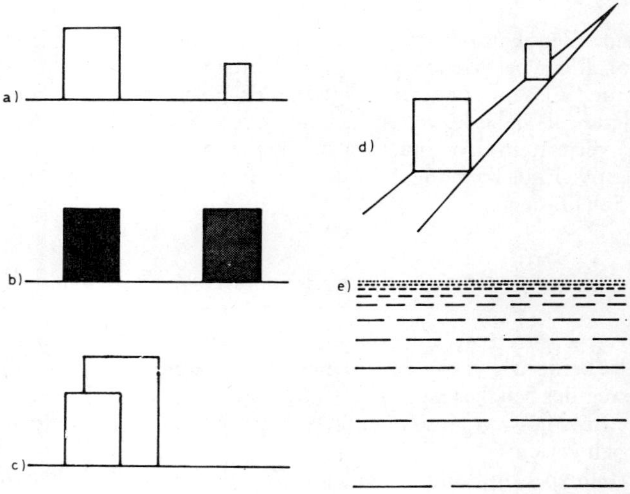

3.2.1. Einäugige Tiefenfaktoren

a) Verdeckung (Abb. 2 c): Verdeckt eine Figur eine andere teilweise, so wird die verdeckte Figur als weiter enfernt wahrgenommen. Der verdeckte Teil wird als unsichtbar hinter dem abdeckenden befindlich erlebt (siehe auch Figur-Grund-Verhältnis).
b) Größenunterschied (Abb. 2 a): Eine größere Figur wird als näher befindlich wahrgenommen als eine kleinere.
c) Linearperspektive (Abb. 2 d): Je größer die Konvergenz der Linien, desto ausgeprägter der Tiefeneindruck.
d) Höhenlage: In einer Abbildung höherliegende Figuren werden als weiter entfernt erlebt.
e) Abhebungsgrad (Abb. 2 b): Das durch einen geringeren Helligkeitsunterschied weniger vom Hintergrund Abgehobene erscheint als weiter entfernt.
f) Helligkeitsrelief: Auf mittlerem Grund erscheint der Gegenstand, der in sich die stärkeren Helligkeitsunterschiede aufweist, als näher.
g) Kopfbewegungsparalaxe: Ihre Bedeutung kann man sich am besten an einem jederzeit durchführbaren Versuch klarmachen: Ein Auge wird abgedeckt. Dann hält man einen Bleistift eine halbe Armlänge entfernt, und zwar so, daß er parallel zu einer weiter entfernten senkrechten Kante verläuft. Bei Kopfdrehungen verschieben sich Bleistift und Kante in die Gegenrichtung der Kopfbewegung, der nähere Bleistift aber wesentlich stärker als die entferntere Kante. Gleichzeitig verstärkt sich der bei ruhiger Kopfhaltung nur sehr mäßige Tiefeneindruck.
h) Texturgradient (Abb. 2 e): GIBSON hat 1950 die Bedeutung der Änderung der Oberflächenstrukturierung (mehr oder minder gleichmäßige Zunahme der Strukturierungsdichte = Texturgradient) aufgewiesen und gezeigt, daß die unter a) bis f) aufgeführten Tiefenfaktoren als Sonderfälle von Gradienten betrachtet werden können; z. B. sind die drei Schattierungen in Abb. 2 b drei Stufen eines Helligkeitsgradienten von weiß bis schwarz.

3.2.2. Beidäugige Tiefenfaktoren

Als wichtigster Tiefenfaktor des beidäugigen Sehens gilt die sogenannte Breitenabweichung oder Querdisparation der getrennten Gesichtsfelder beider Augen. Was damit gemeint ist, wird klar, wenn man bei ruhig gehaltenem Kopf z. B. eine Zündholzschachtel mit einer der Schmalseiten zum Kopf etwa 5 cm vor die Augen hält und abwechselnd das linke und das rechte Auge schließt: die jeweils dem Auge abgekehrte Fläche ist nicht sichtbar. Außerdem erscheint die Schachtel jeweils in die Gegenrichtung des geöffneten Auges verschoben.

Wir wiederholen den Versuch mit zwei (möglichst ähnlichen) Gegenständen, z.B. Bleistiften. Beide Gegenstände werden senkrecht gehalten, der erste befindet sich etwa in 20 cm Entfernung vor dem Gesicht, der zweite etwa 5 cm seitlich davon und 5 cm dahinter. Jetzt wird abwechselnd ein Auge geschlossen. Das Ganze wird wiederholt, jedoch befindet sich der zweite Gegenstand jetzt 20 cm hinter dem ersten. Es zeigt sich, daß die einäugigen Wahrnehmungen der beiden Gegenstände umso mehr voneinander in der Breite abweichen, je mehr die beiden Gegenstände voneinander entfernt sind.

Ein verstärkter Tiefeneindruck läßt sich mit Geräten erzeugen, die den Augenabstand und damit die Disparität der getrennten einäugigen Wahrnehmungen künstlich vergrößern (Scherenfernrohr). Die gleiche Wirkung wird erzielt, wenn man in einem Stereoskop (in dem die Kenntnis der Querdisparation zur Erzeugung eines dreidimensionalen Bildes aus zwei querdisparaten eindimensionalen Vorlagen ausgenutzt wird) Vorlagen benutzt, die aus weiter als Augenabstand voneinander entfernten Kameras aufgenommen wurden. Vertauscht man die beiden Vorlagen, so kehrt sich der Tiefeneindruck um.

Die Querdisparation ermöglicht eine wesentlich verbesserte Tiefenlokalisation gegenüber allen anderen Tiefenfaktoren im Nahraum, insbesondere im Greifbereich. Die Tiefenschwelle (siehe Abschnitt 2) beträgt für die Querdisparation allein bei 50 cm Abstand vom Gesicht weniger als 0,1 mm, in 1 m Abstand weniger als 0,5 mm, bei 50 m Abstand ca 1 m, bei 500 m über 100 m und erreicht zwischen 1300 und 2600 m den Wert ∞, d. h. ab dieser Entfernung ist die Querdisparation so klein, daß sich kein merklicher Tiefenunterschied mehr ergibt.

Weitere Mermale liegen a) in der Unumkehrbarkeit der Tiefenverhältnisse, b) in der Unabhängigkeit von Bewegungen der Objekte und c) des Kopfes, d) in der Unabhängigkeit vom figuralen Aufbau und Zusammenhang der Gegenstände und e) in der relativen Unabhängigkeit von der Beobachtungsdauer, was alles für die monokularen Tiefenfaktoren zutrifft.

4. Die Organisation oder Gestaltetheit des Wahrgenommenen

Die in diesem Abschnitt zu besprechenden Gegebenheitsweisen des Wahrgenommenen beziehen sich auf dessen formale Eigenschaften und deren Abhängigkeit von den Eigenschaften der Reizquellen. Was damit gemeint ist, läßt sich an Abb. 3 veranschaulichen:

Figur a kann entstehen durch Zusammenschieben der Teile von Figur b oder von Figur c. Beauftragt man eine Anzahl von Vpn, die die Figuren b und c nicht kennen, die Teilfiguren von a auseinander zu schieben,

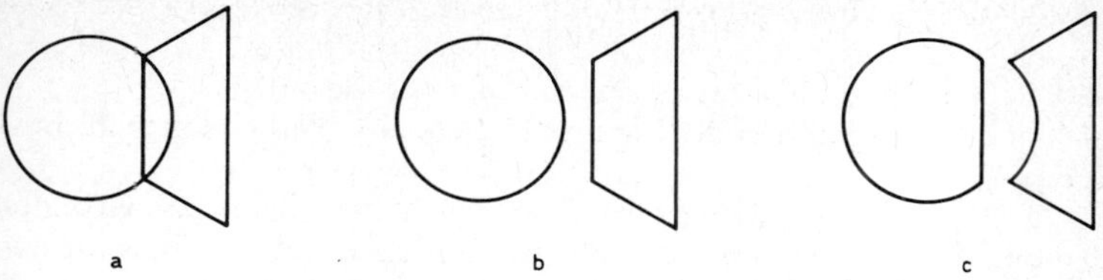

so wird man in den meisten Fällen als Ergebnis die Figur b erhalten, obwohl Figur c eine genauso ‚richtige' Lösung darstellt.

Diese Untergliederung und Zusammenordnung des insgesamt Wahrgenommenen ist gemeint, wenn von der Organisation des Wahrnehmungsfeldes die Rede ist.

4.1. Figur-Grund

Das grundlegendste dieser Organisationsprinzipien ist die Untergliederung des Wahrnehmungsfeldes in Figur und Grund, in etwas klar Abgehobenes und Heraustretendes und etwas diffus Mitgegebenes: wir hören eine Melodie vor einem Hintergrund von uns umgebenden Geräuschen, wir spüren den bohrenden Schmerz in einem Zahn als von den übrigen Körperempfindungen abgehoben.

4.1.1. Entstehungsbedingungen der Figur-Grund-Gliederung

Figur-Grund-Gliederung ergibt sich im optischen Bereich (hier sind diese Bedingungen ausführlich untersucht worden), wenn man in ein homogenes Sehfeld scharfe Grenzen oder Linien einführt (s. Abb. 4 a, b). Die so erhaltene Figur-Grund-Gliederung ist jedoch nicht sehr ausgeprägt und kann jederzeit umschlagen (reversible Figuren). In beiden Figuren kann sowohl x als auch y zur Figur oder zum Grund werden. Fester wird die Figur-Grund-Gliederung bei der Einführung einer in sich zurücklaufenden, sich nicht überkreuzenden Linie (Abb. 4c), die als Kontur die Figur zusammenfaßt und gegen den Grund begrenzt.

Binnengliederung führt schließlich zu einer weiteren Verfestigung der Figur-Grund-Trennung (Abb. 4d).

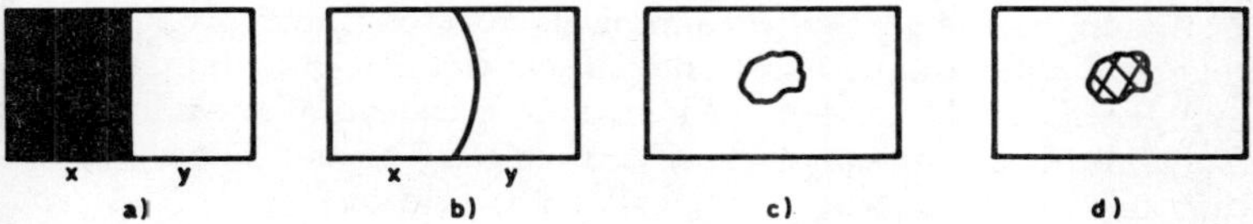

4.1.2. Eigenschaften von Figur und Grund (nach RUBIN, 1921)

a) die Figur wird als Gestalt gesehen, der Grund nicht,
b) der Grund liegt hinter der Figur und reicht anschaulich unter ihr hindurch,
c) die Figur besitzt Objektcharakter (auch als abstraktes Gebilde),
d) die Farbe der Figur erscheint als substantieller und härter als die des Grundes,
e) die Figur ist dominanter, eindrucksvoller und wird besser behalten,
f) die Grenzlinie zwischen Figur und Grund gehört zur Figur.

4.2. Die Regeln der Zusammenordnung von Teilen des Wahrnehmungsfeldes

Die einzelnen im Wahrnehmungsfeld vorhandenen Teile werden unter bestimmten Bedingungen als zusammengehörig wahrgenommen. Solche Bedingungen (Gruppierungsregeln) sind unter anderen:

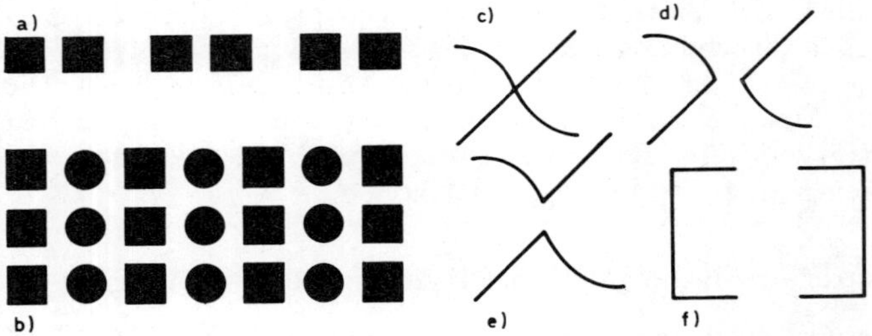

a) das Prinzip der Nähe: In Abb. 5 a wird eine Folge von Paaren wahrgenommen,
b) das Prinzip der Ähnlichkeit: In Abb. 5b werden Spalten von zusammengehörenden Gegenständen wahrgenommen, aber keine Reihen,
c) das Prinzip des glatten Verlaufs: In Abb. 5 c werden zwei sich kreuzende Linien wahrgenommen und nicht zwei Winkel wie in Abb. 5 d und 5 e,
d) das Prinzip der Schließung: Abb. 5 f wird als Quadrat wahrgenommen und nicht als zwei Teilfiguren,
e) das Prinzip der sinnvollen Erfahrung: Unvertraute Figuren werden bekannten Figuren angeglichen, Dies läßt sich besonders gut unter Bedingungen, die die Wahrnehmung erschweren (kurzzeitige Darbietung im Tachistoskop, ungewöhnlich schwache Beleuchtung: sog. aktual-genetische Methoden) zeigen; z.B. wird ein Gesicht mit vier Augen beim tachistoskopischen Versuch erst bei sehr langer Darbietung nicht mehr als normales Gesicht beschrieben.

Diese Gruppierungsprinzipien lassen sich gegeneinander ausspielen und damit bezüglich ihrer relativen Bedeutung überprüfen. Abb. 5 zeigt eine Gegenüberstellung von Nähe vs. Ähnlichkeit und Nähe vs. Schließung.

Durch Variation der verschiedenen Abstände lassen sich die in der Reizvorlage gegebenen Bedingungen für die Dominanz je eines Prinzips und für eine ambivalente Indifferenzzone bestimmen, in der ein beständiges Umkippen der Wahrnehmung auftritt.
Alle diese Gruppierungsregeln wirken zusammen in der sogenannten

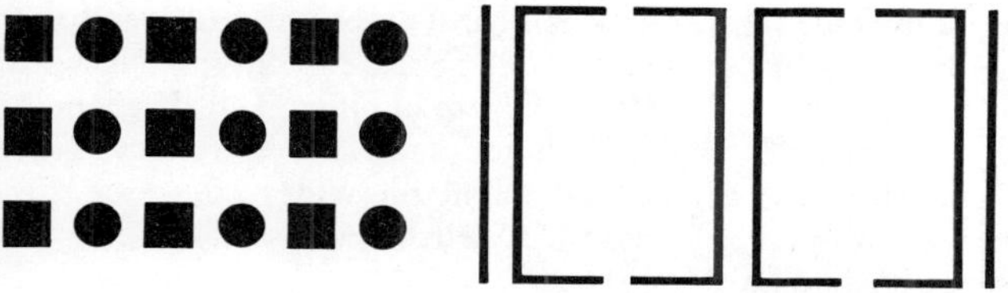

a) b)

4.3. Prägnanzregel (Tendenz zur guten Gestalt)

Gemeint ist damit, daß die Reizgegebenheiten immer so gruppiert werden, daß sich eine möglichst einfache, symmetrische, ausgewogene, spannungsfreie und leicht zu behaltende Figur ergibt. Siehe hierzu Abb. 3a, die bevorzugt als Überschneidung von Kreis und Trapez wahrgenommen wird und nicht als die kompliziertere Figur Abb. 3c.

Die Prägnanzregel bereitet in experimentellen Untersuchungen insofern Schwierigkeiten als ihre Bestimmungsstücke (einfach, ausgewogen, spannungsfrei) sich weitgehend einer präzisen Definition entziehen.

Neuerdings wird versucht, strukturelle Einfachheit mittels informationstheoretischer Variablen (benötigte Information zur Beschreibung einer Figur; Redundanz) zu erfassen und deren Zusammenhang mit Gestaltgliederungstendenzen zu untersuchen. Derartige Untersuchungen stecken noch in den Anfangsgründen und man wird weitere Ergebnisse abwarten müssen (Hochberg, 1964).

5. Konstanz

Wahrgenommene Gegebenheiten besitzen ausgeprägte Invarianz gegenüber Änderungen in der Umwelt: ein weißes Stück Papier erscheint in dämmriger Beleuchtung genauso weiß wie im hellen Sonnenlicht, obwohl es in der Dämmerung weniger Licht reflektiert als ein Stück Kohle im Sonnenlicht, ein Stab von ca. 180 cm Länge wird in einer Entfernung von 700 m noch etwa in der richtigen Größe gesehen. Derartige Konstanz gibt es z. B. bezüglich Helligkeit, Farbe, Größe, Gestalt und Lautstärke. Ob und inwieweit Konstanz auftritt, hängt weitgehend vom Umfeld ab, in dem die Reizquelle dargeboten wird. Als kritische Variable der Konstanzleistungen sind daher die Beziehungen zwischen Reizquelle und Umfeld zu betrachten. Verändern sich diese Beziehungen, so ändern sich damit die Konstanzleistungen. Das läßt sich an einem Experiment von GELB (1932) zeigen. Beleuchtet man in einem dämmerigen Raum eine schwarze Scheibe mit einer unsichtbaren fokusierbaren Lampe, so daß der Schatten der Scheibe nicht gesehen wird, so erscheint die Scheibe weiß. Überdeckt man einen Teil der Scheibe mit weißem Papier, erscheint die Scheibe schwarz. Wird das weiße Papier wieder entfernt, so erscheint die Scheibe (wider „besseres Wissen") wieder weiß. Beim Fehlen von Umweltreizen (weißes Papier) fiel die Helligkeitskonstanz aus.

Entscheidende Variable für die Größenkonstanz ist die (wahrgenommene) Entfernung zwischen Beobachter und Reizquelle. Die wahrgenommene Entfernung hängt aber wiederum von der Wirksamkeit der Tiefenfaktoren ab. So ist zu erwarten, daß ein Wahrnehmungsfeld, das eine genaue Entfernungsschätzung zuläßt, zu hohen Konstanzleistungen führt. Die oben erwähnten Untersuchungen zur Größenkonstanz (Beispiel mit dem Stab) wurden auf einem Flugfeld, also unter für Tiefenwahrnehmung praktisch idealen Bedingungen (hier kommen vorwiegend monokulare Tiefenfaktoren, insbesondere der Texturgradient in Frage; die Querdisparation als Tiefenfaktor ist bei dieser Entfernung praktisch bedeutungslos) durchgeführt. Die erreichte Konstanz ist entsprechend hoch. Praktisch wird der Stab, solange er überhaupt gesehen wird, in annähernd richtiger Größe gesehen.

Die Konstanz vermindert sich jedoch beträchtlich, wenn man eine adäquate Tiefenwahrnehmung verhindert. Bietet man beispielsweise eine erleuchtete Scheibe monokular in einem abgedunkelten Raum in verschiedenen Entfernungen dar und ändert dabei die Größe der Scheibe, ohne daß der Beobachter dies bemerken kann, so, daß das Verhältnis ihres Durchmessers zum Abstand vom Beobachter stets gleich bleibt, so wird die Größe der Scheibe stets als gleich beurteilt. Hebt man die die Tiefenwahrnehmung ausschaltenden Bedingungen auf, so ändert sich die geschätzte Größe der Scheibe linear mit ihrem Abstand vom Beobachter (HOLWAY und BORING, 1941). Den gleichen Effekt erzielt man mit sogenannten verzerrten Räumen. Sie werden monokular durch eine kleine Öffnung betrachtet, haben einen von der Rechteckform abweichenden Grundriß (s. Abb. 8) und sind so ausgemalt, daß sie einen wesentlich kleineren, quadratischen Raum vortäuschen. Stellt man in die dem Beobachter gegenüberliegenden Ecken zwei gleich große Personen auf, so ergibt sich der widersinnig erscheinende aber auch bei Kenntnis der Verhältnisse nicht aufhebbare Eindruck, einem Riesen und einem Zwerg gegenüberzustehen.

6. Bewegungswahrnehmung

Die visuelle Wahrnehmung von Bewegung ist nicht ausschließlich eine Funktion von Bewegungen von Reizquellen in einer physikalischen Fläche oder in einem physikalischen Raum. Z. B. hat die autokinetische Bewegung (Bewegung eines kleinen Lichtpunktes in einem völlig abgedunkelten Raum) keine Entsprechung in der Reizgrundlage, erscheint aber als nicht weniger real wie die Bewegung eines Autos auf der Straße. Geschwindigkeit und Richtung von Bewegungen und was als bewegt gesehen wird, hängt in hohem Maß von der Organisation des Wahrnehmungsfeldes ab. Auf einige dieser Bedingungen wird hier eingegangen.

6.1. Induzierte Bewegung

In einem sonst dunklen Raum wird ein Punkt auf einer andersfarbigen Fläche nach rechts bewegt (Abb. 7, x). In einem anderen Versuch wird die Fläche nach links weggezogen (Abb. 7,y). In beiden Fällen wird die gleiche Bewegung gesehen: der Punkt bewegt sich auf der ruhenden Fläche von links nach rechts, so wie es in Abb. 7,x dargestellt ist. Die im Fall von Abb. 7,y gesehene Bewegung nennt man induzierte Bewegung. Als alltägliches Beispiel für diese Erscheinung mögen die Bewegung des Mondes durch die ruhenden Wolken und die eigene Bewegung in die Gegenrichtung beim langsamen Anfahren oder Anhalten eines Zuges dienen. Von zwei Objekten wird dasjenige eher als bewegt gesehen, das als Figur erlebt wird und das ist in der Regel das kleinere. Dabei verläuft die induzierte Bewegung immer in die Gegenrichtung des tatsächlich bewegten Objekts.

6.2. Stroboskopische Bewegung oder Phi-Phänomen

Was damit gemeint ist, läßt sich an einem einfachen Versuch zeigen. Zwei kleine Glühlampen sind etwa 20 cm voneinander entfernt auf einer Fläche montiert (Abb. 7,1 u. 2). Zunächst wird 1 an- und ausgeschaltet, dann 2. Erfolgt das An- und Ausschalten von 2 etwa eine

Sekunde nach dem von 1, sieht man 1 und 2 abwechselnd beleuchtet. Wird das Zeitintervall zwischen der Beleuchtung von 1 und 2 zunehmend verkürzt, so wird ein Punkt erreicht, ab dem statt der Beleuchtungsabfolge eine Bewegung des Lichtes über den Zwischenraum hinweg wahrgenommen wird. Bei sehr kurzem Zeitintervall sieht man schließlich die beiden Lampen, jede an ihrem Platz, gleichzeitig aufleuchten. Daß die zwischen 1 und 2 wahrgenommene Bewegung nicht aus der Bewegung der Augen von 1 nach 2 resultiert, läßt sich dadurch zeigen, daß man 3 und 4 zusätzlich zu 1 und 2 im gleichen Rhythmus aufleuchten läßt, jedoch so, daß 1 *und* 4 und 2 *und* 3 gleichzeitig leuchten. Bei 3,4 ergibt sich eine Bewegung, die der bei 1,2 entgegengesetzt verläuft.

Für die Erscheinungsweisen der stroboskopischen Bewegung spielen Gruppierungsfaktoren (s. 4.2) eine wichtige Rolle, z. B. das Prinzip der Nähe (Abb. 7: zunächst leuchtet 1, dann 2 und 3 gleichzeitig. Die Bewegung läuft von 1 nach 2) oder das Prinzip der Ähnlichkeit (zunächst leuchtet 3, dann gleichzeitig 1 und 5; die Bewegung geht von 3 nach 1). Bei 6,7 und 8,9 ergeben sich wesentlich kompliziertere Bewegungen: 6 streicht um den Berührungspunkt mit 7 über die zwischen 6 und 7 liegende Fläche, 8 kippt um seine beiden äußeren Enden mit der Spitze dem Beschauer zu durch den Raum in 9 über.

Die Abhängigkeit der stroboskopischen Bewegung vom Abstand der beiden Punkte, von Beleuchtungsintensität und Zeitintervall zwischen den Beleuchtungen der einzelnen Punkte ergibt sich aus der folgenden Regel: Je größer der Abstand zwischen den Reizquellen, desto größer muß die Intensität (bei gleichbleibendem Zeitintervall) oder das Zeitintervall (bei gleicher Intensität) sein (Korte, 1915).

Praktisch angewendet wird die stroboskopische Bewegung bei Kino und Fernsehen, wo Bilder, die sich geringfügig voneinander unterscheiden, kurzzeitig ruhend dargeboten werden und zu einem kontinuierlichen Bewegungseindruck verschmelzen.

6.3. Die Abhängigkeit objektiv vorhandener Bewegung vom Umfeld

geht aus den folgenden Beispielen hervor: In Abb. 7 a bis f wird der gleiche Streifen so bewegt, wie der Pfeil in 7 a anzeigt. Bei 7 a wird die Bewegung auch so wahrgenommen. Jetzt wird der Streifen durch verschiedene Masken abgedeckt. Bei b erscheint die Bewegung horizontal, bei c vertikal, bei d diagonal und bei e, wo der Streifen nacheinander drei Lochblenden passiert, horizontal.

Bei völliger Dunkelheit rollt ein Rad über eine waagerechte Fläche. Trägt es an der Felge ein Licht, ergibt sich eine Bewegung in Form einer Zykloiden (Abb. 7,f), sitzt das Licht auf der Nabe, erscheint eine horizontale Bewegung (Abb. 7,g), sitzt sowohl auf der Nabe als auch auf der Felge ein Licht, wird ein rollendes Rad gesehen (Abb. 7,h); die zykloide Bewegung aus f fehlt völlig.

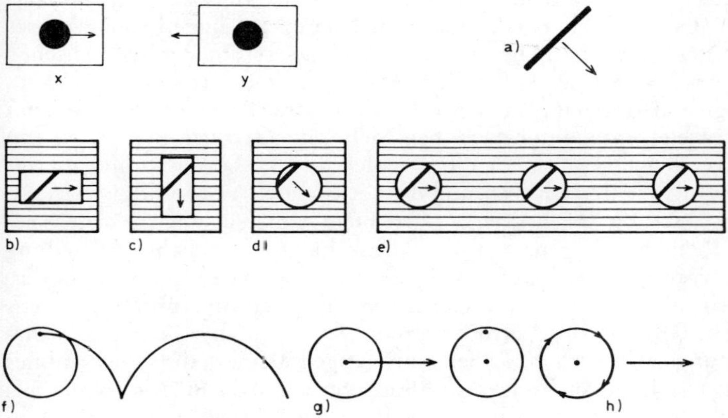

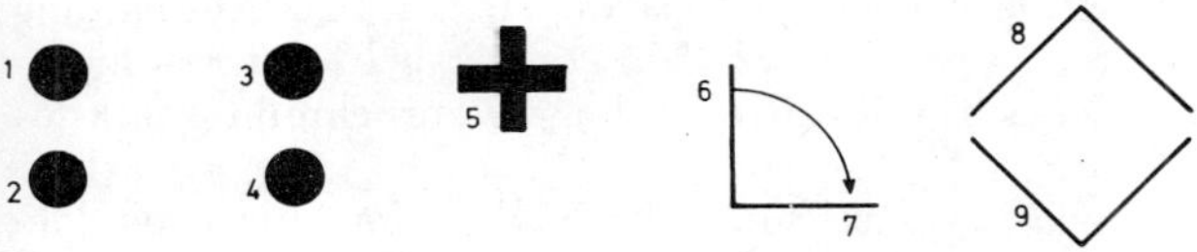

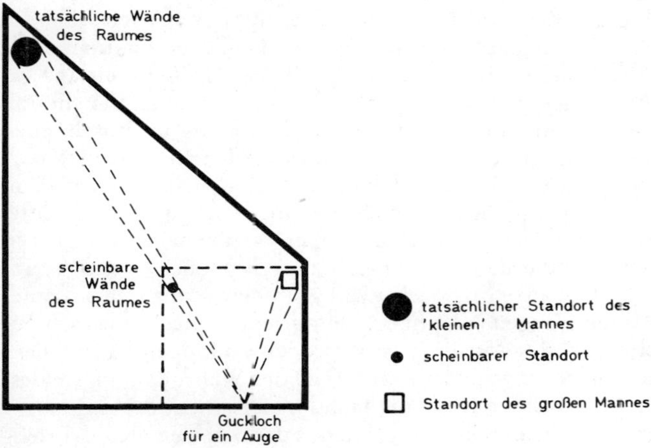

7. Wahrnehmung und Lernen

Die Frage, inwieweit die Wahrnehmungsinhalte von früherer Erfahrung abhängig und damit also gelernt sind, wurde bisher ausgeklammert, obwohl sie sich dem Leser sicher schon an einigen Stellen dieses Berichtes gestellt hat. Die verabsolutierte Vertretung des nativistischen oder des empiristischen Standpunkts scheitert an der Unmöglichkeit, Anlage und Umwelt für entsprechende Versuche zu isolieren. So kann die Frage eigentlich nur nach dem Mehr oder Weniger zugunsten von Anlage oder Umwelt lauten, bzw. nach der Ausfaltung präformierter Funktionen in der Umwelt und dem Ausmaß ihrer Modifizierbarkeit. Onto- oder phylogenetisch ausgerichtete Untersuchungen bieten gewisse Schwierigkeiten, weil die Möglichkeit sprachlicher Mitteilung fehlt. Erfolgreiche Diskriminierung zwischen zwei (oder mehreren) Reizen läßt sich zwar so erforschen, daß die oben angeführten Objektivitätskriterien optimal erfüllt werden. Sie sagen aber über die Wahrnehmungswelt, etwa eines siebenmonatigen Kindes oder eines Huhnes nichts aus. Untersuchungen an Blindgeborenen, die im Alter von 7 bis 13 Jahren durch operative Eingriffe sehend wurden (von Senden, 1932), lassen wegen offenbarer Mängel in der Befragung ebenfalls keine eindeutigen Schlußfolgerungen zu. So ist man teils auf die Ausdeutung objektiver Untersuchungen, teils auf Kurzzeitversuche mit Erwachsenen angewiesen. Danach ergibt sich für einige Wahrnehmungsfunktionen folgendes Bild:

Die Gruppierung nach dem Prinzip der Nähe ist im Alter von 6 Jahren voll wirksam. Ihr Einfluß wird in den folgenden zehn Jahren im Vergleich zur Gruppierung nach Ähnlichkeit und glattem Verlauf relativ geringer. Das läßt darauf schließen, daß Gruppierung nach Nähe ein primitiverer, Umwelteinflüssen weniger zugänglicher Faktor ist als Ähnlickeit und glatter Verlauf (Rush, 1937). Die Größenkonstanz für weitere Entfernungen scheint im Alter von 3–5 Jahren noch nicht voll entwickelt zu sein und bei Eingeborenen, die ständig im Busch leben (und daher ständig ein sehr eingeschränktes Gesichtsfeld haben) auch bei Erwachsenen weitgehend zu fehlen. Bringt man sie in Gegenden, in denen man weite Strecken übersehen kann, so sehen sie z. B. Büffel für Insekten an (Turnbull, 1961). Läßt man Vpn über eine längere Zeit eine Brille tragen, die den Strahlengang umkehrt (oben-unten-Vertauschung), wird die Umwelt zunächst völlig auf dem Kopf stehend gesehen. Nach einigen Tagen beginnt eine Umorientierung, die jedoch zunächst noch schwach ausgeprägt ist und noch umkippen kann. Diese Umorientierung betrifft zunächst nur Teile des Wahrnehmungsfeldes, z. B. Dinge, die betastet oder in die Hand genommen oder mit einem Stab berührt werden können oder bei denen das Auf-dem-Kopf-Erlebnis besonders widersinnig ist, wie bei einer brennenden Kerze. Hier kann ein plötzliches Umspringen auftreten, z.B. beim Anzünden der Kerze. Nach einigen Wochen ist eine völlige Umorientierung erreicht. Es können so komplizierte Tätigkeiten wie Motorradfahren praktisch ohne Behinderung ausgeführt werden. Bei Abnahme der Umkehrbrille erscheint die Welt (allerdings nur für einige Minuten) erneut umgekehrt (KOHLER, 1951).

Unter den Tiefenfaktoren scheint vor allem die Querdisparation eine von der Erfahrung relativ unabhängige Funktion zu sein, wie die oben angeführten Merkmale zeigen, die sich auch in den Umkehrbrillenversuchen nicht ausschalten ließ (LINSCHOTEN, 1956).

Literatur

HOCHBERG, J. E.: Perception. Prentice-Hall, Englewood Cliffs, N. J., 1964 (eine leichtverständliche Einführung in die Wahrnehmungspsychologie mit vielen Abbildungen und Experimenten)

KOHLER, I.: Wahrnehmung. In: Lehrbuch der experimentellen Psychologie (MEILI, R. und ROHRACHER, H.). Huber, Bern, 1963 (kurze Einführung in die Wahrnehmungspsychologie an Hand von Experimenten)

KRECH, D. und CRUTCHFIELD, R.S.: Grundlagen der Psychologie. Band I. Beltz, Weinheim, [2]1969 (hervorragende Besprechung wahrnehmungspsychologischer Problemstellungen einschließlich der Physiologie der Wahrnehmungsorgane mit vielen Abbildungen und Experimenten)

WEINTRAUB, D.J. und WALKER, E.L.: Perception. Brooks/Cole, Belmont, 1968 (Exakte Darstellung von Experimenten und Theorien auf dem Gebiet der Wahrnehmung mit guten Abbildungen)

IV. Lernen und Gedächtnis

von Karin Bredenkamp und Jürgen Bredenkamp

1. Einleitung

Jeder von uns hat eine Vorstellung davon, was der Begriff „Lernen" bedeutet; in der Alltagssprache verstehen wir im allgemeinen darunter, daß wir uns absichtlich und zumeist unter mehr oder weniger großer Anstrengung („pauken") irgendwelche Fähigkeiten oder Kenntnisse (lesen, schreiben, Auto fahren, etc.) aneignen; weiterhin nehmen wir an, daß sich aufgrund dieser Bemühungen immer eine Leistungssteigerung einstellt; bleibt dieses erwartete Ergebnis aus, so haben wir eben nicht gelernt.

Was nun ist „Lernen" im Sinne einer wissenschaftlichen Psychologie, welches sind ihre Forschungsziele und -inhalte? Einige optimistische Leser hoffen vielleicht, nun doch noch einen modernen „Nürnberger Trichter" zu finden, der natürlich, im Zeitalter der Wissenschaft, auf wissenschaftlichen Erkenntnissen basiert. Andere finden dieses Thema möglicherweise sehr banal; sie werden dieses Kapitel vielleicht gar nicht erst lesen, weil sie meinen, doch keine neuen Informationen über „Lernen" zu erhalten; immerhin, so könnte man argumentieren, hat man genug eigene Erfahrung auf diesem Gebiet, ist selbst schon ein Experte. Die Gruppe der Optimisten würde beim Lesen des Kapitels allerdings enttäuscht sein: Ziel der Lernpsychologie ist es nicht, Methoden für schnelleres Einprägen und besseres Behalten eines Gedichts oder einer mathematischen Formel zu erarbeiten. Die andere Gruppe aber würde – falls sie sich dennoch zur Lektüre des Kapitels entschließen sollte – feststellen, daß man in der Psychologie unter „Lernen" mehr versteht und teilweise etwas ganz anderes als in der Alltagssprache.

2. Definitionen des Lernens

Stellt man mehreren Psychologen die Frage, was man in der Psychologie unter „Lernen" versteht, so erhält man mit sehr großer Wahrscheinlichkeit ganz verschiedene Antworten. Ein Psychologe meint, „Lernen bezieht sich auf eine Verhaltensänderung, die durch Übung entstanden ist". Ein Schüler der ersten Klasse beispielsweise, der das Alphabet noch nicht beherrscht, wird die einzelnen Buchstaben in der richtigen Reihenfolge so lange wiederholen, bis er das Alphabet fehlerlos wiedergeben kann. Ein zweiter Psychologe versteht unter Lernen einen „Versuchs- und Irrtumsprozeß". Ein kleines Kind, das eine Dose öffnen möchte, durchläuft einen solchen Prozeß: Es unternimmt verschiedene „Versuche", es „irrt" sich, indem es an dem Deckel zerrt, den Deckel mit Fäusten bearbeitet oder die Dose an die Wand wirft. Weitgehend durch Zufall dreht das Kind den Deckel und öffnet so die Dose. – Ein dritter Psychologe meint wiederum, Lernen sei ein „Imitationsprozeß". Ein Kind lerne beispielsweise einen bestimmten Dialekt dadurch, daß es die Eltern oder Spielkameraden unbewußt imitiere. – Man könnte noch beliebig viele unterschiedliche Beispiele aufführen, ohne daß dadurch klarer würde, was man in der Psychologie unter Lernen versteht.

Statt diese Reihe fortzusetzen, wollen wir zunächst eine wissenschaftliche *Definition* des Lernens darstellen, die *alle* möglichen Beispiele umfaßt. In der „faktischen" Definition wird Lernen auf Ereignisse (Fakten) bezogen, die objektiv beobachtet und gemessen werden können. Eine faktische Definition des Lernens, der *viele* Lernpsychologen zustimmen, könnte wie folgt aussehen: „Unter Lernen versteht man jede *überdauernde Verhaltensänderung*, die durch *Übung* oder *Beobachtung* zustandekommt; allerdings darf diese Verhaltensänderung nicht durch Reifung, Ermüdung, Drogeneinfluß oder ähnliches entstanden sein." Zu dieser „faktischen" Definition sind noch einige Erläuterungen notwendig. Eine Verhaltens*änderung* kann in einer verbesserten Fähigkeit für eine bestimmte Leistung bestehen, z.B. einer Leistungssteigerung beim Lesen, Rechnen oder Autofahren; es kann aber auch eine veränderte Verhaltens*bereitschaft* sein; z. B. wird eine veränderte Einstellung zu anderen Völkern (s. Sozialpsychologie) ebenso gelernt wie die Motivation, eine bestimmte Leistung zu erbringen (z.B. Klassenbester zu sein, ein Tennismatch oder ein Fußballspiel zu gewinnen). – Auch die Abgrenzung solcher Faktoren wie Reifung, Ermüdung, Drogeneinfluß von Lernen bedarf einer Erklärung. Lernen selbst kann nicht beobachtet werden, sondern nur die Auswirkung dieses Vorgangs auf das Verhalten. Außer dem eigentlichen Lernen wirken sich auch andere Einflüsse wie Reifung, Ermüdung und Drogen auf diese Verhaltensänderung aus. Da aber die Auswirkung des „reinen" Lernprozesses auf die Leistung festgestellt werden soll, müssen die genannten Faktoren in lernpsychologischen Untersuchungen möglichst ausgeschaltet werden.

Der kritische Leser wird einwenden, daß sich diese faktische Definition des Lernens nicht wesentlich vom Alltagsbegriff „Lernen" unterscheidet. Tatsächlich ist „Lernen" auf der Ebene der faktischen Definition auch für den Psychologen sehr unbefriedigend: hierbei wird das

Resultat des Lernens (= Verhaltensänderung) beschrieben, nicht aber, *wie* Lernen zustandekommt. Die eigentliche Aufgabe der Lernpsychologie, die Beschreibung der Lern*bedingungen* und der Lern*prozesse*, bleibt unberücksichtigt.

Für die zweite Definitionsebene, auf der Lernen wissenschaftlich definiert wird, trifft diese Kritik nicht zu. „Theoretische" Lerndefinitionen machen Aussagen darüber, welche *Bedingungen* dem Lernen, Behalten und Vergessen zugrunde liegen und welche *Prozesse* stattfinden. Je nach theoretischer Position des Lernpsychologen werden andere Bedingungen und Prozesse für das Lernen verantwortlich gemacht; *keine* Theorie umfaßt *alle* Lernphänomene. Um einen Einblick in die Lernpsychologie zu geben, werden wir etwas ausführlicher auf drei Lerntypen eingehen (Klassische Konditionierung, Instrumentelle Konditionierung, Imitationslernen) und anhand von Beispielen darstellen, was in der Psychologie unter Lernen verstanden wird.

Es soll noch kurz darauf hingewiesen werden, daß im Rahmen dieses Buchs kein Überblick über den heutigen Stand der Lernpsychologie intendiert ist; so bleiben kognitive Lernprozesse z. B. völlig unberücksichtigt. Diese Aufgabe können Lehrbücher (s. Literatur) wesentlich besser erfüllen. Vielmehr sollen paradigmatisch einige Probleme und Fragestellungen der Lernpsychologie dargestellt werden.

3. Zeitlicher Ablauf des Lernprozesses

Bevor wir eine Anzahl wesentlicher Lernbedingungen und Lerntypen darstellen, soll der zeitliche Ablauf eines Lernprozesses erläutert werden; dieser Ablauf ist bei allen Lerntypen der gleiche. In Abb. 1 sind die Hauptphasen des gesamten Lernprozesses schematisch dargestellt.

Abb. 1. Zeitlicher Ablauf des Lernprozesses

	1. Vorbereitungsphase →	2. Aneignungsphase →		
Reiz-situation	(Apprehending phase) Wahrnehmung d. Reizes Diskrimination d. Reizes Kodierung d. Reizes	(Acquisition phase) Lernphase im engeren Sinn		Lernen
	3. Behaltensphase →	**4. Erinnerungsphase →**		
Speicherungs-phase	(Storage phase) Gedächtnisspeicherung Behalten d. Gelernten	(Retrieval phase) „Abruf" des Gelernten	beobachtete Leistung (performance)	Gedächtnis

Die beiden ersten Phasen werden im allgemeinen unter „Lernen", die beiden letzten Phasen unter „Gedächtnis" zusammengefaßt.

Die vier Phasen des Lernprozesses sollen anhand eines einfachen Beispiels erläutert werden.

Reizsituation: Deutsch-englische Vokabeln in einem Lehrbuch.

1. Vorbereitungsphase: Der Schüler nimmt die Reiz-Reaktions-Paare (Vokabeln) wahr, er „registriert" sie. Er konzentriert sich auf seine Aufgabe, indem er von anderen Reizen, die die Erfüllung der Aufgabe erschweren, absieht. Er unterscheidet (diskriminiert) also die Vokabeln von anderen Reizen und stellt sich auf die Lernaufgabe ein.

2. Aneignungsphase: Das Lernen im engeren Sinn besteht in der Aneignung der noch fremden englischen Wörter und in der anschließenden Verbindung der deutschen mit den ihnen zugehörigen englischen Vokabeln. Wenn sich z.B. unter den Vokabeln das Wortpaar „Auto-car" befindet, so muß der Schüler zuerst das ihm fremde Wort car erlernen und dann die Verbindung Auto-car. Die Lernpsychologie macht für die Aneignung verschiedene theoretische Prozesse verantwortlich, z.B. die Vermittlung (Mediation). Darunter versteht man, am Beispiel erläutert, daß die Wortverbindung Auto-car gelernt wird, indem der Schüler daran denkt, daß er das Auto seines Vaters als „Karre" bezeichnet. Die Verbindung kommt also über den Vermittler „Karre" zustande.

3. Speicherungsphase: Wenn die Wortverbindung gelernt worden ist, muß sie gespeichert werden, damit das Gelernte später angewendet werden kann. Wird das Wortpaar nur kurze Zeit (wenige Sekunden) erinnert, so ist es zwar in den Kurzzeitspeicher, nicht aber in den Langzeitspeicher gelangt. Kann das Wortpaar bei späteren Schulprüfungen oder Übersetzungen richtig erinnert werden, ist es in den Langzeitspeicher gekommen. Die Gedächtnispsychologie untersucht die Bedingungen des Behaltens und Vergessens, d.h. die Bedingungen dafür, daß ein Lerninhalt im Speicher verbleibt oder herausfällt. Wie bereits in Abschnitt zwei erwähnt, handelt es sich um eine „theoretische" Beschreibung. Es wird nicht unterstellt, daß es diese Speicher tatsächlich gibt. Im Unterschied zu Phase vier geschieht in dieser Phase nichts direkt Beobachtbares, genau wie in der Aneignungsphase.

4. Abrufphase: Hierbei handelt es sich um den Prozeß des Erinnerns. Aus der Behaltensleistung wird erschlossen, ob das Wortpaar gelernt und behalten worden ist. Schließt die Behaltensprüfung unmittelbar an die Aneignungsphase an (läßt sich der Schüler beispielsweise sofort nach dem Lernen die Vokabeln abfragen), so wird geprüft, ob die Wortverbindung gelernt und kurzzeitig behalten worden ist. Vergeht eine längere Zeit zwischen Aneignungs- und Erinnerungsphase, so wird geprüft, ob gelernt und langzeitig behalten worden ist. Diese Aussagen zeigen, daß ohne Behaltensprüfung kein Schluß auf einen Lernprozeß möglich ist. Es kann immer nur geprüft werden, ob gelernt *und* behalten worden ist, d.h. aus den Beobachtungen in Phase vier wird auf das geschlossen, was sich in den vorangegangenen Phasen abgespielt hat.

4. Bedingungen des Lernens

In diesem Abschnitt sollen die „äußeren" Lernbedingungen dargestellt werden, d.h. jene Bedingungen, die außerhalb des Lernenden in die Situation eingehen. Von diesen sind die „inneren" Lernbedingungen zu unterscheiden, die der Lernende zu Beginn des Lernvorgangs in die Situation einbringt, z.B. Vorkenntnisse, Motivationen, Einstellungen (s. Kap. Pädagogische Psychologie).

Die wichtigsten Lernbedingungen sind Kontiguität, Übung und Verstärkung (Reinforcement). Außerdem wird noch kurz auf die beiden Lernphänomene Generalisierung und Diskriminierung eingegangen; bei diesen beiden Begriffen handelt es sich zwar nicht um Lernbedingungen im eigentlichen Sinn; dennoch werden sie unter diesem Abschnitt abgehandelt, da sie bei sehr vielen Lernprozessen eine wichtige Rolle spielen.

4.1. Kontiguität

Unter Kontiguität (räumlich-zeitliche Nähe) versteht man das fast gleichzeitige Auftreten von Reiz und Reaktion in der Übungsphase. Damit der Schüler z.B. das Wortpaar „Auto" (Reiz) und „car" (Reaktion) lernen kann, muß dieses Wortpaar in der Übungsphase als Reiz und Reaktion auftreten. – Außer der Kontiguität zwischen Reiz und Reaktion sind für spezifische Lerntypen noch weitere Kontiguitäten erforderlich. Beim klassischen Konditionieren (Abschnitt 5.1.) ist die Kontiguität von konditionalem und nicht-konditionalem Reiz erforderlich, beim instrumentellen Konditionieren (Abschnitt 5.2.) die Kontiguität von Reaktion und Verstärkung.

4.2. Übung

Der Begriff Übung (Wiederholung, Training) bezieht sich auf die Tatsache, daß die Reiz-Reaktions-Verbindung beim Vokabelnlernen in der Lernphase mehrmals auftritt.

4.3. Verstärkung

Verstärkung (Bekräftigung, Reinforcement) ist eine wesentliche Bedingung für Lernen; für den Lerntyp der instrumentellen Konditionierung ist Verstärkung sogar das fundamentale Konzept. Die Bedeutung der Verstärkung erkannte erstmals der amerikanische Psychologe THORNDIKE (1911), dessen klassisches „Gesetz des Erfolges" wie folgt zusammengefaßt werden kann: Belohnte Reaktionen tendieren dazu, wiederholt zu werden, nicht-belohnte Reaktionen tendieren dazu, nicht wiederholt zu werden. Der Terminus Verstärkung wird heute nicht mehr ausschließlich auf „belohnte" Reaktion bezogen; vielmehr versteht man unter Verstärkung *alle* Einflüsse, die dazu führen, daß eine Reaktion wiederholt wird. Man unterscheidet unter anderem auch zwischen positiven und negativen Verstärkungen. Positive Verstärkungen entsprechen den Belohnungen, die wir aus Alltagssituationen kennen: Eine gute Mathematikarbeit (= Reaktion) wird von den Eltern durch Lob, Geld etc. belohnt (verstärkt), in der Hoffnung, daß bei der nächsten Mathematikarbeit eine ähnlich gute Leistung erzielt wird. Auch negatives Verstärken ist uns aus dem Alltag bekannt: Wir schließen z.B. das Fenster, um den Straßenlärm nicht zu hören. Die Beendigung „negativer" Reize, im genannten Beispiel die Ausschaltung des Straßenlärms, bezeichnet man als negative Verstärkung. Strafe und negative Verstärkung sind also *nicht* identisch: Bei der negativen Verstärkung wird die Wirkung negativer Reize beendet oder ausgeschaltet; bei der Strafe werden negative Reize, z. B. Zufügung von Schmerzen angewendet. – Ganz allgemein kann man sagen, daß positive und negative Verstärkungen von Reaktionen dazu führen, daß diese Reaktionen – im Vergleich mit anderen Reaktionen – „stärker" werden, d.h. häufiger auftreten. Wenn das Schließen des Fensters dazu geführt hat, daß man keinen Lärm mehr hört, so wird man bei erneutem Auftreten des Lärms die gleiche Reaktion zeigen, d.h. wiederum das Fenster schließen. Dagegen führt die Bestrafung zu einer (vorübergehenden) Unterdrückung von Reaktionen.

4.4. Löschung (Extinktion)

Das Prinzip der Löschung steht in direktem Zusammenhang mit dem zuvor diskutierten Konzept der Verstärkung: Löschung besteht darin, daß in einer bestimmten Phase des Experiments keine Verstärkung mehr stattfindet, so daß die gelernte Reaktion schwächer und schließlich ausgelöscht wird. – Bei der klassischen Konditionierung entspricht der nicht-konditionale Reiz der Verstärkung; tritt der nicht-konditionale Reiz im Verlauf des Experiments nicht mehr auf, so vollzieht sich nach und nach eine Löschung der gelernten Reaktion. Bei der instrumentellen Konditionierung wird die Verstärkung, die nach der Reaktion erfolgt, nicht mehr gegeben, so daß die Reaktion schließlich gelöscht wird.

4.5. Generalisierung

Reiz-Generalisierung bezieht sich auf die Tatsache, daß eine Reaktion auch von solchen Reizen ausgelöst wird, die dem ursprünglichen Reiz nur *ähnlich* sind. Das Kind, das eine Angstreaktion auf eine weiße Ratte gelernt hat, zeigt diese Reaktion auch auf andere pelzartige Tiere.

4.6. Diskriminierung

Bei Reiz-Diskriminierung handelt es sich um das Gegenteil der Generalisierung: Verschiedene Reize oder Reizklassen werden voneinander unterschieden (diskriminiert), und es erfolgt jeweils eine unterschiedliche Reaktion. Ein Kunstkenner, der einen MONET von einem RENOIR unterscheiden kann, hat eine Diskriminationsleistung gezeigt; bezeichnet er beide Bilder als impressionistische Werke, liegt eine Reizgeneralisierung vor.

4.7. Der Leser sollte an dieser Stelle nicht aufgeben. Die genannten Bedingungen werden im folgenden anhand konkreter Beispiele diskutiert.

5. Lerntypen

Im folgenden sollen drei Lerntypen (Lernarten) anhand von je einem klassischen Beispiel dargestellt werden: Signallernen, instrumentelle Konditionierung, Imitationslernen.

5.1. Signallernen

Andere Bezeichnungen für diesen Lerntyp: Klassische Konditionierung, Pawlow'sche Konditionierung, Typ-1-Konditionierung.

Mit Signallernen bezeichnen wir den Vorgang, daß wir lernen, auf Signale (Zeichen) zu reagieren. In der Umgangssprache würde man bei diesem Prozeß kaum von Lernen sprechen, da es sich auf der Seite des Lernenden weder um einen absichtlichen noch um einen mühevollen Vorgang handelt. Dennoch findet man diese Lernart auch im Alltag relativ häufig, besonders bei sehr kleinen Kindern, aber auch bei nicht-menschlichen Individuen. Beim Umgang mit kleinen Kindern haben wir vielleicht selbst schon festgestellt, daß ein schreiendes Kind schlagartig ruhig wird, sobald die Mutter das Zimmer betritt. Wir haben auch schon die Erfahrung gemacht, daß uns beim Duft unserer Lieblingsspeise das Wasser im Munde zusammengelaufen ist. Hundebesitzer unter uns kennen die stürmischen Reaktionen, wenn man dem Hund – vor einem Spaziergang – auch nur seine Leine zeigt. Allen Beispielen ist gemeinsam, daß diese noch so unterschiedlichen Reaktionen auf ein Signal hin erfolgen: Das Betreten des Zimmers durch die Mutter ist Signal dafür, daß es bald etwas zu essen gibt; der gute Duft signalisiert das gleiche Ereignis; die Leine ist für den Hund Signal für einen baldigen Spaziergang.

Anhand eines Experiments von Watson und Rayner (1920), das wegen seiner Inhumanität oftmals zu Recht kritisiert wurde, sollen die Bedingungen und Phänomene einer *gelernten* Angstreaktion (Signallernen) demonstriert werden. Die Autoren gingen bei dem Experiment von der heute noch gültigen Feststellung aus, daß Angstreaktionen bei kleinen Kindern nur in ganz wenigen Situationen auftreten: bei sehr lauten und plötzlichen Geräuschen und dann, wenn ihnen die Unterstützung plötzlich entzogen wird, wenn man z.B. die Unterlage, auf der das Kind liegt, ruckartig wegzieht. Alle übrigen Angstreaktionen erwachsener Menschen, Angst vor Spinnen, Mäusen, Hunden oder anderen Tieren, Angst vor Dunkelheit oder Gewitter, Angst vor bestimmten Personen, Angst vor bestimmten Situationen wie Prüfungen, alle diese Angstreaktionen sind nach Überzeugung vieler Psychologen erlernt.

Die frühkindliche Umgebung liefert quasi eine Laboratoriumssituation, in der konditionierte emotionale (Angst-) Reaktionen erzeugt werden.

Für das Experiment wurde ein 9 Monate alter Junge namens Albert ausgesucht, der in der ruhigen Umgebung einer Klinik aufwuchs; die Mutter arbeitete als Krankenschwester in dieser Klinik. Albert wurde von seiner Mutter und auch von anderen Personen, die das Kind gut kannten, als emotional stabil bezeichnet: das Kind schrie praktisch nie. Zu Beginn des Experiments wurde Albert mit mehreren Gegenständen konfrontiert, die ihm *plötzlich* dargeboten wurden: Kaninchen, weiße Ratte, Hund, Affe, Masken, Baumwolle, etc. Albert zeigte ausschließlich positive emotionale Reaktionen, d.h. er griff nach diesen Gegenständen oder Tieren, spielte mit ihnen und lächelte. Im weiteren Verlauf des Experiments zeigte man Albert wiederum die weiße Ratte; sobald seine Hand das Tier berührte, wurde ein lautes Geräusch hervorgerufen, indem jemand mit einem Hammer auf einen hängenden Eisenstab schlug. Albert sah nicht, wie dieses laute Geräusch entstand. Albert sprang heftig hoch, wimmerte und schrie schließlich. Dieser Vorgang wurde mehrmals wiederholt, und es zeigte sich jedesmal die gleiche Angstreaktion. Wenige Tage später zeigte man Albert erneut die Ratte, dieses Mal ohne das laute Geräusch. Die vorangegangenen gemeinsamen Reizungen (Ratte und lautes Geräusch) waren nicht ohne Wirkung geblieben: Beim Anblick der Ratte krabbelte Albert möglichst weit weg, wimmerte und schrie. Beim nächsten Versuch wurde Albert das Kaninchen gezeigt. Er krabbelte schnell weg, wimmerte und brach in Tränen aus. Die gleiche Reaktion trat ein, als man ihm einen Hund und einen Pelzmantel zeigte. Sobald man Albert Bauklötze gab, beruhigte er sich wieder und spielte damit.

Im weiteren Verlauf des Experiments sollten die emotionalen Angstreaktionen wieder aufgehoben werden (Extinktion). Unglücklicherweise war Albert's Mutter in eine unbekannte Stadt gezogen; es war deshalb nicht möglich, die konditionierte Angstreaktion experimentell zu entfernen. WATSON und RAYNER hätten versucht, die Angstreaktionen mit folgenden Methoden wieder aufzuheben: Man hätte bei weiteren Experimenten Albert wieder mit der Ratte konfrontiert, allerdings ohne das laute Geräusch. Diesem Vorgehen liegt die Annahme zugrunde, daß eine Gewöhnung (Habituation) an den negativen Reiz stattfindet. Im Hinblick auf den Erfolg dieser Methode waren die Autoren jedoch nicht besonders optimistisch. Deshalb sollte weiterhin eine „Gegenkonditionierung" auf folgende Weise versucht werden: Während Albert die Ratte gezeigt wird und er schreit, sollte er gleichzeitig mit Süßigkeiten gefüttert werden. Da Schreien und Essen Reaktionen sind, die nicht gleichzeitig stattfinden können, nahm man an, daß er schließlich nicht mehr schreien würde. Man hoffte, daß Albert beim Anblick der Ratte positive emotionale Reaktionen gezeigt hätte, da an die Stelle der negativen Verbindung (Ratte-lautes Geräusch) eine positive Verbindung (Ratte – Süßigkeiten) getreten wäre.

Beim Signallernen wird eine Reaktion (Angstreaktion), die ursprünglich nur auf den unbedingten Reiz (lautes Geräusch) erfolgte, nunmehr auf das Signal (weiße Ratte) gegeben. Es wird also gelernt, in bestimmter Weise auf ein Signal zu reagieren. Allerdings ist – im Gegensatz zu früheren Ansichten der Lernpsychologen – die gelernte Reaktion auf das Signal nicht identisch mit der unbedingten Reaktion auf den unbedingten Reiz, die beiden Reaktionen sind nur *ähnlich.* Die beiden Reaktionen können sich in Dauer und Intensität voneinander unterscheiden. Das Schreien, das durch den Anblick der Ratte hervorgerufen wird, kann z. B. kürzer und weniger laut sein als das durch das laute Geräusch hervorgerufene Schreien. – Im Unterschied zu früheren Auffassungen vertritt man heute die Meinung, daß nicht jede Reaktionsart durch klassische Konditionierung gelernt werden kann. Es lassen sich fast nur unwillkürliche *emotionale* Reaktionen auf diese Weise konditionieren und nur selten und mit großer Schwierigkeit jene Reaktionen, die dem Willen unterworfen sind.

Voraussetzung für klassische Konditionierung ist, daß der Lernende über eine reflexmäßige, d.h. nicht-gelernte Reaktion auf einen Reiz verfügt. Die nicht-gelernte Reaktion bei Albert ist eine Angstreaktion, die durch ein lautes Geräusch ausgelöst wird.

Abschließend zu diesem Experiment sollen einige Lernbedingungen und -phänomene skizziert werden, auf die im vorangegangenen Abschnitt eingegangen wurde.

(a) Kontiguität: (Gleichzeitigkeit von Ereignissen) Es treten drei Ereignisse in Kontiguität auf: Erstens die Kontiguität von Signalreiz (Ratte) und unbedingtem Reiz (Geräusch); zweitens die Kontiguität von unbedingtem Reiz (Geräusch) und unbedingter Reaktion (Angst); aufgrund der beiden zuvor genannten Kontiguitäten ergibt sich automatisch die dritte Kontiguität von Signalreiz (Ratte) und Reaktion (Angst).

(b) Übung der Reiz-Reaktions-Verbindung
Die Verbindung von Signalreiz (Ratte) und Reaktion (Angst) wird geübt, indem der Versuchsleiter die beiden Reize Ratte-Geräusch mehrmals darbietet, sodaß Albert im Laufe des Experiments mehrmals mit Angst reagiert, kurz nachdem er die Ratte gesehen hat.

(c) Verstärkung (Reinforcement)
Unter Verstärkung werden ganz allgemein jene Einflüsse verstanden, die zu einer Wiederholung der gewünschten Reaktion führen. Beim Signallernen wird diese Reaktion jeweils durch den unbedingten Reiz (Geräusch) ausgelöst, sodaß bei diesem Lerntyp unbedingter Reiz und Verstärkung identisch sind. Das Geräusch ist also gleichzeitig unbedingter Reiz und Verstärker.

(d) Löschung (Extinktion)
Die Auslöschung der Angstreaktion findet statt, indem die Ratte mehrmals ohne das Geräusch gezeigt wird. Es wurde zuvor erwähnt, daß die Versuchsleiter bzg. der Löschbarkeit nicht allzu optimistisch waren; dies liegt daran, daß emotionale Reaktionen sehr löschungsresistent sind.

(e) Generalisierung
Albert zeigte nicht nur Angstreaktionen auf die Ratte, sondern gleichfalls auf pelzartige Gegenstände wie Kaninchen, Hund, Pelzmantel.

(f) Diskriminierung
Albert unterschied zwischen zwei Reizklassen: pelzartigen und nicht-pelzartigen Gegenständen. Auf Bauklötze, die der Ratte unähnlich sind, reagiert er nicht mit Angst.

5.2. *Instrumentelle Konditionierung*

Andere Bezeichnung für diesen Lerntyp: Typ-II-Konditionierung.

Mit instrumenteller Konditionierung ist im wesentlichen folgender Prozeß gemeint: Das Individuum zeigt mehr oder weniger zufällig eine bestimmte Reaktion, und sofort darauf erfährt es eine Belohnung oder Befriedigung. Da das Zeitintervall zwischen Reaktion und Verstärkung sehr kurz ist, betrachtet das Individuum die Reaktion bewußt oder unbewußt als Mittel (Instrument), diese Befriedigung zu erlangen. Dies führt dazu, daß das Individuum bei späteren ähnlichen Situationen häufiger und schneller in der entsprechenden (gelernten) Weise reagiert. Ein kleines Kind, das beim Spielen zufällig eine Dose öffnet und darin Süßigkeiten findet, wird, wenn es später wieder eine Dose sieht, diese *sofort* öffnen, um wieder Süßigkeiten (Verstärkung) zu erlangen.

Der Lerntyp der instrumentellen Konditionierung kennzeichnet viele Aktivitäten kleiner Kinder, einschließlich solcher Vorgänge wie Greifen von Spielzeug und anderen Dingen, Lernen der ersten Wörter, Anlächeln der richtigen Leute. Auch Erwachsene lernen häufig auf der Basis dieses Lerntyps; allerdings liegen beim Erwachsenen meist – aufgrund vorangegangener Lernerfahrungen – komplexere Lernprozesse vor, sodaß man Lernen, das *ausschließlich* durch instrumentelle Konditionierung stattfindet, hier selten antrifft.

Zentraler Begriff beim instrumentellen Konditionieren ist die „Verstärkung". Es handelt sich hierbei um einen sehr weiten Begriff, denn es gibt sehr viele und unterschiedliche Möglichkeiten der Verstärkung. Früher wurden kleine Kinder mit Süßigkeiten oder Spielzeug belohnt; heute ist es üblicher geworden, ihnen das Ansehen bestimmter Fernsehprogramme zu erlauben oder auch, ihnen Geld zu schenken. Wichtig ist – auch bei Erwachsenen – die Bedeutung sozialer Verstärkungen wie Lob, Anerkennung, Zustimmung. Auch in dem Experiment, das nun dargestellt wird, werden soziale Verstärkungen angewendet.

In dem von Verplanck (1955) durchgeführten Experiment wird von zwei Annahmen ausgegangen:

(1) Bei Gesprächen kann man zwei Aussageklassen voneinander unterscheiden: Einmal treten allgemeine Feststellungen auf; die Gesprächspartner berichten über irgendwelche Tatsachen, beispielsweise darüber, daß gerade eine Vietnam-Demonstration stattgefunden hat. Zum anderen treten im Verlauf eines Gesprächs *Meinungsäußerungen* zu diesen Tatsachen auf, ob z. B. die Demonstration berechtigt war, ob sie Erfolg hatte, ob die Polizei zu hart durchgegriffen hat.

(2) Stimmt man diesen Meinungsäußerungen in irgendeiner Form zu (soziale Verstärkung), so zeigt sich, daß der Partner im Laufe des

Gesprächs immer häufiger seine Meinung zu bestimmten Dingen äußert. Man geht also von der Annahme aus, daß Zustimmung (soziale Verstärkung) zu einer erhöhten Anzahl von Meinungsäußerungen (Reaktion) führt.

Das Experiment basiert auf 24 Alltagsgesprächen über sehr unterschiedliche Themen (Reisen, Verabredungen, Marxismus, Religion, Musik, Architektur, etc.) zwischen je zwei Personen. Die Versuchsperson (Vp), die nicht wußte, daß sie an einem Experiment teilnahm und die meist mit dem Versuchsleiter (VL) bekannt oder befreundet war, wurde vom Versuchsleiter zufällig in ein Gespräch verwickelt. Der Ablauf des Gesprächs war in drei Perioden zu je 10 Minuten eingeteilt. Während der ersten 10 Minuten notierte sich der Vl die allgemeinen Feststellungen und Meinungsäußerungen, die die Vp gab, indem er ganz beiläufig ein bestimmtes Zeichen für jede Feststellung und ein anderes Zeichen für jede Meinungsäußerung auf ein Stück Papier malte. In der darauf folgenden Periode verstärkte er die Meinungsäußerungen der Vp, d. h. solche Sätze, die mit „ich nehme an ...", „ich würde glauben ...", „ich vermute ..." anfingen. Die Verstärkung erfolgte entweder durch *Zustimmung* des Vl („Sie haben recht ...", „so ist es ..." oder durch bestätigendes Nicken oder Lächeln) oder durch *Paraphrasierung* (der Vl wiederholte mit etwas anderen Worten die Meinung, die die Vp zuvor geäußert hatte). In der letzten Phase des Experiments, der Extinktionsperiode, widersprach der Vl bei jeder Meinungsäußerung, oder aber er ignorierte sie. Die Ergebnisse dieser Untersuchung sprechen ganz eindeutig dafür, daß eine Konditionierung von Meinungsäußerungen stattgefunden hat: Die 24 Vpn gaben in der Verstärkungsphase durchschnittlich fast doppelt so viele Meinungsäußerungen wie in den beiden anderen Phasen (relative Häufigkeit der Meinungsäußerungen pro Minute: Eingangsphase: M = .320; Verstärkungsphase: M = .558; Extinktionsphase: M = .333).

(a) Kontiguität

Beim instrumentellen Konditionieren ist der Reiz, der eine Reaktion auslöst, von geringer Bedeutung; wie auch in unserem Beispiel ist er oftmals gar nicht bekannt: Wir wissen nicht, was die Vp ursprünglich dazu veranlaßt hat, ihre Meinung zu äußern. Von Interesse ist also nicht, wie beim Signallernen, die Reiz-Reaktions-Kontiguität, sondern die Reaktions-Verstärkungs-Kontiguität: Je kürzer die Zeit zwischen einer Meinungsäußerung der Vp und der Zustimmung des Vl, desto häufiger treten im weiteren Verlauf des Gesprächs Meinungsäußerungen auf.

(b) Übung
Die Ereignisse „Meinungsäußerung – Zustimmung" müssen im Laufe des Experiments mehrmals auftreten. Wichtig ist, daß die Vp in der zweiten Phase des Experiments überhaupt ihre Meinung äußert, damit der Vl die Möglichkeit der Zustimmung hat. Im Gegensatz zur klassischen Konditionierung besteht nämlich nicht die Möglichkeit von Seiten des Vl, die Reaktion „herbeizuzwingen", d.h. der Vl kann keinen Reiz setzen, der automatisch die Reaktion hervorruft; er muß abwarten, bis die Vp von sich aus die gewünschte Reaktion zeigt, damit er überhaupt verstärken kann.

(c) Verstärkung
Es werden zwei verschiedene soziale Verstärker angewendet, die in etwa die gleiche Wirkung haben: Bei einigen Vpn erfolgt Zustimmung, bei anderen Vpn Paraphrasierung, wenn Sie ihre Meinung zu einer Tatsache geäußert haben.

(d) Löschung
Auch die Löschung erfolgt mit Hilfe von 2 Methoden: Bei einigen Vpn wird lediglich die soziale Verstärkung vorenthalten, der Vl ignoriert sozusagen die Meinungsäußerungen. Bei anderen Vpn erfolgt nach jeder Meinungsäußerung Widerspruch durch den Vl.

5.3. Imitationslernen

Andere Bezeichnung für diesen Lerntyp : Lernen durch Beobachtung.

Unter Imitationslernen versteht man, daß ein Individuum ein Modell beobachtet und anschließend das gleiche Verhalten wie das Modell zeigt, d. h. das Modell imitiert. Es gibt unterschiedliche theoretische Erklärungen dafür, warum Imitation stattfindet. Eine augenblicklich viel diskutierte Hypothese besagt, daß ein Modell deshalb imitiert wird, weil dessen Verhalten in irgendeiner Form belohnt wurde, d.h. ein Individuum beobachtet ein erfolgreiches Modell und imitiert dieses Modell, weil es sich ähnliche Erfolge oder Belohnungen (unbewußt) erhofft. Genau genommen handelt es sich um eine etwas modifizierte Form der instrumentellen Konditionierung: Das Modell erhält „stellvertretend" für den Beobachter die Verstärkung. – Eine andere Hypothese, die weniger gut belegt ist, besagt, daß der Beobachter auf jeden Fall das Verhalten des Modells lernt, gleichgültig, ob das Modell belohnt wird oder nicht. Die Schwierigkeit, diese Hypothese zu belegen, liegt darin, daß Lernen selbst nicht beobachtet, sondern nur aus dem Verhalten erschlossen werden kann. Zeigt das Modell z.B. ein Verhalten, für das es bestraft wird, so kann ein Beobachter dieses Verhalten zwar lernen, wird aber später nicht zeigen, daß er dieses Verhalten gelernt hat. – In einer Untersuchung von BANDURA et al. (1963) sollte festgestellt werden, ob Kindergarten-Kinder aggressives Verhalten imitieren. Die Kinder (Beobachter) wurden in drei Gruppen eingeteilt. Die erste Gruppe sah einen Film, in dem ein erwachsenes Modell mit einer aufgeblasenen Plastikpuppe spielte. Das Modell war ausgesprochen aggressiv: Es traktierte die Plastikpuppe mit Flüchen, Fausthieben und Fußtritten. Am Ende des Films erschien das Modell als „Sieger". Es verließ – das gesamte Spielzeug unter dem Arm – das Zimmer. Die zweite Gruppe sah den gleichen Film, jedoch mit einem anderen Ausgang: Das Modell wurde am Ende bestraft. Der dritten Gruppe wurde kein Film gezeigt. Nachdem die Kinder der ersten beiden Gruppen den Film gesehen hatten, spielten alle in einem Zimmer, in dem sie eine ähnliche Plastikpuppe vorfanden wie im Film. Die Kinder der ersten Gruppe ahmten das Verhalten des Modells in allen Einzelheiten nach, sie behandelten die Plastikpuppe geradezu brutal; sie traten, schlugen und beschimpften sie. Bei dieser Gruppe hatte auf überzeugende Weise Imitationslernen stattgefunden. Die Kinder der beiden anderen Gruppen zeigten keine nennenswerten aggressiven Verhaltensweisen.

Das Verhalten der zweiten Gruppe kann – gemäß den beiden zuvor genannten Hypothesen – unterschiedlich interpretiert werden. Einerseits kann man im Sinne der instrumentellen Konditionierung argumentieren: Da das Modell nicht belohnt wurde, hat bei den Kindern auch kein Beobachtungslernen stattgefunden. (Es ist ohne Bedeutung, ob das Modell oder der Lernende belohnt wird). Andererseits kann man auf den Unterschied zwischen Lernen und tatsächlichem Verhalten hinweisen: Die Kinder haben zwar gelernt; da aggressives Verhalten aber bestraft wurde, zeigen sie das Gelernte nicht.

6. Bedingungen des Vergessens

Wenn wir etwas vergessen haben, so erklären wir dies häufig damit, daß eine lange Zeit dieses „etwas" nicht mehr gebraucht, nicht weiter geübt wurde. Aber diese Erklärung ist problematisch, denn in der verstrichenen Zeit ist etwas geschehen, das ebenso zur Erklärung herangezogen werden kann. Alle Gedächtnistheorien, von denen wir nur eine kurz skizzieren wollen, machen Prozesse für das Vergessen verantwortlich, die sich in der verstrichenen Zeit abgespielt haben. Nicht also die verstrichene Zeit selbst ist Bedingung des Vergessens, sondern Vorgänge, die in dieser Zeit geschehen. Die heute am meisten diskutierte Theorie ist die Interferenztheorie des Vergessens, die experimentell recht eindrucksvoll untermauert ist. Nach dieser Theorie vergessen wir, weil ein zeitlich früheres Lernen (A) mit einem zeitlich späteren Lernen (B) interferiert. Ein Schüler, der zuerst englische Vokabeln (Auto – car) und später französische Vokabeln (Auto – voiture) gelernt hat, kann noch später versuchen, sich an das englische oder französische Wort zu erinnern. Hat er das englische Wort für „Auto" vergessen und ist nachweisbar, daß dieses Vergessen mit dem späteren Lernen von „Auto – voiture" zusammenhängt, spricht man von einer retroaktiven Hemmung. Steht das Vergessen von „voiture" im Zusammenhang mit dem Lernen von „Auto – car", so spricht man von proaktiver Hemmung.

Wie nun erklärt man sich das Zustandekommen von retro- und proaktiver Hemmung? Für die Entstehung retroaktiver Hemmung werden zwei Faktoren verantwortlich gemacht. Der erste Faktor ist das Verlernen des Wortes „car" während der Einprägung von „voiture". Viele Psychologen sind der Meinung, daß es sich beim Verlernen um einen Vorgang handle, der der Extinktion sehr ähnlich sei. Der andere Faktor ist der „Wettstreit" der nicht verlernten Reaktionswörter aus dem ersten Lernvorgang („car") mit dem Reaktionswörtern aus dem zweiten Lernvorgang („voiture"). Dieser Faktor ist wirksam, wenn der Schüler zwar beide Wörter verfügbar hat, jedoch nicht in der Lage ist, sich zu erinnern, welches das englische ist.

Für die proaktive Hemmung wird nur der Wettstreit der Reaktionen verantwortlich gemacht. Zu diesem Wettstreit kommt es, wenn die verlernten englischen Wörter sich mit der Zeit „erholen", also wieder verfügbar sind, und der Schüler nicht in der Lage ist, sich zu erinnern, ob „car" oder „voiture" die gefragte französische Vokabel ist. Die spontane Erholung von etwas Verlerntem ist ebenfalls ein Vorgang, der bei der klassischen Konditionierung zu beobachten ist.

Diese Beschreibungen hielten sich an ein sehr vereinfachtes Beispiel und haben nicht alle Bestandteile der Interferenztheorie berücksichtigen können. Diese Theorie wird vor allem dann zur Erklärung herangezogen, wenn etwas Gelerntes nicht sofort, sondern erst nach einer Zeitspanne von mehr als etwa einer Minute vergessen wird. Ob diese Theorie auch das sofortige Vergessen zu erklären vermag, ist ungeklärt. Andere Theorien des Kurzzeitgedächtnisses haben es nicht leicht, sich gegen diese Theorie durchzusetzen. Das liegt daran, daß vor dem Lernen eines Stoffes, der erinnert werden soll, praktisch schon immer etwas anderes gelernt worden ist, was zur Quelle einer proaktiven Hemmung werden kann.

Literatur

Foppa, K.: Lernen, Gedächtnis, Verhalten. Kiepenheuer und Witsch, Köln, 1965 (ein Lehrbuch der Lernpsychologie)

Gagne, R. M.: Die Bedingungen des menschlichen Lernens. Schroedel, Hannover, 1969 (ein

Ansatz, verschiedene Ergebnisse der Lernpsychologie in einem hierarchischen Modell zu vereinen und komplexere Lernprozesse als die hier behandelten einzubeziehen)

Hilgard, E. R. und Bower, G. H.: Theorien des Lernens. Band 1 und 2. Klett, Stuttgart, 1971 (eine vollständige Übersicht über die verschiedenen Lerntheorien)

Postman, L. und Keppel, G.: Verbal Learning and Memory. Selected Readings. Penguin Books, Harmondsworth, 1969 (eine repräsentative Auswahl experimenteller Untersuchungen zum verbalen Lernen mit sehr guten Einführungen in die jeweiligen Problemgebiete)

Skinner, B. F.: Futurum Zwei. Wegner, Hamburg, 1970 (ein utopischer Roman, der auf der Grundlage einer Lerntheorie aufgebaut ist)

V. Denken

von Lenelis Kruse

1. Einleitung

Die Fähigkeit zu denken wird oft als höchste Leistung des Menschen angesehen, die ihn vor allen anderen Lebewesen auszeichnet. Der Mensch als vernunftbegabtes, intelligentes Wesen war daher seit alters her Thema philosophischer und theologischer Überlegungen. Das Denken des Menschen interessiert den Wissenschaftler wie den Laien im gleichen Maße, wenngleich in unterschiedlichen Richtungen.

Aus unserer Alltagserfahrung wissen wir alle, was Denken ist. Wir benutzen das Wort, eines der häufigsten unserer Umgangssprache, in den verschiedensten Zusammenhängen:

‚Denk daran, deine Schularbeiten zu machen', heißt soviel, wie diese nicht zu vergessen.

‚Ich dachte gerade an den Fernsehfilm von gestern abend', meint, sich erinnern, sich etwas ins Gedächtnis zurückrufen, was dort einmal gegenwärtig war.

‚Ich denke an meinen Urlaub, der in vierzehn Tagen beginnt', umschreibt dagegen die Vorstellung eines zukünftigen Ereignisses.

‚Es ist zwölf Uhr, denke ich', soll anzeigen, daß ich nicht ganz sicher, sondern nur der Meinung bin, daß es sich so verhält.

‚Nicht reden, sondern denken'; ‚Denke, bevor du handelst', sind Ermahnungen, die jedem von uns bekannt sind und die ausdrücken sollen, daß wir nicht einfach drauflos agieren, sondern vorher überlegen, im „Geiste" die Handlungen vorwegnehmen und durchprobieren sollen.

Die Beispiele ließen sich weiter fortsetzen und die Vielfalt der Bedeutungen aufscheinen lassen, in denen wir das Wort „denken" verwenden: wir denken nach über uns, über etwas; denken uns etwas aus, durchdenken einen Sachverhalt und kommen zu einem (Ent-)schluß. Der Begriff des Denkens, die damit verbundenen Erlebnis- und Verhaltensweisen erscheinen uns im Alltag in keiner Weise problematisch. Auch wenn wir nicht zu der berufsmäßigen Kategorie der Denker gehören, wie etwa ein Philosoph oder Wissenschaftler, sind wir doch ein Großteil unserer Zeit mit Denken beschäftigt, in der Form von Erinnern, Überlegen, Entscheiden, Meinen, Urteilen und Vorstellen. Wir kennen die Phantasie und den Tagtraum als Formen des Denkens, aber auch das Grübeln über einem Problem und das plötzliche Entdecken der Lösung. Wir alle kennen den Zustand, wie man beim Denken den Faden verlieren, auf der Stelle treten, sich im Kreis bewegen kann, bis einem plötzlich „ein Licht aufgeht" („Aha-Erlebnis"). Wir wissen, wie jemand aussieht, der nachdenkt, was wir erleben, wenn wir denken.

So häufig wir die Tätigkeit des Denkens ausüben, so wenig denken wir darüber nach, was Denken eigentlich ist, so wenig wie wir darüber nachdenken, wie wir gehen oder essen. Eher „zerbrechen wir uns den Kopf darüber", wie man das Denken schulen kann, weil wir erfahren haben, daß Schnelligkeit, Beweglichkeit und Produktivität im Denken unsere Chancen in Schule und Beruf vergrößern. Wir setzen dabei die Bekanntheit dessen, was da geschult werden soll, bereits voraus und fragen nur noch, auf welche Weise man diese Leistung oder Fähigkeit verbessern kann. Doch wenn wir etwa heutzutage versuchen, als Unterstützung und Verlängerung menschlicher Denk- und Gedächtniskapazitäten Denkleistungen mit Hilfe vom Computern zu simulieren, so zeigt sich, daß wir noch gar nicht genug über die Struktur und den Verlauf von Denkprozessen wissen.

Der Wissenschaftler ist daran interessiert, die verschiedenen Aktivitäten, die wir als Denken beschrieben haben, genau zu untersuchen, welche Phänomene darunter zu fassen sind und welches ihre gemeinsamen und differenzierenden Merkmale sind. Er will wissen, was sich abspielt, wenn wir denken, sowohl im Erleben wie im Verhalten, wie Denkprozesse und Gedanken aussehen. Ihn interessiert, wie sich das Denken beim Kinde entwickelt, ob es so etwas wie „das Denken" gibt, oder ob es verschiedene Formen des Denkens gibt, die bei jedem Menschen unterschiedlich ausgeprägt sein können, wobei diese letzten Fragestellungen heute meist unter dem Stichwort „Intelligenz" auftauchen.

Die Erforschung des Denkens ist dadurch besonders behindert, daß der mit diesem Wort bezeichnete (innere) Prozeß als solcher unbeobachtbar ist und aus der Beobachtung des Verhaltens anderer erschlossen werden muß.

Die vielen Aspekte des Denkens, die wir aus der Alltagserfahrung kennen, sind von der Wissenschaft in sehr unterschiedlichem Maße aufgenommen worden. Theoretische Voreinstellung und forschungstechnische Möglichkeiten haben die Auswahl der Themen bestimmt.

2. Denken als Gegenstand der Psychologie

Die Entwicklung der modernen Denkpsychologie geht hauptsächlich auf zwei Ursprünge zurück. Der erste ist in der deutschen Denkpsychologie der Jahrhundertwende zu sehen, die einerseits durch die Forscher der sogenannten Würzburger Schule (Ach, Bühler, Külpe,

Selz) andererseits durch die gestaltpsychologische Tradition, die eng mit Namen wie Köhler, Duncker, Wertheimer verbunden ist, angeregt wurde. Bei den Würzburgern ging es darum, das Denken als einen *Erlebnisakt* zu erforschen, und so lauteten die Fragen: Was erleben wir, wenn wir denken? Ist der Denkakt eine Abfolge anschaulicher Vorstellungen, oder sind Gedanken unanschauliche Erlebniseinheiten? Wie ist der *Prozeß* des Denkens zu verstehen, als assoziative Verknüpfung durch raum-zeitliche Nähe oder Ähnlichkeit der Einzelelemente, oder gibt es so etwas wie eine „determinierende Tendenz", eine „Zielvorstellung", die als Verstehen eines Sinnes den Ablauf des Denkprozesses steuert und kontrolliert?

Hauptthema der Gestaltpsychologen war das *Problem*, die *Aufgabe*, ihre Struktur und die Prozesse der Lösungsfindung. Ihre Betonung wahrnehmungspsychologischer Phänomene dominierte auch den Forschungsansatz im Gebiet des Denkens, indem sie das Problem oder die Aufgabe analog den Wahrnehmungsgestalten als strukturiert, gegliedert ansahen und den Problemlösungsverlauf als einen Prozeß der Strukturerfassung und Umstrukturierung analysierten.

Die zweite Tradition der Denkpsychologie hat ihren Ursprung im Behaviorismus eines Watson und Hull. Diese angelsächsische Forschungstradition, die in Abkehr von der Bewußtseinspsychologie Begriffe wie Erleben und Bewußtsein aus ihrem Wortschatz völlig verbannt hatte, anerkannte als Gegenstand der Psychologie nur das äußere Verhalten eines Lebewesens, das sich als eine Verbindung von Reizen und Reaktionen untersuchen ließ. Von dieser Voreinstellung her bot die Erforschung des Denkens beachtliche Schwierigkeiten, da es als „innerer Vorgang" einer Beobachtung nicht direkt zugänglich war. Wurde daher dieses Gebiet lange Zeit außer Acht gelassen, präsentierte es sich später als Denkverhalten, das als eine Sonderform des Sprechens angesehen wurde. Denken als gehemmtes, lautloses Sprechen, als „Mit-sich-selbst-reden", wurde als prinzipiell beobachtbarer Prozeß, z. B. als meßbare Kehlkopfbewegung, verstanden, als Sprachgewohnheit (habit), die wie alle anderen Verhaltensweisen konditioniert, d. h. gelernt und modifiziert werden kann.

Spielte im gestaltpsychologischen Ansatz die Wahrnehmung eine große Rolle, so kommt in dieser Forschungstradition dem Lernen besondere Bedeutung zu. Häufig wird kein Unterschied zwischen Lernen und Denken gemacht, und was in einem Lehrbuch im Kapitel „Lernen" als Experiment zum Diskriminationslernen zitiert wird, findet sich in einem anderen unter „Denken" als Experiment zur Begriffsbildung. Lehrbücher, die das Denken unter den verschiedenen Aspekten des Wahrnehmens, Lernens und Urteilens betrachten, subsumieren dieses Thema unter der Überschrift „kognitive Prozesse".

Als Forschungsschwerpunkte einer Denkpsychologie haben sich folgende Gebiete herausgebildet: Begriffsbildung, Problemlösen, produktives Denken, Sprache und Denken, Formen und Entwicklung des Denkens und der Intelligenz, Kreativität. Im folgenden sollen zwei Themenbereiche, die Begriffsbildung und das Problemlösen, herausgegriffen und in ihren Begriffen, Inhalten und experimentellen Ansätzen exemplarisch dargestellt werden.

2.1. Denken als Begriffsbildung

Einen Begriff von etwas haben heißt, verschiedene Objekte aufgrund eines oder mehrerer Merkmale einer Klasse zuordnen. Wenn wir einen Hund, einen Walfisch, ein Kamel als „Säugetiere" bezeichnen, so haben wir damit jeweils ein allen diesen Tieren trotz vieler anderer Verschiedenheiten gemeinsames Merkmal herausgegriffen und mit dem Wort „Säugetier" benannt. Wir selektieren ein bestimmtes Merkmal und machen es zum Definitionskriterium, während wir andere Merkmale außer Acht lassen. Wir haben das Besondere, die einzelnen Tiere, als zu etwas Allgemeinem (Säugetier) zugehörig klassifiziert. Wenn wir nun bei einem Besuch im Zoo auch viele andere Tiere (richtig) als Säugetiere bezeichnen, haben wir auf der Basis unseres allgemeinen Begriffs jeweils besondere Tiere als Gruppe zusammengefaßt, wir haben auf andere Tiere verallgemeinert.

Wenn ein Kind im Laufe seiner Entwicklung lernt, einen roten Dauerlutscher und ein rotes Auto aus einer Anzahl ähnlicher, z. B. fahrbarer und eßbarer, aber farblich unterschiedlicher Objekte auszuwählen, sagen wir, es hat den Begriff „rot" gelernt. Es hat die Qualität „rot" als das gemeinsame Merkmal erkannt und es zur Grundlage seiner Ordnung nach roten und andersfarbigen Gegenständen gemacht.

Dabei sind zwei Prozesse beteiligt: Die Isolierung, Selektion eines Merkmals bei Vernachlässigung anderer bezeichnet man als *Abstraktion.* Die Verwendung dieses Merkmals als Grundlage der Zusammenfassung anderer Objekte nennt man *Generalisation.* Diese Begriffe sind uns bereits aus der Lernpsychologie als Diskrimination und Generalisation bekannt (s. dort).

Das Denken in Begriffen, das Verhalten auf der Grundlage von Begriffen ist ein uns allen geläufiger, wenn auch meist nicht bewußter Vorgang. Betreten wir ein Zimmer, so sehen wir z. B. Möbel und Blumen, reagieren aber nicht auf die jeweils einzigartigen Merkmale gerade dieser Blumen, sondern auf die Blumen als Klasse mit gemeinsamen Merkmalen; und wir wären wohl auch imstande, in einer exotischen Landschaft eine bestimmte Blume, die wir nie zuvor gesehen haben, als

Blume zu benennen, sofern sie die uns als charakteristisch bekannten Eigenschaften von Blumen aufweist.

Das Klassifizieren von Dingen bringt Ordnung in unsere Umwelt und erleichtert uns den Umgang mit ihr. Ständig bilden wir neue Begriffe oder wenden alte auf neue Gegenstände an. Das Denken und Handeln in Begriffen kann auch von Nachteil sein, wenn wir etwa einem fremden Menschen gegenüberstehen und vorschnell irgendwelche Merkmale herausgreifen, nach denen er sich in vertraute Kategorien einordnen läßt, und dabei von anderen Eigenschaften absehen. Vorschnelle und ungerechtfertigte Verallgemeinerung wird, sofern sie sich als nicht korrigierbar erweist, als *Vorurteil* bezeichnet.

Lassen sich die Prozesse der Abstraktion und Generalisation theoretisch gut voneinander trennen, so sind sie empirisch doch aufs engste miteinander verbunden, weshalb man den Prozeß der Begriffsbildung auch als *generalisierende Abstraktion* bezeichnet hat. Als Probleme der Begriffsbildung interessieren den Psychologen – und nicht nur ihn – vielerlei Fragen: Was heißt „einen Begriff haben"? Hat ein Kind, das alle Hunde, die ihm auf der Straße begegnen, als „Wauwau" bezeichnet, den „Begriff" Hund erworben oder nur einen „Namen", den es auf alle irgendwie hundeähnlichen Tiere anwendet? – Wie geht der Prozeß des Begriffserwerbs (concept formation) vor sich, und wie werden Begriffe gefunden, d.h. das allen Objekten gemeinsame Merkmale identifiziert (concept identification)? Im Alltagsleben beobachten wir meist nur, wie mit Begriffen umgegangen wird, wie bereits vorhandene angewendet werden, aber kaum, wie ein neuer Begriff entsteht. – Wie geht die Begriffsbildung im Laufe der Entwicklung vor sich? Ist das Haben von Begriffen an die Sprache gebunden, oder werden auch schon im vorsprachlichen Alter Begriffe verwendet? Wann und wie lernen Kinder logische Begriffe und Zusammenhänge? – Welche Begriffsarten oder -klassen lassen sich unterscheiden? Gibt es Begriffsklassen, die leichter erlernbar sind als andere? – Lassen sich verschiedene Strategien beim Begriffslernen beobachten und wodurch kann man das Lernen erleichtern? Dieses sind Fragen, die nicht nur den Wissenschaftler interessieren, sondern z.B. für den Pädagogen relevant sind, der sich um die Förderung des Denkens, der Sprache und des Lernens bemüht.

Wie sieht nun ein psychologisches Experiment zur Begriffsbildung aus? Nehmen wir als Beispiel ein bekanntes Experiment von HULL: Eine Gruppe von Versuchspersonen hatte die Aufgabe, zu einer Reihe von sechs komplizierten chinesischen Schriftzeichen, die auf eine Leinwand projiziert wurden, für jedes Schriftzeichen einen „Namen" (sinnlose Silbe) zu lernen. In einem nächsten Durchgang mußten dieselben Namen für sechs weitere Schriftzeichen gelernt werden, wobei jedes Zeichen dieser Serie jeweils einem Zeichen der vorangegangenen Serie ähnlich war in Bezug auf ein gemeinsames Zeichenelement (eine Gerade, ein Dreieck oder zwei Punkte etc.). In dieser Weise wurden noch vier weitere Serien gelernt, so daß zu einem Namen jeweils sechs „ähnliche" Figuren assoziiert werden konnten. Als Kriterium für den „Begriffserwerb" (d.h. Identifikation des jeweils gemeinsamen Elements) galt die Fähigkeit der Generalisation: Die Versuchspersonen mußten auf eine völlig neue Serie von Zeichen, die jedoch dasselbe Element enthielten, mit den entsprechenden Namen reagieren. Es ließ sich zeigen, daß die Versuchspersonen im Laufe mehrerer Durchgänge immer mehr richtige Antworten abgaben, bis schließlich alle neuen Zeichen auf Grund des jeweils gemeinsamen Elements den entsprechenden sinnlosen Silben richtig zugeordnet werden konnten.

Als wichtiges Nebenergebnis zeigt sich in diesem Experiment, daß viele Versuchspersonen die neuen Zeichen richtig zuordnen, d.h. mit der sinnlosen Silbe benennen konnten, ohne den „Begriff" (das gemeinsame Element) bereits definieren zu können; ein Anzeichen dafür, daß ein Begriffslernen auch ohne Sprache vor sich gehen kann.

Das Begriffslernen wird *erleichtert*, wenn die relevanten von den irrelevanten Merkmalen differenziert werden, z.B. hier durch eine andersfarbige Hervorhebung des kritischen Elements. Eine andere Möglichkeit wäre die Reduzierung der irrelevanten d.h. zu vernachlässigenden Elemente: „Form" als begriffskonstituierendes Element läßt sich leichter erlernen, wenn die nach Form, Größe und Gewicht unterscheidbaren vorgegebenen Objekte nicht auch noch hinsichtlich Farbe und Textur unterschieden sind.

Begriffe lassen sich unter dem Gesichtspunkt der Komplexität in verschiedene Klassen einteilen: *Einfache* Begriffe basieren auf einem einzigen Merkmal, z.B. Farbe oder Form. Die meisten Begriffe, die wir verwenden, sind jedoch durch mehrere Merkmale definiert. Diese *komplexen* Begriffe lassen sich als konjunktive, disjunktive und relationale unterscheiden.

Konjunktive Begriffe enthalten zwei oder mehrere Merkmale, die beide (oder alle) zur Beschreibung notwendig sind. Ein rechtwinkliges Dreieck enthält als Begriff die Dimensionen „drei Ecken" und „Rechtwinkligkeit einer Ecke".

Disjunktive Begriffe werden durch das Vorhandensein des einen *oder* des anderen Merkmals bestimmt. Das Kind besucht entweder eine evangelische oder katholische Schule. Bei dem disjunktiven Begriff der ‚Konfessionsschule' handelt es sich um eine exklusive Disjunktion, weil nur eines der beiden Merkmale zutreffen kann. Von inklusiver Disjunktion spricht man, wenn eines oder beide (alle) Merkmale möglich sind. Ein Fehler im Tennismatch kann durch eine oder gleichzeitig mehrere Spielregelverletzungen zustandekommen. Disjunktive

Begriffe sind sehr viel schwerer zu erlernen als konjunktive; entwicklungsmäßig später erworben werden

relationale Begriffe, die durch die Beziehung zwischen Elementen definiert werden, z. B. ihre Größe, wobei die Elemente selbst irrelevant sind. Wenn z. B. aus mehreren Paaren unterschiedlich großer Quadrate das jeweils größere herausgefunden werden soll, geht es um das Lernen eines relationalen Begriffs. Wenn in einem Experiment von PIAGET untersucht wird, in welchem Alter Kinder fähig sind, beim Umschütten einer Flüssigkeitsmenge von einem hohen schmalen in ein niedriges breites Gefäß zu erkennen, daß das Volumen gleichgeblieben ist, wird damit das Vorhandensein eines relationalen Begriffs überprüft.

Weiter läßt sich untersuchen, ob verschiedene inhaltliche Begriffsklassen leichter (bzw. schneller) gelernt werden, ob z. B. konkrete Gegenstände begrifflich leichter zu differenzieren sind als geometrische Figuren oder abstrakte Zahlen. Damit verbunden ist dann auch das Problem, ob konkrete Begriffe früher oder leichter erworben werden als abstrakte.

Viele Experimente sind der Begriffsentwicklung bei Kindern gewidmet. Man gibt z. B. Kindern verschiedener Altersstufen Bilderserien oder auch Wortreihen vor und läßt sie diese nach gemeinsamen Merkmalen klassifizieren. Es zeigte sich, daß kleinere Kinder erst nur jeweils zwei, aber nicht mehrere Objekte nach einem Merkmal zusammenfassen konnten. Etwas ältere Kinder gruppierten die Gegenstände vorwiegend nach Wahrnehmungskriterien, nach „Oberflächenmerkmalen", wie Farbe, Größe, Form. Mit zunehmendem Alter suchen die Kinder dann nach „Funktionskriterien" (z. B. werden ‚Radio' und ‚Zeitung' nach ihrer Funktion als Nachrichtenübermittler zusammengefaßt). Diese Entwicklung in der Begriffsbildung ist untrennbar verbunden mit der allgemeinen Entwicklung der Intelligenz und des Denkens (s. dazu das Kapitel Entwicklungspsychologie).

2.2. Denken als Problemlösen

Die Begriffsbildung, im vorangegangenen Abschnitt als Teilgebiet des Denkens vorgestellt, läßt sich auch unter dem Oberbegriff des Problemlösens subsumieren, wenn die Leistungen bei der Begriffsbildung verstanden werden als das Lösen des Problems, das gemeinsame Definitionsmerkmal verschiedener Objekte zu finden. Das Problemlösen gilt heute als das Hauptgebiet der Denkpsychologie. In dem Maße, wie man von der Analyse des Erlebnisaspekts des Denkens, wie sie von der Würzburger Schule in Angriff genommen war, abrückte, und den Verhaltensaspekt in den Mittelpunkt stellte, wurde die Problemlösungssituation zu *dem* Forschungsparadigma. Durch das Vorgeben einer Aufgabe und die Beobachtung der Lösungsprozesse sollte das, was jemand tut, wenn er denkt, untersucht werden, um die Bedingungen und Gesetzmäßigkeiten von Denkverläufen zu analysieren.

Was ist ein ‚Problem' und was heißt ‚Problemlösen' und wie läßt sich ein Lösungsprozeß analysieren?

Der Begriff *Problem* dient zur Bezeichnung vieler verschiedenartiger Sachverhalte – von der Mathematikaufgabe bis zum Problem der Umweltverschmutzung – die sich allgemein dadurch charakterisieren lassen, daß ein Ziel vorgegeben ist, das man erreichen will, jedoch nicht weiß, mit welchen Mitteln, da die vorhandenen Mittel (Verhaltensweisen, Techniken etc.) nicht mehr ausreichen. Vor einem Problem stehen, heißt, sich einem Hindernis, einer Schwierigkeit gegenübersehen, die nicht auf bereits bekannte Weise überwunden werden können. Als *Problemlösungsverhalten* werden alle jene inneren und äußeren Handlungen angesehen, die unternommen werden, um das Ziel zu erreichen. Zu diesen „inneren und äußeren Handlungen" gehören Prozesse, wie Denken, Wahrnehmen, Lernen, Motivation etc., d.h. Problemlösen ist nicht ein psychischer Prozeß sui generis, sondern als Wechselwirkung solcher fundamentaler Prozesse zu verstehen. Je nach der jeweiligen Betonung dieser Prozesse wird darum das Problemlösen auch als „produktives Denken" oder als „Lernprozeß" gefaßt.

Wie läßt sich ein solcher Lösungsvorgang beschreiben?

Das, was man als Druck der Aufgabe, die ungelöst, aber als zu lösende vor einem steht, bezeichnen kann, umschreibt der Gestaltungspsychologe WERTHEIMER als „Sehen eines Problems", als *Problemsituation.*

Sie ist durch zwei Momente zu charakterisieren, durch das *Geforderte* (das Ziel, die Lösung) und das *Gegebene* (das Material, das Wissen, die Fertigkeiten). Der Prozeß der Lösung setzt dann ein, wenn man das Gegebene im Hinblick auf das Geforderte betrachtet. Das bedeutet z.B., daß man die Dinge daraufhin untersucht, was sie zur Zielerreichung leisten können, d.h. ob sie einen *Funktionalwert* (DUNCKER) im Hinblick auf die Lösung besitzen. Den Begriff des Funktional-, bzw. des Funktionswertes hatte schon KÖHLER (1917) geprägt im Zusammenhang mit seinen „Intelligenzprüfungen an Menschenaffen":

Die Schimpansen im Käfig standen vor dem Problem, eine Banane, die außerhalb der Reichweite ihrer Hände lag oder hing, zu erreichen. In ihrem Käfig verstreut lagen leere Kisten oder auch Stöcke. Das Gegebene im Hinblick auf das Geforderte betrachten, bedeutet hier, das Material (Stöcke, Kisten) in ihrer Eigenschaft als Werkzeuge zu sehen, als Kisten, die man aufeinanderstellen kann, um den hohen Ast mit der Banane zu erreichen, als Stöcke, die zur Verlängerung der Arme dienen konnten, um die außerhalb des Käfigs liegende Banane heranzuholen.

Diesen Prozeß des Erkennens oder vielmehr den Moment, in dem der Affe eine Verbindung zwischen den unerreichbaren Bananen und den Kisten oder Stöcken wahrnahm, d.h. das „Problem sah", nannte KÖHLER *Einsicht;* ein Moment, der natürlich nicht direkt beobachtbar war, sondern aus den Verhaltensänderungen erschlossen wurde.

Die Funktionswerte von Dingen erkennen, d.h. „einsehen", was an den Dingen eine Funktion für die Zielerreichung haben kann, ist eine Denkleistung, in der Wahrnehmungs- und Lernprozesse sowie Erfahrungsmomente eine große Rolle spielen. Vor allem die Gestaltpsychologen haben die *Bedingungen* untersucht, die für das Erkennen eines Funktionalwertes förderlich bzw. hinderlich sind.

Als wichtigstes Ergebnis solcher Bedingungsanalysen hat sich gezeigt, daß die „Disponibilität" von Dingen (DUNCKER) – heute oft als „availability of functions" (Verfügbarkeit von Funktionen) bezeichnet – wesentlich durch die vorangegangene Erfahrung mit den Dingen bestimmt wird. Dinge sind durch unseren Umgang mit ihnen in einer bestimmten Weise *funktional gebunden,* z.B. benutzen wir ein Stück Kreide eher als Schreibwerkzeug denn als Wurfgeschoß. Art und Grad der Gebundenheit können sehr unterschiedlich sein, je nach der Vielfalt der Verwendungssituationen oder der Häufigkeit des Gebrauchs. In einer Problemlösungssituation kann sich diese Gebundenheit des Dinges für seine Verfügbarkeit in neuer Funktion unter Umständen erschwerend auswirken. In vielen Experimenten ist der bereits von DUNCKER untersuchte Effekt, daß die Disponibilität eines Materials sehr herabgesetzt war, wenn es kurz vorher in einem ähnlichen Zusammenhang, aber einer Funktion verwendet worden war, die von der jetzt geforderten verschieden war. Der Gegenstand ist dann *heterofunktional,* durch andere Funktionen gebunden, im Gegensatz zur *homofunktionalen* Gebundenheit, in der die bekannte und die geforderte Verwendungsweise gleich sind. In einem Experiment ließ sich zeigen, daß eine Gruppe von Versuchspersonen, die zuvor einen elektrischen Schalter in eine elektrische Anlage eingebaut hatte, bei einer nachfolgenden Aufgabe in weitaus geringerem Maße imstande war, einen Schalter als Gewicht zu verwenden, als eine Kontrollgruppe, die vorher nicht mit dem Schalter hantiert hatte. Das richtige Erkennen des Funktionalwertes erfordert im ersten Fall einen Prozeß der „Umzentrierung", eine Änderung des „Eigenschaftsreliefs" (von „elektrisch" auf „schwer").

Häufige, verschiedenartige Verwendung von Dingen kann der Disponibilität förderlich sein, dadurch daß mehrere Verwendungsmöglichkeiten zur Verfügung stehen, aus denen das Individuum dann nur auszuwählen braucht.

Eng verbunden mit der heterogenen funktionalen Gebundenheit von Dingen ist ein weiteres Phänomen, das bei der Lösung von Problemen sichtbar gemacht werden kann: die *Einstellung* oder „*set*". Eine Einstellung läßt sich definieren als allgemeine Bereitschaft, in bestimmten Situationen in bestimmter Weise zu reagieren. Eine solche Reaktionsbereitschaft kann im Laufe eines Lernprozesses so habitualisiert oder verfestigt werden, daß sie über alle anderen Reaktionsmöglichkeiten dominiert. Dieser Effekt wurde in einer Reihe von Experimenten von LUCHINS untersucht. Im Prinzip waren die Experimente so angelegt, daß die Versuchsperson eine Reihe von Umfüllungsaufgaben zu erfüllen hatte: Aus einem Wasservorrat mußte mit Hilfe zweier verschiedener Messbecher eine vorgeschriebene Wassermenge abgeschöpft, z.B. mit einem 29-Quart-und einem 3-Quart-Gefäß eine Menge von 20 Quart bemessen werden. Angegeben werden mußte der Lösungsweg (hier 29–3–3–3 = 20) für eine Serie solcher Probleme, die alle prinzipiell nach demselben Umfüllprinzip gelöst werden konnten (s. Tab. 1). Es folgte dann eine kritische Aufgabe (Nr. 6), die sowohl nach dem bisherigen Verfahren (49 – 23 – 3 – 3) wie auch auf sehr viel einfachere Weise (23 – 3) gelöst werden konnte. Es zeigte sich, daß die meisten Versuchspersonen auch die sechste Aufgabe nach dem Lösungsschema der ersten fünf lösten; sie hatten eine Einstellung gebildet, die es ihnen schwer oder gar unmöglich machte, den einfacheren Lösungsweg einzuschlagen.

Aufgabe Nr.	Gegeben sind die folgenden leeren Wasserkrüge zum Abmessen (Fassungsvermögen)			gefordert sind die folgenden Wassermengen
1.	29	3		20
2.	14	163	25	99
3.	18	43	10	5
4.	10	41	8	15
5.	18	41	8	7
6.	23	49	3	20

Tabelle 1

Solche Voreinstellungen durch vorausgegangene ähnliche Erfahrung spielen bei Problemlösungsaufgaben eine große Rolle. Auch aus der Alltagserfahrung kennen wir das Phänomen, wie allzu gut gelernte Verhaltensweisen oder Lösungsstrategien quasi meachanisch eingesetzt werden und jeder Flexibilität entbehren. Borniert stehen wir vor einem Problem, das Denken wird rigide, läuft in festgefahrenen Bahnen.

Die Anfälligkeit für Einstellungen und die Fähigkeit, sie zu überwinden, sind nicht nur als relevante Faktoren in Problemlösungsprozessen untersucht worden, sondern auch das Verhaltens-Rigidität bzw. -Flexibilität Thema der Persönlichkeitspsychologie, die sich für die individuell unterschiedlichen Grade der Einstellbarkeit und ihre Korrelation mit anderen Persönlichkeitsmerkmalen, wie Alter und Geschlecht, Ängstlichkeit oder Intelligenz interessiert.

Als weiterer Aspekt lassen sich am Problemlösungsprozeß die verschiedenen *Lösungsmodalitäten,* die ein Individuum wählt, untersuchen. Man kann den Problemlösungsprozeß als fortschreitendes Umformen des Problems, als „Transformation“ in Richtung auf das Ziel verstehen. Die präziseste Fassung des Problems ist dann gleichzeitig die Lösung; die Problemsituation ist in eine Lösungssituation umgewandelt worden. Die *Umstrukturierung* des Problems kann auf verschiedene Weise vor sich gehen:

DUNCKER unterscheidet zwischen einer Lösungsannäherung „von oben“ durch eine „Zielanalyse“ und „von unten“ durch eine „Materialanalyse“, die mit einer „Konfliktanalyse“ verbunden ist. Die Zielanalyse akzentuiert die Betrachtung des Geforderten in Hinblick auf das Gegebene: Was ist gesucht, was nicht? Die Materialanalyse geht vom Gegebenen aus: Was kann ich im Hinblick auf das Geforderte anbieten, welches Material ist verwendbar? In der Konfliktanalyse werden die überflüssigen und störenden Informationen gesucht und Unstimmigkeiten deutlich gemacht, die den Lösungsweg behindern.

DURKIN (1937, zit. nach GRAUMANN 1965) hat drei Formen des Problemlösungsverhaltens beschrieben: (1) Versuch – und – Irrtum, (2) plötzliche Umstrukturierung, (3) schrittweise Analyse. „Versuch – und – Irrtum“ ist als „blindes“ Ausprobieren von Verhaltensweisen charakterisierbar, deren Nützlichkeit vorher nicht bekannt ist, sondern erst nachträglich am Erfolg oder Mißerfolg zu messen ist. Bei diesem Vorgehen kommt es häufig zu Zufallslösungen. Bei der „plötzlichen Umstrukturierung“ treten Momente der „Einsicht“ auf, Zusammenhänge werden plötzlich entdeckt und verstanden. Die „schrittweise Analyse“, den DUNCKERschen Material- und Zielanalysen ähnlich, ist als planmäßiges zielgerichtetes Suchen zu beschreiben, das schrittweise zu einer Lösung führt.

Diese Problemlösungswege sind nicht als einander ausschließend zu verstehen, sondern als akzentuierende Beschreibungen verschiedener Formen des Denkens, die im aktuellen Problemlösungsprozeß durchaus zusammen oder nacheinander auftreten können.

Verschiedene Weisen des Denkens sind uns auch als Intelligenzfaktoren bekannt geworden: GUILFORD unterscheidet zwischen *konvergierendem* und *divergierendem* Denken: Jenes bewegt sich auf eine einzige richtige, d.h. vorbestimmte Lösung zu, divergierendes Denken geht in verschiedene Richtungen – wie beim Suchen – und wechselt im Verlauf des Denkaktes.

Das Verhältnis von Denken und Intelligenz sowie ihre Entwicklung gehören zu den wichtigsten Forschungsthemen der heutigen Denkpsychologie. Die beiden hier skizzierten Problembereiche können nur einen ersten Eindruck von der Art und Mannigfaltigkeit psychologischer Arbeitsweise geben.

Literatur

Duncan, C. P. (Ed.): Thinking: current experimental Studies. Lippincott, Philadelphia, 1967 (eine repräsentative Auswahl vorwiegend experimenteller Originalarbeiten aus der neueren Denkpsychologie)

Duncker, K.: Zur Psychologie des produktiven Denkens. Springer, Berlin,[2] 1966 (eine „klassische" deskriptive Analyse des Problemlösungsverhaltens in gestalttheoretischer Perspektive)

Graumann, C. F. (Hg.): Denken. Kiepenheuer und Witsch, Köln, 1965 (Sammlung wichtiger Originalarbeiten aus klassischer und moderner Denkpsychologie)

Piaget, J.: Psychologie der Intelligenz. Rascher, Zürich,[4] 1970 (eine Analyse und Theorie der Intelligenz und Intelligenzentwicklung)

Wason, P. C. und Johnson-Laird, P. N. (Ed.): Thinking and reasoning. Penguin Books, 1968 (umfassende Sammlung experimenteller Arbeiten zum Problemlösungsverhalten)

Wertheimer, M.: Produktives Denken. Kramer, Frankfurt[2], 1964 (interessante und pädagogisch wertvolle, leicht verständliche Studie zum produktiven Denken)

VI. Motivation

von Lenelis Kruse und Klaus-Eckart Rogge

1. Fragestellungen und Konzepte der Motivationspsychologie

Wenn wir die Psychologie als eine Wissenschaft definiert haben, die sich mit dem Erleben und Verhalten des Menschen hinsichtlich Objekten, Personen und Ereignissen der Umwelt beschäftigt, fragen wir einerseits nach dem *Wie,* den Formen dieses Verhaltens und Erlebens, andererseits aber auch nach dem *Warum,* nach den Bedingungen und Ursachen bestimmter Verhaltens- und Erlebnisweisen. Wir begnügen uns nicht damit festzustellen, daß Peter den Paul verprügelt hat, sondern fragen, warum er es getan hat, welches seine Beweggründe dafür gewesen sind.

Warum werde ich wütend, wenn mich ein Klassenkamerad beleidigt und habe die Tendenz, auf ihn loszugehen? Warum tue ich es dann aber doch nicht, sondern drehe mich um und gehe finsteren Blickes meiner Wege? Warum habe ich um die Mittagszeit, wenn mir der Magen knurrt, plötzlich nur noch Augen für Wirtshausschilder und Speisekarten und übersehe gänzlich die architektonischen Schönheiten des Ortes, derentwegen ich ihn doch zum Urlaubsziel gewählt habe? Warum kann ich stundenlang über meiner Briefmarkensammlung sitzen, über den Mathematikaufgaben jedoch bereits nach kurzer Zeit über Rückenschmerzen klagen?

Dies alles sind Fragestellungen, die in den Bereich der Psychologie der *Motivation* fallen. Sie beschäftigt sich mit den *Motiven* des Handelns, fragt nach dem „Motor“, der ein Verhalten oder Erleben in Gang setzt und hält, nach den Antriebsquellen und Steuerungskräften menschlichen und tierischen Verhaltens. Es geht – ganz allgemein gesprochen – um das Problem, warum der Mensch handelt, und warum er so handelt, wie er handelt. Dieses Problem stellt sich in mehrfacher Hinsicht. Warum ist ein Mensch oder Tier eher aktiv als inaktiv? Wie ist zu erklären, daß eine Aktivität über eine andere dominiert (ich suche nach Trinkbarem, aber nicht nach Eßbarem), daß sie aufhört und wieder beginnt, daß sie auf bestimmte Gegenstände (Getränke) bzw. Ziele (trinken) ausgerichtet ist? Warum werden manche Aktivitäten ständig wiederholt, andere jedoch unterlassen? Wir werden diese Fragen weiter unten wieder aufgreifen, wenn es gilt, Kriterien motivierten Verhaltens festzustellen.

Nach den Beweggründen des eigenen Handelns gefragt, mag dem

Leser sofort eine Vielzahl von *Motivationsformen,* z.B. Bedürfnis, Affekt, Interesse, Wunsch, Wille, aber auch Hemmung, Widerwillen, Sucht und Zwang einfallen; und mindestens ebensoviele Ausdrücke bieten sich zur Umschreibung der Arten spezifischer Motivationslagen, aus denen heraus man etwas tut oder nicht tut, an: Angst, Freude, Ehrgeiz, Eifersucht, Mitleid, Aggression, Sympathie etc. sind etwa solche *Motivarten,* die uns aus der Alltagserfahrung nur zu vertraut sind.

Alle diese Motivationsformen und -arten sind auch Thema einer wissenschaftlichen Motivationspsychologie, wobei eine erste Aufgabe jeder Wissenschaft darin besteht, die Fülle der unterscheidbaren Phänomene, wie sie sich einerseits schon aus der vorwissenschaftlichen Erfahrung und den umgangssprachlichen Begriffen ergeben, zum anderen in wissenschaftlichen Fachausdrücken (z.B. Appetenz, Triebreiz, Leistungsmotivation, Selbstverwirklichungsstreben) umschrieben sind, zu analysieren (wie sieht ein Gefühlszustand, ein Willensvorgang aus?), zu ordnen (gibt es Gemeinsamkeiten zwischen Trieb, Neigung, Sucht, nach denen man diese Phänomene einer bestimmten Klasse zuordnen kann?) und schließlich in eine eindeutige und möglichst einheitliche Begriffssprache zu bringen. Von diesem letzten Ziel ist gerade die Motivationspsychologie noch sehr weit entfernt. Sie erweist sich dadurch besonders für den Anfänger als unwegsames und schwer überschaubares Gelände, das zu betreten Mühe und Geduld erfordert. Andererseits lohnen sich die anfänglichen Mühen des Einstiegs, da sich die Psychologie der Motivation als ein interessantes und wichtiges Forschungsfeld herausstellt, das einerseits Verflechtungen mit vielen anderen Teilgebieten der Psychologie, etwa der Wahrnehmung und des Lernens aufweist, andererseits von großer Bedeutung in den unterschiedlichsten Bereichen des täglichen Lebens ist, was sich in vielen Fragestellungen der angewandten Psychologie zeigt: z.B. in der pädagogischen Psychologie: Wie bringe ich den intelligenten, aber faulen Schüler dazu, mehr Interesse für die Schule und das Lernen aufzubringen? – in der Rechtsprechung: Handelte der Täter im Affekt oder aus reiflicher Überlegung? – in der Wirtschaft (Werbung, „Motivforschung"): Warum kaufen Kunden? – in der Klinik: Wie läßt sich P.s Furcht vor öffentlichen Plätzen und Verkehrsmitteln erklären und beheben? – in der Sozialpsychologie (Gruppendynamik): Wie können Spannungen in einer Gruppe vermindert oder verhindert werden? ...

Wenn es nun darum geht, den Gegenstand einer wissenschaftlichen Motivationspsychologie, oder besser: die Gegenstände verschiedener motivationspsychologischer Ansätze zu skizzieren, erhebt sich erst einmal die Frage, wodurch ein Motivationsgeschehen charakterisierbar, wie es von nicht-motivierten Verhaltensabläufen abzugrenzen ist.

Nehmen wir die Situation des Durstes:

„Wenn immer wir Durst verspüren oder aber in der Lage sind, zweifelsfrei von einem anderen Lebewesen, sei es Tier oder Mensch, auszusagen, daß es Durst habe, durstig sei, so heißt ‚Durst' erst einmal: die – sei es selbst spürbare oder an anderen beobachtbare – Tendenz zu trinken. ‚Selbst spürbar', d. h. unmittelbar und in charakteristischer Weise *erlebt.* Die charakteristische Weise des Dursthabens dürfte bekannt genug sein, als daß sie noch einzeln beschrieben werden müßte. Nur auf zweierlei sei aufmerksam gemacht: (a) Auf die Empfindungen der Trockenheit im Mund- und Rachenraum, die ‚durstige Kehle'; (b) auf die Tatsache, daß wir uns als Durstige mehr für das interessieren, was unseren Durst zu löschen vermag, als etwa für noch so köstliche, aber trockene Speisen. ‚Interessiert', das heißt hier, daß gewisse Gegebenheiten unserer Welt (Getränke, Kühlschränke, Restaurants, Kioske, saftiges Obst) uns in einem stärkeren Maße beschäftigen, als das im Zustande des Nichtdurstes der Fall gewesen sein mag. ‚Beschäftigen' wiederum will sagen, daß wir sie eher wahrnehmen, sie uns als zu erreichende oder überhaupt erst zu beschaffende vorstellen, sie aussuchen und uns beschaffen, schließlich trinken, bis wir gesättigt oder befriedigt sind: die Empfindung der Trockenheit ist vorbei" (GRAUMANN 1969, 6).

Anhand dieser Schilderung lassen sich mehrere Phasen eines Motivationsgeschehens aufzeigen:

Die Erfahrung eines *Mangels* – erlebnisdeskriptiv als Durstgefühl, verhaltensdeskriptiv als Tendenz zur Flüssigkeitsaufnahme zu kennzeichnen – ist verbunden mit der *Erwartung*, daß dieser Durst gelöscht, der Mangelzustand aufgehoben werden kann, wenn man bestimmte Handlungen ausführt, bestimmte Mittel anwendet. Der Zustand des gestillten Durstes wird *antizipiert.* Das Verhalten des Dürstenden ist also durch den treibenden Mangelzustand und die Antizipation des Zieles bestimmt. Das zum Ziel führende Verhalten (zum Kühlschrank gehen, ein Bier bestellen) bezeichnet man als *instrumentelles* Verhalten, als Verhalten, das in Bezug auf das Ziel (Durststillen) Mittelcharakter hat. Die eigentliche Endhandlung (das Trinken) wird als *konsumatorisches* Verhalten bezeichnet. Die letzte Phase dieser Verhaltenssequenz ist dann durch den Zustand der *Sättigung* gekennzeichnet, erlebnisdeskriptiv als Gefühl der Erfrischung, des „Gestilltseins", verhaltensdeskriptiv als nicht-mehr-trinken.

Versuchen wir nun von dieser exemplarischen Situation des Durstes auf gemeinsame Grundmerkmale motivierten Verhaltens zu verallgemeinern, so lassen sich folgende Kriterien angeben:

1. *Aktivität:* Verhalten kommt durch ein bestimmtes Motiv in Gang, oder bereits vorliegendes Verhalten wird intensiviert. Das Tätigsein an sich ist hier Kriterium für motiviertes Verhalten.

2. *Gerichtetheit:* Das Motiv (des Durstes) steuert das Verhalten in Richtung auf das Ziel (des Durstlöschens bzw. Trinkens). Nicht blindes Suchen, sondern Zielorientierung kennzeichnet das motivationale Geschehen, was vor allem in der *Selektivität* des Verhaltens manifest wird. Bestimmte erfolgversprechende Verhaltensweisen werden selek-

tiert, andere werden, je nach Stärke des Motivs, teilweise oder ganz ausgeblendet (der Hungrige nimmt nur noch Wirtshausschilder, aber nicht die reizvollen Häuserfassaden wahr).

3. *Bekräftigung* bzw. *Schwächung:* Dieses aus der Analyse von Lernprozessen (s. dort) bekannte Kriterium bezieht sich auf die Persistenz oder Wiederholung bzw. auf die Schwächung oder das Aufhören bestimmter Verhaltensweisen, je nach dem, ob die Konsequenzen dieser Aktivitäten zu *Belohnungen* oder *Bestrafungen* des Organismus führten. In diesem Zusammenhang taucht dann auch die Frage auf, wodurch ein Ereignis zum Verstärker wird und welches die wesentlichen Merkmale sind, die einen Verstärker positiv oder negativ wirken lassen.

Mit diesen drei Kriterien sind zugleich die drei wichtigsten Forschungsinhalte der Motivationspsychologie charakterisiert: Sie untersucht (1) Wesen und Formen der aktivierenden Energie (z.B. Trieb, Instinkt, Aktivation), (2) Verhalten als ziel- und zweckbestimmtes, als selektives, sinnvolles und intentionales und (3) die Art und Wirkung von Verstärkern.

Wir haben mit dem o.a Durstbeispiel und den daraus abstrahierten Merkmalen bereits einen Eindruck davon gewonnen, wie die moderne Motivationspsychologie ansetzt. Sie fragt nicht isoliert nach den physiologischen, psychischen oder sozialen Gegebenheiten des Organismus (z.B. Bedürfnissen, Trieben, Instinkten) oder den Reizkonstellationen der Umwelt, die ein bestimmtes Verhalten in Gang bringen und steuern, sondern geht aus von der *motivationalen Situation,* in der ein Verhalten stattfindet. Die Situation ist bestimmt durch die Wechselwirkung von Person und Welt, die Interaktion von Trieben und Anreizen. Für den Hungrigen ist die Umwelt in anderer Weise artikuliert als für den Gesättigten. Die Gegenstände haben unterschiedliche *Aufforderungscharaktere, Valenzen, Anreize,* enthalten unterschiedliche Informationen hinsichtlich Gefahren und Verlockungen, Mitteln und Zwecken, je nach der Motivationslage des menschlichen oder tierischen Organismus. Die innere Motivationslage des Organismus wiederum ist nicht unabhängig von den Umweltgegebenheiten, z.B. der Existenz von Eßbarem oder Trinkbarem. Diese wachsende Berücksichtigung der Interaktion von motivierender Situation und motiviertem Subjekt hat jene isolierte Betrachtung von Trieben, Bedürfnissen oder Reizen abgelöst, die für den Anfang der Motivationspsychologie kennzeichnend war und ihre Entwicklung entscheidend beeinflußt hat.

In der älteren Bewußtseinspsychologie wurden Motivation und Motiv als *Bewußtseinsphänomene* verstanden und im Zusammenhang mit Gefühlen und Affekten unter dem Oberbegriff der Willensvorgänge abgehandelt. Die Forschung konzentrierte sich hier auf die *Erlebnis*weisen und typischen Verlaufsformen von Motivationsgeschehnissen, wie Drang, Stimmung, Trieb, Wunsch, Gesinnung, Vorsatz, Entschluß etc., die sie mit Hilfe der *Introspektion* zu erfassen versuchte. Für biologische Bedürfnisse, wie Hunger und Durst, sowie für unbewußte Anteile des menschlichen Handelns war in dieser engen Motivationskonzeption kein Platz.

Dem gegenüber steht eine andere eingeengte Verwendungsweise des Motivationsbegriffs, die des *Behaviorismus,* der in seiner totalen Abkehr und Verleugnung von Bewußtseinsvorgängen als Gegenstand der Psychologie nur das äußere Verhalten eines Organismus akzeptiert und so auch die ein Verhalten motivierenden Faktoren lediglich aus den objektiv beobachtbaren Reizbedingungen und Reaktionsweisen eines Organismus erschließen will. Die behavioristische Motivationsforschung geht davon aus, daß alle Motive auf primäre, physiologische Triebe zurückzuführen, alle Motivationshandlungen als Triebregulationen anzusehen sind. Solche Prozesse lassen sich am einfachsten und eindeutigsten an Tieren untersuchen, wobei der weißen Ratte als Versuchsobjekt eine besondere Stellung zukommt!

Weitere Motivationskonzeptionen, die einen wichtigen Beitrag zur psychologischen Motivationsforschung geleistet haben, sind das psychoanalytische Triebkonzept von S. FREUD und die Instinkttheorien der Tierpsychologen bzw. Ethologen.

In der Trieblehre FREUDS, dem Kernstück seiner psychoanalytischen Theorie, wird der Trieb als eine konstante Kraft verstanden, die als Reiz für das Psychische aus dem Körperinnern wirkt und sowohl seelische wie körperliche Anteile hat. Dem Sexualtrieb kommt dabei – neben einem Destruktions-, bzw. Aggressions-, bzw. Todestrieb – die größte Bedeutung zu. FREUDS Beitrag für die Motivationspsychologie liegt vor allem darin, daß er neben den „Ich"-kontrollierten Abläufen der Willenshandlungen, die dem *Realitätsprinzip* folgen, das Augenmerk auf die „Es"-geleiteten, dem *Lustprinzip* folgenden Erlebnis- und Verhaltensweisen, auf das Unbewußte und seine Triebbestimmtheit gelenkt hat.

Die Instinktbegriffe und -theorien der Tierpsychologie, in neuerer Zeit mit Namen wie TINBERGEN und LORENZ verbunden, haben in den Anfängen der Psychologie eine große Rolle gespielt, als es darum ging, die Determinanten des Verhaltens zu erforschen. *Instinkte* als angeborene, ererbte Dispositionen, auf bestimmte Objekte und Ereignisse in bestimmter Weise zu reagieren, wurden nicht nur für das Tier angesetzt, sondern auch – so bei McDOUGALL – als letzte, irreduzible Triebfedern menschlichen Handelns angesehen. Man stellte Instinktlisten auf, die von der Neugier bis zur Fortpflanzung, vom Gesellungstrieb bis zum Machtstreben alle zielgerichteten Verhaltensweisen des Menschen erfassen sollten und daher nicht selten mehrere hundert Begriffe umfaßten. Die Annahme und Erforschung von sog. Grundtrieben und Instinkten hat lange Zeit die Forschungssituation gekennzeichnet.

In der Auseinandersetzung mit diesen unterschiedlichen begrifflichen und methodischen Ansätzen hat sich die neuere Motivationsforschung entwickelt, wie sie oben skizziert wurde und im folgenden insbesondere unter methodischem Aspekt dargestellt wird. Vorerst sollen jedoch noch einige begriffliche Unterscheidungen geklärt werden, die häufig in der Literatur anzutreffen sind. Der Versuch, verschiedene Arten von Motiven zu klassifizieren, führte zu der Unterscheidung von *primären* und *sekundären*, von *ungelernten* und *gelernten* Motiven.

Unter *primären* Trieben oder Motiven versteht man alle jene Bedürfnisse eines Lebewesens, die einen biologischen oder physiologischen Mangelzustand anzeigen, dessen Beseitigung für die Aufrechterhaltung des Lebens und der Gesundheit erforderlich ist, weshalb man auch von *biogenen* oder *vitalen* Bedürfnissen spricht. Sie haben die Aufgabe, das physiologische Gleichgewicht, die Homöostase des Organismus aufrechtzuerhalten. Zu diesen Trieben gehören Hunger und Durst, Sexualität und Schlafbedürfnis, das Bedürfnis nach Atmung, geregelter Körpertemperatur und Schmerzvermeidung, aber auch der Neugiertrieb und das Traumbedürfnis. Diese Triebe gelten als „primär", weil sie angeboren und nicht gelernt sind; sie sind erfahrungsunabhängig. In der Motivationsforschung, insbesondere der experimentellen Erforschung tierischen Verhaltens spielen sie eine wichtige Rolle. Sie lassen sich leicht und gut kontrollierbar deprivieren (z.B. als Nahrungs- oder Flüssigkeitsentzug), und die Verhaltensweisen bzw. Verhaltensänderungen lassen sich als Effekte eins solchen Entzugs studieren.

Als *sekundär* bezeichnet man jene Motive oder Triebe, die nicht zur biologischen Ausstattung des Menschen gehören, für die keine physiologische Basis nachweisbar ist, sondern die erst im Prozeß der Sozialisation erworben, d. h. *gelernt* werden. Man spricht deshalb auch von *soziogenen* Antrieben.

Die Bezeichnungen „primär" und „sekundär" bedeuten oft zweierlei: In seiner ersten Bedeutung ist primär das, was (phylogenetisch und ontogenetisch) zuerst vorhanden ist, sekundär das, was später, an zweiter Stelle, durch Erfahrung und Lernen hinzukommt. In der zweiten Bedeutung werden die primären Triebe als *alle* weiteren Triebe und Motive fundierend angesehen; als sekundär werden dann die aus diesen Grundtrieben abgeleiteten Motive und Motivationsarten verstanden.

Die sekundären Motive spielen eine besondere Rolle für den Menschen, der sich vom Tage der Geburt an in einem fortwährenden Lernprozeß befindet, der ihn zu einem Mitglied der soziokulturellen Gemeinschaft, in der er lebt, werden läßt. Für den Menschen gibt es kaum ein primäres Bedürfnis, das nicht im Laufe der Entwicklung durch Lernen modifiziert würde: Hunger differenziert sich in Nahrungsvorlieben; das sexuelle Bedürfnis zeigt sich in den verschiedensten Formen bis hin zu den „Perversionen“; zur Angst – von vielen Forschern als primärer Trieb angesehen – tritt als Lernprodukt die Furcht vor bestimmten Gegenständen und Situationen. Hinzu kommen die spezifisch menschlichen Motive, die überhaupt erst erworben werden müssen. Am besten untersucht sind u. a. Motive der Angst und Aggression, das Anspruchsniveau und die Leistungsmotivation, doch umfaßt die Klasse der soziogenen Motive auch so komplexe Sachverhalte wie das Streben nach Selbstverwirklichung oder die Determinanten religiösen oder ästhetischen Verhaltens. Man spricht in diesem Zusammenhang weniger von Trieben, die doch immer mit der Bedeutung des animalisch Triebhaften verbunden sind, sondern eher von Motiven oder allgemein von Motivation.

Das Forschungsfeld der Motivation wird zum größten Teil durch die Untersuchung der primären Triebe bestimmt, was im wesentlichen auf ihre leichtere Manipulierbarkeit im Tierexperiment zurückzuführen ist. Motivationsexperimente an Menschen stoßen auf viele Schwierigkeiten: Menschliches Handeln ist meist durch mehrere gleichzeitig wirkende Motive bestimmt, die sich nicht ohne weiteres voneinander isolieren lassen. Zum anderen stehen einer Manipulation wichtiger Bedürfnisse ethische Gesichtspunkte entgegen. Experimentelle Untersuchungen zur sensorischen und sozialen Deprivation und Isolierung, zur Aggressivität und zum Verhalten unter Stress führen ständig zu Diskussionen über die Zulässigkeit solcher Experimente in der Humanpsychologie.

2. Methoden

Die bei der Begriffsklärung aufgezeigten Schwierigkeiten setzen sich bei den Methoden zur Motivationserforschung fort, da die unterschiedlichen Motivationskonzepte die möglichen Verfahrensweisen mitdeterminieren. Da alle Verhaltensweisen motiviert zu sein scheinen, ist zu fragen, wie die daraus sich ergebende Vielfalt von möglichen Motivationen methodisch in den Griff zu bekommen ist. Damit die allgemeinen Informationen, die für eine umfassende Motivationsanalyse erforderlich sind, besser vorgestellt werden können, soll das folgende Beispiel zunächst einmal konkretes Verhalten beschreiben: Jörg sieht sich schon eine ganze Weile das abendliche Fernsehprogramm an. Nun schaltet er das Gerät aus und geht zu seinem Zimmernachbarn, um mit ihm Schach zu spielen. Die Sache hört sich einfach an und läßt auch eine schnell zu findende plausible Erklärung zu: Jörg war das Fernsehprogramm zu langweilig geworden; so beschloß er, Schach spielen zu gehen. So leicht läßt sich die Angelegenheit nun aber doch nicht erledigen, wenn es darum geht, motiviertes Verhalten zu erforschen. Ob Jörg die Fernsehsendung tatsächlich so wenig interessierte oder ob sie gerade zu Ende gegangen war oder ob er einen vorher vereinbarten Termin zur Schachpartie einhalten wollte, ist bisher noch nicht eindeutig festzulegen. Warum Jörg ausgerechnet Schach spielen geht und sich dafür seinen Zimmernachbarn aussucht, ist noch nicht geklärt. Ebenso offen geblieben ist die Frage, ob Jörg ein leidenschaftlicher Schachspieler ist oder ob er dieses Spiel nur so nebenbei absolviert. Ferner wäre es noch wichtig zu erfahren, von wem die Initiative zu dieser Partie ausgegangen war. Hatte Jörg die Sache in die Hand genommen oder sein Spielpartner? Alle derartigen Fragestellungen machen deutlich, daß zur Klärung der Motivation immer mehrere Aspekte berücksichtigt werden müssen. Die einzelnen Betrachtungspunkte stehen dabei untereinander in vielfältigem Zusammenhang.

Als wichtigste Bestimmungstücke für die Motivationsanalyse lassen sich nennen (nach GRAUMANN, 1965):

(1) die Person (der Organismus)
(2) was und wie sie etwas tut (Art und Intensität der Aktivität)
(3) in welcher Situation das geschieht (Art und Vielfalt der Bedingungen)
(4) mit welchen Mitteln (Analyse des Gegenstandes auf den sich das Handeln richtet)
(5) zu welchem Zweck bzw. mit welchem Ziel (Zweck- bzw. Zielanalyse).

Zunächst werden Informationen über die Person, die motiviertes Verhalten zeigt, benötigt. Im angeführten Beispiel wäre etwa von Interesse, wie Jörg vorhergehende Abende verbracht hat, wie häufig und wie lange er sich die Zeit mit Spielen vertreibt und welche er bevorzugt, ob er sich oft und gern in Gesellschaft anderer Menschen befindet, welche Fernsehprogramme ihn wie stark interessieren können, ob er zur Gestaltung seiner Freizeit Eigeninitiative entwickeln kann, ob er Mitglied eines Schachclubs ist etc. Da solche Angaben und Daten eng mit dem aktuellen Geschehen verknüpft sind, ermöglichen sie ein besseres Verständnis und weitreichendere Erklärungen der zum beobachteten Handlungsablauf gehörigen Motivation. Warum, was und wie eine Person etwas tut, hängt u. a. von ihrer Biographie ab. Die Analyse der Art und Intensität der Aktivität wird Informationen über den Zweck bzw. die Zielsetzung der Tätigkeit, über das daran gebundene Interesse der Person, über die Bedürfnislage des Handelnden etc. liefern. Von besonderer Bedeutung ist dabei der Ablauf, die Sequenz des Geschehens. Die Handlungsabfolge wird sehr wesentlich durch die jeweiligen situativen Verhältnisse bestimmt, in denen motiviertes Verhalten und/oder Erleben auftritt.

Jörg hätte vielleicht auf das Schachspiel ganz verzichtet, wenn im Programm eine nachfolgende politische Sendung angekündigt worden wäre. Wahrscheinlich hätte er auch lieber mit seiner Freundin Schach oder etwas ganz anderes gespielt, wenn sie sich beide nicht gerade an diesem Abend gestritten hätten. Schließlich ist die Kenntnis des Schachspiels eine fast notwendige Bedingung für Jörgs Verhalten. Fernsehen, Schachspiel und in gewisser Hinsicht auch der Zimmernachbar sind als Objekte des Handelns zu bezeichnen und als solche in die Motivationsanalyse einzubeziehen. Vor dem Bildschirm sitzen impliziert ein mehr passives, aufnehmendes, nicht selten konsumatorisches Verhalten, während das Schachspiel produktive Denkleistungen und aktive motorische Vollzüge verlangt und als eine Art Kommunikation mit einem Partner verstanden werden kann. Von entscheidender Bedeutung für die Klärung der Motivation ist letztlich die Zweck- bzw. Zielbestimmung des Handelns. Worauf Jörg seine Aktivität ausrichtet, welchen Zweck oder welches Ziel er mit dem Beenden des Fernsehens und dem Beginn eines Schachspiels verfolgt, ist für die Bestimmung seiner Motivationslage sehr wesentlich. Dabei ergeben sich eine Reihe von Möglichkeiten, die gegeneinander abzugrenzen und auf ihr Zutreffen für den gegebenen Sachverhalt hin zu untersuchen sind. Sein Verhalten könnte darauf abzielen, sich Ablenkung zu verschaffen, aufgekommene Langeweile zu vertreiben, sein Schachspiel zu verbessern, dem Zimmernachbarn einen Gefallen zu tun, neue Kombinationsmöglichkeiten im Spiel auszuprobieren, sich selbst seine Fähigkeit zu demonstrieren, das Fernsehen abschalten zu können oder dem Spielpartner die eigenen Fortschritte im Schach zu beweisen.

Sollte der sonst eher ausgeglichen und überlegt spielende Jörg an diesem Abend vermehrt ärgerlich reagieren und hastige, nicht gut vorbereitete Züge setzen, so wäre daran zu denken, daß er die Partie begonnen hat, um den Streit mit seiner Freundin zu vergessen. Aus der Spezifität seiner Handlungsweisen wird die jeweils vorherrschende Motivationslage verständlich. Ferner sind Hinweise darauf gegeben, welche Bedeutung die vorliegende Situation und Aktion für das Erleben der handelnden Person besitzt.

Die am Beispiel orientierte Darstellung der Ansatzpunkte für eine Motivationsanalyse sollte zeigen, daß die einzelnen Aspekte sehr eng miteinander verbunden sind und daß der Handlungsablauf Gegenstand der Untersuchung sein muß. Die isolierte Betrachtungsweise von Teilbereichen des motivationalen Geschehens kann nur ein bruchstückhaftes, wenn nicht gar ein verfälschtes Bild des Gesamtvorganges reflektieren. Andererseits ist zu betonen, daß der vollständige Komplex wohl nie erschöpfend analysiert werden kann und damit unberücksichtigte Positionen neben untersuchten Komponenten bestehen bleiben und mit diesen in eine Wechselbeziehung treten können.

Da motiviertes Verhalten auf einem Zeitkontinuum abläuft, läßt sich der Vorgang in bestimmte Sequenzen zergliedern. Dabei kann eine Verbindung aufgebaut werden, die nach der Art einer Reiz-Reaktionsfolge in einem bewirkenden Agens(antecedens) = A-Variablen mit einem bewirkten Verhalten oder Zustand (consequens) = C-Variablen besteht (nach GRAUMANN, 1965). Zwischen A- und C-Variablen läßt sich die Motivation i.e.S. eingliedern. Sie ist als „intervenierende" Variable anzusehen, wenn eine funktionale Beziehung zwischen Meßwertklassen von A und C aufzustellen ist. Sofern nicht auf reine Funktionszusammenhänge abgehoben, sondern zur Charakterisierung Unbewußtes, Energetisches etc. herangezogen wird, stellt Motivation ein „hypothetisches Konstrukt" dar. Ferner bestehen im Handlungsablauf bestimmte Erlebnisweisen, die die Personen beschreiben können. Es handelt sich dabei um Gefühle, Stimmungen, Anmutungen etc., die sich in dem Begriff „Emotionalität" zusammenfassen lassen.

Da der Schwerpunkt der psychologischen Arbeiten in der Motivationsforschung – soweit sie die Methoden betreffen – in der Konstruktion bzw. Analyse von A- und C-Variablen besteht, seien hier die wichtigsten Variablen beider Klassen genannt und ihre Erstellungstechniken an Hand von Beispielen beschrieben. Damit sei auch zum Ausdruck gebracht, daß sich die bisherige (empirische) Forschung hauptsächlich auf die A- und C-Variablen als Motivationsindikatoren stützt.

A-Variablen (motiviertes Verhalten und/oder Erleben bedingende Reize):

Unter A-Variablen sind innerorganismische – und Umweltreize zu verstehen. Reizkonstellationen, die der Organismus quasi aus sich selbst heraus setzt, erbringen Hunger, Durst, Aktivation, Sexualität etc. Vielleicht läßt sich verdeutlichend sagen, daß der Organismus die A-Variablen selbst produziert (dauernd oder vorübergehend) und daß der Psychologe lediglich forcierend oder schwächend eingreifen kann. So ist besonders die *Deprivationstechnik* zur Methode der Wahl geworden. Dabei wird Tieren oder Personen Nahrung vorenthalten, sie werden am Schlaf gehindert, ihre Aktivationsmöglichkeit wird herabgesetzt, sie werden reizarmen Situationen ausgeliefert u.ä., um die Entzugswirkungen (C-Variablen) studieren zu können. Derartige Deprivationsexperimente führen nicht immer zu einheitlichen Resultaten, da andere Reize (z. B. Befürchtungen über den Ausgang des Versuches, Durchschaubarkeit der Absicht des Experimentes) überlagernd wirken oder interindividuelle Differenzen in den organischen Funktionen bestehen, die nur schwer zu kontrollieren bzw. auszugleichen sind.

In den meisten Fällen werden physiologische Maße (z. B. EEG, Herz-Kreislaufregulationswerte; s. Kap. Psychophysiologie) zur exakteren Bestimmung dieser A-Variablen verwandt.

Die *Setzung von motivierenden Umweltreizen* ist praktisch das Gegenstück zur Deprivationstechnik. Da soeben von physiologischen Maßen die Rede war, sollen zunächst als mögliche Reizarten die elektrophysiologischen Stimulierungen bestimmter Hirnteile erwähnt werden. Bei Tieren – und in viel geringerem Maße – beim Menschen (im Verlauf von stereotaktischen Hirnoperationen) werden unter Verwendung von Mikroelektroden einzelne Gehirnabschnitte gereizt und die darauffolgenden Reaktionen beobachtet (registriert). So konnte beispielsweise der Hypothalamus als Regulationszentrum für Nahrungsaufnahme und in Verbindung mit einem diffusen Nervenprojektionssystem (Formation reticularis) als ein Steuerungszentrum für Wach- und Schlafablauf angesprochen werden.

Relativ umfangreich ist diejenige Gruppe von A-Variablen, bei denen eine Veränderung in der Reizintensität motivierte Aktivitäten folgen läßt. Besonders häufig wurden dabei Methoden eingesetzt, die zu Aversions-Verhalten führten. Dazu gehören die Applikation von Schmerz-Reizen, verschiedene Schock-Verfahren oder Setzung von Störreizen, die alle den Organismus zu Vermeidungsreaktionen veranlassen. Wie für die Mehrzahl der A-Variablen, so gilt auch hier, daß die verhaltensauslösende Wirkung von der Bedeutung abhängt, die der Organismus dem gesetzten Reiz zuschreibt.

Dieser Sachverhalt wird bei Experimenten, bei denen Belohnungs- und Anreizvariablen verwandt werden, besonders deutlich. Ein Beispiel mag Methode und Versuchsanordnung charakterisieren (COWLES, 1937; WOLFE, 1936):

Affen, denen beigebracht worden war, Spielmarken in einen Automaten zu stecken, um dafür Futter zu bekommen, mußten eine gewisse Zeit lang hungern. Danach konnten sie sich die Spielmarken verdienen, indem sie Gewichte zogen, d. h. „arbeiteten“. Anfänglich konnten die Spielmarken sofort in Nahrung umgesetzt werden, später mußten die Affen erst einen bestimmten Betrag „sparen“, den sie dann für Futter ausgeben konnten. Um zu überprüfen, ob die Spielmarken für die Tiere einen bestimmten „Wert“ hatten, wurde unter eine Dose in linker Position eine Spielmarke versteckt, die rechte enthielt nichts. Die linke Dose wurde eindeutig bevorzugt. Die Marken hatten also für die Affen einen „Wert“, d. h. eine Bedeutung erlangt. Wurde den Tieren ein bestimmter Betrag an Spielmarken als „Vorschuß“ gegeben, dann verringerte sich ihre Arbeitsleistung. Der Anreiz, durch Arbeitsleistung Mittel zu erhalten, die Futter erbrachten, war geringer geworden, da bereits ein Reservoir von Marken bestanden hatte. Die Bedeutung des Reizes

(Spielmarke) war variabel, eben abhängig von den vorher zur Verfügung stehenden Mitteln.

Ferner sind als A-Variablen Reizkonstellationen zu sehen, die Frustrations- oder Konflikt-Bedingungen herstellen. Unter Frustration ist hier die Blockierung, Behinderung oder Vereitelung von Handlungsabläufen zu verstehen. Sofern von einer Person zu hören ist: „das geht nicht so, wie ich gern will“, kann angenommen werden, daß sie diesen Umstand als frustrierend erfährt. Bezüglich des Motivationskonzeptes sind solche Reize der A-Variablen-Klasse zuzuordnen, die die Person (Organismus) als frustrierend erlebt und die sie zu spezifischen Verhaltensänderungen veranlassen. Ein alltägliches Beispiel: Jörg kommt von einer Vorlesung mit seinem Auto nach Hause. Nachdem er gegessen hat, setzt er sich wieder ins Auto, um seine Freundin abzuholen und mit ihr zum Tanzen zu gehen. Plötzlich will der Motor nicht anspringen. Nach mehreren Versuchen gibt Jörg auf. Er flucht vor sich hin und nimmt sein Fahrrad, um wenigstens noch einigermaßen pünktlich bei der Freundin sein zu können. Im Experiment ist die Herstellung solcher Reizsituationen nicht ganz einfach, da Toleranzgrenzen (individuelle Frustrationstoleranz) beachtet werden müssen und die Situationsspezifität nach Möglichkeit zugunsten allgemeinerer Bedingungen aufgehoben werden sollte, um die Resultate des Versuches generalisieren zu können.

Als Techniken werden hauptsächlich die Setzung von Barrieren (z. B. physikalische in Form von elektrischen Gittern, über die Tiere zu einem begehrten Objekt zu laufen haben – oder im Human-Versuch soziale durch moralischen Druck) sowie der Entzug von Reizen, an denen das Verhalten sich sonst ausrichten kann (z. B. plötzlicher Ausfall der Beleuchtung während eines Arbeitsprozesses) benutzt.

Die Bedingungen für die Entstehung eines Konfliktes sind experimentell dadurch zu erzeugen, daß durch die dargebotenen Reize unvereinbare Reaktionen provoziert werden. Hat eine Ratte in einem Experiment erfahren müssen, daß der vollgefüllte Futternapf ihr regelmäßig einen elektrischen Schlag versetzt, so lockt bei einer erneuten Konfrontation der Napf durch das Futter, löst aber auch die Angst vor dem elektrischen Schlag aus. Es ergibt sich ein auf den Reiz bezogener Konflikt zwischen Annäherungs- und Vermeidungstendenzen (Appetenz-Aversionskonflikt). Im Alltagsleben bestehen eine Fülle derartiger Situationen (z. B. Geschlechtsverkehr mit dem Freund wünschen – Angst vor Schwangerschaft), jedoch hat die psychologische Forschung bislang nur wenige solcher „life-situations“ untersucht. Daß nicht nur negativ-positiv Kombinationen konfliktauslösend sind, kann folgendem Beispiel entnommen werden: Jörg findet seinen Zimmernachbarn damit beschäftigt, die Schachfiguren und das dreidimensionale Mühlespiel aufzubauen. Jörg soll sich nun entscheiden, womit gespielt werden soll, da beides aus Zeitgründen nicht durchführbar ist. Jörg mag sowohl das Schach- als auch das neue Mühlespiel sehr gern und ist bei beiden gleich spielstark. Durch die vorgefundene Situation und Entscheidungsaufforderung ist er in einen Appetenz-Appetenz-Konflikt geraten.

C-Variablen (die auf motivierende Reize folgenden Wirkungen):

Alles an Verhaltens- und Erlebnisweisen, das bezüglich Richtung, Orientierung, Aktivierungsart und -intensität sowie Selektivität (C-Variablen) auf Wirkungen von A-Variablen bezogen werden kann, wird als motivationaler Effekt interpretiert (nach GRAUMANN, 1965). Die zur Erfassung der C-Variablen zur Verfügung stehenden Methoden sind durch Beobachtung, Beschreibung, experimentelle Registrierung, Tests, Befragungen und Beurteilungsverfahren gegeben. In welcher Weise diese auch sonst in der Psychologie üblichen Methoden speziell zur Ermittlung der angeführten Motivations-Effekte eingesetzt werden, soll aus folgendem Beispiel zu entnehmen sein:

Bei der Beobachtung spielender Kinder läßt sich feststellen, daß sie sich sowohl recht hartnäckig und ausdauernd mit einer Sache beschäftigen als auch sehr rasch von einer Tätigkeit zur anderen wechseln können. Der Bau einer Höhle oder Burg, in der man sich so schön verstekken kann, dauert oft Tage; ihre Fertigstellung kann aber unter Umständen für längere Zeit unterbrochen werden, wenn andere Spiele „attraktiver" sind. Die Richtungsänderung läßt die jeweilige Motivationslage deutlich werden. In diesen Zusammenhang gehört auch die Anpassungsbereitschaft an das, was in mehr oder minder kurzfristigem Wechsel „in" ist. Hot pants, Bart- und Haartracht, Farbfernseher oder „Sexwelle" sind dafür markante Beispiele, die Hinweise dafür geben, daß dem Individuum durch soziale Gruppen Orientierungsmarken für seine Verhaltensweisen gesetzt werden. Sich danach zu richten bedeutet die Gruppenzugehörigkeit demonstrieren zu können, jedoch auch, Veränderungen mitzuvollziehen. Warum jemand nicht zur Hasch-Pfeife greift, kann vielerlei Gründe haben; sicherlich hat diese Verhaltensweise aber auch etwas mit seiner Persönlichkeitsstruktur (s. Kap. Differentielle Psychologie) zu tun, genauso wie bei denjenigen, die kräftig mitrauchen. So sind in den C-Variablen Motivations-Effekte und Auswirkungen bestimmter Persönlichkeitsmerkmale miteinander vermischt. Eine methodische Trennung dieser Anteile ist kaum möglich, auch nicht oder nur in unbefriedigendem Maße beim Einsatz von psychologischen Persönlichkeitstests. Andere Verfahren wie Interessentests oder einige projektive Methoden (s. Kap. Diagnostische Psychologie) versuchen besondere Motivationskomponenten zu erfassen.

Aktivations-Wirkungen als C-Variablen werden häufig mit Hilfe experimentell physiologischer Registriertechniken einer quantitativen Auswertung zugänglich gemacht (s. Kap. Psychophysiologie). Bei Tierversuchen kommen für die direkten Messungen der motorischen Aktivität Apparaturen wie Laufräder oder Fließbänder zur Anwendung. Die Analyse von einzelnen Aktivationsindikatoren im Hinblick auf motivationales Geschehen ist jedoch außerordentlich schwierig, da z. B. häufig generalisierte Effekte auftreten, die lediglich einen Hinweis auf eine allgemeine Veränderung im Erregungs- oder Spannungsverlauf erbringen. Im Human-Versuch sind daher Selbstbeurteilungs-Methoden, Befragungen, Einschätzskalen, Tonfilmaufnahmen etc. mögliche Hilfsmittel zur besseren Charakterisierung der Beziehung von Aktivationsänderungen in der Intensität und qualitativen Aspekten motivationaler Prozesse.

Versuche, in denen Personen zwischen (meist begehrten) Objekten wählen können, sind dazu angelegt, durch die getroffene Bevorzugung Aufschlüsse über bestehende Motivationslagen zu erhalten. Wie bereits erwähnt können durch derartige Selektionsmöglichkeiten auch Konflikte entstehen. Auch die Zuwendung zu bestimmten Gegenständen stellt ein Auswahlverhalten dar, in dem Motivations-Effekte gesehen werden können. Die Marktforschung bedient sich schon seit einiger Zeit spezieller Blickbewegungskameras und ähnlicher Vorrichtungen zur Registrierung der Pupillenweite, um motivierte Selektionsvorgänge schon im „Ansatz“ feststellen zu können.

3. Forschungsrichtungen

Klare Forschungsrichtungen auf dem Gebiet der Motivation abzuzeichnen ist nicht ganz einfach, da einmal eine Fülle von Arbeiten zu teilweise recht speziellen Problemen vorliegen, zum anderen größere Überschneidungen mit fast allen Teilbereichen der Psychologie in der Natur der Sache liegen. Daher ist eine Beschränkung auf Beispiele inhaltlicher Schwerpunkte in der Motivationsforschung erforderlich.

Untersuchungen über *Hunger und Durst* können fast als „klassische“ Motivationsforschungsstudien bezeichnet werden. Durch ihre Analyse sollten Erklärungsversuche über primäre (nicht gelernte) Bedürfnisse, deren physiologische Grundlagen und ihre verhaltensmodifizierenden Auswirkungen ermöglicht werden. Neben Bestimmungen der Motivationsstärke interessieren vor allem die sich auf Nahrungs- bzw. Flüssigkeitsentzug ergebenden Effekte auf die Aktivität und Lernleistung verschiedener Organismen (s. Kap. Lernen und Gedächtnis). Die Auswirkungen von Hunger und Durst auf das Verhalten und/oder Erleben (Stimmungslage, Leistung, Schmerzen, Sexualität, Erregbarkeit etc.) wurden durch zahlreiche Arbeiten in psychologischen Laboratorien und „echten" Lebenssituationen erforscht. Zu welchen teilweise dramatischen Effekten ein länger dauernder Mangel an Nahrung bzw. Flüssigkeit führen kann, ist in der Literatur (z. B. „Hunger" von K. HAMSUN), Kriegsgefangenenberichten und Filmen (z. B. „Nobi") drastisch-anschaulich geschildert worden.

In wissenschaftlichen Publikationen fällt immer wieder die Verwendung verschiedenartiger Konzepte auf, wenn *Aggression* als Zentralthema abgehandelt wird (z. B. Aggression als Triebkonzept bei FREUD, 1948; als Affekt bei KAFKA, 1950; als Folge von Frustration bei DOLLARD et. al. 1939). Entsprechend unterschiedlich sind auch die methodischen Vorgehensweisen zur Bestimmung der Entstehung, Art, Richtung und Intensität aggressiven Verhaltens. Für die Motivationsforschung sind vor allem Studien über die Entwicklung aggressiven Verhaltens im Verlauf des Sozialisierungsprozesses (s. Kap. Entwicklungspsychologie) und Entstehungsbedingungen der Aggression sowie auf sie bezogene mögliche Abwehrreaktionen (s. Kap. Sozialpsychologie) von besonderer Bedeutung. Ferner beschäftigt sich eine Reihe von Arbeiten mit den physiologischen Begleiterscheinungen oder Folgen bei aggressiven Handlungsabläufen (s. Kap. Psychophysiologie). Fragen nach dem Ausmaß der Bildung und Steuerung von Aggressionen durch Massenmedien, den Bedingungen für das Einsetzen von Kriegen, der Entstehung krimineller Handlungen, den Gründen für aggressives Verhalten im Straßenverkehr etc. werden erst in jüngster Zeit von Psychologen als vorrangige Problemstellungen begriffen und zukünftig hoffentlich in verstärktem Umfang zum Untersuchungsgegenstand erhoben. Die *Leistungsmotivations*forschung nimmt (politisch begründbar (?!) in den bisherigen wissenschaftlichen Untersuchungen zur Motivation einen relativ großen Raum ein. HECKHAUSEN (1965) definiert Leistungsmotivation als „das Bestreben, die eigene Tüchtigkeit in allen jenen Fähigkeiten zu steigern oder möglichst hoch zu halten, in denen man einen Gütemaßstab für verbindlich hält und deren Ausführung deshalb gelingen oder mißlingen kann" (S. 604). Der Versuch, Leistungsmotivation durch psychologische Testverfahren erfassen zu können, kann nach verschiedenen nicht ganz zufriedenstellenden Ansätzen durch die Verwendung von Maßen aus dem TAT (Thematischer Apperzeptions-Test) durch HECKHAUSEN (1963) als gelungen betrachtet werden.

Als weitere Forschungsrichtungen sind Studien über die bei Erfolg bzw. Mißerfolg eintretenden Verhaltens- und/oder Erlebnisweisen und ihre Folgeerscheinungen (z. B. Verstärkung der Anstrengungen, Abbruch von Tätigkeiten, gehobene Stimmung, Freude, Konflikte, Versagungsängste) zu nennen, wobei neben der Stärke der Motivation auch ihre

Gerichtetheit (z. B. Hoffnung auf erfolgreiches Abschneiden, „Furcht vor Mißerfolgen und ihren Konsequenzen") vor allem unter zeitlichen Aspekten in Betracht gezogen wird. Besondere Beachtung kommt der Analyse des Anspruchsniveaus zu. Darunter ist eine auf einen erreichten Leistungsstand in Richtung und Größe bezogene Abweichung von der Zielsetzung zu verstehen, die zeitlichen Veränderungen unterliegen kann. Der erlebte „Anspruch" mag dabei u. a. als Sachforderung auftreten oder als übernommene soziale Norm bestehen. In diesen Zusammenhang gehören auch Forschungsarbeiten über Einflüsse auf die Leistungsmotivation durch jeweilige soziokulturelle Leistungsnormsetzungen und ihrer Realisierungspraktiken sowie die darauf zu beziehende Ausbildung individueller Leistungswertmaßstäbe (s. Kap. Sozialpsychologie und Methoden, Teil 1).

Angst zu haben ist recht unangenehm und wird als bedrohlich erlebt. Daß Angst erworben (gelernt) werden kann, haben eine Vielzahl von Untersuchungen bestätigen können. Für die Motivationsforschung sind neben der Analyse der Entstehungsbedingungen der Angst hauptsächlich ihre Auswirkungen auf soziales Verhalten, verschiedene Erlebnisformen und Leistungen von Interesse. Als Bestimmungsmethoden für die verschiedenen Ausprägungsgrade der Angst sind Fragebogenskalen entwikkelt worden. Durch die Messung physiologischer Begleiterscheinungen können zusätzliche Informationen gewonnen und zur Interpretationsstützung anderer Befunde bei Angstzuständen herangezogen werden. Zukünftig sind sicherlich mehr Forschungsanstrengungen zu unternehmen, um die Abschwächung bzw. Beseitigung angsterzeugender Situationen zu ermöglichen.

Bezüglich der *Theorien*bildung kann gegenwärtig nur von Ansätzen die Rede sein. Die dabei entwickelten Vorstellungen haben als einfachsten Erklärungsmodus Reiz-Reaktionsverbindungen anzubieten. Relativ komplizierter sind die Überlegungen bei der Einbeziehung der Motivation in informationstheoretische Konzeptionen. Psychoanalytische Motivationstheorien erfreuen sich größerer Bekanntheit und Verbreitung, wenngleich sie bei genauerem Hinsehen nicht weniger kompliziert und kritikwürdig erscheinen als andere theoretische Positionen. Physiologische Erklärungsversuche stecken noch in den Anfängen und werden auch in Zukunft nur als beigeordnete Theorien in der Motivationsforschung aufgefaßt und Verwendung finden können.

Literatur

Bindra, D. und Stewart, J.: Motivation. Selected readings. Penguin Books, 1966 (Eine repräsentative Auswahl von Originalartikeln und Exzerpten über Entwicklung und Stand der Motivationsforschung)

GRAUMANN, C. F.: Einführung in die Psychologie. Band 1: Motivation. Akademische Verlagsgesellschaft, Frankfurt, 1969 (eine verständliche Einführung in das Gebiet der experimentellen Motivationsforschung)

THOMAE, H. (Hg.): Die Motivation menschlichen Handelns. Kiepenheuer und Witsch, Köln, 1965 (Sammlung wichtiger Originalarbeiten aus der klassischen und modernen Motivationsforschung)

THOMAE, H. (Hg.): Handbuch der Psychologie. Band 2. Teil II: Motivation. Hogrefe, Göttingen, 1965 (umfassenster deutschsprachiger Überblick über Inhalte und Ergebnisse der Motivationsforschung)

VII. Psychophysiologie

von Klaus-Eckart Rogge

1. Einleitung

Die Erinnerung an eine Prüfung mag zwar nicht immer angenehm sein, sie kann aber helfen, psychophysiologische Abläufe an einem Beispiel zu konkretisieren.

Zu Beginn der Vorbereitung merkte der Prüfling ein allgemeines körperliches Unwohlsein, und jeder Anfang bzw. jede Fortsetzung der Arbeit erforderte eine erhebliche Willensanstrengung. Später, mit dem Herannahen des Prüfungstermins, konnte er sehr schlecht schlafen, und am darauffolgenden Tag litt er unter einer Verminderung der doch so dringend benötigten und erwünschten Konzentration. Während der Arbeit drückte ihn der Magen und er versuchte zu essen. Es schmeckte ihm nicht. Die unterbrochene Tätigkeit nahm er zwar wieder auf, aber der noch immer rebellierende Magen verschaffte ihm Ärger, der von der Arbeit ablenkte. Plötzlich hatte er Angst, daß die zur Verfügung stehende Zeit nicht mehr ausreichen würde. Er schwitzte an Händen, Nacken und Stirn. Er begann im Zimmer auf und abzugehen. Das führte jedoch kaum zur Beruhigung, da ihn Selbstvorwürfe daran hinderten. Während der aufregenden Minuten unmittelbar vor der Prüfung hatte er häufiger die Toilette aufsuchen müssen. Anstelle einer vorher noch sicher gewußten Antwort brachte er in der Prüfung nur einen roten Kopf und heftige Fleckenrötungen am Hals zustande. Warum ihm die Mahlzeit nach der Prüfung nicht recht munden wollte, die Freude über das bestandene Examen erst allmählich einsetzte, ihm die Finger noch am Abend zitterten und sein Nachtschlaf weiterhin unruhig verlief, das sind durchaus psychophysiologische Fragestellungen.

Allgemein formuliert besteht die psychophysiologische Betrachtungsweise von Lebensvorgängen in der beidseitigen Verbindung von psychologischen Prozessen und Funktionen des Organismus.

Dem Doppelaspekt tragen neuere Forschungsrichtungen durch Komplementär- (Fahrenberg, 1967) bzw. Kovariationsbetrachtungen (Ax, in Fahrenberg, 1967) Rechnung. Komplementarität weist vor allem darauf hin, daß sich psychologische und physiologische Aspekte eines Vorganges ergänzen, da ihre ausschließliche eigenständige Behandlung zu einem unvollständigen und lückenhaften Verständnis des Vorgangs führt. Das Bild des aufgeregten Prüflings zeigt den roten Kopf *und* die augenblickliche Unfähigkeit, die Antwort zu geben. Kovariation zielt auf die Betonung des Miteinander-Wirken in Lebensvorgängen ab. Angst mit Schweißausbrüchen verdeutlichen dem Kandidaten sehr nachdrücklich seine mißliche Lage. Allerdings sind psychologische und physiologische Abläufe nicht immer gleichzeitig gegeben; sie können auch aufeinander folgen (etwa wie eine Phasenverschiebung) und sich in ihrer Wirkung gegenseitig schwächen oder – weit häufiger zu beobachten – verstärken.

2. Grundlagen

In der Psychologie läßt sich ein Lebensvorgang unter den Aspekten Erleben und Verhalten betrachten. Erleben meint dabei vor allem die subjektbezogene Eigenart in Form von Stimmungen, Werthaltungen, Befindlichkeit, Bedeutungs- und Sinnverständnis, Empfindungen etc. Unter Verhalten lassen sich alle beobachtbaren und registrierbaren Aktionen und Reaktionen eines Organismus zusammenfassen. Hierbei wird die Verbindung zur Physiologie als Lehre von den Funktionen des Organismus sofort deutlich, wenn von komplexen Vorgängen ausgehend die physiologische Basis bei der Zellfunktion aufgesucht wird. Die Zelle ist der Grundbaustein des Organismus. Zellen gleicher Struktur und Funktion bilden ein Gewebe (z.B. Knochengewebe, Nervengewebe, Muskelgewebe, Bindegewebe etc.). Die nächste Aufbaustufe des Organismus kann in den Organen gesehen werden.

Für die Psychophysiologie sind vor allem diejenigen Organe oder Systeme von Bedeutung, die Informationen von der Außenwelt oder dem Körperinneren zum Gehirn weiterleiten. Die Informationsübertragung geschieht dadurch, daß ein Reiz auf den Reizempfänger (Rezeptor) des Organs einwirkt und von dort nach bestimmten elektrochemischen Umwandlungen über Leitungssysteme zum Gehirn gelangt. Die wichtigsten Rezeptoren sind: Netzhaut des Auges, Sinneszellen in der Schnecke und im Gleichgewichtsapparat des Innenohrs, Geschmacks- und Riechzellen, Kälte-, Wärme-, Druckpunkte der Körperoberflächenhaut, Sinneszellen in den Eingeweiden und freie Nervenendigungen. Neben der Reizleitung zum Gehirn (Sensorische Leitung, Afferenz) sind als weitere wichtige Körperfunktionen die Weitergabe der Aktionsbestimmungen vom Gehirn (motorische Leitung, Efferenz) an die Ausführungsorgane und die Ernährung, die Erhaltung und der Ausbau des Organismus zu nennen.

Die Vielzahl der sich hieraus ergebenden Körperfunktionen und Kombinationen ihres Zusammenwirkens erfordert Steuerung und Abstimmung. Der Organismus erreicht diese Regelung im Wesentlichen durch zwei Systeme: das Nervensystem und das hormonale (endokrine) System.

Gemäß der Funktionsweise der Teilstrukturen läßt sich das Nervensystem aufgliedern in:

Bezeichnung	Funktion:
- Zentrales Nervensystem (ZNS) (Gehirn, Rückenmark)	Aktion, Regulation, Koordination, Filtration von Organfunktionen
- Peripheres Nervensystem (PNS) (Periphere Nerven mit zugehörigen Kernen)	afferente und efferente Leitung
- Autonomes oder vegetatives Nervensystem (ANS) (Teile: Sympathikus/Parasympathikus)	Nervöse Versorgung der inneren Organe, Drüsen, Blutgefäße, glatte Muskulatur; weitgehende Selbstregulierung

3. Zielsetzungen

Nachdem nun psychologische und physiologische Grundlagen kurz skizziert worden sind, ist es möglich, einen Überblick über die Zielsetzungen der Psychophysiologie zu geben.

Gesucht werden diejenigen physiologischen Abläufe, die mit psychologischen Prozessen wie zum Beispiel Angst, Furcht, Trauer, Freude, Erregung, Schmerz etc. einhergehen, oder die psychologischen Veränderungen, die beispielsweise zusammen mit Kopfschmerzen, Menstruationsbeschwerden, Störungen im Stoffwechsel, Anomalien im Wachstum (Zwergwuchs, Riesenwuchs) vegetative Funktionsstörungen etc. auftreten. Solche begleitenden Vorgänge werden Korrelate genannt. Entsprechend der Wechselbeziehung bestehen physiologische Korrelate zu psychologischen Abläufen und umgekehrt. In dem eingangs erwähnten Beispiel der Prüfung läßt sich die Schweißbildung als physiologisches Korrelat der Angst auffassen und der Ärger etwa als psychologische Begleiterscheinung einer vorübergehenden Magenverstimmung. Hier ist klar herauszustellen, daß die korrelative Beziehung nicht ein Kausalverhältnis (Ursache – Wirkung) angibt, sondern das gemeinsame Vorkommen betont.

Grundlegende psychophysiologische Prozesse werden an den verschiedenen Formen der Wahrnehmung (mit den Augen, den Ohren, dem Mund etc.) studiert. Dabei interessieren neben Fragen über Reizaufnahme, afferenter Weiterleitung, Verarbeitung im Gehirn und Efferenz vor allem Erklärungsversuche von komplexen Phänomenen wie die Wahrnehmung eines Raumes oder einer Melodie.

Recht ähnliche Zielsetzungen liegen den Forschungen über Bewegungsabläufe (Motorik) zugrunde. Die Studien reichen von der Bestimmung der Arbeitsleistung eines isolierten Muskels bis hin zu den Bemühungen um eine integrierte Darstellung feinster Bewegungskoordinationen, wie sie beim Tanz zu beobachten sind und der damit verbundenen psychophysiologischen Rhythmik von Spannung – Entspannung Die Identifikation und Analyse von physiologischen Korrelaten zu so bedeutsamen psychologischen Konzepten wie Denken, Intelligenz, Trieb, Motivation, Gefühl, Einstellung, Lernen, Belastung etc. sind als Forschungsziele der Psychophysiologie nur unter erheblichen Schwierigkeiten zu erreichen.

Worin die Hindernisse bestehen, läßt sich recht genau angeben. Wie alle anderen genannten Begriffe, so sind auch Trieb oder Motivation Ausdrücke, deren exakte Definition noch nicht oder nur annäherungsweise gelungen ist. Zudem ist der inhaltliche Umfang solcher Konzepte so groß, daß Überschneidungen fast die Regel sind und folglich scharfe Grenzziehungen unmöglich werden. Noch zu lösende schwerwiegende Probleme für eine eindeutige Zuordnung physiologischer Korrelate entstehen durch das Zusammenwirken der genannten psychologischen Komponenten: treten während der Lerntätigkeit zur Prüfungsvorbereitung physiologische Veränderungen auf, dann ist es außerordentlich schwierig, anzugeben, worauf der beobachtete Wechsel im physiologischen Geschehen zurückgeführt werden kann. Dafür kommt die Anstrengung beim Lernen in Frage, die aber von der Lernintensität abhängig ist, die selbst wiederum in Beziehung zur jeweils vorherrschenden Motivationslage steht. Ebenso ließe sich zur Erklärung eine niedrige Belastbarkeit anführen, die aber mit der Einstellung zur Prüfung, dem Arbeitsantrieb und dem gegebenen Gefühlszustand u. a. zusammenhängt. Die tatsächlichen Verhältnisse sind mit Sicherheit noch komplizierter als sie hier angedeutet werden konnten.

Gerade das letzte Beispiel zeigt, daß sich die Psychophysiologie in zunehmendem Maße auch mit den individuellen Lebensläufen der untersuchten Personen beschäftigen muß. Toleranz gegenüber Belastungen, Lernfähigkeit, Einstellungen, Motivation etc. sind an einen Entwicklungsprozeß gebunden, der interindividuell ungleich abläuft, da verschiedenartige Umwelteinflüsse wirken. Somit werden in psychophysiologische Fragestellungen in starkem Maße soziale und individuelle Gegebenheiten einzubeziehen sein.

In der psychophysiologischen Persönlichkeitsforschung treffen viele der genannten Ziele zusammen. Herauszuarbeiten sind einmal individuelle Differenzen im aktuellen psychophysiologischen Geschehen, zum anderen relativ überdauernde und genetisch mitbedingte (konstitutionelle) physiologische Eigenschaften. Im ersten Fall geht es darum, verschiedene Personen in der gleichen Situation bezüglich ihrer psychophysiologischen Reaktion zu beobachten, um mögliche Unterschiede zwischen ihnen aufzudecken und zu erklären. Der eine Kandidat nimmt das Examen gelassen hin, ohne Herzklopfen, nur mit vielleicht etwas trockenerem Mund als gewöhnlich. Der andere Prüfling zeigt sich in der gleichen Situation ängstlich, mit erhöhtem Pulsschlag und vermehrter Handschweißbildung. Im zweiten Ansatz der psychophysiologischen Persönlichkeitsforschung stehen physiologische Grundmuster im Forschungsschwerpunkt, die über die Zeit hinweg relativ konstant bleiben. Derartige Eigenschaften, die jede Person in einem bestimmten Ausprägunsgrad besitzt, wären etwa schwankende oder stabile Kreislaufregulationen oder eine hohe oder niedrige Schmerzempfindungsgrenze.

Die Methoden der psychophysiologischen Persönlichkeitsforschung finden eine direkte Anwendung in der klinischen Psychologie und besonders in der Diagnostik der psychosomatischen Medizin. Psychophysiologische Problemstellungen finden sich in der Arbeits- und Sportmedizin hauptsächlich bei Belastungsuntersuchungen und Studien über das Leistungsvermögen. Sie treten ferner bei bestimmten Gerichts- (z.B. Affektlage, Sexualität) und Verkehrsgutachten (z.B. Sehschwächen, Alkoholeinwirkungen) auf. In neuerer Zeit werden psychophysiologische Untersuchungen in verstärktem Maße auch auf den Gebieten der Psychopharmakologie durchgeführt, wobei sich das Forschungsinteresse auf Medikamente zur Beruhigung, Leistungssteigerung, Schmerzminderung sowie auf rauscherzeugende Drogen konzentriert. Ob die weitgefaßten und teilweise recht optimistisch formulierten inhaltlichen Zielsetzungen der Psychophysiologie tatsächlich erreicht werden können, wird sehr entscheidend von der Lösung zahlreicher technischer und methodischer Probleme abhängen.

4. Registriertechniken

In dem Beispiel des Examens wurden mit der Vorbereitung, der Prüfung selbst und dem nachfolgenden Geschehen unterschiedliche Situationen charakterisiert, in denen je verschiedene psychophysiologische Reaktionen zu beobachten waren. Diese Situations-Reaktions-Verschränkung macht eine genaue Analyse beider Komponenten erforderlich. Die Situationen reichen von sehr eingeengten, strikt experimentellen Bedingungen bis zu komplexen Lebenssituationen. Dafür je ein Beispiel: Die experimentelle Anordnung sieht vor, bei einer männlichen Person morgens um 7 Uhr 30 nach Einnahme eines Standardfrühstücks in einem 2 Minuten dauernden Belastungsversuch (Fahrradsimulator treten, Belastungsstufe 3) in einem vollklimatisierten Raum die Veränderung in der Pulsschlaghäufigkeit an der Handwurzel zu prüfen. – Bei einem Grand-Prix Formel-I-Autorennen sollen die psychologischen und physiologischen Reaktionen zu verschiedenen Zeitpunkten des Rennens erfaßt werden. Gegenwärtig liegt der Schwerpunkt psychophysiologischer Studien bei kontrollierten und standardisierten Experimenten. Die relativ geringe Zahl von Untersuchungen in komplexen Lebenssituationen ist neben methodischen Problemen (z.B. die Einmaligkeit des Vorganges erlaubt keine Nachprüfung der Ergebnisse) auch auf technische Schwierigkeiten zurückzuführen (z.B. die Meßvorgänge stören den „echten" Ablauf der Lebenssituation oder Erschütterungen – wie beim Autorennen – verringern die Meßgenauigkeit).

Bei den Reaktionen handelt es sich um Erlebnisse, Stimmungen, Befindlichkeit und Verhalten zu den jeweiligen Situationsgegebenheiten sowie um die nervösen, vegetativen und hormonalen Funktionen, die nach Möglichkeit meßtechnisch zu erfassen sind. Um ein umfassendes Bild psychophysiologischer Vorgänge gewinnen zu können, sind mehrere Merkmale (Variablen) in einer Untersuchung zu beobachten bzw. zu registrieren. Die Auswahl der jeweils einzubeziehenden Variablenart und -zahl erfolgt gemäß den Zielsetzungen der Studie, methodischen Überlegungen und technischen Möglichkeiten.

Im psychologischen Bereich sind neben Tests, Fragebögen, Explorationen und Interviews (vgl. Diagnostische Psychologie) für psychophysiologische Arbeiten Ton-, Film- und Fernsehaufzeichnungen von besonderer Wichtigkeit (exakte Aufzeichnung der beobachteten Vorgänge).

Die technische Durchführung der Erfassung physiologischer Reaktionen erfordert meistens einen erheblichen apparativen Aufwand und die Mitarbeit von Fachkräften wie Elektroniker, medizinisch-technische Assistentinnen oder Programmierer. Die physiologischen Reaktionen müssen zunächst an genau bestimmten Meßorten des Körpers aufgenommen (bei bio-chemischen Substanzen abgenommen), dann häufig durch mechanische oder elektronische Geräte in definierte Signalform gebracht und schließlich durch geeignete Apparaturen registriert und damit für eine spätere Auswertung festgehalten werden. Als Aufnehmer fungieren Sensoren, das sind in der Hauptsache verschiedene Elektroden (Aufsetz-, Aufklebe-, Einstichelektroden) und Transducer (Thermometer, Atemmasken, Miniatursonden etc.). Zur Sichtbarmachung, Verdeutlichung, Zusammenfassung oder Filtrierung müssen die aufgenommenen Impulse durch Verstärker, Integratoren oder Analysatoren in geeignete Signalformen gebracht werden. Deren Registrierung erfolgt über bestimmte Elemente elektronischer Systeme oder durch gleichzeitige Direktschreibung mehrerer physiologischer Funktionen über Polygraphen auf Papier- oder Filmstreifen. Die anschließenden, oft recht komplizierten Datenanalysen (meist statistische Berechnungen; s. Kap. Methoden) setzen eine äußerst exakte Registrierung voraus. Diese Bedingung ist nur sehr schwer zu erfüllen, da die Sensoren in ihrer Meßgenauigkeit schwanken, die Signalformen durch technische Defekte oder andere Störungen verändert werden und sich somit fehlerhafte Bilder (Artefakte) bei der Registrierung ergeben.

Bei psychophysiologischen Arbeiten in komplexen Lebenssituationen ist der Einsatz elektronischer Mikroelemente unerläßlich. Hier besteht jedoch noch ein großes technisches Problem: die Überwindung größerer Raumdistanzen bei der örtlichen Trennung von Aufnahme- und Registriergeräten (s. Autorennen, Raumfahrt). Für einige physiologische Variablen kann als Lösungsmethode die Telemetrie gelten. Darunter ist: „die Messung bestimmter physiologischer Größen und die Übertragung der Informationen mit Hilfe von Miniatursendern, zu den Empfangs- und Auswertungsstationen zu verstehen“ (FAHRENBERG, 1967, S. 62).

Die folgende Übersicht informiert beispielhaft über gebräuchliche Registriertechniken zur Erfassung physiologischer Merkmale, die zugehörigen Meßorte des Körpers und über die entsprechende psychologische Bedeutung:

Aktographie (AG): Erfaßt werden Körperbewegungen beim Sitzen, Liegen, Gehen, Schreiben. Rumpf und Gliedmaßen drücken bei Bewegungen auf federnde mechanische Teile (Platte, Stahlmatratze, Rohrfederlehnen), deren Schwingungen in Form von Mechanogrammen aufgezeichnet werden. Die Aktographie dient zur Registrierung der allgemeinen motorischen Aktivität, insbesondere in Belastungssituationen (Stärke der Bewegungsunruhe) und während des Schlafes (Traumphasen), ferner zur Objektivierung des Ausdrucksgeschehens (z. B. Druckstärke der Handschrift).

Elektroencephalographie (EEG): Registriert werden die ständig bestehenden Gehirnströme. Zu unterscheiden sind verschiedene Wellenformen: Alpha-Wellen: Frequenz: 8–12 Hz, mittlere Amplituden. Sie kennzeichnen den Ruhezustand einer Person. Beta-Wellen: 12–30 Hz, kleine Amplituden. Sie sind bei Reizeinwirkungen zu beobachten. Delta-Wellen: 1–4 Hz, größere Amplituden. Diese Wellen treten hauptsächlich im Tiefschlaf auf. Daneben besteht eine Reihe anderer Wellenformen, die auf bestimmte Hirnerkrankungen hinweisen. An verschiedenen Stellen des Kopfes werden Elektroden befestigt, die über spezielle Pasten mit dem Gewebe in elektrischem Kontakt stehen. Die abgeleiteten, sehr schwachen Ströme werden verstärkt und meistens von einem Mehrkanalschreiber aufgezeichnet. Die registrierten Hirnstrombilder werden Elektroencephalogramme genannt. Bei Tierexperimenten und in neuerer Zeit auch beim Menschen im Verlauf von stereotaktischen Hirnoperationen werden Mikronadelelektroden direkt in bestimmte Zellformationen der Hirnmasse eingestochen und die Ströme abgeleitet. Dadurch sind genauere Analysen der bioelektrischen Vorgänge im Gehirn möglich. Die verschiedenen Wellenformen reflektieren den Grad allgemeiner Aktiviertheit einer Person vom Schlaf über den entspannten Wachzustand bis hin zur Erregung. Wesentliche diagnostische Hinweise liefert das EEG über das Traumgeschehen (Auftreten von Beta-Wellen-Phasen).Bei Belastung, Anstrengung, Gefühlserregung und Ermüdung sind gegenüber Entspannungszuständen typische Form- und Ablaufveränderungen in den Hirnstrombildern nachzuweisen. Die äußerst flachen Wellenformen beim Säugling entwickeln sich mit zunehmendem Alter zu deutlichen periodischen Kurvenzügen, so daß das EEG zur Bestimmung des Reifungsprozesses herangezogen werden kann. Besondere Bedeutung hat das EEG in der Neurologie und Neuropsychiatrie als diagnostisches Hilfsmittel zur Feststellung von Hirnerkrankungen wie Epilepsien, Hirntumoren, Durchblutungsstörungen, Hirnverletzungen. In der Psychopharmakologie werden die Wirkungen bestimmter Medikamente und der begleitenden psychologischen Vorgänge auf die bioelektrische Hirnaktivität mit Hilfe des EEG untersucht.

Elektrokardiographie (EKG): Aufgezeichnet wird Verlauf, Stärke und Frequenz der Herztätigkeit. Durch Elektrodenableitungen von Brust und Gliedern werden die sich auf der Körperoberfläche ausbreitenden elektrischen Spannungsschwankungen (Aktionspotentiale), die das Herz während seiner Aktivität erzeugt, in Form des Elektrokardiogramms registriert. Das EKG gestattet recht genaue Rückschlüsse auf den Grad der allgemeinen Aktivierung. Affektbetonte Vorgänge beeinflussen die Herzaktivität deutlich (direkte Beziehung zur Atemtätigkeit). Der Puls reagiert mit Rhythmik- und Frequenzveränderungen bei Gefühlen wie Angst, Freude, Furcht etc., bei Leistungsanforderungen und bei Spannungszuständen.

Elektromyographie (EMG): Bestimmung der Muskelaktivität über die Muskelspannung. Die Ableitung der Muskelaktionspotentiale erfolgt durch Nadelelektroden, die in den Muskel eingestochen werden oder durch Oberflächenelektroden, die auf die Haut aufgesetzt werden. Das EMG dient zur Feststellung der Aktionsbereitschaft und -durchführung. Darüber hinaus ist der Grad der Muskelspannung ein brauchbarer Indikator für eine mögliche Verspannung einer Person in Richtung einer nervös-neurotischen Haltung.

Elektrooculographie (EOG): Feststellung rascher beidäugiger symmetrischer Augenbewegungen (REM-rapid eye movements). Ableitungen durch Elektroden meistens von den äußeren Augenwinkeln führen zum Elektrooculogramm, das häufig zusammen mit dem Schlaf-EEG aufgenommen wird. Die REM-Perioden geben Aufschluß über Schlafablauf und -tiefe, sowie über das Traumgeschehen, wobei die unmittelbar nach einer REM-Phase geweckten Personen häufig über optisch bewegte, stark affektive Träume berichten.

Mikrovibrationsmessung (MV): Registrierung stets vorhandener feiner Zitterbewegungen (Vibrationen) der Körperoberfläche. Frequenz: 7–18 Hz. Die am ganzen Körper (nur bei Warmblütern) nachweisbaren Vibrationen dienen zur Wärmeerzeugung, die zur Konstanthaltung der Körpertemperatur notwendig ist. Die Zitterbewegungen geben Aufschluß über den Grad der Spannung und Erregung sowie über die Aktivitätsbereitschaft des Organismus. In der Psychopharmakologie wird über die MV die Wirkung von Beruhigungsmitteln überprüft. Mikrovibrationsunterschiede bestehen zwischen Gesunden, Neurotikern, Schizophrenen und Gehirngeschädigten, besonders wenn diese Personen Belastungssituationen ausgesetzt werden.

Psychogalvanische Reflexmessung (PGR): Gemessen wird der elektrische Hautwiderstand durch Anlegen eines schwachen Stromes zwischen zwei Hautpunkten. Dafür eignen sich besonders die Handinnenflächen, die Fingerspitzen und die Fußsohlen. Den langsamen Schwankungen des Grundwiderstandes überlagern sich rasche Widerstandsänderungen, die vor allem reizabhängig auftreten (Reflexgeschehen).

Hautwiderstandsänderungen ergeben sich schon bei geringen Gefühlsreizen (z.B. Filme über Verkehrsunfälle, sexuelle Bilddarstellungen, Kinderfotos). PGR-Messungen werden daher vor allem in der Gefühlsforschung durchgeführt. Die Hautwiderstandsänderungen geben Hinweise auf die Aktiviertheit und den Belastungsgrad und sie lassen erkennen, wann und in welchem Ausmaß eine Person zu affektiven Regungen fähig ist.

Pneumographie: Erfaßt werden verschiedene Komponenten der Atemtätigkeit. Die Atemfrequenz, die Rhythmik des Ein- und Ausatmens und die Inhalationszeit werden meist mit Hilfe eines um die Brust der Person gelegten Gummischlauchs, dessen Bewegungen während der Atmung auf eine mechanische Membran übertragen werden, registriert. Das Atemvolumen wird durch Spirometer (geschlossene Behälter, die die Atemluft enthalten) ermittelt. Meßgröße ist das Minutenvolumen (Menge eingeatmeter Luft pro Minute). Die Atmungscharakteristika ändern sich stark bei emotionaler Belastung (Gespanntheit, Konflikt, Angst, Erregung). Atemwerte werden zur Abschätzung der

Aktivierung, der Arbeitsleistung und der Belastbarkeit herangezogen. Sie kennzeichnen den Schlafablauf und den Erfolg von Entspannungsübungen (autogenes Training).

Sphygmanometrie: Messung des Blutdrucks. Der Blutdruck ist abhängig vom Herzschlag: Während der Zusammenziehung (Systole) der Herzkammer entsteht in den Blutgefäßen hoher Druck (durchschnittlich 120 mm Hg), der bei Erschlaffung der Kammern (Diastole) sich um etwa ein Drittel wieder vermindert. Systolischer und diastolischer Blutdruck werden üblicherweise mit einem Sphygmanometer (luftgefüllte Manschette und Hörrohr) gemessen. Blutdruckveränderungen im Sinne einer Erhöhung zeigen sich bei jeder Form der Aktivierung, bei affektbetonten psychologischen Vorgängen, bei Leistungssteigerungen und in Belastungssituationen. Eine Senkung des Blutdrucks ergibt sich bei Entspannung.

5. Forschungsrichtungen

Die Grundlagen der Psychophysiologie sind mit Forschungsarbeiten über die höheren Sinnesorgane – Auge, Ohr, Nase, Mundraum – und ihren Verbindungen zum Gehirn (sensorische Systeme) gegeben. Über den anatomischen Aufbau dieser Sinnesorgane, ihre Nervenleitungen und ihre Repräsentanz im Gehirn informieren ausführlich Lehrbücher der Physiologie oder Psychophysiologie.

Unter dem Begriff sensible Funktionssysteme werden die Hautsinne und Organrezeptoren mit ihren Nervenleitungen und ZNS-Anteilen zusammengefaßt. Die Hautsinne vermitteln Empfindungen des Drucks, der Kälte, der Wärme und – wie auch die Organrezeptoren – des Schmerzes. Die einzelnen Körperpartien unterscheiden sich sehr deutlich in ihrer Sensibilität. So sind beispielsweise Zungenspitze, Fingerkuppen und Teile der äußeren Geschlechtsorgane außerordentlich empfindlich für Druck- und Berührungsreize. Hervorzuheben ist die hohe Adaptations (Anpassungs)-fähigkeit der Hautsinne für Druck. Quälende Kopf- oder Zahnschmerzen machen in unangenehmer Weise darauf aufmerksam, daß die Schmerzadaptation nur in viel geringerem Umfang möglich ist.

5.1. Aktivation, Affekt

Im Mittelpunkt psychophysiologischer Forschungsarbeiten stehen die mit dem rhythmischen Wechsel von Schlafen und Wachen eng verbundenen psychophysiologischen Vorgänge. Untersuchungen mit dem

EEG haben ergeben, daß sich vom Tiefschlaf zum leichten Schlaf über das „Dösen" bis hin zum Wachsein und zu Formen höchster Erregung die unterschiedliche Hirntätigkeit an Hand der verschiedenen Wellenformen aufzeigen läßt. Beim Tiefschlaf herrschen Wellen niedriger Frequenz und hoher Amplitude vor, die im leichten Schlaf etwas rascher und flacher verlaufen. Der Zustand des „Dösens" und vor allem der entspannten Wachheit ist durch die Dominanz von Alpha-Wellen zu charakterisieren. Bei Erregungen, starken Gefühlen, anstrengenden Tätigkeiten und gespannter Aufmerksamkeit zeigt das EEG sehr rasche gemischte Frequenzen mit niedrigen Amplituden (Beta-Wellen Dominanz). Sie treten zeitweilig auch im Schlaf auf („paradoxer" Schlaf) und bilden zusammen mit den REM-Phasen die bisher deutlichsten physiologischen Indikatoren für das Einsetzen und Andauern von Träumen.

Für die Regulierung der verschiedenen Stadien der Aktivation kommt ein Gehirngebiet – (aufsteigendes reticuläres Aktivationssystem = ARAS) – in Frage, das – anatomisch an das verlängerte Rückenmark (Medulla oblongata) anschließend – über diffuse Bahnen die Aktivität des Zwischenhirns und vor allem des Cortex beeinflußt. So stellt LINDSLEY (in FAHRENBERG, 1967) in seiner Aktivationstheorie den bei Anspannung und Erregung im EEG nachweisbaren Beta-Rhythmus als Auswirkungen einer Befeuerung des Cortex durch das ARAS heraus. Die von Elisabeth DUFFY (in FAHRENBERG, 1967) vorgelegte allgemeine Aktivationstheorie setzt die Gesamterregung des Organismus mit der Aktivation gleich. Damit läßt sich ein Kontinuum von Graden niedrigster bis zu höchster Aktiviertheit konstruieren, wobei der jeweilige Zustand durch die Ermittlung der Kovariation von physiologischen Vorgängen und dem Verhalten erfaßt werden soll. Sofern Ruhewerte (vor der Situation), Verlaufswerte (während der Situation) und Endwerte (nach der Situation bzw. Erholungspause) registriert und später verglichen worden wären, hätten bei dem aufgeregt vor dem Prüfungszimmer herumlaufenden Examenskandidaten etwa folgende physiologische Variablen als Aktivierungsindikatoren meßtechnisch erfaßt werden können:

Variable	Registriertechnik	bei Aktivierung:
Bewegungsabläufe	Aktographie	relativ rasche, ungerichtete Bewegungen (Kopf, Rumpf, Glieder)
Hirnströme	EEG	Beta-Wellen, gemischte Frequenzen
Herztätigkeit	EKG	Schlagvolumen und Herzfrequenz erhöht, Puls gesteigert
arterieller Blutdruck	Sphygmanometrie	Blutdruckerhöhung
Durchblutungsstärke eines Organs	Plethysmographie	heraufgesetzte Blutfülle (Muskulatur und Herz)
Atemfrequenz und -stärke	Pneumographie	rasche und flache sowie rasche und tiefe Atmung
Energieumsatz	Spirometrie (Registrierung des O_2-Verbrauchs und/ oder CO_2 Abgabe in der Atemluft)	O_2 – Mehrverbrauch
Muskelaktivität	EMG und MV	Stärkere Muskelspannung
Hautwiderstand	PGR	Vor allem bei emotionaler Erregung: Absinken des elektrischen Leitungswiderstandes
Biochemische Variablen	Fluorimetrische Methoden (Bestimmung der im Blut bzw. Urin befindlichen Hormone: Noradrenalin und Adrenalin (Katecholamine) im Labor)	Erhöhte Katecholaminausscheidung

Nun bleibt aber fraglich, ob alle Prüflinge die gleichen Reaktionen vor, während und nach der Examenssituation zeigen, ferner, ob bei anderen vergleichbaren Verhältnissen nur bestimmte Individuen stark veränderte Aktivierungswerte zeigen, die in der Examenssituation nicht auftraten oder ob mit wechselnder Situation auch verschiedene Aktivierungsindikatoren Reaktionsveränderungen zeigen etc. So ist es verständlich, daß gegen die Aufstellung eines allgemeinen Aktivationskonzeptes gewichtige Argumente ins Feld geführt worden sind. FAHRENBERG (1967) macht darauf aufmerksam, daß die Generalität dieses

Ansatzes weder den spezifischen Situationen noch intra- und interindividuellen Reaktionsvariationen gerecht wird und daß außerdem damit verbundene methodische Probleme noch nicht hinreichend gelöst sind.

Ferner liegen bisher nur sehr wenige Arbeiten über psychophysiologische Vorgänge bei Desaktivierung vor. Hier wäre an Forschungsstudien im Bereich der Sozialpsychologie (s. Kap. Sozialpsychologie) und der Motivationspsychologie (s. Kap. Motivation) zu denken, die etwa die Analyse psychophysiologischer Abläufe nach Konfliktlösungen zum Thema hätten oder an vermehrte psychopharmakologische Experimente durch vermehrten Einsatz von Sedativa (Beruhigungsmittel).

Bei Forschungen über Affekte (starke und andauernde Erregungen, die als intensive und nachhaltige Gefühle erlebt werden) liegt der Untersuchungsschwerpunkt in der Ermittlung der Spezifität der psychophysiologischen Prozesse. Gesucht werden die physiologischen Begleiterscheinungen zu stark ausgeprägten Gefühlen wie z.B. Angst, Ärger, Ekel, Freude, Furcht, Heiterkeit, Schreck, Wut oder Zorn. Die gegenwärtig vorliegenden Resultate lassen sich folgendermaßen zusammenfassen: die mit etwa den gleichen Methoden wie bei der Aktivierungsforschung ermittelten physiologischen Erregungsmuster sind nicht annähernd so reich an Variationen wie die Erlebnisvorgänge der Gefühlssphäre.

Unter Aspekten der interindividuellen Unterscheidungsmöglichkeiten werden in der Psychophysiologischen Persönlichkeitsforschung Beziehungsanalysen von Persönlichkeitseigenschaften und psychophysiologischen Affektabläufen durchgeführt. Dabei kommen neben den erwähnten physiologischen Registriertechniken psychologische Methoden wie Selbstbeurteilung, informelle und standardisierte Fragebögen, verschiedene Explorationstechniken und psychologische Testverfahren (s. Kap. Diagnostische Psychologie) in besonders großem Umfang zur Anwendung. So ließ Fahrenberg (1967) an Hand einer Symptomliste Studenten ihre Selbsterfahrungen mit vier alltäglichen Affekterlebnissen schildern. Die Resultate waren:

„Schreck: Erblassen oder Kälteschauer; weibliche Pbn: kalte Hände, Schwachwerden der Knie, stockende Atmung; männliche Pbn: feuchte Hände, Schweißausbrüche, beschleunigte Atmung.

Angst bzw. Erwartungsangst: feuchte Hände, Schweißausbrüche, Engegefühl (Beklemmung in Brust oder Hals, außerdem bei weiblichen Pbn. kalte Hände und bei männlichen Pbn. Erröten oder aufsteigende Hitze.

Freude bzw. Ergriffenheit: Erröten oder aufsteigende Hitze, aufsteigende Tränen, beschleunigte Atmung, bei weiblichen Pbn. außerdem Schwachwerden der Knie, bei männlichen Pbn. feuchte Hände.

Wut: Erröten oder aufsteigende Hitze, beschleunigte Atmung,

Anspannung bis zum Verkrampfen des Körpers, außerdem bei weiblichen Pbn. aufsteigende Tränen, bei männlichen Pbn. feuchte Hände." (FAHRENBERG, 1967, S. 117 und 118)

Die wichtigsten Ergebnisse der bisherigen Affektforschung sind:

(1) Bei Affektzuständen existiert eine Kovariation von physiologischen und psychologischen Vorgängen.

(2) Die bei Affektzuständen beobachtbaren psychophysiologischen Reaktionsmuster weisen erhebliche interindividuelle Differenzen auf.

Zukünftige Arbeiten auf den Gebieten der Aktivierungs- bzw. Affektforschung werden sich unter Einbezug der gegenwärtig erzielten Resultate vermehrt mit Verlaufsananlysen zu beschäftigen haben. D. h. von einer Person werden zu verschiedenen Zeiten in gleichen oder unterschiedlichen Situationen mehrere psychophysiologische Daten erhoben und mit Hilfe von statistischen Zeitreihenanalysen oder vergleichbaren Verfahren analysiert. Damit könnten psychophysiologische Verfahrensweisen auch besser für die Abschätzung der Art und des Erfolges psychotherapeutischer Maßnahmen nutzbar gemacht werden.

5.2. Stress

Mit den Konzepten der Aktivation und der affektiven Prozesse ist das der Belastung (Stress) sehr eng verbunden. Psychophysiologische Aktivitäts- bzw. Affektmuster lassen sich durch bestimmte Reize (Stressoren) provozieren. Die in der Forschung bisher zur Anwendung gelangten Stressoren sind recht unterschiedlicher Art: Ver- oder Behinderung bei der Erledigung bestimmter Aufgaben, Tadel und Beschimpfungen, Schmerzreize, extreme Temperaturen, Isolation von der gewohnten Umwelt, Darbietung von Filmen mit grausamen, ekelhaften und Gefahr anzeigenden Szenen, Schlafentzug, um nur einige wenige zu nennen. Ein standardisierter Stressor existiert noch nicht und wird sich auch kaum finden lassen, denn: ob eine Situation belastend wirkt oder nicht, hängt neben der Intensität und Qualität des Stressors entscheidend von der Konstitution des Organismus, seiner Toleranzgrenze, bereits vorliegenden Erfahrungen, seiner Motivation und seinem Bewertungssystem ab.

Die Prüfung, die Karl als belastend empfindet, die seine Stimmung drückt und in der seine Leistung nicht die gewohnte Höhe erreicht, läßt Volker oder Sabine völlig kalt. Helga hat eine besondere Strategie: sie entzieht sich zunächst der Situation, indem sie die Prüfung aufschiebt. Da aufgeschoben aber bekanntlich nicht aufgehoben ist, wird sie sich zeitweilig wieder an das Examen erinnern. Dann sind sie wieder da: die Berge von Arbeiten, die Stunden vor den Büchern, die unangenehmen

Fragen in der Prüfung, die Ängste vor dem Durchfallen und die Überlegungen, was dann zu tun sei. Helga ist durch die Antizipation der bevorstehenden Situationen und ihrer möglichen negativen Konsequenzen belastet. Die Verschiedenartigkeit der Situation, individuellen Bewertungen und Reaktionsformen sind sehr verständliche Gründe für das Fehlen eines einheitlichen Belastungs-Konzeptes. In diesem Zusammenhang ist die Frage zu diskutieren, ob der Begriff „Stress" für die wissenschaftliche Forschung überhaupt brauchbar ist. Sicherlich gibt es eine Vielzahl von Situationen, denen der Organismus nicht gewachsen ist, die ihn überfordern und deren summierte Effekte oft lebensbedrohliche Auswirkungen haben. SELYE's schnell berühmt gewordenes Buch „Stress beherrscht unser Leben" (Econ-Verlag, Düsseldorf, 1957) ist unter diesen Aspekten als eine notwendige und deutliche Warnung zu verstehen. Nach SELYE liegt „Stress" vor, wenn der Organismus mit seinen Regelsystemen einer übermäßig starken Abweichung von einem Gleichgewichtsbereich (Homöostase) nicht wirkungsvoll begegnen kann. Bei Belastungen tritt nach SELYE neben spezifischen Veränderungen eine unspezifische Reaktionsfolge ein, die er das „allgemeine Adaptationssyndrom (A. A. S.)" nennt und in drei Phasen aufteilt:

(1) Alarmreaktion
(2) Stadium des Widerstandes
(3) Stadium der Erschöpfung.

Die Anpassungsreaktionen verlaufen hauptsächlich über das vegetative Nervensystem mit dominanter Aktivität des Sympathikus und dem endokrinen System. Die für die Reaktionsausbildung notwendig gewordene „Energiemobilisierung" wird vom Organismus solange durchgehalten, bis das Stadium der Erschöpfung erreicht ist. Als Folge solcher überhöhten Beanspruchungen an den Organismus treten dann Kreislaufschädigungen, Versagen von Niere und Leber, Magengeschwüre etc. auf. Neuere Forschungsarbeiten lassen erkennen, daß die Belastungsreaktion in sehr verwickelten, komplizierten Regelkreisen der vegetativ-endokrinen und zentralnervösen Funktionssysteme bestehen.

5.3. Sexualität

Sexualität ist ein Forschungsgegenstand, der interdisziplinäre Zusammenarbeit erfordert, d.h. die Kooperation von Medizinern, Juristen, Pädagogen, Politologen, Psychologen und Soziologen. Gelegentlich finden sich in Illustrierten derartige, allerdings in der Anonymität verbleibende, Zusammenstellungen – die wissenschaftliche Praxis aber sieht anders aus. Beispielsweise nennen die Vorlesungsverzeichnisse der Universitäten und Hochschulen der BRD fast keine Lehrveranstaltungen, die die Sexualität als bestimmendes Thema ausweisen. Es kann daher nicht überraschen, daß auch die Psychophysiologie bisher recht wenig zu diesen Problemstellungen anzubieten hat. Erste systematische Forschungsarbeiten sind auf dem Gebiet der Sexualphysiologie von MASTERS und JOHNSON in ihrem Buch „Die sexuelle Reaktion" (rororo-Sexologie, 1970) mitgeteilt worden. Sie untersuchten bei ca 700 aktiv beteiligten Personen beiderlei Geschlechts vornehmlich die Reaktionen der Genitalorgane, des Herz- und Kreislaufsystems, der Atmung und der Muskeln bei Reizung durch Selbstbefriedigungspraktiken, artifiziellem und regulärem Geschlechtsverkehr gemäß der von ihnen vorgenommenen 4-Phasen Einteilung (Erregungs-, Plateau-, Orgasmus- und Rückbildungsphase) des sexuellen Reaktionszyklus. Die Vielzahl der berichteten Einzelergebnisse läßt sich in den wichtigsten Punkten folgendermaßen zusammenfassen:

(1) Auf den einzelnen Phasen des sexuellen Reaktionszyklus lassen sich die verschiedenen physiologischen Vorgänge recht klar erfassen und den vier Phasen zuordnen.
(2) Die physiologischen Reaktionen treten weitgehend unabhängig von der Art der Reizung auf. Wahrscheinlich sind sie aber in ihrer Ausbildungsstärke in Bezug zu setzen mit Reizintensitäten und persönlichen Eigenarten.
(3) Die sexualphysiologischen Grundmuster der Frau entsprechen der des Mannes. Anders als die männlichen sind die weiblichen Personen unmittelbar nach der Erlangung höchster Erregungsstufen (Rückbildungsübergang von der Orgasmus- zur Plateauphase) zu erneuten intensiven und häufigen sexuellen Reaktionsformen (Mehrfachorgasmen) fähig.
(4) Bis in hohe Altersstufen (60–80 Jahre) bleibt der vollständige physiologische Reaktionszyklus bei beiden Geschlechtern bestehen. Beim Mann tritt gegenüber jüngeren Personen insgesamt ein langsamerer Ablauf der einzelnen Phasen ein, bei der älteren Frau schwächen sich bestimmte einzelne Reaktionsformen ab (z.B. Stärke der Größenzunahme der Brust, Intensität der Hautrötung = „sex flush").

In der BRD fehlen vergleichbare Untersuchungen. Neuere Forschungsarbeiten zur Sexualität sind von GIESE und SCHMIDT in ihrem Buch „Studentensexualität" (Hamburg, 1968) und zum Normenproblem in der Sexualpädagogik von FISCHER, RUHLOFF, SCARBATH und THIERSCH (1951) vorgelegt worden.

Psychophysiologische Untersuchungen sind innerhalb der Sexualforschung ein notwendiger, wenn auch nur kleiner Teil. Sie können nur Basisinformationen für die dringend erforderlichen sozialpolitischen

Studien zu Fragen der Sexualität liefern, um damit einen Beitrag für den Tabuabbau, die Sexualerziehung, die Verbesserung und sozial gerechtere Ermöglichung der Geburtenkontrolle, die Beseitigung von Versagungsängsten und die Verminderung sexueller Konflikte zu leisten.

5.4. Neuropsychologie

Auf dem noch sehr jungen Wissenschaftsgebiet der Neuropsychologie arbeiten Neurophysiologen, Neurochirurgen und Psychologen sehr eng zusammen. Haider (1971) beschreibt die Neuropsychologie als „die Erforschung der Zusammenhänge von zentralnervösen Mechanismen mit Bewußtseinsphänomenen und Verhalten" (S. 11). Eine auch nur vorläufige kurze Darstellung der Neuropsychologie kann hier nicht gegeben werden, da hierzu umfangreichere Erläuterungen über anatomische und physiologische Verhältnisse des Gehirns notwendig wären. Es sei nur angemerkt, daß die Hoffnungen auf die Realisierung wichtiger Zielsetzungen der Psychophysiologie durch die Neuropsychologie neu begründet wurden.

Literatur

Deutsch, J. A. und Deutsch, D.: Physiological Psychology. The Dorsey Press, Homewood, Illinois 1973 (einführendes Lehrbuch der Physiologischen Psychologie. Vermittelt Grundkenntnisse)

Birbaumer, N.: Physiologische Psychologie. Springer, Berlin 1975 (Eine Einführung an Hand von ausgewählten Themen in die Physiologische Psychologie. Für den Anfänger etwas schwierig geschrieben. Starke Betonung der elektrophysiologischen Vorgänge)

Fahrenberg, J.: Psychophysiologische Persönlichkeitsforschung. Hogrefe, Göttingen, 1967 (Zusammenfassung der wichtigsten Theorien und Methoden in der psychophysiologischen Persönlichkeitsforschung. Grundkenntnisse in Physiologie und Differentieller Psychologie müssen zum Verständnis des Buches vorausgesetzt werden)

Keidel, W. D.: Kurzgefaßtes Lehrbuch der Physiologie. Thieme, Stuttgart,[2] 1970 (Lehrbuch der Physiologie. Teilweise für den Laien schwierige Passagen. Sollte durch andere Lehrbücher ergänzt werden)

VIII. Sozialpsychologie

von Bernd Köhler

1. Einführung in den Bereich der Sozialpsychologie

Für die meisten Menschen dürfte es eine vertraute Erfahrung sein, daß sie sich alleine anders verhalten, als in der Gesellschaft von Mitmenschen, und daß ihr Verhalten und Erleben sich mit wechselnden sozialen Partnern ändert. Der Umgang mit Familienmitgliedern fällt anders aus als der mit Freunden, dieser wieder anders als der mit flüchtigen Bekannten oder Fremden. Aber auch ohne die Anwesenheit anderer Personen sind wir nicht allein, selbst wenn wir uns einsam fühlen. Dieses Gefühl verweist gerade auf eine grundlegende Eigentümlichkeit unserer Existenz, die *Bezogenheit* auf die Welt, die sich nicht nur im aktiven Verhalten zu Menschen, sondern auch in der gedanklichen Beschäftigung mit ihnen, ihren Produkten, Ideen und Zielen erweist. Es ist in der Tat schwierig, im menschlichen Leben Situationen zu finden, in denen der soziale Faktor vollkommen fehlt. Deshalb ist auch die Allgemeine Psychologie in der Hinsicht Sozialpsychologie, daß ihre Gegenstandsbereiche von letztlich sozial bedingten Phänomenen bestimmt werden. Ihre Entwicklung war und ist jedoch stark an naturwissenschaftlichen Maßstäben (Kontrolle und Vorhersage) orientiert, und ihre experimentellen Versuchsanordnungen haben zusammen mit der Art der Fragestellungen die Dimension der Sozialität meist vernachlässigt, relativiert oder gar künstlich aufgehoben. Gegenwärtig deuten sich Tendenzen einer wechselseitigen Durchdringung allgemeinpsychologischer und sozialpsychologischer Forschung an. Zur allgemeinen Unterscheidung der Disziplinen kann man aber sagen, daß die Allgemeine Psychologie jene Psychologie ist, in der soziale Faktoren eine relativ geringe Rolle spielen und die Sozialpsychologie (SP) diejenige, in der soziale Faktoren eine relativ große Rolle spielen, bzw. in den Mittelpunkt der Theorien und der zu überprüfenden Hypothesen rücken. Von der Philosophie, die „Selbstverständlichkeiten" der sozialen Existenz des Menschen seit der Antike hinterfragt, unterscheidet sich die erst 60 Jahre alte SP im wesentlichen durch ihren empirischen Charakter. Sie sieht es als ihre Aufgabe an, auf der Grundlage von Beobachtungen in natürlichen und kontrollierten Situationen Erleben und Verhalten von Individuen in sozialen Zusammenhängen zu analysieren. Nicht nur der aus der Vergangenheit und der Gegenwart stammende Einfluß seitens einzelner Personen, Gruppen und Institutionen auf das Individuum gehört zu ihren Interessengebieten, sondern auch der durch die „Produkte“ dieser sozialen Einheiten (Ideen, Einstellungen, Normen, Ideologien etc.) indirekt vermittelte. Der Gefahr, das Individuum einseitig in die Rolle des passiven Objektes sozialer Beeinflussung zu drängen, kann die SP nur entgehen, wenn sie die individuellen Aktivitäten und deren Auswirkungen ebenfalls verfolgt.

Die Abgenzung der SP innerhalb der Sozialwissenschaften stößt auf Schwierigkeiten, da soziologische und kulturanthropologische Vorstellungen auf die Entwicklung der SP seit der Zeit ihrer Grundlegung einwirken. Daraus erklärt sich die beträchtliche Heterogenität von Fragestellungen und Untersuchungsmethoden auf diesem Gebiet. Die Unterscheidung zwischen SP, Soziologie und Anthropologie ist aber in inhaltlicher und methodischer Hinsicht möglich. Anthropologie ist die Wissenschaft vom Menschen als Mitglied eines durch geographische, rassische und soziale Merkmale ausgezeichneten Kulturbereichs, und ihre Forschungsgegenstände sind einzelne Kulturen und Vergleiche zwischen ihnen. Die Soziologie beschäftigt sich hauptsächlich mit Entwicklungen, Strukturen und Funktionen von sozialen Institutionen. Sie arbeitet mit kleineren Analyseeinheiten als die Anthropologie und mit größeren als die SP. „Institution“, „soziale Klasse“, „sozialer Status“ oder „Ideologie“ sind Begriffe, mit denen der Soziologe soziale Strukturen und Prozesse beschreibt, „Wahrnehmung“, „Einstellung“, „Motivation“, „Kommunikation“ oder „Werthaltung“ solche, die der eher an individuellen Strukturen und Prozessen interessierte Psychologe benutzt. Am Beispiel der Orientierungen gegenüber Gruppenphänomenen treten die unterschiedlichen Akzentsetzungen der beiden Fächer deutlich hervor: für die Soziologie ist Gruppenverhalten ein organisiertes Muster kollektiven Verhaltens, welches sich dadurch auszeichnet, daß die zugehörigen Individuen durch Übernahme der Rolle der Mitgliedschaft einem *gemeinsamen* Einfluß unterworfen werden und sich so von anderen Menschen, die anderen Gruppen angehören, unterscheiden. Dagegen gilt das Hauptinteresse der SP bei der Analyse von Gruppenphänomenen den Mitgliedern als Individuen und den zwischen ihnen ablaufenden Beeinflussungsprozessen. Dabei bedient sich die SP im stärkeren Maße als Anthropologie und Soziologie experimenteller Verfahren.

Ohne Individuen sind weder Gruppen, noch Institutionen denkbar, und das total vereinzelte Individuum ist eine Fiktion. Schon deshalb verweisen die verschiedenen Ebenen aufeinander, und es scheint weder angebracht, in extrem psychologischer Sichtweise einen psychisch kompliziert aufgebauten Organismus einer minimal strukturierten Umwelt gegenüber zu stellen, noch in extrem soziologischer Sichtweise einen minimal strukturierten Organismus einer streng durchorganisierten sozialen Umwelt. Um der Komplexität individueller und gesellschaftlicher Prozesse gleichermaßen gerecht zu werden und die Wechselwirkungen zwischen ihnen zu erfassen, wäre jedoch ein Ausmaß an interdisziplinärer Kooperation notwendig, das wegen der unterschiedlichen Begriffssprachen, Theorienbildungen und der ständig wachsenden Spezialisierung in den einzelnen Fächern sehr stark eingeschränkt ist. Allein im Bereich der SP ist man von einer Synthese der zahlreichen Theorien und Ergebnisse noch weit entfernt. Aus der Vielfalt von Fragestellungen kann hier auch nur eine begrenzte, exemplarische Auswahl dargestellt werden. Sie ist an drei zentralen Themenbereichen orientiert: „Wahrnehmung", „Einstellung" und „Gruppe". Der Sozialisationsvorgang, bei dessen Untersuchung sich die Interessen der SP mit denen der Entwicklungspsychologie und der Pädagogischen Psychologie überschneiden, wird in den entsprechenden Kapiteln besprochen. Theoretische und methodische Probleme werden ausgeklammert. Der Leser sei zu diesem Thema auf das Methodenkapitel des Bandes und auf die am Ende dieses Kapitels angegebene Literatur verwiesen.

2. Soziale Wahrnehmung und Personwahrnehmung

Probleme des Verhältnisses zwischen den physikalischen Eigenschaften der Umwelt und der Art ihrer sinnlichen Erfahrung durch den Menschen werden in der Allgemeinen Psychologie unter dem Titel „Wahrnehmung" untersucht. Die Wahrnehmung von Größe, Tiefe, Räumlichkeit, Bewegung, Helligkeit oder Geruch von Objekten wird dort im Zusammenhang mit der sensorischen Reizung der Sinnesorgane (z.B. Netzhaut) erforscht. Unsere Wahrnehmung wird jedoch nicht nur von diesen sog. sinnlichen Bedingungen bestimmt, sondern auch von persönlichen Motiven, Bewertungen, Erwartungen oder Befürchtungen. Der Sozialpsychologe ist an Phänomenen solcher wahrnehmungsartiger Erfahrungen in zweierlei Hinsicht interessiert: einmal unter dem Gesichtspunkt, wie personale und soziale Faktoren die Wahrnehmung von Objekten beeinflussen („Soziale Wahrnehmung"), zum anderen mit der Fragestellung, wie wir Eindrücke über Mitmenschen erhalten, Meinungen bilden und Urteile fällen („Personwahrnehmung").

2.1. Soziale Wahrnehmung

Verschiedene Prozesse beeinflussen die Wahrnehmung der gegenständlichen Welt: die *Selektivität*, die dazu führt, daß nur ein schmaler

Ausschnitt einer Situation wahrgenommen wird; die *Häufigkeit* der vorausgegangenen Erfahrung mit bestimmten Reizmustern (vgl. Vertrautheit mit bekannten im Unterschied zu unbekannten Worten, Gesichtern etc.); positive oder negative *Verstärkungen* solcher Erfahrungen; *Erwartungshaltungen* oder *Bedürfnislagen* (der Verfolgte sieht überall Verfolger, dem Durstigen stechen in einer fremden Stadt eher Gaststätten als Briefkästen ins Auge).

Die Demonstration des Einflusses solcher Faktoren auf die sinnliche Wahrnehmung ist methodisch mit Hilfe der Beobachtung von Wahrnehmungsverhalten in verarmten Reizsituationen möglich, aber auch mit Hilfe der Wahrnehmungsbeobachtung unter künstlich nicht veränderten Reizsituationen. Für beide Fälle werden im folgenden einige Beispiele angeführt.

Zahlreiche Experimente haben ergeben, daß die Bedürfnislage eines Menschen seine Wahrnehmungsschwelle verändern kann. Zeigt man z.B. auf Nahrung bezogene Reizworte unter minimaler Beleuchtung oder in ungewohnter zeitlicher Kürze, erkennen hungrige Personen diese schneller als gesättigte. Unter vergleichbar erschwerenden Umständen erkennen Versuchspersonen (Vpn) solche Worte leichter, die ihren Werthaltungen entsprechen. Allerdings hat die pure Häufigkeit, mit der ein Wort in der Sprache vertreten ist, einen ähnlichen Effekt auf die Wahrnehmungsschwelle. Wahrscheinlich steigt mit der Häufigkeit der positiven Erfahrungen mit Worten auch ihr „Wert".

Der Senkung von Schwellenwerten der Wahrnehmung steht deren Anhebung gegenüber. Subjektiv bedrohliches oder sozial tabuiertes Reizmaterial (Worte wie „Vergewaltigung", „Hure", etc. oder bildliche Darstellung unangenehmer Szenen) wird schwerer erkannt als neutrales und auch eher neutralisierend verändert („Glut" anstatt „Blut"). Die gehäufte Beobachtung, daß Vpn physiologisch reagieren (Hautwiderstandsänderung, s. Kap. Psychophysiologie), bevor sie das entsprechende Wort aussprechen können, hat zunächst eine Vielzahl von Spekulationen ausgelöst. Psychoanalytische Erklärungshypothesen wurden bemüht, um das Paradoxon zu verstehen, daß jemand etwas (physiologisch) erkennt, bevor er es (verbal) erkannt hat. Die naheliegende Interpretation, daß es eine vorbewußt-emotionale und eine bewußt-rationale Ebene des wahrnehmenden Erkennens gibt, wird in letzter Zeit häufig durch methodische Kritik abgelöst. Eine alternative Interpretation wäre z. B., daß eine Vp im Experiment nicht darauf vorbereitet ist, mit „schmutzigen Worten" konfrontiert zu werden. Die physiologische Reaktion wäre ein Zeichen dafür, daß die Vp das Wort erkannt hat; die sprachliche Formulierung wird aber bewußt unterdrückt, weil die soziale Angemessenheit der Aussprache solcher Worte nicht beurteilt werden kann.

Unsere Wahrnehmung ist unter normalen Umständen recht genau. Wir sehen einen Menschen in seiner natürlichen Größe, auch wenn er weit von uns entfernt ist und sein Bild auf der Netzhaut entsprechend klein abgebildet wird. Soziale Faktoren können jedoch die Genauigkeit von Größenurteilen verzerren. So fand man in einem Experiment, daß Kinder bei der Beurteilung der Größe von Münzen die Geldstücke ungefähr proportional zu ihrem jeweiligen Wert überschätzten. Eine Kontrollserie von Pappscheiben, die in der Größe den Münzen entsprachen, wurde dagegen für kleiner gehalten, d.h. exakter wahrgenommen. Dieses Phänomen ist unter der Bezeichnung „Wahrnehmungsakzentuierung" bekannt und nicht nur bei der Wahrnehmung physikalischer Dimensionen (Größe) beobachtet worden, sondern z.B. auch bei der Beurteilung der Hautfarbe: voreingenommene Personen entdecken auf Photographien von Negern im Unterschied zu neutralen Personen dunklere Schattierungen der Hautfarbe, sehen mehr negroide Züge und übertreiben bei der Schilderung die Ausprägung dieser „Eigenschaften" sehr stark.

2.2. Personenwahrnehmung und -beurteilung

Die vielleicht für unsere Wahrnehmung interessantesten Gegenstände sind andere Menschen. Mit physikalischen Objekten teilen diese eine Anzahl von Eigenschaften, die unsere Eindrucksbildung beeinflussen können. Das Bild, welches man sich von anderen macht, ist jedoch keine Komposition aus physikalischen Charakteristika, es entsteht vielmehr als Ergebnis von – häufig weitreichenden – Annahmen, Vermutungen und Schlußfolgerungen. Die rein sensorische Informationsgrundlage wird bei diesen Prozessen meist verlassen, weshalb die Bezeichnung „Person*wahrnehmung*" nicht ganz zutrifft. Hier wird sie – wie auch anderswo – beibehalten, da sie weitgehend akzeptiert ist und ihr Gebrauch nicht irreführt, wenn man die Präzisierung „Person*beurteilung*" im Auge behält. Im Unterschied zu physikalischen Objekten werden Personen als Zentren von Intentionen und Aktionen angesehen. Sie sind dem Beobachter ähnlicher als jeder andere wahrnehmbare Gegenstand. Die Zuordnung von Motiven und Persönlichkeitseigenschaften wird als Ausdruck für das Bedürfnis des Beobachters angesehen, zureichende Begründungen für das Verhalten anderer Menschen zu finden. Für die Stabilität, d.h. aber Vorhersagbarkeit sozialen Verhaltens, ist dieser Vorgang wesentlich, weil die Beziehungen zwischen Menschen von ihren gegenseitigen Vermutungen und Erwartungen vermittelt und gesteuert werden. Der Rückschluß von bestimmten Beobachtungen auf zugrundeliegende Dispositionen bei der beobachteten Person kann auf der Grundlage von sprachlichen oder bildhaften, sehr knappen oder ausführlichen Informationen beruhen. In Experimenten wurde gezeigt, daß schon geringe Informationen über einen Menschen, z.B. eine Photographie, zu einem abgerundeten Eindruck beim Beurteiler führen können. Zeigt die Photographie das Bild eines älteren Mannes mit schmalem Gesicht, Goldrandbrille, hoher Stirn und freundlichem Lächeln, könnte bei einem Beobachter folgender Gedankengang ablaufen: „er lächelt, also ist er freundlich" (einem aktuellen Ausdruck wird eine überdauernde Eigenschaft unterstellt); „er erinnert mich an meinen fleißigen, ehrlichen Onkel" (Übertragung von Eigenschaften aufgrund äußerer Ähnlichkeit); „seine hohe Stirn spricht für Intelligenz" (per Analogie wird von einer hohen Stirn auf große intellektuelle Fähigkeiten geschlossen); „die Brille ist ein Zeichen dafür, daß er viel liest und gebildet ist" (die Brille wird in Zusammenhang mit Intelligenz gebracht, obwohl sie einer Sehschwäche abhelfen soll, die selten durch übertriebenes Lesen entsteht). Insgesamt könnte beim Beurteiler das Bild eines angenehmen und vertrauenswürdigen Menschen entstehen, und er würde sich wahrscheinlich wundern, wenn sich der abgebildete Mann als ehemaliger hoher SS-Führer herausstellen würde.

In Abhängigkeit von den Kategorien, die verschiedenen Beurteilern zugänglich sind, der Differenziertheit der Anwendung dieser Kategorien auf den beobachteten Fall („kognitive Komplexität") und den Vorstellungen über das sog. Wesen des Menschen („implizite Persönlichkeitstheorie") wird die Eindrucksbildung unterschiedlich verlaufen. Immer muß die Situation, in der sie erfolgt, mitberücksichtigt werden. Wichtig ist der „erste Eindruck", nicht weil er immer richtig oder falsch wäre, sondern weil er die Art der weiteren Informationssammlung wesentlich bestimmt. Große Energie ist nötig, um aus gegenseitigen Fehlbeurteilungen entstandene Mißverständnisse abzutragen. Vorurteile, auf die sich bestimmte Personengruppen bei der Beurteilung anderer häufig einigen, sind ein bekanntes Beispiel für diesen Umstand. Vielerorts wird für wahr gehalten, daß *die* Deutschen „fleißig", *die* Amerikaner „fortschrittlich", *die* Chinesen „verschlagen" und *die* Gastarbeiter „schmutzig" seien. Propagandisten haben vornehmlich in Kriegszeiten derartige Fehlurteile gefördert, indem sie dafür sorgten, daß Information über die tatsächlichen Verhältnisse unzugänglich und der Versuch ihrer Beschaffung sanktioniert wurde.

Der Schluß von beobachtbarem Verhalten auf personzentrierte Eigenschaften ist ein wichtiger Prozeß bei der Beurteilung von Mitmenschen. Ebenso interessiert den Sozialpsychologen, wie diese Eigenschaften miteinander verbunden und voneinander abgeleitet werden. Hat ein Beobachter den Eindruck gewonnen, daß eine Person die Eigenschaft „Wärme" stark ausgeprägt repräsentiert, wird diese Vermutung sich auf die Bedeutung anderer Eigenschaften derselben Person auswirken. Ein Vergleich der beiden folgenden Reihen von Eigenschaftsworten soll diese *zentrale Rolle* bestimmter Eigenschaften verdeutlichen:

A intelligent – geschickt – fleißig – *warm* – entschlossen – praktisch – vorsichtig

B intelligent – geschickt – fleißig – *kalt* – entschlossen – praktisch – vorsichtig

Experimente ergaben, daß wie A beschriebene Personen insgesamt sehr positiv, wie B beschriebene dagegen sehr negativ beurteilt wurden. Neben der Zentralität spielt die *Reihenfolge* wahrgenommener Eigenschaften eine den Eindruck ganzheitlich bestimmende Rolle. Man vergleiche zur Veranschaulichung folgende Eigenschaften:

A *intelligent* – fleißig – impulsiv – kritisch – hartnäckig – *neidisch*

B *neidisch* – hartnäckig – kritisch – impulsiv – fleißig – *intelligent*

Beobachter unterscheiden sich in der Art ihrer Personwahrnehmung nach bestimmten Gesichtspunkten wie Alter, Geschlecht und Persönlichkeitsmerkmalen. Gemeinsam ist ihnen die Tendenz, andere auf der Dimension der *Ähnlichkeit* zur eigenen Person wahrzunehmen. Dieses Phänomen ist für die SP bedeutsam, weil zwischen wahrgenommener Ähnlichkeit, gegenseitiger Attraktivität und Bereitschaft zum konkreten Kontakt (Kennenlernen) ein enger Zusammenhang besteht. An diesem Punkt wird die Bedeutung augenfällig, die das Verständnis subjektiver Prozesse wie Eindrucksbildung für die Erklärung des Beginns und Verlaufs aufeinander bezogenen sozialen Verhaltens hat.

Die Frage, ob bestimmte Beurteiler anderen in Bezug auf die Richtigkeit des Urteils überlegen sind, kann gegenwärtig nicht klar beantwortet werden, weil die Definition von „Genauigkeit" zu große methodische Schwierigkeiten mit sich bringt. Diese Probleme teilt die SP mit der Psychologischen Diagnostik (s. Kap. Psychologische Diagnostik). Die Anzeichen sprechen dafür, daß für Wahrnehmungsgenauigkeit ein komplexer Bestand gelernter Fähigkeiten verantwortlich ist, und daß die Bedingungen, welche ein genaues Urteil erleichtern oder erschweren, teils im Beurteiler, teils im Beurteilten und teils in der Beurteilungssituation liegen.

3. Soziale Einstellungen

Wie wir uns in der sozialen Umwelt verhalten und zurechtfinden, wird wesentlich von persönlichen Orientierungssystemen bestimmt, die in der SP „Einstellung" genannt werden. Einstellungen bewirken, daß bestimmte Erfahrungsinhalte aus den objektiv gegebenen Erlebnismöglichkeiten ausgefiltert werden. Somit bringt eine Einstellung den Vorteil der Orientierungshilfe, aber auch den Nachteil der Erfahrungsbegrenzung mit sich. Das Konzept „Einstellung" ermöglicht die Erfassung breiterer Ausschnitte der sozialen Bezüge einer Person als die Analyse ihres sozialen Wahrnehmungsverhaltens und erlaubt die Identifizierung von überdauernden Zügen der individuellen Orientierung in einer vieldeutigen und sich ständig ändernden Welt. Die Kenntnis der Bedingungen, unter denen Einstellungen entstehen, überdauern und sich ändern, kommt nach der Auffassung vieler Sozialpsychologen dem Verständnis der Bedingungen für soziales Verhalten gleich, weil Einstellungen etwas über die Gruppenzugehörigkeit ihrer Träger aussagen und – jedenfalls zum Teil – als Determinanten des konkreten Verhaltens gelten.

Einstellungen sind nicht direkt beobachtbar. Sie werden aus dem beobachtbaren Verhalten vielmehr erschlossen. Sie haben verschiedene Komponenten, die unterschiedlich gewichtet sein können. Die *kognitive* Komponente umfaßt die wertenden, nicht in jedem Falle wahren Aussagen über einen Sachverhalt (persönliches „Wissen"), z. B.: „die kommunistische Ideologie gefährdet unsere Freiheit". Die *emotionale* Komponente verleiht einer Einstellung ihre gefühlsmäßige Grundlage, z. B.: „Kommunisten sind mir unsympathisch, ihre Vorstellungen erzeugen in mir Angst". Die dritte Komponente ist die *Reaktionsbereitschaft*. Sie ist dafür verantwortlich, wenn die Einstellung zu konkretem Verhalten führt, z. B.: der Antikommunist wird Mitglied einer Partei und setzt sich aktiv für ein Verbot der kommunistischen Partei ein.

Bei *Meinungen* ist die emotionale Komponente schwach ausgeprägt, bei *Überzeugungen* dagegen stärker. Ist eine Einstellung (z. B. gegenüber dem Rassenproblem) sehr negativ oder sehr positiv getönt und mit geringen Informationsanteilen versehen, spricht man von einem *Vorurteil.* Werden jedem Angehörigen einer definierten Gruppe (z. B. „die Italiener") ohne Berücksichtigung tatsächlicher Variationen in starrer Weise dieselben Charakteristika zugeordnet, so handelt es sich um eine Übergeneralisierung, um eine *stereotype Beurteilung.* Das Bild von der eigenen Gruppe (Selbstbild oder Autostereotyp) ist meist positiv überzeichnet, das von der fremden Gruppe (Fremdbild oder Heterostereotyp) meist negativ.

Bezugsobjekte für Einstellungen können konkret (einzelne Personen oder Gegenstände) oder abstrakt (Parteien, Wesen der Demokratie u. ä.) sein. Mehrere Einstellungen können sich zu einem Wertsystem verbinden. Ein bekanntes Beispiel ist die „autoritäre Persönlichkeit", für welche die Kombination aus rassischen Vorurteilen, verborgener Feindseligkeit und unterwürfiger Haltung gegenüber Autoritätspersonen und Autoritätssymbolen typisch ist.

3.1. Einstellungsmessung

Die Messung von Einstellung erfolgt weitgehend auf dem Wege der Skalierung (s. Kap. Methoden). Die Einstellungsskalen unterscheiden sich nach den Methoden ihrer Konstruktion. Eine typische Konstruktionsmethode besteht aus folgenden Schritten: eine große Anzahl von Beurteilern ordnet vorher formulierten Aussagen über einen Einstellungsgegenstand (z.B. zum Thema Abtreibung) Zahlenwerte zu und gibt damit an, in welchem Ausmaß die jeweils zu beurteilende Aussage eine positive oder negative Haltung zu dem betreffenden Thema ausdrückt. Diese Informationen werden mit dem Ziel verrechnet, jeder einzelnen von vielen Aussagen einen Skalenwert beizumessen. Die endgültige Skala besteht aus einer Sammlung von Feststellungen, auf deren Skalenwerte die meisten Beurteiler sich einigten, und die alle Punkte (z.B. 1 – 7) der Skala gleichmäßig repräsentiert. Auf dieser Basis kann jetzt die Einstellung einer bestimmten Person erfaßt werden, indem ein Durchschnittswert der Skalenwerte der von ihr angekreuzten Stellungnahmen ermittelt wird.

3.2. Erwerb von Einstellungen

Insofern Einstellungen in weitestem Sinne gelernt sind, spiegelt ihr gegenwärtiger Ausdruck Anteile früherer Erfahrungen wider. Der Erwerb kann auf dem Wege der direkten Konfrontation mit dem Einstellungsobjekt und der Interaktion mit Einstellungsträgern wie Familienmitgliedern, Freunden, Bekannten, Gegnern etc. erfolgen. Gerade die totale Informationsabhängigkeit des Kleinkindes läßt vermuten, daß es in seiner Familie einen nachhaltigen Eindruck der dort herrschenden Einstellungs- und Werthaltungssysteme gewinnt und als Grundlage für seine spätere Einstellungsentwicklung mitbekommt.

3.3. Funktionen von Einstellungen

Einstellungen dienen unterschiedlichen, jedoch miteinander verbundenen Zwecken. Einige ihrer Funktionen sind:

die Erreichung von Zielen, d.h.: die Kundgabe einer bestimmten Einstellung verhilft zu sozialer Anerkennung in der Bezugsgruppe und sichert eventuell notwendige Unterstützung;

die Abwehr, d. h.: eine negative Einstellung gegenüber bestimmten Personen, Gruppen oder Ideen schützt das Individuum vor der Wahrnehmung eigener Fehler und Schwächen;

der Ausdruck von Werthaltungen, d.h.: das Selbstbild wird gestärkt und die soziale Identität gesichert;

das Bedürfnis nach Wissen und Erkenntnis, d. h.: Stabilisierung der vieldeutigen Phänomene der sozialen Umwelt wird erreicht und die Vorhersage von Ereignissen und Zusammenhängen wird erleichtert.

3.4. Konsistenz von Einstellungen

Nicht nur in der SP ist es bei vielen Problemstellungen geläufig, bei der Beschreibung und Erklärung von Phänomenen auf *Gleichgewichtsmodelle* zurückzugreifen. „Konsistenz", „Kongruenz" oder „Konsonanz" sind Kennzeichnungen für gleichgewichtete Lagen von Systemen in der SP. Die Einstellungsstruktur (Zusammenhang der Einstellungskomponenten) kann als System betrachtet werden, welches zum Gleichgewicht tendiert. Ungleichgewicht gilt als ein nicht stabiler, emotional negativ gefärbter, zur Veränderung tendierender Zustand. In der Einstellungsforschung ist das Problem der Konsistenz die Fragenach dem Verhältnis zwischen den Einstellungskomponenten und zwischen Einstellung und realem Verhalten.

Es existieren empirische Belege für die Behauptung, daß *kognitive und affektive* Komponenten einer stabilen Einstellung in Einklang stehen, und daß die Änderung einer Komponenten die gleichsinnige Änderung der anderen nach sich zieht. Wurde z. B. Versuchspersonen unter Hypnose in Bezug auf das Thema Entwicklungshilfe eine negative emotionale Haltung induziert, so änderte sich nach dieser Manipulation der *vorher positive* kognitive Einstellungsanteil in Richtung der negativen Emotionen: Vpn, die vor der hypnotischen Beeinflussung geglaubt hatten, daß Entwicklungshilfe ökonomische Depressionen verhindern könne, meinten danach, dies wäre nicht möglich oder dem betreffenden Entwicklungsland könne eine wirtschaftliche Depression nicht schaden.

Eine andere Variante des Komponentengleichgewichts betrifft das Verhältnis zwischen *verschiedenen kognitiven* Elementen einer oder mehrer Einstellungen. Der Zigarettenraucher weiß, daß das Rauchen ihm schmeckt und ihn beruhigt; andererseits weiß er, daß Rauchen die Gesundheit beeinträchtigen und sogar Krebs erzeugen kann. Der Konflikt, den diese psychologisch nicht harmonischen Auffassungen über Rauchen erzeugen, wird vom Raucher auf unterschiedliche Weise gelöst: er gibt das Rauchen auf, er zweifelt an der Glaubwürdigkeit der Berichte über den Rauchertod, er sucht neue Information zum Thema Rauchen. Die Informationssuche wird dabei meist nicht mit neutralem Blick vollzogen, sondern fällt eher parteiisch zugunsten der bereits persönlich bevorzugten Ansichten aus. Die Erreichung eines Gleichgewichts bedeutet deshalb oft Verlust von neuer Information oder Immunität gegen abweichende Informationen.

Einstellungen stehen mit aktuellem *Verhalten* meist in Einklang. Wenn das Verhalten sich nicht nach dem Einstellungsmuster richtet, heißt das, daß dieses Verhalten von zusätzlichen Bedingungen abhängt. Ein Hotelier, der in einer Befragung ein negatives Urteil über Chinesen mit dem Hinweis abgibt, Personen dieser Rasse nicht bewirten zu wollen, sie aber tatsächlich dann doch in seinem Hotel aufnimmt, hat nicht seine Einstellung gegenüber Chinesen geändert; er richtet sich nach der *Situation*, die ihn in der Rolle des Gastwirts erscheinen läßt und sein Verhalten unter dem Gesichtspunkt des materiellen Verdienstes mitbestimmt.

Einstellungen steuern das Verhalten. Umgekehrt wirkt sich Verhalten auf Einstellungen aus. Dieser Effekt wird besonders in experimentellen Situationen deutlich, wo Personen ein Verhalten aufgezwungen wird, mit dem sie sich privat nicht identifizieren können oder wollen. Wenn sich z. B. eine Person zur öffentlichen Vertretung eines von ihren Einstellungen stark abweichenden Standpunktes freiwillig verpflichtet hat, ist häufig zu beobachten, wie ihre Einstellung sich an das abweichende Verhalten anpaßt.

3.5. Einstellungsänderung

Um eine Einstellung zu ändern, muß zumindest eine ihrer Komponenten stark in Richtung des Veränderungsziels beeinflußt werden. Da die Struktur von Einstellungssystemen jedoch zum Gleichgewicht tendiert, führen Einflußversuche nicht leicht zum Einstellungswandel. Einstellungen ändern sich durch *Kommunikation*. Zum Kommunikationsprozeß gehören ein *Informationssender* (Redner, Zeitung, Fernsehen), die *Art* und der *Inhalt* seiner Information und der *Empfänger* dieser Information.

Der *Sender* ist mit seinem Beeinflussungsversuch um so erfolgreicher, je mehr *Glaubwürdigkeit* er besitzt. Der Eindruck von Vertrauenswürdigkeit und Expertentum führt beim Informationsempfänger zu einer erhöhten Bereitschaft, eine ausgesendete Botschaft zu akzeptieren und die eigene Einstellung zu ändern.

Wichtige Aspekte der *Kommunikationsdarbietung* sind der grundlegende Tenor der Botschaft (Appell an die Furcht oder den Humor des Zuhörers) und der Aufbau der Argumentation. Obwohl die bisherige Forschung keine eindeutigen Schlußfolgerungen erlaubt, zeichnen sich über inhaltlich sehr unterschiedliche Themenbereiche einige Regelmäßigkeiten ab. So ist einseitige Kommunikation (d. h. die Darstellung nur der Seite eines Problems, die der Sender durchbringen möchte) wirkungsvoller bei einem Publikum, das mit dem Sender bereits übereinstimmt oder aber den Sachverhalt und die Argumente nicht kennt. Bei einem Publikum, welches mit dem Sender nicht übereinstimmt, bewirkt dieses Vorgehen keine Einstellungsänderung. Ungefähr das Gegenteil gilt für die zweiseitige Kommunikation, bei der auch die jeweiligen Gegenargumente genannt werden. Diese Kommunikationsform hat den (oft zweifelhaften) Vorteil, daß der bewirkte Einstellungswandel gegen spätere Änderungsversuche (Gegenpropaanda) stabiler bleibt als bei einseitiger Darstellung. Die Anordnung der Pro- und Kontra-Argumente ist offenbar dann optimal, wenn zunächst die ersteren und dann die letzteren genannt werden, aber nur, wenn die Gegenargumente der Zuhörerschaft nicht schon vorher bekannt waren.

Der *Kommunikationsempfänger* ist von einer Botschaft um so eher zu beeinflussen, je stärker seine Eigenarten berücksichtigt werden. Die Annahme, daß die Darstellung eines bestimmten Sachverhalts von verschiedenen Personen in gleicher Weise aufgefaßt wird, wäre irrtümlich. Das Individuum schätzt ihm vorgetragene Positionen stets nach dem Verhältnis (Abstand, Nähe) zu eigenen Meinungen und Standpunkten ein. Bewegen sich Beeinflussungsversuche in diesem persönlichen Toleranzrahmen, so wird die neue Information angenommen. Informationsmaterial, das dieses Bezugssystem verläßt, wird abgelehnt und infolge eines sog. Kontrasteffektes auch nicht mehr neutral, sondern stark negativ bewertet. In diesem Falle findet die Einstellungsänderung nicht statt. Ein geschickter Redner wird einen Beeinflussungsversuch deshalb so anlegen, daß er sich nicht in extreme Nicht-Übereinstimmung mit seiner Zuhörerschaft manövriert, besonders wenn zentrale Werthaltungen angesprochen sind.

3.5.1. Einstellungsänderung und Massenmedien

Der Empfänger von Information ist dem damit verbundenen Einfluß nicht passiv ausgeliefert, wie Untersuchungen über den Effekt von Massenmedien (Presse, Rundfunk, Fernsehen) auf das Individuum zeigen. Der Empfänger wählt aus dem Angebot aktiv aus und richtet sich dabei nach seinen vorherrschenden Einstellungen und Werthaltungen. Dadurch ist er in der Lage, Teilinformationen zu akzeptieren und abzulehnen. Eine wichtige Orientierungshilfe bietet ihm dabei seine soziale Zugehörigkeit. Der Einfluß der Massenmedien trifft das Individuum nicht unmittelbar, sondern über den Umweg von *Bezugsgruppen*. Bezugsgruppen sind Gruppen oder Klassen von Individuen, an denen wir die Angemessenheit unserer Einstellungen und auch Fähigkeiten überprüfen. Da es im sozialen Bereich an objektiven Maßstäben weitgehend mangelt, bestimmen sie die „soziale Realität" (vgl. Meinungsbildung durch Parteizugehörigkeit). Die „*Meinungsführer*" solcher Gruppen verteilen sich über alle Berufe und soziale Schichten und sind mit dafür verantwortlich, welche Interpretation eine Nachricht erfährt.

4. Soziale Gruppen

Von Beginn ihrer individuellen Existenz an befinden sich die meisten Menschen in einer Gruppe, nämlich ihrer Familie. Die Mitglieder dieser Gruppe leben miteinander in engem Kontakt und beeinflussen sich wechselseitig. Ihre ständige gegenseitige Abhängigkeit führt zu Gleichförmigkeiten, die es dem Beobachter gestatten, eine solche Gruppe nach Merkmalen ihrers Aufbaus (Struktur, d.h. Vater-, Mutter- und Geschwister-Rollen) und bestimmter zeitlicher Verläufe (Prozesse) zu beschreiben. Aufgrund ihrer Interaktionsintimität und Überschaubarkeit wird die Familie „Primärgruppe" genannt und kann als Modell für ähnlich kleine Kontaktgruppen betrachtet werden. Die SP beschäftigt sich hauptsächlich mit solchen „kleinen Gruppen", die sich von „großen Gruppen" (Organisationen, Institutionen etc.) dadurch unterscheiden, daß ihre Mitglieder häufig miteinander in Kontakt treten, sich *wechselseitig beeinflussen* und dabei an gemeinsamen Zielen, Regeln und Normen orientiert sind.

In experimentellen Situationen werden kleine Gruppen aus einander unbekannten Personen zusammengestellt, während in der natürlichen Situation bereits existierende Gruppen aufgesucht werden (Feldstudie, Feldexperiment). In beiden Fällen versucht man, die *Gruppendynamik,* d.h. das Wechselspiel verschiedener die Gruppenaktivität beeinflussenden Variablen, unter einer bestimmten Fragestellung zu erfassen. Das Laborexperiment zeichnet sich durch starke Kontrolle, das Feldexperiment durch mäßige Kontrolle der Situation, in der die Beobachtung erfolgt, aus; die Feldstudie wird unter keinerlei kontrollierenden Eingriffen durchgeführt, sie hat deshalb keine Vorhersagemöglichkeiten, dafür aber höheren Realitätsbezug.

Ob die Erforschung der Eigenarten kleiner Gruppen das Verständnis größerer Gruppen (politischer Parteien, sozialer Organisationen) fördern kann, ist bisher nicht geklärt, obwohl gegenwärtig zahlreiche Autoren vom Verhalten kooperierender oder in Konflikt stehender Kleingruppen auf die Entstehungsbedingungen internationaler Konflikte zu schließen versuchen.

4.1. Gruppengröße

Die Größe einer Gruppe beeinflußt die Verhaltensweisen der Mitglieder. Zweiergruppen (Dyaden) neigen eher zu Antagonismus und

Aggressivität als größere Einheiten, besonders wenn die Mittel zur Verhaltenssteuerung (psychologische Belohnung und Bestrafung, vgl. „Verstärkung") ungleich verteilt sind. Interpersonale Konflikte liegen vor allem nahe, wenn ein Partner den anderen bedrohen und somit Kooperation verunmöglichen kann. Die Dreiergruppe (Triade) tendiert zur Koalitionsbildung der beiden schwächeren Partner gegen den stärkeren. Gruppen mit 4 – 6 Teilnehmern verfügen über ein relativ ausgeglichenes Beteiligungsverhältnis bei Gruppenaktivitäten, und ihre Mitglieder sind in der Regel subjektiv zufriedener als in größeren Gruppen. Der Tendenz zur Unzufriedenheit und Feindseligkeit in größeren Gruppen entspricht ein ungleiches Verteilungsverhältnis bei Gruppenaktivitäten, z. B Diskussionen.

4. 2. Gruppenzusammenhalt (Kohäsion, Solidarität, Integration)

Der Gruppenzusammenhalt resultiert aus dem Insgesamt der Kräfte, welche die Mitglieder an eine Gruppe binden und äußert sich als hohe Koordination der Gruppenaktivitäten. Subjektiv entsprechen der Koordination stark ausgeprägte „Wir-Gefühle" der Mitglieder. Die *„Wir-Gruppe"* grenzt sich bei hohem inneren Zusammenhalt nach außen stark ab. Andere und besonders fremde Gruppen sieht sie als „Die-Gruppen" (out-group) an und hat die Neigung, sich selbst für besser zu halten als „die anderen". Die Attraktivität einer Gruppe steigt mit ihrer Fähigkeit, die individuellen Wünsche der Mitglieder zu befriedigen. Je höher sie ist, desto größer ist auch die Macht der Gruppe, die Befolgung (Konformität) von Gruppenerwartungen (Normen) durchzusetzen.

4.3. Gruppenkommunikation

Wer in einer Gruppe zu wem sprechen kann, welche Kommunikationskanäle also offen sind, entscheidet mit über die Leistungsfähigkeit und Befriedigung der Mitglieder. Experimentelle Anordnungen solcher *Kommunikationsnetze* haben ergeben, daß ein kreisförmiges Netz (jedes Mitglied kann jeweils nur mit seinen beiden Nebenmännern sprechen) einem radförmigen (ein „zentrales" Mitglied kann mit allen anderen sprechen, diese können jedoch nur mit ihm allein Informationen austauschen) leistungsmäßig unterlegen, aber in Bezug auf die Zufriedenheit der Beteiligten überlegen ist. Die Beobachtung experimentell nicht eingeschränkter Kommunikationsverläufe ergab überdies, daß die Zentralität einer Person subjektiv sehr positiv bewertet wird. Die Häufigkeit der Informationsgabe und Informationsentgegennahme eines Gruppenmitgliedes sagt etwas über dessen *Status* aus. Personen mit dem gleichen Status, d. h. dem gleichen ihnen von den übrigen Mitgliedern beigemessenen Wert für die Gruppe, kommunizieren häufiger miteinander als Personen mit verschiedenem Status. Der höhere Status zieht „aufwärtsgerichtete" Kommunikation auf sich, der niedrige aber keine „abwärtsgerichtete". Ein ungeklärtes Statusverhältnis hemmt allgemein den Informationsaustausch.

4.4. Gruppenleistung und Führerschaft

Angesichts der Vielzahl und Verschiedenartigkeit von Gruppen muß die „Gruppenleistung" (Effektivität, Produktivität) stets auf ein Leistungskriterium bezogen werden. Der Erfolg, den sich eine Gruppe bei der Erreichung eines Zieles zuschreibt, bemißt sich in Arbeitsgruppen nach anderen Maßstäben als etwa in schöpferischen Gruppen oder Diskussionsgruppen. Er äußert sich nicht nur in der meßbaren Leistung (Lösung einer schwierigen Aufgabe, Erfüllung einer Arbeitsnorm, Entscheidung über eine wichtige Alternative etc.), sondern auch in der Zufriedenheit der Mitglieder. Gruppenleistung und Zufriedenheit müssen nicht in Einklang stehen, werden aber beide von strukturellen Merkmalen (Gruppengröße, Kommunikationswegen, Mitgliederzusammensetzung) und Aufgabe- bzw. Zielmerkmalen (Schwierigkeit, Bedeutsamkeit) bedingt und durch Gruppenprozesse vermittelt. Bei diesen Vermittlungsprozessen kommt der *Führerschaft* die bedeutendste Rolle zu. Führer sind Gruppenmitglieder, welche die Aktivitäten der Gruppe in hervorragender Weise beeinflussen. Da sich in Gruppen alle Mitglieder gegenseitig beeinflussen, ist zu einem gewissen Grad jedes Mitglied auch Führer. Oft entwickeln sich deshalb Führungshierarchien. Formelle Gruppen (Vereine, Parteien) zeichnen sich durch eine höhere Starrheit solcher Hierarchien aus als informelle Gruppen (Diskussionsrunde, Stammtisch). In den formellen Gruppen sind die Führungspositionen im Gegensatz zu den informellen Gruppen mit eindeutigeren Rollenerwartungen an die betreffenden Personen verbunden und die Kompetenzen klar abgegrenzt.

Führungspersönlichkeiten besitzen im allgemeinen keine besonderen überdauernden Eigenschaften oder „Qualitäten", wie man früher häufig annahm; sie übernehmen vielmehr eine Rolle, die von der Gruppe oder ihr übergeordneten Instanzen nach Maßgabe von Gruppenzielen und Gruppennormen vorgesehen wird und variabel zu besetzen ist. Auf jeden Fall muß ein gewählter, eingesetzter oder sich abzeichnender Führer akzeptiert und als kompetent *angesehen* werden. Er muß den Durchschnitt der Mitglieder repräsentieren können und darf psychologisch (z. B. intelligenzmäßig) nicht zu weit von der Gruppe entfernt sein. Zu den Funktionen der Führerschaftsrolle gehören: *Koordination* von Gruppenaktivitäten, *Planung* von Gruppenzielen, *Informationsgabe, Repräsentanz* und Vermittlung nach außen, *Schlichtung* interner Konflikte, emotionale *Unterstützung* der Mitglieder. Meist erfolgt eine Aufteilung der sachlichen und der emotional-stabilisierenden Funktionen zwischen zwei Personen.

Die typische Art und Weise, wie eine Führungsrolle gespielt wird, ist der die Gruppenatmosphäre positiv oder negativ bestimmende *Führungsstil.* Eine weithin bekannte und für alle gesellschaftlichen Führungsbereiche bedeutsame Unterscheidung ist die zwischen einem autoritären und einem demokratischen Führungsstil. Der *autoritäre* Führer bestimmt die Politik der Gruppe eigenmächtig, dirigiert die Beziehung der Mitglieder, beschneidet die Kommunikationsmöglichkeiten und läßt jedem nur einen kleinen Zuständigkeitsbereich. Dagegen bemüht sich der *demokratische* Führer um eine gleichmäßige Beteiligung aller Mitglieder, um gute interpersonale Beziehungen, Klarheit der Gruppenziele und um die Verhinderung spezieller Privilegien. Im allgemeinen ist der demokratische Stil mit höherer Leistungsfähigkeit und Zufriedenheit einer Gruppe verbunden.

4.5. Beziehungen zwischen Gruppen

Das Verständnis von Prozessen, die in Gruppen ablaufen, setzt Kenntnisse über die Beziehungen zwischen Gruppen voraus, da die Art dieser Beziehungen auf die einzelnen Gruppen Rückwirkung hat. So wie das Individuum als soziales Wesen nur im Kontext seiner sozialen Bezugsgrößen gesehen werden kann, muß die Gruppe hinsichtlich ihrer aktuellen und symbolischen Interaktionen mit anderen sozialen Einheiten (Gruppen, Institutionen, Organisationen, Nationen) untersucht werden. Diese Aufgabe ist freilich zu umfangreich und gesellschaftspolitisch zu bedeutsam, als daß sie von der SP alleine bearbeitet werden könnte und sollte.

Der Beitrag der SP beschränkte sich bisher vornehmlich auf die Erforschung von psychologisch vermittelten Beziehungen zwischen Gruppen. Diese Perspektive beinhaltet als zentrale Kategorie die des Vorurteils. Spannungen zwischen Gruppen – nicht zuletzt Nationen – entstehen auf dieser Grundlage, manifestieren sich als negative Fehleinschätzungen fremder in Verbindung mit positiver Fehleinschätzung eigener Wertvorstellungen und Zielsetzungen und sind als mögliche Quellen akuter Konflikte, aktiver Diskriminierungen und gegenseitiger Vernichtung zu betrachten. Die Tendenz von Gruppen, sich gegeneinander abzuschließen und sich selbst für jeweils besser, friedliebender, fortschrittlicher etc. zu begreifen, kann über die Vermittlung des Gruppendrucks zur normativen Qualität erhoben werden. Der Abbau oder die Verhinderung von Konflikten erfordert jedoch *Kontakt.* Soll aus dem Kontakt *Kooperation* resultieren können, dürfen die Partner nicht über Bedrohungsmöglichkeiten verfügen, weil sonst der Konflikt lediglich verschärft würde. Die *Erforschung des Verhandlungsverhaltens* ist ein wichtiges Ergebnis sozialpsychologisch gewonnener Erkenntnisse von diesen Zusammenhängen.

5. Anwendungsbereiche der SP

Die hauptsächlichen Anwendungsbereiche der SP sind die praxisnahen Disziplinen der Angewandten Psychologie. Politische Psychologie, Betriebspsychologie, Marktpsychologie, Werbepsychologie oder Verkehrspsychologie greifen Fragestellungen und Untersuchungsmethoden auf, modifizieren sie nach den eigenen Interessenlagen und entwikkeln sie gemäß den Anforderungen der jeweiligen Praxisausschnitte. Dies bedeutet nicht, daß die SP ausschließlich psychologische Grundlagenforschung betreibt. Ihre Fragestellungen werden vielmehr von praktischen Problemen häufig angeregt. Die alleinige Ausrichtung der Forschung durch praktisch wichtige Fragen aus dem sozialen Bereich wird von manchem Kritiker der SP für wesentlicher gehalten als die oft mühselige Sammlung von Teilinformationen im „realitätsfernen" Experiment. Eine solche Ausrichtung hat aber ihre Grenzen, wo die Komplexität eines als bedeutsam erkannten Problems der Praxis die Einhaltung wissenschaftlicher Forderungen *und* die konkrete Lösung des sozialen Problems verhindert. Sozialpsychologische Ergebnisse mögen letzten Endes auf weite Bereiche der Praxis anwendbar sein; gegenwärtig bearbeitet die SP – auch wenn sie sich als empirisch experimentelle Wissenschaft versteht – theoretische und methodische Fragen, deren Beantwortung erst die Vorbedingung für das Verständnis des Verhaltens und Erlebens von Menschen in ihrer sozialen Welt schafft. Die SP läßt sich bei dieser Aufgabe, die auch die Auswahl von Forschungsthemen umfaßt, nicht mehr allein von den Maßstäben der *Kontrolle* von Situationen und der *Vorhersage* von Verhalten, sondern in Ansätzen auch von dem Maßstab der gesellschaftspolitischen *Veränderung* leiten. Die wissenschaftstheoretische Begründung dieser Wendung muß für die gesamte Psychologie noch geleistet werden (s. Kap. Methoden).

Literatur

Hofstätter, P. R.: Einführung in die Sozialpsychologie. Humboldt, Stuttgart, 1963 (eine gut verständliche, problemorientierte Einführung in das Gesamtgebiet der Sozialpsychologie)

HOFSTÄTTER, P. R.: Sozialpsychologie. Göschen Bd. 104/104 a, Berlin, 1964 (theoretische und methodische Erörterungen stehen im Vordergrund dieser Darstellung)

HOFSTÄTTER, P. R.: Gruppendynamik. Kritik an der Massenpsychologie. Rowohlt (rororo), Hamburg,[2] 1971 (eine Zusammenfassung wichtiger Fragestellungen und Ergebnisse der Kleingruppenforschung)

IRLE, M. (Hg.): Texte der experimentellen Sozialpsychologie. Luchterhand, Neuwied-Berlin, 1969 (eine repräsentative Auswahl aus Untersuchungen der experimentellen Sozialpsychologie)

IX. Entwicklungspsychologie

von Monika Keller und Dzintars Zebergs

1. Skizzierung des Bereiches

Die Entwicklungspsychologie betrachtet im weitesten Sinne den Organismus unter dem Aspekt der Veränderung im zeitlichen Verlauf und versucht neben der Beschreibung dieser Veränderungen sie zu erklären und zu verstehen. Man könnte – infolge des prozessualen Charakters – über alle sonstigen Abgrenzungen hinweg in jedem Bereich der Psychologie den nicht-statischen Abschnitt, jegliche erfolgte Veränderung als Entwicklung verstehen und damit als zur Entwicklungspsychologie gehörig betrachten. Untersuchungen, die sich mehr dafür interessieren, welche Übungsarten und Erfahrungen Verhaltensänderungen in welchem Ausmaß begleiten, werden bisher häufiger der Lernpsychologie zugeordnet. Die Trennung von Entwicklungs- und Lernpsychologie wird zunehmend aufgehoben, indem Entwicklung als Summe von Lernprozessen und deren Resultanten verstanden wird. Daraus kann man schließen, daß relativ langfristige, überdauernde Prozesse und deren Folgen sich als Betrachtungsobjekte für den Bereich der Entwicklungspsychologie ergeben.

Das vorherrschende Interesse der Entwicklungspsychologie galt (und gilt noch) der Entwicklung des Kindes. Einbezogen werden aber auch biologische Betrachtungweisen, so z. B. die Stellung des Organismus im phylogenentischen Kontext oder von der Verhaltensforschung (vergleichende Psychologie) her die Differenzen zwischen einzelnen Arten und die Relevanz der dort studierten Entwicklungsverläufe für das Verständnis des menschlichen Verhaltens. Entwicklungsvorgänge werden auch im Studium komplexer Gesellschaften untersucht, z. B. in völkerkundlichen Forschungen. Die Ergebnisse dieser Untersuchungen befruchtete die Entwicklungspsychologie, indem sie ebenfalls auf die gesellschaftliche Bedingtheit der Entwicklung hinwiesen.

Während der letzten Jahre haben sich Untersuchungen auch mit dem bis dahin weitgehend vernachlässigten Gebiet der Entwicklung und Veränderung im Erwachsenenalter beschäftigt. Entwicklung wird heute als ein Prozeß gesehen, der keineswegs um das 20. Lebensjahr herum abgeschlossen ist, sondern der ein Leben lang dauert und der in seiner biologischen, psychologischen und soziologischen Verflechtung gesehen werden muß.

Gerade in der Entwicklungspsychologie ist es deutlich geworden, daß die Notwendigkeit besteht, zur Lösung von Problemen Grenzüberschreitungen vorzunehmen und über die bis zu einem bestimmten Zeitpunkt am Rande eines Gebietes liegenden Erkenntnisse hinauszugehen. Die Festsetzung eines Inhaltes darf also nicht im Sinne eines „bis hierher und nicht weiter“ erfolgen mit der Begründung, daß hier z.B. das Gebiet der Soziologie beginnt, da die Lösung von Problemzusammenhängen die traditionelle Fachaufteilung häufig überschreitet. Ein Beharren auf Fachspezifität würde eine Einengung von Problemlösungsmöglichkeiten bedeuten. Ein Beispiel für notwendige interdisziplinäre Zusammenarbeit und teilweises Aufgeben der Fachzuordnung ist die Sozialisation, wo Psychologen, Soziologen, Pädagogen und möglicherweise sogar Linguisten zusammenarbeiten müssen.

Die Entwicklungspsychologie des Kindes stellte sich zunächst als eine beschreibende Wissenschaft dar. Es wurden Daten gesammelt, die die körperliche Entwicklung, die Entwicklung der Wahrnehmung und Bewegung beschrieben, die Veränderungen der Sprache, der Intelligenz sowie der Persönlichkeit des Kindes und seines sozialen Verhaltens. Man versuchte eine Bestandsaufnahme, eine möglichst vollständige Beschreibung dessen, was sich beim Kind entwickelte. Es wurden Altersnormen aufgestellt und das einzelne Kind im Vergleich zum Durchschnitt seiner Altersstufe beurteilt (Zeitplanforschung).

Der erkundete „normale“ Verlauf der Entwicklung wurde wissenschaftlich beschrieben und benannt: z.B. „Trotzalter“, „negative Phase“ ... Fragte nun jemand, warum sich ein Kind in einem bestimmten Alter auf eine ganz bestimmte Art und Weise verhält, dann antwortete der Psychologe, falls das Kind etwa 3 Jahre alt war und sich häufiger auf den Boden warf: „Weil es sich im Trotzalter befindet.“ Der Zirkel ist offensichtlich, und durch die Antwort wurden Eltern und Erzieher leicht in eine passive Haltung verwiesen. Zur Verdeutlichung etwas überspitzt dargestellt, lassen die Kinderpsychologen sich bereits am Anfang in solche unterteilen, die, was sich vorfand, wissenschaftlich benannten, und solche, die sich mit den Problemen der Veränderungsmöglichkeiten des Benannten beschäftigten. Der gesellschaftliche Anspruch auf begründete Konzepte der Kindererziehung veranlaßte dann leicht das Abgehen von der vorherrschenden wissenschaftlichen Arbeitsweise in einem sofortigen Versuch, trotz des sonst üblichen Vorgehens ein mehr selbständiges, „pragmatisches“ Experimentieren zur besseren Gestaltung der Erziehung in die Wege zu leiten. Eine Aufspaltung in Theorie und Praxis war (und ist auch heute noch) häufig die Folge.

Die Beschreibung dessen, was ist, ist eine legitime und nützliche Arbeitsweise des Psychologen. Bleibt er dabei stehen, so gelangt er leicht in die oben angedeutete Sackgasse; denn die Beschreibung kann nur als Vorstufe zu weiteren Forschungen gesehen werden, die nach Erklärungen suchen, warum und wie ein bestimmtes Verhalten zustande kommt und wie man es ändern kann.

2. Zentrale Probleme der Entwicklungspsychologie

Die Frage nach den Erklärungen der Veränderungen im Verhalten führte zu einer der großen Kontroversen in der Psychologie, die sich auch in der Entwicklungspsychologie auswirkte (und sich z.T. noch auswirkt): dem *Anlage-Umwelt-Problem:* Sind solche Veränderungen von Natur aus vorprogrammiert – also angeboren bzw. anlagebedingt – oder sind sie durch den Einfluß der Umwelt erklärbar? Im Zusammenhang damit ist die zweite Kontroverse zu sehen: nämlich die von *Reifung und Lernen:* Ist die Entwicklung auf eine weitgehend „autonome Reifung" des Organismus zurückzuführen – in Analogie zu einer Blume, die sich langsam entfaltet, sofern genügend Sonne und Licht da ist, brauchte dann zwar auch das Kind Pflege, im wesentlichen aber verliefe die Entwicklung in vorherbestimmter Weise –, oder ist Entwicklung durch Lernprozesse beeinflußbar, also vielmehr abhängig vom konkreten Erziehungsverhalten und der Struktur der Umwelt?

Man erkennt hier das alte philosophische Problem von *Nativismus* und *Empirismus* wieder, und je nach der Stellung, die der Forscher bezieht – aber auch nach dem Erkenntnisinteresse der zeitlichen Epoche – sind die Theorien mehr von einem oder mehr von dem anderen Standpunkt beeinflußt. Beispiele für die nativistische Konzeption (Betonung von Anlage) lassen sich in der älteren Entwicklungspsychologie zur Genüge finden, besonders in der europäischen Tradition, während man in der amerikanischen Forschung schon früher empiristische Positionen (Betonung der Umwelt) bezog, mitbegründet durch die dort entstandenen Lerntheorien (s. Kap. Lernen).

Ein Beispiel für Arbeiten, die sich auf das Konzept der Reifung beziehen, sind die von A. Gesell. In einer klassisch gewordenen Untersuchung versucht er zu zeigen, daß das Erlernen des Treppensteigens in einem „reiferen" Organismus schneller vor sich geht, daß es leichter fällt, Lernprozesse in einem Individuum in Gang zu setzen, wenn es einen bestimmten „Reifezustand" erreicht hat.

(Um zu dokumentieren, daß es sich hier nicht um „akademische" Abhandlungen handelt, soll erwähnt werden, daß z.B. in der Pädagogischen Psychologie die Frage der Reife in Gestalt der Auseinandersetzung um die Schulreife praktische Bedeutung erlangt hat, indem sie den Zugang von Individuen zu gesellschaftlichen Institutionen begründet. Hieran knüpfen sich ebenfalls Überlegungen zu bestimmten Unterrichtsangeboten, die einem bestimmten Reifezustand entsprechen sollen).

Im oben erwähnten Beispiel führte Gesell (in Roth 1969) eine Untersuchung mit einem Zwillingspaar durch. Ein Zwilling wurde im Treppensteigen trainiert, während der andere keine Möglichkeit zur Einübung erhielt. Nachdem der übende Zwilling das Treppensteigen erlernt hatte, wurde auch dem anderen Bruder Gelegenheit zum Üben gegeben. Es zeigte sich, daß er wesentlich weniger Zeit und Übung benötigte, um vergleichbare Leistungen zu erzielen. Die Folgerung GESELLS, daß im reiferen Organismus Lernprozesse schneller ablaufen, ist insofern anfechtbar, als der andere Zwilling zwar keine direkte Übung im Treppensteigen erhielt, aber dennoch genügend Möglichkeiten hatte, seine motorischen Fertigkeiten in anderen Bereichen zu üben, so daß auch ihm schon bestimmte Teilfertigkeiten zur Verfügung standen, die sich für das Erlernen des Treppensteigens als nützlich erwiesen haben könnten. (Dieser Einwand wurde als Beispiel dafür gebracht, wie eine Lehrmeinung in Frage gestellt werden kann und muß).

Ein Beispiel für den Versuch, anhand des Reifungsprinzips eine umfassende Theorie für die Entwicklung aller Verhaltensbereiche zu geben, sind die Arbeiten von O. KROH. Er versuchte eine möglichst genaue Beschreibung des Kindes und Jugendlichen der verschiedenen Altersstufen. In sog. „Phasen der Entwicklung" wollte er den „normalen", typischen Entwicklungsverlauf darstellen, der durch „innere Entwicklungsantriebe" vorprogrammiert sein sollte.

Die Aufgabe der Entwicklungspsychologie beschränkte sich nach diesen Vorstellungen darauf, ein möglichst genaues Bild der Entwicklungsabläufe zu geben, Normen aufzustellen, in welchem Alter welche Verhaltensweisen auftreten, und höchstenfalls den Eltern noch Hinweise zu geben, wie das Durchlaufen der genetisch und reifebedingt festgelegten Stufen erleichtert werden könnte; Erzieher wären danach höchstens als „Geburtshelfer" zu sehen. Die Einflußmöglichkeiten, die eine solche Theorie der Umwelt einräumt, sind gering.

Bereits nach den älteren Entwicklungstheorien wurde Entwicklung als eine Stufenabfolge konzipiert. Die einzelnen Stufen sind nicht nur quantitativ unterschieden im Sinne einer Zunahme von Verhaltensmöglichkeiten, sondern auch qualitativ, d. h. es bestehen neben andersartigen Verhaltens- und Erlebensweisen in den verschiedenen Stufen der Entwicklung auch verschiedene Prinzipien des Lernens. Jede Stufe muß von jedem Kind in einer unabänderlichen Abfolge durchlaufen werden; für die verschiedenen Stufen werden Altersbereiche angegeben mit der Annahme, daß die Kinder derselben Altersperiode weitgehend ähnliche Verhaltens- und Erlebnisweisen zeigen.

Die Annahme der Entwicklung in Stufenfolgen als Modell für die gesamte Entwicklung eines Individuums wird heute nicht mehr als sinnvoll betrachtet.

Wohl aber gibt es noch eine Auseinandersetzung darüber, ob die Entwicklung in bestimmten Bereichen als Abfolge qualitativ unterschiedlicher Stadien gesehen werden kann.

Ein solches Modell wurde von J. PIAGET (1969) für die Entwicklung des Denkens entworfen (neben der Entwicklung der Moral und anderem), dessen Arbeiten die augenblicklichen Forschungen innerhalb der Entwicklungspsychologie besonders beeinflußten. Dieser bedeutende Genfer Psychologe leistete einen der umfassendsten Beiträge zur Erforschung der kognitiven Entwicklung des Kindes (kognitiv: s. Kap. Denken). Seine Arbeiten – anfangs häufig Beobachtungen seiner eigenen Kinder und den methodischen Anforderungen der modernen Psychologie nicht angepaßt – stellten eine Fülle an theoretischem und empirischem Material dar und führten zu zahlreichen Nachuntersuchungen in der Tradition seines Denkens. Seine Theorie soll zur Veranschaulichung kurz dargestellt werden:

2.1. Beispiel für eine entwicklungspsychologische Theorie: Die Entwicklung der Intelligenz nach Piaget

PIAGET's Arbeiten unterscheiden sich von den Reifungstheorien insofern, als hier die Rolle der Umwelt stärker in die Theorie einbezogen und jede Veränderung als das Zusammenwirken von inneren und äußeren Faktoren gefaßt wird.

PIAGET sieht die Entwicklung der Intelligenz als einen Prozeß der Anpassung an die Umwelt, wodurch ein zunehmend besseres Gleichgewicht der geistigen Organisation besteht. In diesem Prozeß der Anpassung wird das Individuum als aktiv tätig gesehen: es setzt sich mit seiner Umwelt handelnd auseinander und baut allmählich kognitive Strukturen auf, d.h. „Pläne" von Handlungen, die innerlich vollzogen werden (Operationen). Das Denken wird als nach innen verlegtes Handeln gesehen.

Die kognitiven Strukturen des Kindes ändern sich im Laufe der Zeit; es kommt zum Auftreten neuer Handlungsmöglichkeiten und neuer Strukturen der Intelligenz (quantitative Zunahme) sowie zu einer Umorganisierung der bestehenden und neuen Strukturen, wodurch etwas qualitativ Verschiedenes entsteht.

Für die Entwicklung der Intelligenz sind zwei komplementäre (sich ergänzende) Prozesse von Bedeutung: Assimilation und Akkomodation. Beim Prozeß der Assimilation besitzt das Kind eine Handlungsregel (Schema) für bestimmte Objekte und wendet sie auf neue Objekte an. Z.B. das Greifschema (Greifen eines Objektes mit einer Hand) wird auf neue Objekte ausgedehnt, die von denen unterschieden sind, mit welchen das Kind bisher Erfahrung hatte; es findet dieselbe Reaktion wie bisher in neuen Situationen statt. Wenn eine Situation mit Hilfe der bereits vorhandenen Schemata bzw. Operationen nicht mehr bewältigt werden kann, kommt es zur Akkomodation: die Schemata werden verändert und den Umwelterfordernissen angepaßt (z.B. ein Gegenstand wird mit beiden Händen erfaßt, wenn der Versuch, ihn mit einer Hand zu greifen, mißlingt). Durch das Wechselspiel von Assimilation und

Akkomodation wird ein Gleichgewicht auf einer jeweils höheren Entwicklungsstufe erreicht. Voraussetzung dafür ist das aktive Tätigsein des Kindes, wodurch Transformationen der Umwelt vorgenommen werden.

In einer Abfolge von immer komplexeren Stufen vollzieht sich die Entwicklung des Denkens in einem hierarchischen Aufbau, wobei die Denkprozesse zunehmend unabhängiger von den konkreten Umweltgegebenheiten werden. Die Stufen der Entwicklung verlaufen in der *Senso-motorischen Phase* (Geburt – 1 1/2 Jahre) von frühen, reflexartigen Schemata (Greifen, Saugen) bis zu solchen, die bereits internale geistige Aktivität zeigen, wie die Suche nach einem verborgenen Objekt.

In der *symbolisch-anschaulichen Phase* (ca. 2–7 Jahre) vollziehen sich Nachahmung, Spiel und Sprachentwicklung. Es zeigen sich erste Ansätze des logischen Denkens; aber das Denken bleibt noch stark an die Wahrnehmungsgegebenheiten gebunden. Es wird jeweils nur eine Dimension bei der Betrachtung von Situationen herangezogen. So kann ein Kind glauben, daß eine Plastilinrolle schwerer wird, wenn man sie verlängert, ohne dabei zu beachten, daß gleichzeitig der Durchmesser abgenommen hat. Ein typisches Experiment in dieser Phase wird später geschildert (s. Experiment P. Greenfield (1971) bei Woloff-Kindern).

In der *konkret-operationalen Phase* von ca. 7 – 12 jährigen können bestimmte logische und mathematische Operationen bereits vollzogen werden. Das Denken wird reversibel, d.h. Handlungen können in Gedanken rückgängig gemacht und die ursprüngliche Situation wiederhergestellt werden. So begreift das Kind jetzt, daß die Anzahl von Gegenständen gleich bleibt, selbst wenn man ihre Lage im Raum verändert. Auch in dieser Phase bleibt das Denken noch an die Anschauung gebunden. Es können beispielsweise Objekte in bezug auf eine Dimension geordnet werden; dieselbe Operation im sprachlichen Bereich (verbal) zu vollführen, gelingt nicht. So können Stäbe nach ihrer Länge geordnet werden; die Lösung der verbalen Aufgabe: „Inge ist größer als Eva; Inge ist kleiner als Gisela; wer ist die Größte?", gelingt erst in der Phase der

formalen Operationen (ab 11 – 12 Jahren). Erst dann können Hypothesen in Gedanken überprüft werden, und flexibles, mobiles Denken, welches sich vollständig auf Symbole stützt, wird allmählich möglich.

In den bisher besprochenen Theorien ist wenig Spielraum für individuelle Unterschiede in der Entwicklung, und auch auf die Art der Umwelterfahrungen, die für solche Unterschiede verantwortlich sein können, wurden kaum Hinweise gegeben. die Kritik, die vor allem von Seiten der Lerntheoretiker (s. Kap. Lernen) an dem Modell Piagets geübt wurde, beinhaltet diese Punkte. Lerntheoretisch orientierte Forscher meinen, daß bei adäquater Beachtung der kulturellen und

Umwelterfahrung die kognitive Entwicklung nicht als eine Stufenabfolge gesehen werden kann, da weit größere interindividuelle Entwicklungsdifferenzen (d.h. Unterschiede zwischen Individuen) zugunsten intraindividueller Unterschiede (d.h. Unterschiede innerhalb eines Individuums zu verschiedenen zeitlichen Punkten) vernachlässigt werden.

Nach ihrer Ansicht ist der Lernprozeß in jedem Alter qualitativ gleich; verschieden sind nur die Umwelterfahrungen der einzelnen Individuen: die Art der Modelle, die zur Verfügung stehen (Personen, die bestimmte Verhaltensausprägungen zeigen); die Art und Weise der Belohnung und Bestrafung sowie die verschiedenen Lernerfahrungen führen zu einer individuellen Entwicklung. Zwar werden auch hier generelle Prozesse der Entwicklung gesucht, welche die Gleichheit in der Entwicklung erklären können; aber dies schließt nicht ein, daß sich verschiedene Individuen der gleichen Altersstufe gleich verhalten müssen oder, daß sie ihre Verhaltensmöglichkeiten in derselben Abfolge erwerben.

Gegenwärtig wird in der Forschung eher eine Integration dieser beiden theoretischen Ausrichtungen versucht, als die Gültigkeit der einen oder anderen Vorstellung zu beweisen. Es könnte auch sein, daß jede der beiden Ausnahmen für verschiedene Verhaltensbereiche Gültigkeit hat, daß gewisse Verhaltensweisen stärker durch Umwelterfahrungen beeinflußt werden als andere. Die sozialen Lerntheorien haben sich bisher vorwiegend mit solchen Verhaltensweisen beschäftigt, die zu jedem Alterszeitpunkt beobachtbar sind und die zwischen Individuen stärker variieren; die kognitive Psychologie hat sich dagegen mehr mit den formalen Aspekten des Denkens beschäftigt, die für bestimmte Entwicklungsebenen kennzeichnend sind.

Der Einfluß spezieller Umweltfaktoren auf die kognitive Entwicklung soll nun beispielhaft verdeutlicht werden:

2.2. Beispiel einer entwicklungspsychologischen Untersuchung

Patricia M. Greenfield untersuchte natürliche Denkformen (primitive mind), wobei sie nicht mehr aus westlicher Generalisierung übertragen, sondern das „Denken in Aktion" in konkreten Situationen experimentell untersuchen wollte. Bevor die experimentellen Veränderungen – Manipulationen – beschrieben werden, sollen die untersuchte Gruppe, ihre Lebensbedingungen und weitere kennzeichnende Daten dargestellt werden, da es sich hierbei nicht um die sonst meist untersuchten Mittelschichtkinder handelt. Durch das Aufzeigen der Schwierigkeiten und der notwendigen Entscheidungen soll der Arbeitsstil der kontrollierten Verfügbarmachung ausgedeutet werden. Um ein umfassenderes Bild von der kognitiven Entwicklung zu bekommen, bei deren experimenteller Untersuchung nicht nur das Alter berücksichtigt wird – dadurch wird die Arbeit tendenziell nicht mehr so sehr zur Ablesetätigkeit von Unterschieden eines Subjektes X gegenüber Subjekt Y anhand des Lineals einer bestimmten Kultur, sondern es werden kulturell übermittelte Techniken gegen stärker biologisch determinierte und universelle Sequenzen gestellt –, reiste GREENFIELD in den Senegal, wo sie die Kinder der Woloff untersuchte. Die Woloff stellen im Senegal die dominante ethnische Gruppe und sind sowohl in städtischen als auch ländlichen Gebieten ansässig. Neun Gruppen wurden gebildet: innerhalb von drei – nach dem Grad der Urbanisierung (und damit Beschulung) gebildeten – Gruppen wurden jeweils drei Altersgruppen (6 – 13 Jahre) bzw. Schulklassenzugehörigkeitsgruppen unterschieden. der urbanisierteste Teil der Kinder kam aus Dakar; die übrigen Kinder lebten auf dem Lande oder besuchten nicht die Dorfschulen.

Die Auswahl der Kinder auf dem Lande (Busch) zum Schulbesuch ist nach Auskunft eines Woloff-Informanden unabhängig von der Intelligenz des Kindes. In der eigentlichen Untersuchung werden noch weitere Informationen gegeben, die hier aber nicht weiter aufgeführt werden – für einen Forscher, der die Untersuchungsergebnisse interpretieren wollte, wären sie unabdingbar.

Die experimentelle Untersuchung benutzte das PIAGETsche Konservierungs (Invarianz-)problem. Dabei werden zwei Gläser gleicher Form mit Wasser gefüllt, und das Kind wird aufgefordert, den Wasserspiegel in den Gläsern auszugleichen, so daß beide Gläser den gleichen Inhalt haben und der Wasserspiegel in beiden der gleiche ist. Wenn das Kind den Inhalt beider Gläser ausgeglichen hat, gibt der Versuchsleiter (VL) den Inhalt des einen Glases in ein drittes Glas, das nicht mehr die gleiche Form wie die beiden anderen, sondern z. B. einen geringeren Durchmesser hat und höher ist. Das Kind wird gefragt, ob sich in dem ersten und dem dritten Glas die gleiche Menge an Flüssigkeit befindet.

Erst ab einem bestimmten Alter – genauer: ab einer kognitiven Entwicklungsstufe, in der die Kinder die für die richtige, übliche Lösung notwendigen Operationen vornehmen können – so stellte PIAGET fest – antworten die Kinder mit „gleich", d. h. sie erkennen, daß die Menge des Wassers trotz phänomenaler Veränderung gleich bleibt (Invarianz), da der geringere Durchmesser z. B. durch eine größere Höhe ausgeglichen wird.

Jüngere, mit anderen Konzepten arbeitende Kinder sagen „ungleich"; sie können nur eine Dimension berücksichtigen, entweder die Höhe oder den Durchmesser.

Wie auch PIAGET versuchte GREENFIELD die Begründung der Kinder für ihr Urteil zu erfahren. Neben der üblicherweise gefundenen

„Alters“abhängigkeit (die Woloff-Kinder erwarben die Erkenntnis der Mengenidentität etwas später als Kinder in Nordamerika und der Schweiz) trat jedoch ein Ergebnis auf, welches GREENFIELD zu einer interessanten Fortsetzung veranlaßte: Auffällig mehr Woloff-Kinder vom Lande, die nicht zur Schule gehen, begründeten ihr „ungleich“-Urteil mit: „Da Du es umgegossen hast.“

Durch nachfolgende Untersuchungen konnte die Autorin nahelegen, daß diese Gruppe von den anderen in der Einschätzung der Macht (Magiekünste), die dem VL zugesprochen wurde, stark abwich. Die Suche nach den Bedingungen für den Eindruck der Ungleichheit bei den Kindern zeigte, daß nicht der wahrnehmungsmäßige Anteil, sondern die Möglichkeiten des Gegenübers die Antwort bestimmten. Sonst wirksame Veränderungen, bei den übrigen Kindern durch teilweises Abdecken der Gläser früher zu einem „gleich“-Urteil zu gelangen, waren bei diesen Kindern nicht so erfolgreich wie die Veränderung der Versuchssituation dadurch, daß die Kinder aufgefordert wurden, selbst das Umgießen vorzunehmen. Sich selbst schrieben die Kinder offensichtlich derartige Wunderkraft nicht zu und erreichten früher das Urteil „gleich“, verglichen mit Situationen, in denen der Vl das Umgießen vornahm.

Neben den Schwierigkeiten – von denen die Sprachschwierigkeit eine war (deren Einfluß in unerwünschtem Sinn aber weitgehend ausgeschlossen wurde) – zeigen diese Experimente deutlich die Notwendigkeit der ständigen Erweiterung des Fragens und den Einfluß von bis dahin unbeachteten Maßnahmen innerhalb des Versuches. Wer hätte vorher annehmen können, daß Selbstgießen gegenüber VL-Gießen sich als möglicher Eingriff zur besseren Erlangung des Invarianzkonzeptes benutzen ließe.

Diese Untersuchung bietet ein Beispiel neuerer Forschung in der Entwicklungspsychologie, da sie die verschiedensten Momente deutlich ablesbar macht: (1) Es handelt sich um ein Experiment im kognitiven Bereich – ein im Augenblick stark beachtetes Gebiet der Forschung –, wobei auf die Theorie PIAGETS Bezug genommen wurde. (2) Es handelt sich um eine experimentelle Untersuchung, die auch etwa den Stand der methodischen Ausarbeitung auf diesem Problemgebiet wiedergibt. (3) Es handelt sich um eine interkulturelle Studie und zeigt damit den Trend, abzugehen von Untersuchungen, die eine – nämlich die westliche – Kultur als Maßstab für Entwicklung gesehen hatten. (Von der anderen Seite her – innerhalb der westlichen Kultur – erfolgt ebenfalls eine stärkere Berücksichtigung der verschiedenen Situationen, z. B. die stärkere Beachtung von Umwelten, wie sie durch den Begriff der sozialen Schicht gekennzeichnet werden). (4) Es handelt sich um eine Querschnittsuntersuchung, in der verschiedene Altersgruppen herangezogen wurden (Querschnittsuntersuchung: Untersuchung einer oder verschiedener Personen oder Merkmale zu einem Zeitpunkt. Dagegen: Längsschnittuntersuchung: wiederholte Untersuchung einer oder mehrerer Personen über einen längeren Zeitraum hinweg, um die Veränderung von Merkmalen zu erfassen). (5) Es handelt sich um eine Arbeit aus den Vereinigten Staaten, wo der Schwerpunkt der Forschungsarbeiten liegt.

An dieser Stelle soll einer möglichen, voreiligen Interpretation der aufgefundenen Entwicklungsunterschiede vorgebeugt werden, indem weitere, – den Komplexitätsgrad der Untersuchung verdeutlichende – Faktoren aufgezeigt werden. Wie die Untersucherin an einer Stelle erwähnt, leiden die Bewohner des Untersuchungsgebietes durchaus noch an Unterernährung (wobei die Bedeutung dieser Aussage für die überprüfte Gruppe nicht genau feststellbar ist). Manche als genetisch bedingt angesehenen Entwicklungsdifferenzen zwischen den verschiedenen Rassen (und damit häufig verbunden: verschiedenen Völkern) könnten so durch den Umwelteinfluß auf physiologischer Grundlage erklärt werden; das heißt nicht, daß genetischer Einfluß keine Bedeutung hat. Proteinmangel und damit verbundene Erscheinungen wie z. B. Konzentrationsstörungen oder allgemein herabgesetzte Aktivität würden noch zusätzliche Mängel der Umwelterfassung und Erfahrung verursachen. Daneben muß der Unterschied in der generellen Reizsituation der Umwelt bedacht werden. Entwicklungsdifferenzen zwischen materiell und kulturtechnisch so unterschiedlichen Ländern können daher erwartet werden, ohne daß eine kulturüberschreitende Quantifizierung leicht vorgenommen werden kann. Eine reine Datenerhebung, die nicht theoretisch genügend Randbedingungen formuliert hat, kann leicht in die Irre führen. Insbesondere besitzt sie die Tendenz zur statischen Betrachtung, da bisher dann weniger potentiell veränderungsfördernde Faktoren berücksichtigt wurden.

Diese Ausführungen haben nicht nur für transkulturelle Studien Bedeutung, sondern auch für Arbeiten, die sich mit Unterschieden in der kognitiven Entwicklung zwischen Unterschicht- und Mittelschichtkindern befassen. Bevor solche Differenzen als überwiegend genetisch erklärt werden können – wie es vor einiger Zeit von einem amerikanischen Forscher versucht wurde – und damit der Veränderungsmöglichkeit entzogen werden, muß die Verschiedenheit der Umwelt berücksichtigt und viel stärker als bisher untersucht werden.

Wie groß der gesellschaftliche Einfluß über kulturbedingte Sichtweisen ist und wie er sogar übliche Abfolgen der kognitiven Entwicklung in Teilgebieten wieder zu ändern vermag, zeigt eine Studie von KOHLBERG über die Realität des Traumes bei den Atayal auf Formosa: Bis zum Alter von 11 Jahren entwickelten die Atayal-Jungen eine ähnliche

Abfolge der Einschätzung des Traumes wie amerikanische Kinder (wenn auch etwas langsamer). Die Sequenz bei den amerikanischen Kindern verläuft folgendermaßen: Kurz vor dem 5. Lebensjahr erkennen sie, daß Träume keine wirklichen Vorgänge sind (wie im Wachzustand eine Tasse Kaffee zu trinken). Bald darauf folgt die Ansicht, daß Träume nicht von anderen (mit)gesehen werden können; mit 6 Jahren wissen die Kinder, daß die Träume innerhalb ihrer selbst stattfinden, und mit etwa 7 Jahren geben sie an, daß Träume Gedanken sind, die von ihnen selbst bewirkt werden. Diese Abfolge wird auch bei den Atayal-Jungen deutlich, obwohl ihre Eltern nicht an die Subjektivität von Träumen glauben, sondern Träume als Erlebnisse der Seele sehen, die während des Traumes den Körper verlassen hat und an entfernten Plätzen weilt. Ab 11 Jahren veränderte sich die Deutung der Atayal-Jungen im Vergleich zu den amerikanischen Kindern: sie gingen zu der in ihrer Gesellschaft üblichen Deutung des Traumes über.

So erfolgt die Deutung des Traumes bis zum Eingreifen des kulturellen Schemas in einer generellen Entwicklungsrichtung, die sich aus der Differenzierung von kognitiven Strukturen in Auseinandersetzung mit der Situation ergibt. Weitere Schwierigkeiten und alternative Erklärungsmöglichkeiten können an dieser Stelle nicht verfolgt werden. Zusammenfassend läßt sich feststellen, daß die (kognitive) Entwicklung als eine Veränderung im Erleben und Verhalten des Individuums gesehen werden muß, die sich in der Auseinandersetzung mit der Umwelt – also in bestimmbaren Lernsituationen – vollzieht. An allen kognitiven und fast allen anderen Entwicklungsprozessen (mit weitgehender Ausnahme von körperlicher Entwicklung und früher neurologischer Entwicklung) ist Lernen entscheidend mitbeteiligt. Während man früher mehr die unsystematischen Lernerfahrungen für die Theorie der kognitiven Entwicklung heranzog, bezieht man heute auch eine durch Schulung und Bildung (gelenkte Erfahrung) erzeugte Entwicklung stärker ein, wodurch ein weitaus größerer Zusammenhang von entwicklungspsychologischen und pädagogischen Fragestellungen entsteht.

Indem eine Entwicklungssequenz für ein bestimmtes Verhalten (z. B. Erwerb einer mathematischen Leistung) nicht mehr so sehr als von Reifeprozessen abhängig gesehen, sondern auf eine Reihe von Lernerfahrungen zurückgeführt wird, ergibt sich die Möglichkeit des Eingriffs in den Entwicklungsprozeß. Dem Erzieher wird die Möglichkeit gegeben, optimale Lernsituationen zu schaffen, in denen die Lernerfahrungen gemacht werden können, die für die Bewältigung einer komplexeren Lernleistung notwendig sind. Es wäre hier anzumerken, daß diese sequentielle Betrachtung des Lernprozesses (wobei ein Lernschritt auf dem anderen aufbaut) weit mehr im kognitiven als im sozio-emotionalen Bereich untersucht wurde.

Durch das Zurücktreten der Theorie der reifungsbedingten Veränderung des Organismus rückten zwei Fragen in den Vordergrund:

1. die Frage nach den Lernprozessen, durch die das Kind den kulturellen Grundbestand an Fähigkeiten und Verhaltensweisen sowie Anschauungen übernimmt;
2. die Frage nach den speziellen Umwelten, in denen das Kind aufwächst.

2.3. Beispiel für einen Problembereich: Sozialisation

Diese Fragestellungen, die im Bereich der kognitiven Psychologie erst verhältnismäßig spät auftauchten, gewannen schon früher für die Entwicklung der Persönlichkeit unter dem Aspekt der Sozialisation an Bedeutung. Die Entwicklung (Genese) der Persönlichkeit wurde unter dem Einfluß der Tiefenpsychologie, Kulturanthropologie und Lernpsychologie schon relativ frühzeitig als abhängig von den Lernumwelten, denen das Individuum ausgesetzt ist, gesehen. Dabei treten die Eltern, die Gruppe der Gleichaltrigen und – wenn das Kind älter wird – die gesellschaftlichen Institutionen in den Vordergrund. Alle diese sog. „Sozialisationsagenten" müssen in einem übergeordneten gesellschaftlichen Rahmen gesehen werden, da der Prozeß der Sozialisation sich unter ganz konkreten gesellschaftlichen Bedingungen abspielt.

Unter *Sozialisation* versteht man den Prozeß, in dem ein Individuum, welches mit einer Vielzahl von Verhaltensmöglichkeiten ausgestattet ist, gerade das Verhalten auswählt, welches im Rahmen seiner Gruppe liegt. Im weitesten Sinne heißt das, daß von Kindheit an ein Prozeß einsetzt, in dem das Individuum seine Persönlichkeitscharakteristika, Einstellungen, Werte und – wie bereits angedeutet – intellektuellen Charakteristika erwirbt. Sozialisation wurde zunächst mehr als ein Prozeß der Einengung möglichen Verhaltens gesehen, d.h. die Anpassung an die Normen der Gesellschaft wurde betont, der das Kind als ein passives Wesen unterworfen war. Demgegenüber wird neuerdings auch der Begriff der Sozialisation als ein Prozeß, an dem das Kind als ein aktives Wesen teilnimmt, in den Vordergrund gestellt. Es übernimmt nicht nur die überlieferten Verhaltensweisen, sondern es verändert sie seinerseits. Durch den Erwerb neuer Verhaltensweisen wird das Verhaltensrepertoire nicht nur eingeengt, sondern es ergeben sich auch neue Verhaltensmöglichkeiten, und das Individuum gewinnt Freiheiten, die es vorher nicht besaß. Außerdem beeinflußt das Kind durch sein Verhalten wiederum das seiner Erzieher – es findet also keine einseitige Einflußnahme statt, sondern eine Wechselwirkung, wobei das Ausmaß der Beeinflussung nach Bereichen und Sozialisationsagenten verschieden sein dürfte. Zur Erklärung des Sozialisationsprozesses muß also sowohl die Anpassung des Individuums an die Normen (Anforderungen) der Gesellschaft gesehen werden wie auch die Rückwirkung des Individuums auf diese Normen. So können gesellschaftliche Veränderungen und sozialer Wandel psychologisch erklärt werden.

Sozialisation ist nicht nur auf die Kindheit beschränkt, sondern muß als ein lebenslanger Prozeß gesehen werden, in dem sich das Individuum zum aktiven Mitglied seiner Gesellschaft und zur verantwortungsbewußten Persönlichkeit entwickelt. Die Schwäche dieser Konzeption des Sozialisationsbegriffs ist, daß eine Nichtübernahme der gesellschaftlichen Normen als „abweichendes Verhalten" begriffen wird, obwohl möglicherweise die Gesellschaft als Ganzes von ihren erklärten Normen abweicht (s. auch Gesellschaft und Krankheit).

Im folgenden soll nun auf die beiden oben genannten Fragen eingegangen werden: Wie hat man sich die Kommunikation zwischen Kind und Sozialisationsagenten vorzustellen, durch die soziales Lernen erfolgt und wie sehen die verschiedenen Lernumwelten aus?

2.3.1 Modelle des sozialisierenden Lernens

Vier Arten des Lernens müssen unterschieden werden (s. auch Lerntheorien):

a) *Lernen als Konditionierung*

J. B. Watson, einer der radikalsten Milieutheoretiker, zeigte in einem Experiment, wie man sich die Wirkung der klassischen Konditionierung für die Kindererziehung vorzustellen habe. Nachdem einem dreijährigen Jungen mehrere Male eine weiße Ratte zusammen mit einem erschreckenden Geräusch dargeboten wurde, entwickelte das Kind eine Furcht vor der Ratte und dann auch vor allem Pelzartigen.

Die Lernart der Konditionierung trifft wahrscheinlich auf die frühesten Sozialisationsabläufe zu: z. B. lernen Kinder schon vom ersten Tag an einen bestimmten Fütterungsplan und zeigen eine Zunahme der Aktivität, wenn sich der Zeitpunkt der Nahrungsaufnahme nähert.

b) *Lernen am Effekt*

Das Lernmodell Skinners wurde ebenfalls schon frühzeitig auf das soziale Verhalten angewandt. So konnte in Experimenten mit Säuglingen gezeigt werden, daß Lall-Laute verstärkt auftraten, wenn sie von der Versuchsleiterin durch Lächeln und Aufnehmen des Kindes belohnt wurden, und in ihrer Häufigkeit wieder abnahmen, wenn keine Belohnung mehr erfolgte.

Die Schwierigkeit dieser Lerntheorien besteht darin, daß sie das Auftreten neuer Verhaltensweisen nicht erklären können, da ein Verhalten immer erst auftreten muß, bevor es belohnt oder bestraft werden kann. Skinner versuchte eine Erklärung, wodurch Verhaltensweisen auf dem Wege der allmählichen Annäherung (sukzessive Approximation) geformt werden, d.h. jedes Verhalten des Organismus, welches in die Richtung des gewünschten Endverhaltens weist, wird verstärkt, so daß es schließlich zum gewünschten Verhalten kommt.

Die Übertragung dieser Methode auf den Bereich des sozialen Lernens (als ausschließliche Lernmethode) würde für den Erziehungsprozeß und die Übernahme neuer Verhaltensweisen ein beinahe unüberwindliches Problem bedeuten. A. Bandura hat einmal geschildert, wie jemand mit Hilfe dieser Methode Autofahren lernen würde: In einem mühseligen Prozeß müßte zunächst jedes Zeichen der Hinwendung eines Individuums zum Auto durch Kopfnicken oder andere „Belohnungen" verstärkt werden. Bis die Person dazu gebracht werden könnte, sich hinter das Steuerrad zu setzen, wäre sicherlich einige Zeit vergangen, ganz zu schweigen davon, wie man ihr wohl die Betätigung des Anlassens, Kupplungtretens und Gasgebens klarmachen würde! (Vom vielen verstärkenden Nicken wäre dem Lehrer schon der Kopf steif). Dabei wäre es ja ein leichtes, dem Lernenden einfach zu sagen, wie etwas gehandhabt wird (daß der Mensch ein Wesen ist, welches sich auf sprachlicher Ebene verständigen kann und dadurch allen Tieren überlegen ist, wurde manchmal von den Lerntheoretikern vergessen), oder – eine zweite Möglichkeit: Man macht es ihm einfach vor, womit wir bei dem dritten Lernmodell wären:

c) *Imitationslernen*

In vielen Experimenten konnte gezeigt werden, daß Kinder eine Modellperson nachahmen, ohne daß sie selbst dafür belohnt worden wären. Unter einem Modell versteht man hier ein Verhaltensvorbild, sei es eine reale Person, sei es ein Vorbild, das sich jemand aus Büchern, Filmen etc. wählt. Es konnte nachgewiesen werden, daß neue und komplexe Verhaltensweisen durch Beobachtung gelernt werden können, selbst wenn das Modell nicht für sein Verhalten belohnt oder sogar wenn es bestraft wurde. Allerdings wurde dieses Verhalten dann von den Kindern nicht spontan gezeigt, sondern erst, wenn eine Situation geschaffen wurde, in der das Zeigen dieses Verhaltens akzeptabel war.

Zum Beispiel lernen Kinder aggressive Handlungen eines Modells, führen aber ihrerseits solche Handlungen nur dann aus, wenn sie keine Strafe dafür erwarten müssen. Man muß also unterscheiden zwischen dem Erlernen eines Verhaltens und der Ausführung eines Verhaltens.

Als wichtige Faktoren für das Modellernen haben sich die Macht und das Ansehen des Modells erwiesen sowie die Wärme der Beziehung zum Kinde, d.h. Verhaltensweisen von einflußreichen Personen, die auch eine liebesorientierte Beziehung zum Kind haben, werden häufiger übernommen.

Ein typisches Experiment zum Imitationslernen würde folgendermaßen aussehen:

Ein Kind wird mit einem Modell (z.B. einem Erwachsenen) zusammengebracht. In einem Fall kümmert sich dieser Erwachsene sehr intensiv um das Kind, z.B. spielt er mit ihm. In einem anderen Fall kümmert sich der Erwachsene nicht um das Kind; er setzt sich still in eine Ecke und liest.

In einer anschließenden Phase erhält das Kind Gelegenheit, den Erwachsenen beim Lösen einer Aufgabe zu beobachten, wobei der Erwachsene für das Kind neue Verhaltensweisen zeigt. In der nächsten Phase des Experiments wird das Kind beim Lösen der gleichen Aufgabe beobachtet, und es wird dabei festgestellt, in welchem Ausmaß die Verhaltensweisen des Erwachsenen übernommen (imitiert) wurden.

Es hat sich als sinnvoll erwiesen, das Zusammenwirken aller drei Lernmodelle für den Sozialisationsprozeß anzunehmen. Kinder lernen, indem sie das Verhalten anderer beobachten; aber sie lernen auch durch Lohn und Strafe oder indem man ihnen sagt, was richtig und was falsch ist. Allerdings verhalten sich die wenigsten Erzieher konsistent, und es soll zumindest darauf hingewiesen werden, daß sich beim Kind Konflikte ergeben, wenn es für bestimmte Verhaltensweisen bestraft wird, gleichzeitig aber am elterlichen Modell dieselben Verhaltensweisen wahrnimmt. Dies ist häufig der Fall bei aggressivem Verhalten: zwar ohrfeigen die Eltern das Kind (und dienen ihm damit als aggressives Modell), gleichzeitig aber verbieten sie offene Aggression des Kindes – zumindest gegenüber sich selbst – oder bestrafen sie sogar physisch.

Eine weitere Unterteilung der Lernarten ergibt sich durch die Unterscheidung von

d) *rezeptivem und entdeckendem Lernen*
(reception learning und discovery learning):
Beim rezeptiven Lernen werden die Lösungsmöglichkeiten vorgegeben und der Lernende übernimmt sie in dieser Form. Beim entdeckenden Lernen muß der Lernende bestimmte Informationen selbst so umordnen, daß er zu einer Lösungsmöglichkeit kommt, die dann von ihm gelernt wird.

2.3.2. Entwicklung in unterschiedlichem Sozialisationsmilieu

Die zweite Frage, die vorher gestellt wurde, bezog sich auf die Lernumwelten des Kindes, die für die intellektuelle Entwicklung bereits angedeutet wurden.

Häufig dient die Feststellung der sozialen Schicht dazu, die Lernumwelt eines Kindes zu kennzeichnen. Eine Schwierigkeit besteht in der genauen Bestimmung der sozialen Schicht. Soziologische Maße wie der Beruf der Eltern, Einkommen, Ausbildung, Wohngegend müssen durch weitere, damit zusammenhängende, „psychologische" Merkmale ergänzt werden, wie z. B. Erziehungsstil, Sprachverhalten der Eltern oder anderer Erzieher sowie deren Erwartungen gegenüber dem Kind.

Als wichtige Dimension des erzieherischen Verhaltens haben sich ergeben: „*Autonomie*" *und* „*Kontrolle*", d. h. das Ausmaß des Freiheitsspielraumes, das dem Kind bei seinen Entscheidungen und der Erkundung seiner Umwelt gewährt wird. Verhalten läßt sich weiterhin gut durch „*Wärme*" *und* „*Feindseligkeit*" kennzeichnen, durch das Ausmaß der Zuwendung und Liebe, die ein Kind im Elternhaus oder in Institutionen erfährt.

Erziehungsstile werden durch Beobachtungen oder Fragebogen erfaßt. Zwischen diesen beiden Arten der Erhebung und der daraus gewonnen Information besteht häufig nur geringe Übereinstimmung: Eltern verhalten sich häufig anders, als sie bei Befragung angeben; sie zeigen sich in der Befragung eher so, wie es sozial erwünscht ist und den Normen der Gesellschaft oder ihrer Bezugsgruppe entspricht (s. Kap. Sozialpsychologie). Diese Schwierigkeit kann man am ehesten umgehen, indem man die Eltern nach ihrem Verhalten in ganz bestimmten Situationen fragt. Aber auch aus der Verhaltensbeobachtung sind nicht immer verläßliche Rückschlüsse zu ziehen, da sich das Verhalten bei Beobachtung verändern kann oder über die Zeit hinweg nicht immer dem entsprechen muß, wie es im beobachteten Zeitraum erfaßt wurde. Die verläßlichsten – das Verhalten einer Person in den meisten Fällen zutreffend kennzeichnenden – Aussagen erhält man durch Beobachtung in einer natürlichen Umgebung über einen längeren Zeitraum hinweg; hierbei wird auch die tägliche Umwelt besser miteinbezogen. Experimentelle Untersuchungen haben demgegenüber den Vorteil, Bedingungen kontrolliert und damit deutlicher abgehoben untersuchen zu können (s. Kap. Methoden). Man kann also nicht mit einer Methode alle Tatsachen erschließen, sondern benötigt Informationen durch verschiedenste Ansätze.

Für die meisten Untersuchungen hat sich eine globale Trennung in Unterschicht und Mittelschicht als brauchbares Anzeichen für verschiedene Lernumwelten bewährt. Jede dieser beiden Subkulturen hat verschiedene Verhaltensformen, Lebensgewohnheiten und Anschauungen, die sich auf Grund der verschiedenen Situationen, in denen sich die Individuen befinden, ergeben.

Die Umweltfaktoren, die sich in vielen Untersuchungen als wichtig erwiesen haben, sollen kurz angedeutet werden: Als bedeutsam erweist sich die materielle Lage der Familie (mit Auswirkung auf Spielzeug, Wohnfläche, Form des Zusammenlebens u. a.).

Die Sozialbeziehungen sind in den beiden Schichten unterschiedlich: Die Unterschicht ist mehr auf den engen Rahmen der Familie beschränkt; Kontakte bestehen zu den Verwandten oder höchstens den Hausbewohnern; Teilnahme am Vereinsleben findet selten statt. Die Mittelschicht wird häufig durch das Gegenteil beschrieben. Auf diese und auch andere Kennzeichen kann hier nicht näher eingegangen werden.

Erwähnt werden soll die Situation des Vaters (der Mutter) am Arbeitsplatz, denn die Beschäftigung des Vaters und die sich hierbei ergebende Rolle (s. Kap. Sozialpsychologie) beeinflussen auch die Einstellung gegenüber der Erziehung und damit die Entwicklung des betroffenen Kindes. So wurde in einer Arbeit aufgezeigt, daß die Beschäftigungen der Unterschicht eher erfordern, daß man von Autoritäten gesetzten Regeln gehorcht. Die Arbeit ist häufig monoton und wird stark kontrolliert, die Aufstiegsmöglichkeiten (-erwartungen) sind gering. Die Berufe der Mittelschicht haben dagegen meist einen größeren Freiheitsspielraum; sie erfordern häufiger den Umgang mit Menschen als – wie in der Unterschicht – mit Dingen.

In Zusammenhang damit stehen verschiedene Erziehungsarten und -vorstellungen: Eltern der Mittelschicht wünschen, daß ihre Kinder sich innerlich verantwortlich fühlen; sie legen Wert auf Selbständigkeit, Zufriedenheit und Leistungsstreben. Die Bestrafung erfolgt eher durch Liebesentzug; es werden verbale Bestrafungen gegeben, und Verbote werden begründet. Eltern der Unterschicht wünschen eher, daß sich ihre Kinder an von außen gesetzte Standards anpassen; sie fordern Gehorsam und Ordnung; ihre Arten der Disziplinierung sind eher physischer Natur.

Wie jedoch ein neuerer Befund zeigt, liegt der Unterschied zwischen den beiden Schichten nicht so sehr in der Art der Bestrafung als vielmehr in dem „Auslöser" für eine Strafe: Während Unterschicht-Eltern eher die Konsequenzen eines Verhaltens bestrafen (Größe des angerichteten Schadens), achten die Mittelschicht-Eltern auf die Intention, die hinter einem Verhalten steht (wurde der Schaden absichtlich oder versehentlich angerichtet).

Ein anderer Unterschied zwischen den Schichten liegt in der Zeitperspektive, die das Handeln bestimmt und die sich aus bestimmten Belohnungsgewohnheiten der Eltern und daraus entstehenden Erwartungen der Kinder ergibt. Die Zeitperspektive zeigt sich dann darin, ob auf sofortige, kleinere Belohnungen zugunsten später erfolgender, größerer Belohnungen verzichtet werden kann. Letzteres zeigt sich eher bei Mittelschichtkindern, die auch symbolische gegenüber materiellen Belohnungen akzeptieren. In der Schulsituation ergibt sich daraus für Mittelschichtkinder die Möglichkeit, auf ein entfernteres Ziel hinzuarbeiten, ohne daß jeder einzelne Schritt belohnt werden muß.

Die Erziehungstechniken und -einstellungen sind nicht konstant, sondern können sich durch Informationen verändern, die von Psychologen und Erziehern über Publikationsmittel verbreitet werden; auch gesellschaftliche Veränderungen wirken sich auf die Erziehung aus: auf die Vorstellung, wie die Eltern sich gegenüber dem Kind verhalten sollten, welche Art der Bestrafung sie anwenden sollten und anderes. Solche Veränderungen wurden in amerikanischen Untersuchungen festgestellt, die eine Annäherung der Erziehungsweisen von Unterschicht und Mittelschicht fanden.

Dennoch bleiben Diskrepanzen zwischen den Klassen bestehen, solange man in einer Klassengesellschaft lebt. Die unterschiedlichen ökonomischen Situationen und die sich daraus ergebenden – vorher erwähnten Konsequenzen können auch in der BRD nicht außer acht gelassen werden; wenn wir hier auch nicht die scharfen Klassengegensätze haben wie in den USA, wo rassische Minoritäten selbst unter dem offiziellen Existenzminimum in Ghettos leben und am sozialen Aufstieg nicht teilnehmen können. Es muß festgestellt werden, daß gerade die Familie in ihren Sozialisationszielen und -techniken die soziale Ungleichheit tradiert, da die Erfahrungen am Arbeitsplatz, die unterschiedlichen sozialen Kontakte, die verschiedenartigen Wertvorstellungen und Erziehungsarten wiederum zu schichtspezifischen Einstellungen und Verhaltensweisen der Kinder führen.

2.3.3. Sozialisation und Schule am Beispiel des Unterschichtkindes

Ein besonderer Nachteil, den die Kinder der Unterschicht beim Eintritt in die Schule erfahren (die eine Mittelklassennorm vertritt), ist ihre andere Sprache im Vergleich zur Sprache des Lehrers und ihrer Mitschüler aus der Mittelschicht. Neben einem geringeren Wortschatz (zumindest nach Testverfahren, die an der Mittelschicht ausgerichtet sind) und geringeren Abstraktionsleistungen spricht das Unterschichtkind eine von der schulischen Norm abweichende Sprache – von BERNSTEIN als „restringierter Code" bezeichnet. Der schulische Erfolg wird beeinträchtigt, da nicht gelernt wurde, Erfahrungen zu verbalisieren. Bei der Kommunikation wird stärkeres Gewicht auf den nichtsprachlichen Bereich gelegt: die eigenen Absichten werden dem Gegenüber nicht durch Worte genau dargestellt, sondern man begnügt sich durch einige Hinweise, die Art des angenommenen Zusammenhangs zu verdeutlichen.

Für die Verständigung reicht häufig der Rückgriff auf Gestik und Mimik sowie übliche Gesprächsinhalte in häufig vorkommenden Situationen aus. Eine genaue sprachliche Bestimmung der Pläne und Absichten muß nicht erfolgen, da diese weitergehenden Aufschlüsselungen dem Gegenüber bekannt sind – oder als bekannt angenommen werden – und man ihn nur noch darauf hinzuweisen hat, welche Handlungsweisen oder Deutungen augenblicklich benötigt werden.

Die schulischen Schwierigkeiten werden dadurch verstärkt, daß das Unterschichtkind nicht die Leistungsorientiertheit zeigt, die den Mittelschichtkindern bereits in der Familie vermittelt wurde. Eltern der Unterschicht legen geringeren Wert darauf, daß ihr Kind eine weiterführende Schule besucht. Die Aufstiegswünsche und -erwartungen sind geringer, wodurch die institutionelle Barriere der Schule verstärkt wird. Objektiviert läßt sich dieser Zustand dadurch beschreiben, daß nur 6,4% der Schüler und Schülerinnen der Oberprima aus Arbeiterfamilien kamen (der Anteil der Mädchen betrug sogar nur 1,7%), während der Anteil der männlichen Arbeiter an der erwerbstätigen Bevölkerung im Alter von über 40 Jahren im gleichen Jahr (1965) 45,2% ausmachte (zit. nach „Bericht zur Bildungspolitik", Juni 1970).

Durch die neuerdings stark diskutierte „kompensatorische" Erziehung versucht man die Lerndefizite der Unterschichtkinder, die sich sonst mit zunehmendem Alter vergrößern, auszugleichen, um so eine „Chancengleichheit" zu schaffen. Besonders hat man vor, Vorschulversuche zu fördern, da man annimmt, daß Lernerfahrungen zu diesem Zeitpunkt noch leichter nachgeholt werden können. Es hat sich allerdings in vielen Untersuchungen gezeigt, daß die Verbesserungen in den Lernleistungen nicht von Dauer waren und daß auch selten „Freude am Lernen" beim Unterschichtkind hervorgerufen werden konnte.

So verwunderlich ist dieses Ergebnis nicht; denn solange das Kind weiterhin in derselben Umwelt wie bisher bleibt und die Trainingsprogramme nur einen kleinen zeitlichen Abschnitt umfassen, kann man kaum überdauernde Verhaltensänderungen erwarten. Ohne allgemeine Veränderungen des Milieus – der augenblickliche Zustand wurde vorher angedeutet – dürften Umorientierungen der sozialen Bezugssysteme, der Wert- und Zielvorstellungen nur schwer erfolgen. Es kommt auch nicht nur auf die Schaffung von Lernprogrammen an, mit deren Hilfe man die Entwicklung – im intellektuellen wie im sozio-emotionalen Bereich – fördern kann, sondern es muß gleichzeitig eine veränderte Lehrpraxis erzeugt werden, d. h. auch die Lehrerbildung muß als wichtiger Faktor angesehen werden. Die Lehrer als Träger der institutionellen Sozialisation sollten stärker als bisher in die Lage versetzt werden, Lehr- und Lernziele zu reflektieren, und die Möglichkeit erhalten, individuelle Unterschiede der Kinder besser zu berücksichtigen. Solange sich die bestehenden Strukturen für den Lehrer (und auch für die Eltern) nicht ändern, unterliegt er den Sozialisationsgegebenheiten in der bisherigen, zu überwindenden Form; eine Demokratisierung der sozialen Institutionen ist daher notwendig.

Ein weiterer Punkt, der bei den Bemühungen zur kompensatorischen Erziehung erwähnt werden sollte, ist, daß sie nicht einseitig darauf hingerichtet sein dürfen, die Unterschicht an die in unserer Gesellschaft vorherrschenden Mittelschichtnormen anzugleichen. Es muß gleichzeitig überlegt werden, welche Aspekte der Unterschichtsozialisierung auch für die Mittelschicht befreiende Tendenzen aufweisen könnten.

3. Schlußbemerkung

In diesem Artikel wurde versucht, anhand eines relativ begrenzten Gebietes Entwicklungspsychologie anschaulich darzustellen.

Dabei wurden die Veränderungen in der Forschungsausrichtung angedeutet, wie sie sich beispielsweise auch aus der Darstellungsbreite in neueren Handbüchern der Kindespsychologie ableiten lassen.

Unsere kurze Skizze soll jedoch nicht beendet werden, ohne darauf hinzuweisen, daß viele Teilgebiete der Entwicklungspsychologie hier nicht einmal erwähnt werden konnten. Dem interessierten Leser seien daher folgende, ausführliche Darstellungen genannt:

Literatur

Fend, H.: Sozialisierung und Erziehung. Studien zur Erziehungswissenschaft, Bd. 5 Beltz, Weinheim, 1969 (neben allgemeinen theoretischen Grundlagen aus verschiedenen Teilbereichen der Psychologie und Soziologie werden Faktoren aufgezeigt, die während der Erziehung wirksam sind; der Prozeß des Lernens wird in umfassendem gesellschaftlichen Zusammenhang dargestellt)

Mussen, P. H.: The Psychological Development of the Child. Englewood Cliffs, New Jersey,[5] 1965 (gibt eine gute Einführung in das Gebiet der Entwicklungspsychologie des Kindes und Jugendlichen. Die zentralen Probleme werden in knapper Form beschrieben)

Oerter, R.: Moderne Entwicklungspsychologie. Auer, Donauwörth,[2] 1967 (eines der wenigen neueren deutschen Bücher, das eine leicht verständliche, ausführlichere Darstellung der Entwicklungspsychologie gibt. Es bezieht sich überwiegend auf ausländische (angelsächsische) Literatur und bietet auch neuere Forschungsergebnisse)

Roth, H. (Hg.): Begabung und Lernen. Klett, Stuttgart, [2]1969 (dem bereits informierteren Leser wird dieser ausgezeichnete Band empfohlen, der viele Probleme und Fragestellungen verdeutlicht)

Thomae, H. und Lehr, U. (Hg.): Altern. Probleme und Tatsachen. Akademische Verlagsgesellschaft, Frankfurt, 1968 (eine Sammlung von Arbeiten, die sich mit den zunehmend an Bedeutung gewinnenden psychologischen und sozialen Problemen des Alterns beschäftigt. Eine Darstellung dieses Forschungsbereiches fehlt häufig – auch im vorliegenden Kapitel)

X. Differentielle Psychologie

von Lothar Quack

1. Einleitung

Menschliches Verhalten kann unter generellem, differentiellem oder individuellem Aspekt betrachtet werden. Deshalb kann man wie KLUCKHOHN und MURRAY (1953) die Aussage machen, jeder Mensch sei in gewisser Hinsicht so wie alle anderen Menschen, wie einige andere Menschen oder wie kein anderer Mensch. Die Differentielle Psychologie oder die Psychologie der individuellen Differenzen, wie dieser Bereich der Psychologie ebenfalls häufig genannt wird, befaßt sich mit der systematischen Beschreibung und Erklärung von Unterschieden im Verhalten und Erleben von Individuen und von Gruppen von Individuen. Sie unterscheidet zwei Arten individueller Differenzen. Zum einen gibt es aufgrund der Unterschiede zwischen verschiedenen Individuen die interindividuelle Variabilität, zum andern aufgrund der Unterschiedlichkeit bei einem einzelnen Individuum zu verschiedenen Zeitpunkten die intraindividuelle Variabilität. Während diese intraindividuellen Differenzen heute in der Psychologie immer mehr an Bedeutung gewinnen, sind die interindividuellen Differenzen doch noch der Hauptuntersuchungsgegenstand der Differentiellen Psychologie, weshalb sie in diesem Beitrag ausschließlich thematisiert werden.

2. Zur Entstehung und Entwicklung der Differentiellen Psychologie

Die Berücksichtigung individueller Unterschiede im Hinblick auf Struktur und Dynamik der Persönlichkeit, Geschlecht, Alter, soziale Schicht, Rasse und Kultur ist noch nicht lange eine Selbstverständlichkeit. 1879 wurden in der von Wilhelm WUNDT durch die Einrichtung des ersten psychologischen Universitätslaboratoriums begründeten experimentell arbeitenden Psychologie individuelle Differenzen der Versuchspersonen (Vpn) eher als lästiges Übel denn als interessantes Forschungsobjekt angesehen. Individuelle Abweichungen von den ermittelten Gesetzmäßigkeiten wurden auf zufällig zur Wirkung gelangte Störvariablen des experimentellen Ablaufs oder auf mangelndes Geschick des Experimentators zurückgeführt und entsprechend einer durch Fehler zustandegekommenen Variabilität, der Fehlervarianz, zugerechnet. Einer bis zu ARISTOTELES zurückreichenden Tradition folgend dienten durchschnittliche, gesunde und erwachsene männliche

Menschen als Versuchspersonen, durch deren Zuhilfenahme man allgemeine und universell gültige Gesetze aufzuspüren und zu bestätigen trachtete. Die persönliche Eigenart und momentane Befindlichkeit der Vpn wurde ebenso vernachlässigt wie die Untersuchung von z.B. Frauen, Kindern und Kranken. Insofern wurde von der Experimentellen Psychologie durch die Abstraktion konkreter Bedingungen des täglichen Lebens und der ökologischen Abhängigkeit des Menschen in den Laboratorien ein mittlerer Mensch, ein „homo psychologicus“ konstruiert, der bis heute überlebt hat.

Gegen Ende des 19. Jahrhunderts wandten sich mehrere Forscher (z.B. GALTON, KRAEPELIN, STERN u.v.a.) den bis dahin ausgeklammerten und als Experimentierfehler klassifizierten individuellen Unterschieden zu und begründeten so die Differentielle Psychologie. Abgesehen von dem eher von persönlichen Motiven geprägten Forschungsinteresse dieser Wissenschaftler waren es vor allem praktische Fragestellungen und Forschungsaufträge der Gesellschaft z.B. im Bereich der Medizin oder Pädagogik, die damit einen entscheidenden Impetus zur Entwicklung der Differentiellen Psychologie bedeuteten. Die Differentielle Psychologie zeichnet sich daher gegenüber der auf den Traditionen von WUNDT basierenden Allgemeinen Psychologie durch eine intensivere Lebensnähe und Offenheit zu den Fragestellungen des Alltags aus. So wird sie heute von der Mehrzahl der praktisch tätigen Psychologen betrieben, sei es auf dem Arbeitsamt, in der Klinik, vor Gericht, an der Schule oder im Betrieb. Durch diese zumindest teilweise Verbindung von Theorie und Praxis kann sie als Bindeglied zwischen der grundwissenschaftlichen Allgemeinen Psychologie und den Bereichen der Angewandten Psychologie (s. Kap. Psychologische Diagnostik, Klinische Psychologie, Pädagogische Psychologie, Betriebspsychologie, Forensische- und Kriminalpsychologie) angesehen werden.

Nach nunmehr über 70 Jahren Differentieller Psychologie in Wissenschaft und Praxis hat sich auch in der Experimentellen Psychologie die Notwendigkeit der Messung individueller Differenzen durchgesetzt. Alle aus dem Experiment abgeleiteten Gesetze müssen auf die untersuchten Vpn-Gruppen spezifiziert sein. Nach JANKE (1969) zeigt die neuere experimentelle Forschung immer mehr, daß sie ohne genaue Charakterisierung der jeweiligen Vpn-Population nicht auskommen kann, da eine Generalisierung auf andere Populationen nicht eher vorgenommen werden darf, als nicht explizit nachgewiesen ist, daß ein bestimmtes Gesetz auch für sie gilt. Besonders wichtig zur Beschreibung von Vpn sind die Merkmale Alter, Geschlecht, sozialer Status, Freiwilligkeit der Teilnahme am Experiment, Persönlichkeitsstruktur. Würden diese Parameter beim Experimentieren berücksichtigt, würden sich viele Fragestellungen der Differentiellen Psychologie erübrigen. Dies ist jedoch heute noch nicht der Fall, wie folgender Bemerkung JANKES zu entnehmen ist: „Die Praxis des Experimentierens zeigt, daß diese Parameter nur selten beachtet werden. Repräsentative Experimente hinsichtlich dieser Merkmale bilden bis heute noch eine Ausnahme" (S. 104). FLUGEL (1949) hat generalisierend und sarkastisch die Vpn der experimentellen Psychologie beschrieben:

„Nur solche werden bereit sein, Geist und Körper ohne besonderes Unbehagen den Anordnungen des Versuchsleiters zu unterwerfen, die willens sind, Bequemlichkeit und Würde für die Aussicht auf ein intellektuelles Abenteuer zu opfern, solche, die in masochistischer Weise Selbsterniedrigung suchen und in diesen Übungen ein passendes und wohldurchdachtes Mittel zur Befriedigung dieses Wunsches sehen – natürlich mit der Verlockung, diese Demütigung ihrerseits wieder anderen aufzuerlegen".

Man kann deutlich herauslesen, daß mit den letztbeschriebenen Personen Studenten der Psychologie gemeint sind. Abgesehen von der weißen Ratte sind Psychologiestudenten und die anderer Fachrichtungen tatsächlich die am häufigst untersuchten Objekte in der Psychologie. Ob die von FLUGEL gegebene Charakterisierung der Persönlichkeit der Vpn nun zutrifft oder nicht, so ist festzuhalten, daß die meisten Befunde der Psychologie und auch der Differentiellen an Studenten ermittelt wurden und deshalb nicht ohne weiteres auf alle Menschen verallgemeinert werden können. Aus diesem Sachverhalt muß die Einsicht abgeleitet werden, daß man beim Lesen und Interpretieren von Berichten über Experimente oder ganz allgemein über empirische psychologische Untersuchungen immer genau darauf achten sollte, wer die Vpn waren und welche Verallgemeinerung der Ergebnisse unter diesem Aspekt zulässig ist.

3. Aussagen der Differentiellen Psychologie

Wenn wir im Alltag Unterschiede zwischen verschiedenen Menschen beschreiben oder uns erklären wollen, so nehmen wir aufgrund unseres „Gewohnheitsdenkens" und unserer umgangssprachlichen Nachlässigkeit häufig an, daß sich unsere Aussagen auf bestimmte Persönlichkeitsmerkmale oder Eigenschaften von Individuen beziehen, die real existieren. Bezeichnen wir jemanden z. B. als klug, so unterscheiden wir ihn hinsichtlich der Intelligenz von anderen und meinen oft implizit, daß diese Person intelligenter „ist" oder mehr Intelligenz „besitzt" als andere Menschen. Bis vor nicht langer Zeit war die Psychologie eben dieser vorwissenschaftlichen Tendenz verfallen, die HÖRMANN (1964) mit „Hunger nach Realität" umschrieb. Die moderne Psychologie distanziert sich davon. Um in die Fülle der beobachtbaren Unterschiede zwischen Individuen oder Gruppen von Individuen mit wissenschaftlichen Mitteln eine überschaubare Ordnung zu bringen, konstruiert sich die Psychologie ihren Gegenstand selbst, indem sie Begriffe, hypothetische Konstruktionen oder kurz Konstrukte schafft. Intelligenz, Neurotizismus, Extraversion oder Leistungsstreben sind z. B. solche Konstrukte, die sich auf bestimmte Fähigkeiten oder Fähigkeitsbereiche, Eigenschaften, Einstellungen von Individuen beziehen. Die Konzipierung von Konstrukten erfolgt nicht aufgrund subjektiver Evidenz, sondern vollzieht sich langsam durch ständige Beobachtung und Messung von empirischen Sachverhalten. HÖRMANN (1964) gibt ein anschauliches Beispiel für die Entwicklung des häufig verwendeten Konstrukts „Angst“:

> „Von einem bestimmten Test behauptet man, er diagnostiziere Angst. Was hier mit dem Wort Angst gemeint ist, was das Wort Angst in diesem Falle definiert, das erfahre ich, wenn ich höre, daß dieser Test positiv korreliert mit der Geschwindigkeit, mit der ein bedingter Vermeidensreflex gelernt wird; wenn ich höre, daß Neurotiker höhere Werte haben als Nichtneurotiker, daß dieser Test positiv korrreliert mit der Abnahme der intellektuellen Leistungsfähigkeit unter Lärm, daß er negativ korreliert mit psychischer Starrheit usw. Durch den Nachweis dieser Zusammenhänge wird die Bedeutung von dem deutlich, was hier Angst genannt wird“ (S. 383).

Dieses Beispiel verdeutlicht, daß die Konstrukte in einem Beziehungsnetz aus empirischen Fakten (nomologisches Netzwerk) verankert und somit operational definiert sind. Alle Konstrukte, die in der Psychologie verwendet werden, existieren daher nicht unabhängig von der Erfassung ihrer Verhaltenskorrelate. Auf diesen Tatbestand kann nicht eindringlich genug verwiesen werden, da nicht selten auch bei Psychologen der oben erwähnte „Hunger nach Realität“ zu beobachten ist, durch den die bewußtseinsimmanenten, erfundenen – nicht etwa vorgefundenen oder entdeckten – Konstrukte zu bewußtseinstranszendenten, realen Dingen verfälscht werden. HOLZKAMP (1964) vermutet beim Menschen eine generelle Tendenz, bloß Gedachtes zu vergegenständlichen, begriffliche Erfindungen für Realitäten zu halten. Dieser Tendenz muß jeder, der Psychologie betreibt oder sich dafür interessiert, unter Mobilisierung seines kritischen Denkens entgegenwirken. Schließlich gilt besonders für die Psychologie der Satz von HÖRMANN (1964): „Wissenschaft ist nicht Abbild, sondern Ordnung“ (S. 382). Aus eben diesem Grund befaßt sich die Psychologie auch nicht mit dem „Wesen“ von bestimmten Phänomenen und deshalb darf niemand von der Differentiellen Psychologie Aussagen über das „Wesen der Geschlechter“ oder das „Wesen der Persönlichkeit“ erwarten. Als empirische Wissenschaft setzt die moderne Psychologie zwar das Wesen des Menschen oder das der Persönlichkeit voraus, aber sie befaßt sich nicht damit und verzichtet bewußt auf solche Wesensaussagen (s. hierzu HERRMANN 1969).

4. Methoden der Differentiellen Psychologie

Entsprechend ihrer unterschiedlichen historischen Ausgangsposition und Entwicklung gibt es in der Allgemeinen und in der Differentiellen Psychologie unterschiedliche Methoden. Nach SELG und BAUER (1971) kann man von experimentellen und differentiellen Methoden sprechen. Die experimentellen der Allgemeinen Psychologie zielen ab auf Abhängigkeits- oder Dependenzanalysen, wobei planmäßig Bedingungen hergestellt und variiert und ihre Auswirkungen auf bestimmte Verhaltens- und Erlebensweisen registriert werden. Bei solchen Experimenten handelt es sich immer um Wenn-dann-Beziehungen zwischen den vom Organismus unabhängigen Reizen und seinem Verhalten. Schematisch läßt sich das experimentelle Vorgehen durch sie Sequenz S – O– R veranschaulichen, d.h. Reize (Stimuli) als Ursache für das reaktive Verhalten (Response) eines Organismus.

Unabhängig von der experimentellen Methodik (s. Kap. Spezielle Methoden) haben sich die differentiellen Methoden entwickelt. Da bei ihnen das Messen durch Tests und andere Verfahren im Mittelpunkt steht, nennt man sie auch psychometrische Methoden. Sie bilden eine wichtige Grundlage für die psychologische Diagnostik, vor allem für die Testtheorie und die Entwicklung von Tests. Mit diesen Methoden werden Beziehungs- oder Interdependenzanalysen zwischen verschiedenen Verhaltensweisen von Individuen durchgeführt. Hierbei wird also nicht das Verhalten in seiner Abhängigkeit von systematisch variierten Reizbedingungen sondern seine natürliche vorgefundene Variiertheit oder Variabilität im Zusammenhang mit anderen Verhaltensweisen oder anderen organismischen Charakteristika von Individuen (z.B. Alter, Geschlecht) untersucht. Schematisch betrachtet handelt es sich um die Untersuchung von R-R-Beziehungen. Als Maß für die Richtung und Stärke des Zusammenhangs zwischen Merkmalen werden Korrelationskoeffizienten berechnet. Die weitere mathematisch-statistische Verarbeitung solcher Korrelationen von Merkmalen geschieht häufig mit dem komplizierten Rechenverfahren der Faktorenanalyse. Ziel der Faktorenanalyse ist die Zurückführung der zwischen den Merkmalen festgestellten Korrelationen auf zugrundeliegende, unbeobachtete Faktoren oder Dimensionen der Persönlichkeit. Auf diese Weise wird die Strukturierung eines Merkmalfeldes und die Reduktion großer Datenmengen auf umfassendere deskriptive Konstrukte möglich.

Obwohl in der forschenden Psychologie lange Zeit experimentelle und differentielle Methoden relativ unabhängig verwendet wurden, kann man in den letzten Jahren die Anwendung beider Methodengruppen innerhalb der Differentiellen Psychologie – z.B. zur Erfassung der Persönlichkeit – in zunehmendem Maße feststellen.

5. Einige Arbeitsrichtungen und Ergebnisse der Differentiellen Psychologie

Eine wichtige Aufgabe der Differentiellen Psychologie ist die Beschreibung und Erklärung von solchen Persönlichkeitsmerkmalen, bei denen Unterschiede zwischen Individuen in konsistenter Weise auftreten. Dabei werden Individuen Merkmale oder Eigenschaften zugeordnet und/oder ihre Beziehungen zu anderen Individuen festgehalten. Am objektivsten läßt sich das durch Messungen durchführen, wodurch den jeweiligen Individuen bezüglich bestimmter Eigenschaften Zahlenwerte zugeordnet werden. Angesichts der Mannigfaltigkeit der individuellen Differenzen gibt es zahlreiche Ansätze zur Lösung des Problems der Beschreibung, die sich von recht groben Klassifikationen bis hin zu komplexen Systemen erstrecken.

Einteilungen von Menschen in verschiedene Typen stellen die ältesten Versuche dar, die große Vielfalt individueller Unterschiede auf ein einfaches Kategoriensystem zu reduzieren.

Die einfachste Bildung einer Typologie orientiert sich an beobachtbaren biologisch-strukturellen Merkmalen wie z. B. Geschlecht, Körperbauproportion, Hautfarbe oder unterschiedlichen Funktionsweisen des autonomen oder zentralen Nervensystens. Durch das Herausgreifen irgendeines so gearteten Merkmals können alle Menschen in Typen eingeteilt werden. Verschiedenheiten des Verhaltens oder bestimmter Eigenschaften, die sich mit Hilfe psychometrischer Verfahren (Tests, Fragebögen etc.) oder experimenteller Methoden feststellen lassen, werden bei diesen typologischen Ansätzen der Kategorie oder Dimension des Typus zugeordnet.

Die einfachste kategoriale Klassifikation individueller Unterschiede erfolgt nach den Biotypen des Geschlechts. In vorwissenschaftlichen und außerhalb der Psychologie liegenden Erörterungen finden sich zahlreiche Äußerungen über den Unterschied von Mann und Frau. So lautet der Titel eines philosophischen Werkes zu Anfang unseres Jahrhunderts „Vom physiologischen Schwachsinn des Weibes", einige Autoren meinten und meinen, daß die Frau in ihrem Verhalten subjektiver und gefühlsbetonter als der klarer denkende und weniger emotional reagierende Mann sei. Bereits ARISTOTELES vertritt eine Auffassung der Geschlechtsunterschiede, die der heutigen populären Sehweise weitgehend entspricht:

„Das Weib neigt mehr zum Mitleid und zu Tränen als der Mann; es ist neidischer, zänkischer und verleumderischer als dieser, leichter entmutigt und verzweifelt, weniger klug und in größerem Maße der Falschheit und dem Irrtum ausgeliefert. Die Frau besitzt ein besseres Erinnerungsvermögen als der Mann, sie ist wachsamer, jedoch weniger aktiv und beweglich, sie braucht auch nur weniger Nahrung ... Der Mann ist eher dazu bereit, in Gefahr zu helfen; er ist mutiger als die Frau" (Zit. nach HOFSTÄTTER 1957, S. 132).

Nur wenige solcher spekulativen, intuitiv gewonnenen Aussagen konnten von der Differentiellen Psychologie bestätigt werden. Objektiv konnten lediglich unterschiedliche Begabungs- und Leistungsschwerpunkte bei gleicher Höhe der Intelligenz, ausgeprägtere soziale Interessen bei der Frau und „sachliche" Interessen beim Mann nachgewiesen werden. Die Fülle des bisher vorliegenden empirischen Materials (s. dazu ANASTASI 1958 und LEHR 1969) läßt erkennen, daß die meisten Annahmen über die Geschlechterunterschiede mehr auf kulturspezifischen, sozialen Vorurteilen, also starren festgelegten Schemata, d. h. Stereotypien als auf sog. „natürlichen" Gegebenheiten beruhen. Heute wird die Auffassung vertreten, daß geschlechtsspezifische Verhaltensweisen und Persönlichkeitsmerkmale nur in einem geringen Ausmaß durch eine angeborene „männliche" oder „weibliche" Natur zu erklären sind. „Männliches" und „weibliches" Verhalten werden vielmehr in hohem Grade als das Ergebnis eines Lernprozesses im Zusammenhang der Interaktion zwischen Individuum und Gesellschaft und deren sozialen Gruppen (z. B. Familie, Schule, Kirche) angesehen.

Eine andere Typisierung der Menschen versuchte bereits in der Antike HIPPOKRATES. Entsprechend den vier Elementen Luft, Erde, Feuer und Wasser postulierte er vier „Körpersäfte" und ordnete ihnen bestimmte Temperamentstypen zu:

Körpersaft	Temperament	
Blut	Sanguiniker	optimistisch
Schwarze Galle	Melancholiker	traurig
Gelbe Galle	Choleriker	jähzornig
Schleim	Phlegmatiker	teilnahmslos

Obwohl die spekulative Basis dieser Typologie von der Physiologie nicht bestätigt werden konnte, hat sich zumindest ihr heuristischer Wert zur Klassifikation von Typen aufgrund neuerer Untersuchungen z. B. von PAWLOW erwiesen.

Im Rahmen seiner Lehre von den bedingten Reflexen (s. Kap. Lernen und Gedächtnis) stellte der Physiologe PAWLOW eine Lehre von Typen des Nervensystems und der Temperamente auf, die in der marxistischen Psychologie eine gewisse Bedeutung erlangt hat. Er bemerkte schon zu Beginn seiner Experimente mit Tieren, daß sich unter gleichen Bedingungen bei verschiedenen Hunden oft sehr unterschiedliche Ergebnisse feststellen ließen. Diese individuellen Differenzen überprüfte er experimentell und führte sie auf unterschiedliche kortikale Prozesse zurück Drei Merkmale der Nervenprozesse, nämlich ihre Stärke, Ausgeglichenheit und Lebhaftigkeit hinsichtlich Erregung und Hemmung, führten PAWLOW zu einer Einteilung in vier Grundtypen des Nervensystems, die seiner Ansicht nach den vier Grundtemperamenten nach HIPPOKRATES entsprachen:

stark, unausgeglichen, hemmungslos – cholerisch
stark, ausgeglichen, lebhaft – sanguinisch
stark, ausgeglichen, ruhig, zögernd – phlegmatisch
schwach – melancholisch.

Zur Übertragbarkeit seiner an Tieren ermittelten Befunde auf den Menschen meint er (1955):

„Unter Anlehnung an die elementaren physiologischen Grundlagen für die Klassifikation der Typen des Nervensystems bei Tieren, muß man dieselben Typen auch beim Menschen annehmen, was auch schon die klassischen griechischen Denker taten" (S. 255).

Am häufigsten anzutreffen ist der schwache, melancholische Typ, der durch eine Schwäche der Erregungs- und Hemmungsprozesse zu charakterisieren sei, sich nie vollständig den jeweiligen Lebensbedingungen anpassen könne und in schwierigen Lebenslagen oft erkranke. Als hervorstechendstes Kennzeichen nennt PAWLOW (1955): „Dieser Typ kann in der Regel nicht in nennenswertem Grade durch Erziehung und Disziplin verbessert werden. Er wird nur unter gewissen besonders günstigen, speziellen Bedingungen, oder, wie wir uns gewöhnlich ausdrücken in Treibhausverhältnissen lebenstauglich" (S. 254).

Dagegen sei der starke, cholerische Typ in seinem Verhalten zügellos und kämpferisch, jedoch eher zu einer Anpassung fähig.

PAWLOW glaubte für diese beiden Typen eine Entsprechung in den schizothymen bzw. zyklothymen Persönlichkeitstypen von KRETSCHMER, einem wichtigen Vertreter einer anderen, historisch gewordenen Arbeitsrichtung der Differentiellen Psychologie, zu finden.

KRETSCHMER stellte im Rahmen der Psychiatrie eine Typenlehre auf, die von dem versuchten Nachweis bedeutsamer Korrelationen der ererbten Konstitution des Körperbaus mit bestimmten Persönlichkeitsmerkmalen ausgeht. In seiner psychiatrischen Praxis machte er die Beobachtung, daß der Körperbau schizophrener und manisch – depressiver Patienten große Unterschiede aufwies, aber innerhalb jeder Gruppe dieser beiden Hauptformen von Geisteskrankheiten (Psychosen) jeweils große Ähnlichkeit feststellbar waren. Die Schizophrenen, bei denen infolge einer Störung der Gefühle und des Denkens der Kontakt mit der Umwelt schwer oder ganz gestört ist, haben nach KRETSCHMER einen langgliedrig-schmalen (leptosomen), die Manisch-Depressiven, die unter sich abwechselnden freudig erregten und niedergeschlagenen Stimmungslagen leiden, einen rundlich-dicken (pyknischen) Körperbau. Untersuchungen an Familienangehörigen der Patienten und das Studium der prämorbiden Persönlichkeit führten

Kretschmer zu seiner an Abnormen gewonnenen Typologie auf alle Menschen.

Voraussetzung dieser Generalisierung ist die später von Eysenck (1970) teilweise bestätigte Annahme, daß sich an einer Psychose erkrankte Menschen nicht qualitativ, sondern nur quantitativ d.h. durch eine unterschiedliche Ausprägung gleicher Persönlichkeitsmerkmale unterscheiden. Psychisch-pathologische Varianten des Verhaltens ordnete Kretschmer daher nicht qualitativ verschiedenen Kategorien, sondern auf dem Ende eines Kontinuums, das von der Psychose über die Neurose (s. Kap. Klinische Psychologie) bis zum Pol der Normalität reicht, zu. Auf diese Weise hoffte er für seine kategorialen Typen des Körperbaus kovariierende dimensionale Persönlichkeitstypen finden zu können. Die meisten experimentellen Nachprüfungen konnten diese Theorie allerdings nicht bestätigen, was übrigens auch für ähnliche typologische Ansätze gilt. Wegen der fehlenden empirischen Evidenz hat sich die heutige Psychologie vom Denken in derartigen Kategorien von Biotypen weitgehend abgewandt. „Typologien sind bequem und verführerisch, aber niemals ist eine erfunden worden, die dem gesamten Individuum gerecht geworden wäre", meint Allport (1970, S. 18) kritisch.

Typen sind nur das Resultat grober Vereinfachungen und Reduktionen der großen Vielfalt individueller Differenzen. Dennoch sind Typologien viel attraktiver, als die Forschungsergebnisse der Psychologie rechtfertigen können. Vielleicht liegt das daran, daß im Alltag Simplifizierungen komplexer Sachverhalte und leicht anzuwendende Rezepte für die Menschenkenntnis und Menschenbehandlung sehr gefragt sind. Der größte Schaden, den eine Typologie anrichten kann, beruht auf der Verbreitung der Annahme, ein Mensch könne gänzlich einem ganz bestimmten Typus zugeordnet werden. Das ist jedoch unmöglich, da es viele Hinsichten zur Einteilung in Typen gibt. Außerdem wird in Typenlehren das Verhalten und Erleben ohne Berücksichtigung der sozialen Umwelt beschrieben. Ferner wird unterstellt, daß sich ein Individuum in einer bestimmten Art und Weise verhält, weil es bestimmte genetisch determinierte Charakteristiken besitzt. Typologien sind deshalb als statisch zu bezeichnen. Sie sind nicht an Verhaltensweisen orientiert, die ein Mensch im Laufe seines Lebens erlernt und die durch die Einwirkung von Umwelteinflüssen veränderbar sind. Typologien sind nach Thomae (1968) nur eine notwendige Station auf dem Wege zum Individuum" (S. 38).

Einen anderen Schritt auf dem Wege zur Beschreibung individueller Unterschiede geht die Persönlichkeitspsychologie. Sie versucht durch eine adäquate Erfassung und begriffliche Darstellung der Vielfalt individueller Differenzen gerecht zu werden, um eine Theorie der Persönlichkeit aufzustellen, die Vorhersagen über das Verhalten von Individuen erlaubt.

Der Begriff der Persönlichkeit umfaßt teilweise das, was in der Umgangssprache mit „Charakter" gemeint wird. Als wissenschaftlicher Terminus ist „Persönlichkeit" ein Konstrukt im oben dargestellten Sinn. Innerhalb der Differentiellen Psychologie nimmt das Konstrukt „Persönlichkeit" eine zentrale Stellung ein. Es dient der theoretischen Interpretation von Einsichten über Art, Ausmaß und Ursachen individueller Differenzen. Alle Erkenntnisse über sie z.B. bezüglich bestimmter Eigenschaften, Fähigkeiten und Leistungen, Einstellungen, Motive etc. erweitern zugleich unser Wissen von der menschlichen Persönlichkeit.

Da der Begriff der Persönlichkeit sehr umfassend ist, besteht heute noch keine Einigkeit über seine Definition. Eine Durchsicht einschlägiger Literatur würde sicherlich zu einer Sammlung von mehr als 100 Definitionen führen, in denen jeweils unterschiedliche Aspekte akzentuiert sind. Herrmann (1969) integriert die unterschiedlichen Definitionsversuche formal, indem er Persönlichkeit umschreibt als „ein bei jedem Menschen einzigartiges, relativ stabiles und den Zeitablauf überdauerndes Verhaltenskorrelat" (S. 29). Angesichts des Dilemmas der unzulänglichen Definitionsversuche nimmt die Differentielle Psychologie nach Herrmann (1969) jedoch keine resignierende Haltung ein: „Persönlichkeit ist ein sehr allgemeines Konstrukt, dessen endgültige begriffliche Bestimmung – wenn überhaupt – am Ende der Persönlichkeitsforschung stehen kann, nicht aber an deren Anfang. Die Persönlichkeitsforschung ist nicht darauf angewiesen, daß das Wort „Persönlichkeit" bereits heute allgemeinverbindlich definiert ist" (S. 38).

Als das vorrangigste, noch lange nicht erreichte Ziel gilt die Schaffung adäquater Begriffe zur Deskription der Persönlichkeit. Wer sich ein Bild von der Schwierigkeit dieser Aufgabe machen will, sollte sich vorstellen, daß es z.B. in der englischen Sprache 17.953 Adjektive zur Charakterisierung eines Menschen gibt, von denen sich nach den Untersuchungen amerikanischer Psychologen 4.505 auf relativ stabile Eigenschaften beziehen. Angesichts dieser Fülle von möglichen Beschreibungen, die allein die „Weisheit der Sprache" anbietet, erscheint eine Reduzierung auf eine praktikable Anzahl von Begriffen dringend erforderlich. Dies leistet die schon erwähnte Methode der Faktorenanalyse.

Mit dieser Methode versuchte z.B. Eysenck (1970) ein Minimum sich einander nicht überlagernder, unkorrelierter Dimensionen der Persönlichkeit zu finden und konzipierte ein hierarchisches Modell der Persönlichkeit, dessen Elemente als Korrelationsmuster konsistenter Verhaltensweisen definiert sind. In seinem Modell unterscheidet er formal vier Niveaus der Verhaltensbeschreibung (s. Abb. 1). Auf der untersten Ebene wird spezifisches Einzelverhalten wie Reaktionen auf psychologische Tests oder Situationen des Alltags beobachtet. Einige dieser Verhaltensdaten können bereits für das Individuum charakteristisch sein. Wenn sie in ähnlichen Situationen, z. B. bei der Wiederholung von Tests wiederkehren, dann spricht man von habituellem Verhalten, das die zweite Ebene des Modells definiert und zugleich die unterste Stufe der Verhaltensorganisation darstellt. Auf der dritten Ebene werden aus den Korrelationen von verschiedenen habituellen Verhaltensweisen Eigenschaften bestimmt, die theoretische Konstrukte sind und daher nicht unmittelbar beobachtet werden können. Aus korrelativen Zusammenhängen zwischen einzelnen Eigenschaften werden dann auf der höchsten Abstraktionsstufe des Modells Typen gebildet. Diese Typen unterscheiden sich erheblich von dem Typenbegriff der bereits behandelten Typologien, da sie in einem auf empirisch-experimentellen Daten basierenden Abstraktionsprozeß konstruiert werden.

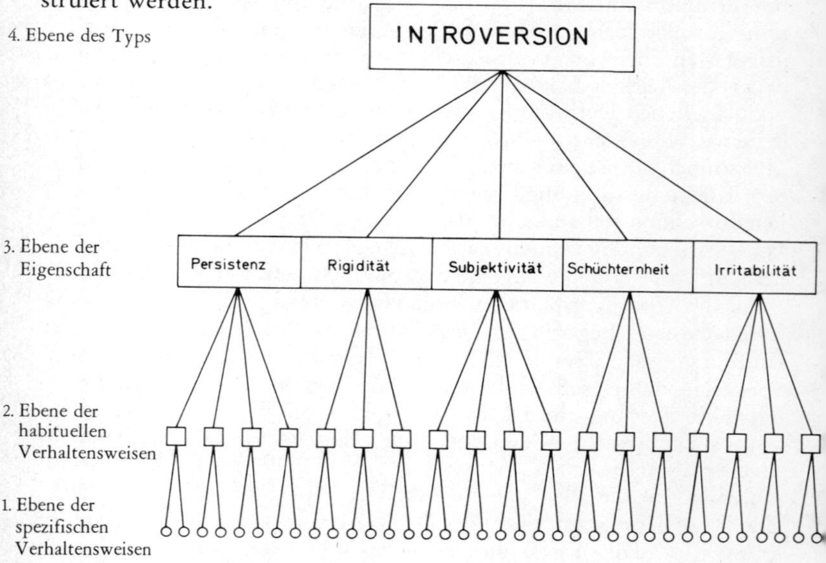

Abbildung 1: Beispiel zu den vier Beschreibungsebenen der Persönlichkeit nach dem hierarchischen Modell von EYSENCK (1953, S. 13).

Aufgrund der Durchsicht der Literatur und nach eigenen Faktorenanalysen von experimentellen Befunden, Testdaten und Symptomlisten betrachtet EYSENCK heute die folgenden vier Persönlichkeitsdimensionen als ausreichend zur Persönlichkeitsbeschreibung:

- Intelligenz
- Emotionale Stabilität vs. Labilität (Neurotizismus)
- Extraversion vs. Introversion
- Psychotizismus.

Bei diesen faktoriellen Dimensionen oder Konstrukten handelt es sich um Typusbegriffe der vierten Beschreibungsebene des in Abb. 1 dargestellten Modells der Persönlichkeit. Alle vier Dimensionen sind statistisch unabhängig, d.h. sie korrelieren nicht miteinander. Die Konstrukte Emotionale Stabilität vs. Labilität und Extraversion vs. Introversion haben sich in zahlreichen Untersuchungen als die wichtigsten Dimensionen erwiesen. EYSENCK betrachtet sie daher als die zwei Hauptdimensionen der Persönlichkeitsbeschreibung. Sie lassen sich infolge ihrer Unabhängigkeit mit einem zweidimensionalen orthogonalen Achsensystem darstellen, wie Abbildung 2 zeigt. Wie die vier Quadranten dieser Abbildung zeigen, glaubt EYSENCK, durch eine Kombination seiner Hauptdimensionen die antike Typologie von HIPPOKRATES bestätigen zu können.

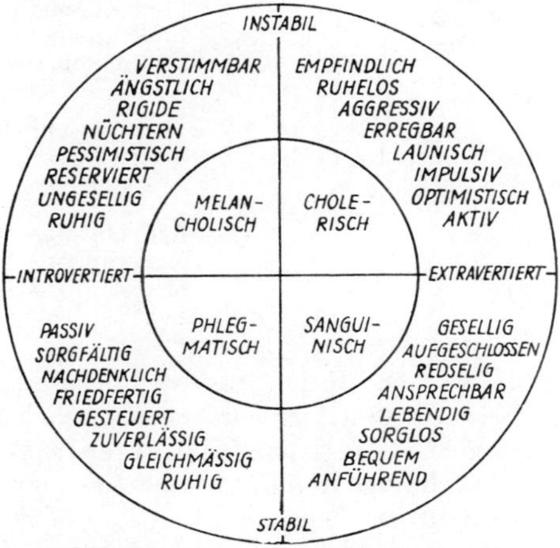

Abbildung 2: Die beiden Hauptdimensionen der Persönlichkeit nach EYSENCK

Als zweites Beispiel für die faktorenanalytisch orientierte Persönlichkeitspsychologie soll der Ansatz von CATTELL dienen, der im Gegensatz zu EYSENCK sein Interesse auf die Gewinnung eines Systems von Eigenschaften, also auf die dritte Stufe des Modells der Abbildung 1 richtet. CATTELL bezieht seine Informationen über individuelle Differenzen aus drei Bereichen:

L-Daten: Lebenslaufdaten, Fremdbeurteilung beobachtbarer Verhaltensweisen

Q-Daten: Selbsteinschätzungen, Daten aus Fragebögen (questionnaire)
T-Daten: Informationen aus objektiven Tests und psychologischen Experimenten.

Nach umfangreichen empirischen Untersuchungen entwickelte CATTELL eines der komplexesten faktoriellen Beschreibungssysteme der Persönlichkeit, das zur Zeit in der Psychologie vorliegt. Es umfaßt 16 Konstrukte auf dem Abstraktionsniveau der Eigenschaften, die als bipolare Dimensionen definiert sind. Individuelle Differenzen verteilen sich daher auf diesen Dimensionen entsprechend dem mathematischen Modell der Normalverteilung (GAUẞsche Glockenkurve) zwischen zwei Extremen. Der bekannteste Test von CATTELL zur Messung der 16 deskriptiven Konstrukte ist ein Fragebogen, der 16 PF-Test (16 Personality Factor Questionnaire).

Drei dieser Faktoren sind z.B.:

Schizothymie (zurückhaltend, isoliert, kühl, distanziert, obstruktiv)	vs.	Zyklothymie (nach außen gewandt, kontaktfähig, mitfühlend, bereit zur Zusammenarbeit)
Schwermut (vorsichtig, sorgenvoll, mürrisch, niedergeschlagen)	vs.	Frohsinn(unbekümmert, sorglos, heiter)
Konservativismus (respektiert überkommene Ideen, traditionsgebunden)	vs.	Radikalismus (experimentierfreudig, kritisch, fortschrittlich)

CATTELL glaubt, daß seine 16 Dimensionen der Persönlichkeit alle interessierenden Bereiche umfassen und eine möglichst vollständige Beschreibung eines Menschen erlauben. THOMAE (1968), der bisher als einziger deutscher Psychologe in jüngster Zeit eine empirisch begründete Persönlichkeitstheorie entworfen hat, bezweifelt diesen Anspruch. Im Persönlichkeitsmodell von CATTELL dominiere der Gesichtspunkt der Anpassung und der sozialen Tüchtigkeit, es sei „nur als Ausdruck eines kulturellen Leitbildes zu verstehen, in dem sich puritanische Tradition, angelsächsischer Konformismus und Realismus überdecken“ (S. 47).

Wenn weiter oben gesagt wurde, daß es bis heute noch keine allgemein verbindliche Definition des Begriffs Persönlichkeit gebe, so trifft diese Aussage in besonderem Maße auch für die Theorien der Persönlichkeit zu. Keine der zahlreichen, gegenwärtig vorliegenden Theorien kann weder vollständig akzeptiert, noch vollständig verworfen werden.

Dies mag zwar für denjenigen, der sich von der Psychologie *eine* Antwort auf bestimmte Probleme und Fragestellungen erwartet, verwirrend oder enttäuschend sein, ist jedoch angesichts der Komplexität des Gegenstandes unvermeidlich.

Literatur

ANASTASI, A.: Differential Psychology. Macmillan, New York, ³1958 (ein Standardwerk der Differentiellen Psychologie, das einen Überblick über ihre Methoden gibt und über die einzelnen Bereiche informiert, vor allem auch über das im Kapitel nicht erwähnte Anlage-Umwelt-Problem und über soziale und kulturelle Unterschiede. Die anglo-amerikanischen Ergebnisse sind nicht mehr auf dem neusten Stand)

GUILFORD, J. P.: Persönlichkeit. Beltz, Weinheim, ³1965 (die Übersetzung eines mit pädagogischem Geschick verfaßten, leicht lesbaren, amerikanischen Lehrbuchs. Der Autor ist neben CATTELL und EYSENCK der dritte Hauptvertreter eines faktorenanalytischen Persönlichkeitsmodells)

HERRMANN, Th.: Lehrbuch der empirischen Persönlichkeitsforschung. Hogrefe, Göttingen, 1969 (die beste deutschsprachige Einführung in Grundkonzepte, Probleme, Arbeitsweisen und wesentliche Ergebnisse der empirischen Persönlichkeitsforschung unter besonderer Berücksichtigung des faktorenanalytischen Modells)

MERZ, F. und GIESEN, H.: Lehrbuch der Differentiellen Psychologie. Hogrefe, Göttingen, in Vorbereitung (nach über 50 Jahren das erste Lehrbuch in deutscher Sprache. Es behandelt Methoden und Ergebnisse der Forschungen über individuelle Differenzen, wobei ein enger Bezug auf die für die BRD und Europa relevanten Themen genommen wird)

THOMAE, H.: Das Individuum und seine Welt. Hogrefe, Göttingen, 1968 (ausgehend von der Kritik der faktorenanalytisch orientierten Persönlichkeitsforschung, der Beschreibung ihrer Möglichkeiten und Grenzen wird eine eigene Theorie vorgelegt, in deren Mittelpunkt der Durchschnittsmensch steht)

XI. Diagnostische Psychologie

von Gert Sommer

1. Einleitung

Diagnostisch-psychologische Tätigkeit setzt immer dann ein, wenn jemand ein Problem ohne psychologische Hilfe nicht glaubt lösen zu können, d.h. wenn er sich nicht in der Lage sieht, eine Entscheidung allein zu treffen, oder wenn jemand mit psychologischer Hilfe eine Entscheidung glaubt besser treffen zu können: Diagnostische Psychologie versteht sich somit als Entscheidungshilfe.

Mit dieser Aufgabe der Entscheidungshilfe ist der größte Teil der praktisch tätigen Psychologen in irgendeiner Weise beschäftigt (Psychologen im Bereich der Klinischen, Pädagogischen, der Forensischen und der Betriebspsychologie; s. die entsprechenden Kapitel).

Es sollen nun kurz einige häufig auftretende Fragestellungen angedeutet werden, um die Tätigkeit des Diagnostikers kennenzulernen: Eltern haben bei der Erziehung ihres Kindes Schwierigkeiten und fragen, wie sie diese überwinden können; in einer Ehe treten nach einer gewissen Zeit Spannungen auf, die die Partner allein nicht überwinden können. Bei diesen Fragestellungen müssen mit Hilfe diagnostischer Methoden die Daten erhoben werden, die notwendig sind, eine Beratung durchzuführen, bzw. die Daten, die eine Entscheidung ermöglichen, welches therapeutische Vorgehen im gegebenen Fall zu wählen ist.

Andere Fragestellungen sind beispielsweise: Soll ein Kind nach der 4. Volksschulklasse eine weiterführende Schule besuchen? Welcher Bewerber scheint für eine ausgeschriebene Stelle geeignet? Bei diesen Fragen, bei denen es um Auslese geht, sollen mit Hilfe diagnostischer Methoden die Kandidaten ausgewählt werden, bei denen man am ehesten annimmt, daß sie ein Trainingsprogramm erfolgreich durchlaufen bzw. eine berufliche Tätigkeit erfolgreich ausführen können.

Aus den Beispielen dürfte u.a. hervorgehen, daß eine Diagnose nur sinnvoll ist, wenn sie zu einer *Prognose* führt, d.h. wenn das zukünftige Verhalten des Individuums vorhergesagt werden kann. Ziel des diagnostischen Vorgehens ist es, das Verhalten des Individuums in anderen Situationen (als der Testsituation) vorherzusagen oder über individuelle Verhaltenskonstanten etwas auszusagen und damit letztlich Unterschiede zwischen (den verschiedenen) Menschen aufzuzeigen. Eine Prognose ist aber nur möglich, wenn eine gewisse Konstanz der Persönlichkeitsmerkmale gegeben ist. Die Bestandsaufnahme, die jede Diagnose darstellt, kann nun prognostisch stärker die Konstanz einer Persönlichkeit betonen (z. B. Leistungsvorhersage: Wie läßt sich das derzeit Vorhandene optimal einsetzen?) oder ihre Veränderbarkeit (wie läßt sich der derzeitige Zustand verändern, z. B. hin zu einer größeren Leistung oder aber zu einer stärkeren Förderung der Persönlichkeit, die sicherlich nicht mit größerer Leistung identisch zu sein braucht).

Die historische Entwicklung der Diagnostischen Psychologie zeigt, daß Interesse an individuellen Unterschieden besonders in hochentwickelten Industriegesellschaften besteht; diese können sich weniger Ausfälle leisten und versuchen daher, vorhandene Fähigkeiten optimal einzusetzen und Reserven („Arbeitskraftreserven", „Bildungsreserven") zu mobilisieren. Das wird u. a. in der besonders intensiven Forschung zur Messung von Fähigkeiten deutlich. Beginn der modernen Testentwicklung (Ende des 19. Jahrhunderts) und Untersuchung intellektueller Leistungsunterschiede sind identisch. Historisch auffallend ist zudem eine kriegsbedingte Expansion der Diagnostik: Im Ersten Weltkrieg wurden in den USA sowohl der erste Gruppentest (eine große Anzahl von Menschen kann gleichzeitig untersucht werden) zur Intelligenzmessung (mit dem dann über eine Million Rekruten untersucht wurde!) als auch der erste Fragebogen entwickelt (um psychisch schwer gestörte Rekruten auszulesen). Erst später wurden auch Verfahren entwickelt, mit denen man nicht-intellektuelle Aspekte der Persönlichkeit erfassen wollte.

Die psychologisch-diagnostische Tätigkeit hat in den letzten Jahren auch in der BRD erheblich zugenommen. In der Zeitschrift „akut" wurden für das Jahr 1970 folgende Zahlen geschätzt: von Berufsberatern wurden ca. 837000 Probanden (Pbn) getestet; vom TÜV ca. 67000; in der Bundeswehr ca. 250000; allein bei vier deutschen Großunternehmen ca. 15000 Pbn.

Diese große Verbreitung der diagnostischen Tätigkeit darf allerdings nicht ohne weiteres mit Qualität gleichgesetzt werden: Aussagen mit Hilfe psychologisch-diagnostischer Methoden sind immer nur Wahrscheinlichkeitsaussagen; d. h. mit Hilfe psychologisch-diagnostischer Methoden können wir in vielen Fällen die Wahrscheinlichkeit einer richtigen Entscheidung erhöhen; sicher, daß dies die richtige Entscheidung ist, können wir aber nur in seltenen Fällen sein. Das ergibt sich daraus, daß bei allen Methoden Einflüsse auftreten, die nicht spezifisch für das untersuchte Individuum sind (Fehlerquellen). Dabei unterscheiden sich die diagnostischen Verfahren allerdings deutlich darin, wie zuverlässig und gültig die Ergebnisse sind. Da Fehlerquellen immer vorhanden sind, ist es nötig, Aussagen dadurch abzusichern, daß man unterschiedliche Testverfahren anwendet und die Ergebnisse miteinander vergleicht. Ein Test für sich allein angewandt ist völlig unzureichend – oder kurz gesagt: „Ein Test ist kein Test!"

Das folgende Kapitel ist so aufgebaut, daß wir uns zunächst das Handwerkszeug des Diagnostikers anschauen wollen, nämlich seine Methoden; danach soll dargestellt werden, wie die Güte dieser Methoden zu beschreiben ist; schließlich wollen wir uns genauer anschauen, was im Prozeß der diagnostischen Urteilsbildung vor sich geht.

2. Diagnostische Methoden

2.1. Test

Im englisch-amerikanischen Sprachraum gibt es einige tausend psychologische Tests, im deutschen Sprachraum einige hundert. Bei all diesen Verfahren glaubt zumindest der jeweilige Hersteller (und auch eine gewisse Anzahl von Psychologen), daß das Verfahren brauchbar und nützlich ist. Der Nachweis dazu muß aber in umfangreichen Untersuchungen erst erbracht werden (vgl. Gütekriterien); die Überzeugung allein reicht nicht aus. So sind beispielsweise die in den verschiedenen Illustrierten abgedruckten „Tests" wohl als amüsante und bisweilen anregende Unterhaltung, nicht aber als brauchbare psychologische Methoden anzusehen. Dies wird gleich einsichtig, wenn man bedenkt, daß die Entwicklung eines Tests im allgemeinen mehrere Jahre dauert.

Ein psychologischer Test kann definiert werden als objektive und standardisierte Stichprobe aus dem Verhalten und Erleben eines Menschen. Standardisierung bedeutet dabei, daß die Entnahme der Stichprobe (d.h. die Durchführung des Tests) für alle untersuchten Individuen vergleichbar ist; und objektiv, daß Auswertung und Interpretation der Stichprobe unabhängig vom jeweiligen Testleiter sind.

Die Tests lassen sich grob in zwei Gruppen aufteilen: nämlich in Fähigkeitstests und Persönlichkeitstests (diese übliche Aufteilung ist begrifflich insofern problematisch, als selbstverständlich auch die Fähigkeiten zur „Persönlichkeit" gehören, der Begriff der Persönlichkeit also eingeengt verwendet wird).

Mit Hilfe der Fähigkeitstests sollen Aussagen gemacht werden über allgemeine und spezifische Fähigkeiten sowie über Fertigkeiten und Kenntnisse der Pbn. Die Fähigkeitstests versuchen die maximale Leistung eines Individuums zu ermitteln; es gibt richtige Anworten, die Bewertung der Antworten ist daher im allgemeinen genau festgelegt. Fähigkeitstest lassen sich recht gut danach systematisieren, was sie messen wollen.

Um einen groben Überblick über vorhandene Tests zu geben, sollen im folgenden einige Klassen von Fähigkeitstest bezeichnet und das jeweilige Ziel der Tests kurz umrissen werden:

Intelligenztests; Ziel: Aussagen über Intelligenz, d.h. über die Fähigkeit, in sprachlichen, raum-zeitlichen und rechnerischen Beziehungen denken und sich erfolgreich mit der gegebenen Umwelt auseinandersetzen zu können.

Entwicklungstests; Ziel: Aussagen über den Entwicklungsstand eines Individuums, besonders im Kindesalter (z.B. Körperbeherrschung, Umgang mit Gegenständen, Umgang mit anderen Menschen).

Schultests; Ziel: bei Schulreifetests Aussagen über die (geistige, soziale und emotionale) Reife eines Kindes und somit darüber, ob es sinnvoll ist, das Kind schon einzuschulen; bei Übertrittstests: Aussagen darüber, ob es sinnvoll ist, das Kind in eine weiterführende Schule (Mittel- oder Oberschule) umzuschulen.

Konzentrationstests; Ziel: Aussagen über Aufmerksamkeit, Konzentration und Willensspannung.

Kreativitätstests; Ziel: Aussagen über originelles, eigenständiges Denken.

Spezielle Fähigkeitstests; Ziel: Aussagen über sensorische (z.B. Sehschärfe, Farbsehtüchtigkeit, Hörfähigkeit) und motorische Funktionen (z.B. Handgeschick, Reaktionsgeschwindigkeit), über technisches Verständnis, räumliches Vorstellungsvermögen ...

Tests zur Prüfung von Kenntnissen und Fertigkeiten; Ziel: Erfolg nach einer bestimmten Schulung überprüfen.

Berufseignungstests; Ziel: Aussagen über Eignung zu bestimmten Berufen.

Mit Hilfe der Persönlichkeitstests sollen Aussagen gemacht werden u.a. über Gefühle, Einstellungen, Anpassung, Interessen, soziale Beziehungen ... der Pbn. Die Persönlichkeitstests versuchen, das typische Verhalten eines Individuums zu ermitteln; es gibt keine „richtigen" und somit auch keine „falschen" Antworten, da gerade die persönliche Eigenart des Pb interessiert; die Bewertung der Antworten wird dadurch teilweise erheblich erschwert. Persönlichkeitstests wollen in mehr oder minder großem Ausmaß etwas über die „Gesamtpersönlichkeit" eines Pb aussagen, sodaß eine Aufgliederung nach dem, was gemessen werden soll, schwierig erscheint; stattdessen bietet sich an, diese Verfahren danach aufzuteilen, welche Reaktionen auf das Testmaterial vom Pb gefordert werden. Danach lassen sich folgende Klassen von Persönlichkeitstest unterscheiden:

Fragebogen; Methode: Fragen oder Feststellungen sollen durch Ankreuzen eines entsprechenden Feldes bejaht oder verneint werden.

Objektive Persönlichkeitstests; Methode: physiologische, motorische und Wahrnehmungsprüfungen. Im Unterschied zu Fragebogen sind bei diesen Tests die Meßziele nicht erkennbar, sodaß eine gezielte Täuschung durch den Pb nicht möglich ist.

Thematische Verfahren; Methode: Zu vorgegebenen Bildern sollen Geschichten erzählt werden, die den vom Pb gedeuteten Inhalt des Bildes mitverarbeiten.

Formdeuteverfahren; Methode: Zufällige Formen (Kleckse), die grau-schwarz oder farbig sein können, sollen gedeutet werden, d.h. es soll gesagt werden, was diese Formen darstellen können.

Verbale Ergänzungsverfahren; Methode: Wörter, angefangene Sätze oder Geschichten werden vorgegeben, auf die mit einem Wort, mit Vervollständigung des Satzes oder Fortführen der Geschichte geantwortet werden soll.

Zeichnungen; Methode: Entweder nach freier Wahl oder nach vorgegebenem Thema ein Bild malen (z.B. „einen Menschen", „Deine Familie", „einen Baum").

Spiele; Methode: Mit beliebigen (z.B. Bauklötze) oder standardisierten Materialien frei oder durch eine Instruktion gebunden spielen.

Die Persönlichkeitstests (außer Fragebogen und objektive Tests) werden auch als Gestaltungs- oder Entfaltungsverfahren bezeichnet. Diese Begriffe deuten an, daß der Pb bei der Bearbeitung dieser Verfahren größere Freiheit hat, seine Antworten bzw. Tätigkeiten zu gestalten und somit sich zu entfalten. Man spricht meist von „Verfahren" anstelle von „Tests", da sie der Testdefinition („objektive" und „standardisierte" Stichprobe) und engen Testkriterien meist nur unzureichend genügen; zudem sind Auswertung und Interpretation teilweise sehr kompliziert. Das kann u.a. dazu führen, daß beim ungeübten oder unkritischen Auswerter unklar bleibt, ob die diagnostische Aussage mehr über die Persönlichkeit des Pb oder die des Auswerters aussagt oder aber ob sie nur eine dem Auswerter bekannte Persönlichkeitstheorie wiederspiegelt.

Vorsichtige Diagnostiker verwenden diese Verfahren daher eher als Gesprächshilfe, d.h. diese Verfahren werden als Anregung und Ausgangspunkt für weitere diagnostische Gespräche verwendet.

Wann nun werden Fähigkeitstests und wann Persönlichkeitstests angewandt? Fähigkeiten können wir in etwa mit Werkzeugen vergleichen; sie stellen Möglichkeiten dar, ihre Verwirklichung oder Anwendung hängt von vielen Bedingungen ab, z.B. Interessen, Leistungsmotivation oder emotionalen Bedingungen, also von solchen Bedingungen, die man unter dem Begriff „Persönlichkeit" zusammenfaßt.

Intellektuelle Fähigkeiten, wie sie sich in einem Intelligenztest zeigen, können zu raffinierter Ausklügelung eines Banküberfalls oder zur Überwindung gesellschaftlicher Probleme eingesetzt werden; sie können genutzt oder vernachlässigt werden (Interesse und Motivation); sie können bei stark emotionalen oder sozialen Problemen an einer effizienten Verwirklichung behindert werden: Sorgen und Probleme können so stark sein, daß sie alle Gedanken auf sich ziehen; man denkt ständig an seine Probleme, ist „abgelenkt", die Leistung entspricht nicht den Fähigkeiten.

Die Verwirklichung von Fähigkeiten hängt also stark von sog. Persönlichkeitsvariablen ab; andererseits beeinflussen auch wiederum Fähigkeiten und Leistungen die „Persönlichkeit", besonders das Selbstbild. Fähigkeitstests und Persönlichkeitstests ergänzen sich somit, und ihre Anwendung wird nur je nach Fragestellung akzentuiert.

Häufig werden Diagnostische Psychologie und Testanwendung gleichgesetzt. Dies ist aber nicht berechtigt: Einmal werden in der Diagnostischen Psychologie außer Tests noch andere Methoden angewandt, zum anderen ist die Diagnostische Psychologie weitaus mehr als schlichte Testanwendung (das dürfte besonders deutlich werden im Abschnitt „Diagnostischer Prozeß").

Den weiteren diagnostischen Methoden wollen wir uns nun zuwenden.

2.2. Psychodiagnostisches Gespräch

Das psychodiagnostische Gespräch (auch als „Exploration" bezeichnet; im folgenden verkürzt als „Gespräch") ist eine direkte verbale Kommunikation (i. a.) zwischen zwei Menschen, bei dem der Untersuchungsleiter (UL) etwas über Verhaltens- und Erlebnisweisen des Pb erfahren möchte. Das Gespräch ist zweckgerichtet, und zwar strebt der UL die Information an, die er zur Entscheidungshilfe benötigt. Während bei Tests Informationen immer über ein Testmedium erhalten werden und bei der Verhaltensbeobachtung kein direkter Kontakt zum Pb besteht, stellt der UL beim Gespräch eine unmittelbare Beziehung zum Pb her. Daher sind Persönlichkeit und Geschick des UL bei diesem Verfahren besonders bedeutsam.

Das Gespräch wird als diagnostische Methode in sehr vielen Bereichen angewandt, allerdings mit unterschiedlichem Erfolg: Im klinischen Bereich darf das Gespräch wohl als wichtigste Informationsquelle überhaupt angesehen werden, während es bei der Vorhersage von Leistungen bisher kaum seine Brauchbarkeit nachweisen konnte.

Wichtiges Kennzeichen des Gesprächs ist, daß die erhaltenen Informationen im wesentlichen ein subjektives Bild vom Pb geben. Wir erfahren, wie der Pb sich selbst, sein Verhalten, seine Beziehung zur Umwelt sieht bzw. erlebt; objektivierbare Daten (Schulleistung,

Anzahl der Freunde ...) werden zwar auch erhoben, aber letztlich werden auch sie subjektiv verarbeitet mitgeteilt.

Diese Subjektivität ist einmal gewünscht, indem wir direkt etwas über Erleben und Verhalten –wie es vom Individuum selbst gesehen wird– erfahren; sie ist zum anderen aber eine Fehlerquelle, da sie zu Verzerrungen des Mitgeteilten führen kann. Fehlerquellen gibt es –wie wir schon in der Einleitung ausführten– bei allen diagnostischen Methoden; da sie sich beim Gespräch besonders deutlich darstellen lassen, wollen wir bei dieser Methode etwas ausführlicher auf mögliche störende Einflüsse eingehen.

Beim Pb können –außer der Subjektivität– als andere Fehlerquellen z. B. Erinnerungslücken (unser Gedächtnis speichert die Daten durchaus selektiv) oder bewußte „Färbung" des Dargestellten auftreten (um einen angestrebten Eindruck beim Gesprächspartner hervorzurufen).

Informationsverzerrungen können auch durch den UL auftreten: Auf Grund bestimmter Einstellungen und Erwartungen können Äußerungen des Pb ungenau wahrgenommen werden (Informationen werden falsch verstanden, „überhört" oder „hineingehört"). Weiterhin können das Verhalten des UL allgemein oder seine Fragetechnik im besonderen zu Fehlerquellen werden. Ein distanziertes, mürrisches, aber auch ein zu freundliches Auftreten kann den Pb in seiner Äußerungsbereitschaft beeinflussen. Durch die Formulierung der Fragen selbst (z. B. Suggestivfragen, die die Antwort des Pb in eine bestimmte Richtung drängen), aber auch durch intensives oder nachlässiges Fragen bei bestimmten Bereichen sowie durch unterschiedliche Sachkenntnis kann der UL ebenfalls das Ergebnis des Gesprächs verfälschen.

Da das Gespräch eine unmittelbare Begegnung zwischen UL und Pb darstellt, können Sympathie und Antipathie sehr bedeutsam werden. Zudem kann es zu Mißverständnissen führen, wenn UL und Pb zwar gleiche Wörter verwenden, aber ganz Unterschiedliches damit meinen (dies kann vor allem auftreten, wenn UL und Pb unterschiedlichen sozialen Schichten angehören).

Die erwähnten Fehler können auf verschiedene Weise vermindert oder ausgeschaltet werden: zur Objektivierung kann das Gespräch auf Tonband oder Video-Rekorder aufgezeichnet und später vom UL selbst oder von einem kritischen Kollegen kontrolliert werden; weiterhin kann der UL mehrere Gespräche mit einem Pb führen, oder zwei UL unterhalten sich mit einem Pb.

Bei unseren Ausführungen haben wir uns auf den diagnostischen Aspekt des psychologischen Gesprächs bezogen; gerade im klinischen Bereich sind diagnostische und therapeutische Zielsetzung häufig nicht zu trennen, sodaß das Gespräch außer zur Informationssammlung auch zur therapeutischen Einflußnahme des Pb dient.

2.3. Verhaltensbeobachtung

Unter Verhaltensbeobachtung wird die aufmerksame Wahrnehmung (und Registrierung) der Aktivitäten eines oder mehrerer Menschen verstanden. Geschieht diese Beobachtung zufällig, spricht man von Gelegenheitsbeobachtung, wird sie planvoll durchgeführt, von systematischer Beobachtung. Je nach Zeitdauer werden Kurzzeit- und Dauerbeobachtung unterschieden. Bei der „wissentlichen" Beobachtung wurde der Pb vorher darüber informiert, daß er beobachtet wird; die „unwissentliche" Beobachtung wird durchgeführt, um ein möglichst spontanes, vom Beobachter nicht beeinflußtes Verhalten registrieren zu können. Es kann alles, was am Verhalten des Pb auffällt, was bemerkt wird, registriert werden (freie Beobachtung), die Registrierung kann sich aber auch auf ganz bestimmte Verhaltensausschnitte beschränken (z.B. soziales oder Arbeitsverhalten).

Die Verhaltensbeobachtung ist erheblich schwieriger als man sich allgemein vorstellt. Zunächst einmal ist es äußerst schwer, genau zu beobachten, besonders wenn es sich um schnell verlaufende Ereignisse handelt. Wie kam es z.B. zu einem Streit? Wer hat ihn begonnen? Wie kam es zu der Steigerung? Wer wurde zuerst handgreiflich? Selbst wenn sich alle Beteiligten und die „neutralen" Beobachter des Geschehens um wahrheitsgemäße Auskünfte bemühen, ist es oft kaum möglich, das Geschehen zu rekonstruieren. Weiterhin fällt die vorurteilslose Beschreibung des Beobachteten sehr schwer, da wir allzu leicht in eine Bewertung hineinrutschen. Aus dem Geschehen, daß ein Mensch sich schnell an den Kopf greift, wird beim ersten Beobachter: „er wollte sich die Haare glattstreichen", beim zweiten: „er wollte den anderen schlagen", beim dritten: „er hat sich gegen einen Angriff geschützt", und beim vierten vielleicht schon: „er faßte sich an den Kopf, wo er einen Schlag hinbekommen hatte". Vom Gesamteindruck, den der Beobachter vom Geschehen hat, wird somit oft fälschlich auf Einzelaspekte geschlossen.

Diese Probleme der genauen Beobachtung und vorurteilslosen Beschreibung wurden hier zwar überdeutlich dargestellt; sie treffen aber letztlich auf jede Beobachtung zu.

In der Diagnostischen Psychologie wird die Verhaltensbeobachtung vor allem in der diagnostischen Untersuchungssituation durchgeführt. Ähnlich wie eine Befragung zum Test soll sie die Informationen aus den einzelnen Verfahren ergänzen oder korrigieren. Eine geringe Leistung in einem Verfahren, die als „unterdurchschnittliche intellektuelle Leistung" interpretiert werden könnte, wird beispielsweise mit Hilfe der Verhaltensbeobachtung richtiger als „Ermüdung" oder „starke Ablenkbarkeit" interpretiert.

Es kann als sicher gelten, daß manche Entscheidungshilfe eines Psychologen anders aussehen würde, wenn er nicht allein auf das Verhalten in der eng umgrenzten diagnostischen Situation angewiesen wäre, sondern in der Lage wäre, den Pb in natürlichen Situationen (Freizeit, Schule, mit Freunden ...) zu beobachten. Dies ist leider aus ökonomischen und technischen Gründen viel zu selten möglich.

2.4. Soziometrie

Innerhalb eines bestimmten Personenkreises werden persönliche Wahlen durchgeführt; dies kann z. B. so aussehen, daß die Pbn aufgefordert werden, zwei Personen aufzuschreiben, mit denen sie gern zusammen arbeiten oder zusammen spielen wollen (positive Wahlen) und zwei Personen, mit denen sie das nicht wollen (negative Wahlen). Aus der Gesamtanzahl positiver und negativer Wahlen, die auf ein Individuum fällt, läßt sich etwas über dessen Stellung in der Gruppe (z. B. Schulklasse, Arbeitsgruppe) aussagen („Führer", „Mauerblümchen", „Sündenbock" ...).

2.5. Graphologie

Die Graphologie ist der Versuch, durch die Deutung der Handschrift über den Schreiber etwas auszusagen. Sie hat den praktischen Vorteil, daß die entsprechende Verhaltensstichprobe (nämlich die Schrift) sehr leicht zugänglich ist (so ist es bei Bewerbungen heute noch meist gefordert, einen „handgeschriebenen Lebenslauf" miteinzureichen); der Graphologe braucht den Pb nicht gesehen zu haben, und meist wird der Pb nicht einmal gefragt, ob er eine Schriftbeurteilung überhaupt erlaubt.

Ausgangspunkt der Graphologie ist, daß die Handschrift sicherlich etwas Individuelles darstellt: Es gibt wohl keine zwei Handschriften, die gleich sind. Die bisherigen Untersuchungen zur Brauchbarkeit dieses Verfahrens sind aber völlig unbefriedigend. Die Schriftprobe mag zwar bisweilen dazu dienen, dem erfahrenen Graphologen Hypothesen über die Persönlichkeit zu bieten. Diese Hypothesen müssen aber durch andere diagnostische Verfahren abgesichert werden (es sei denn, daß sie so allgemein gehalten sind, daß sie für jedermann mehr oder minder zutreffen). Es ist daher vom jetzigen Standpunkt der Graphologie aus als wissenschaftlich unverantwortlich anzusehen, wenn wichtige Entscheidungen über ein Individuum allein auf Grund dessen Handschrift gefällt werden (wie es heute noch allzu häufig der Fall ist).

3. Gütekriterien diagnostischer Methoden

Auf eine Bewertung der psychodiagnostischen Methoden wurde– bis auf einige Ausnahmen– bisher weitgehend verzichtet, da diese Bewertung recht kompliziert ist und eine ganz allgemeine Bewertung („gut“, „schlecht“) nicht möglich ist. In diesem Kapitel sollen nun einige Punkte besprochen werden, die für die Abschätzung der Güte eines diagnostischen Verfahrens wichtig sind.

3.1. Gültigkeit

Die Gültigkeit (Validität) ist der Grad der Genauigkeit, mit der ein Test das mißt, was zu messen er vorgibt, oder anders ausgedrückt: die Gültigkeit sagt etwas darüber aus, was der Test mißt und wie gut er dies tut.

Dazu muß das Verhalten im Test mit einer bestimmten Verhaltensstichprobe außerhalb der Testsituation (Außenkriterium) verglichen werden; solch ein passendes Außenkriterium zu finden ist aber häufig sehr schwierig; wenn z.B. der Berufserfolg vorhergesagt werden soll, ist dann als Außenkriterium zu wählen: die Produktivität des Pb, seine Zufriedenheit mit dem Beruf oder die Zufriedenheit des Vorgesetzten mit dem Pb (um nur einige Möglichkeiten zu nennen). Wenn in einer Untersuchung ein Test nur geringe Gültigkeit zeigt, ist daher oft nur schwer abzuschätzen, ob dies am gewählten Außenkriterium oder am Test selbst liegt.

Bisher wurde etwas nachlässig von „der“ Gültigkeit eines Verfahrens gesprochen. Streng genommen gibt es diese allgemeine Gültigkeit jedoch gar nicht; vielmehr kann eine diagnostische Methode bei unterschiedlichen Fragestellungen (und damit Außenkriterien) und bei unterschiedlichen Probandenstichproben ganz unterschiedliche Gültigkeit zeigen.

3.2. Nützlichkeit

Die Nützlichkeit (Utilität) ist ein neuer Ansatz zur Bewertung von diagnostischen Methoden. Dabei wird weniger die Genauigkeit der Beschreibung als vielmehr die Richtigkeit der (aufgrund der Testdaten vollzogenen) Entscheidung als wesentlich angesehen. Der Nutzen, der durch Zuhilfenahme von Tests bei Entscheidungen entsteht, läßt sich für die verschiedenen Entscheidungssituationen errechnen, wobei u.a. die finanziellen Folgen der richtigen und falschen Entscheidungen bedeutsam sind.

Nützlichkeit und Gültigkeit sind die für den praktischen Gebrauch weitaus wichtigsten Gütekriterien einer jeden psychodiagnostischen Methode; bei dem Konzept der Nützlichkeit besteht allerdings die Gefahr, daß es allzu sehr volkswirtschaftlich und nicht psychologisch verstanden wird.

3.3. Zuverlässigkeit, Objektivität, Normen

Die hier zu erwähnenden Merkmale sind nur dadurch bedeutsam, daß sie Voraussetzungen für Gültigkeit bzw. Nützlichkeit sind.

Die *Zuverlässigkeit* (Reliabilität) gibt an, wie sehr man sich auf einen ermittelten Testwert verlassen kann; sie sagt also etwas über die Meßgenauigkeit des Instruments aus.

Die *Objektivität* gibt an, in welchem Ausmaß Auswertung und Interpretation der Testergebnisse vom jeweiligen Auswerter unabhängig, d.h. objektiv sind.

Die *Normen* sind als Maßstäbe anzusehen; sie erlauben es, das vorliegende Testergebnis eines Pb dadurch in seiner Bedeutung einzuschätzen, daß man es mit den Ergebnissen einer großen Anzahl anderer Pbn (den Normwerten) vergleicht.

Bei der Entscheidung, einen Test zu verwenden, wird man sich also dessen Gütekriterien genau anschauen wie sie in der Handanweisung des Herausgebers und in späteren Arbeiten zum Test veröffentlicht sind; all diese Hinweise reichen aber nicht aus, da jeder Testbenutzer die Brauchbarkeit eines Verfahrens für seine spezifischen Probleme, seine spezifischen Bedingungen und seine spezifische Pbn-Stichprobe neu überprüfen sollte.

4. Diagnostischer Prozeß

In diesem Kapitel sollen einige Aspekte besprochen werden, die sich aus der Betrachtung des diagnostischen Prozesses ergeben, also von dem Zeitpunkt an, zu dem sich jemand entscheidet, psychologische Hilfe in Anspruch zu nehmen bis zu dem Zeitpunkt, zu dem der Diagnostiker ihm das Ergebnis der diagnostischen Bemühungen mitteilt. Die folgenden Bemerkungen betreffen stärker Probleme, die sich bei individuellen Fragestellungen ergeben.

4.1. Auftraggeber und Proband

Als *Auftraggeber* ist das Individuum definiert, das sich mit einer Fragestellung an den Psychologen wendet, während wir den Pb als das Individuum kennengelernt haben, das psychologisch untersucht wird.

Auftraggeber und Pb sind identisch, wenn sich jemand mit Problemen, die primär die eigene Person betreffen, an einen Psychologen wendet. Häufig sind aber Auftraggeber und Pb verschiedene Menschen. Wenn Auftraggeber und Pb nicht identisch sind, ergibt sich das Problem, inwieweit der Pb zu einem Besuch beim Psychologen gezwungen wurde, und das wieder bedeutet, inwiefern er zu einer Zusammenarbeit bereit ist. Wir können uns vorstellen, daß diese Bereitschaft ganz unterschiedlich ist, je nach dem, ob jemand von sich aus zum Psychologen kommt, ob er indirekt genötigt wird, weil er sich z.B. um eine Stellung beworben hat (Auftraggeber ist dann der Betrieb), oder ob er direkt genötigt wurde, weil z.B. das Gericht (Auftraggeber) eine Glaubwürdigkeitsuntersuchung angeordnet hat. Mit unterschiedlicher Bereitschaft zur Mitarbeit verändern sich auch die Informationen, die der Pb dem UL anzuvertrauen bereit ist.

Auftraggeber und Pb sind in weitaus den meisten diagnostischen Untersuchungen nicht identisch (bei allen Auslesen; aber auch wenn z.B. eine Mutter ihr Kind bringt, das Schwierigkeiten hat oder macht). Dabei ergibt sich leicht für den Psychologen ein Konflikt: Sieht er sich mehr als Ausführender eines Auftrags oder aber mehr als Anwalt eines Individuums, das ihm anvertraut ist? Ist es z.B. für ihn nur wichtig, wieviel mehr Geeignete und weniger Ungeeignete bei einer Auslese aufgenommen werden, oder kann er auch die persönliche Bedeutung, die das Erhalten oder der Verlust eines Arbeitsplatzes für einen Menschen hat, berücksichtigen? Psychologen, die sich in besonderem Ausmaß als Anwalt eines Individuums verstehen, können dabei leicht eigene Schwierigkeiten bekommen, indem sie selbst ihren Arbeitsplatz oder ihre Aufträge verlieren.

4.2. Fragestellung und Untersuchungsplan

Entscheidungshilfe können wir nur bieten, wenn wir uns über die Fragestellung, mit der jemand kommt, im klaren sind; das ist oft bei individueller Beratung nicht einfach. So ist es z.B. möglich, daß jemand sein eigenes Problem gar nicht recht sieht, weil er einen komplizierten Sachverhalt zu wenig durchschaut; es kann auch sein, daß die eigentliche Frage zu problematisch, zu belastend ist, als daß man sie gleich präsentieren möchte; so kann hinter der Frage nach einer Berufsberatung eine allgemeine Unsicherheit stehen, oder ein Pb kommt mit einer Leistungsstörung, doch bald schiebt sich das ihn viel stärker bedrängende Problem einer sexuellen Störung in den Vordergrund; oder eine Mutter bringt ihr Kind, das Erziehungsschwierigkeiten macht, in eine Beratung, obwohl sie selbst viel eher Hilfe benötigt.

Was bedeutet es, wenn wir die angemessenste Fragestellung zu erarbeiten versuchen? Wenn wir nicht wissen, wie eine Frage lautet, können wir sie auch nicht beantworten. Mit der Fragestellung wird also das Problem spezifiziert; das schließt ein, daß wir uns die möglichen Alternativen des Entscheidungsprozesses überlegen, daß wir uns also grob vor Augen halten, welche Beantwortungsmöglichkeiten es gibt; dadurch wiederum werden grob die anzuwendenden Untersuchungsmethoden und deren Auswertung bestimmt.

Da wir zu Beginn der Untersuchung vom Pb wenig wissen, ist es nicht angebracht, von vornherein einen starren Untersuchungsplan (das ist die Abfolge der Methoden) aufzustellen. Vielmehr ist es sinnvoll, schrittweise vorzugehen (sequentielle Strategie), d.h. im Verlauf der Untersuchung ständig den jeweiligen Hypothesenstand zu überprüfen, dabei die wahrscheinlichen Hypothesen immer mehr abzusichern und die unwahrscheinlichen sukzessive auszuschalten. Sequentielle Strategie bedeutet in diesem Zusammenhang also, das weitere Vorgehen im individuellen diagnostischen Prozeß vom jeweiligen Hypothesenstand abhängig zu machen und nicht –wie es früher häufig geschehen ist– erst einmal einen Pb durchzutesten und anschließend zu schauen, was dabei herausgekommen ist.

4.3. Untersuchung

In der diagnostischen Untersuchung ist der Psychologe bemüht, die Informationen vom Pb zu gewinnen, die er benötigt, um eine Entscheidungshilfe anbieten zu können. Dieses Arbeitsziel kann auf verschiedene Weise gefährdet werden. Auf einige Gefahren sind wir schon beim psychodiagnostischen Gespräch eingegangen (vgl. die dort erwähnten Fehlerquellen von Pb und UL). Wir können annehmen, daß sich jede Eigenart des UL – wenn sie nur stark genug ausgeprägt ist – auf die Untersuchungsergebnisse auswirken kann (besonders bei Verfahren, die eine enge Zusammenarbeit zwischen Pb und UL verlangen). Beim Pb kann u.a. Aufregung die Leistungen in der Testsituation ungünstig beeinflussen (die psychodiagnostische Situation wird oft als Prüfungssituation erlebt). Es muß immer Ziel des UL sein, Störvariablen möglichst klein zu halten, damit er möglichst viele unverfälschte Informationen vom Pb erhält.

4.4. Auswertung und Integration

Da bei diesem Punkt eher technische Probleme abzuhandeln wären, soll nur kurz darauf eingegangen werden.

Bei der *Auswertung* der einzelnen Verfahren sollte der UL nur die Information verwenden, die für die Entscheidungshilfe wichtig erscheinen (er sollte nämlich konkrete Entscheidungshilfe anbieten und nicht ein literarisches Charakterbild entwerfen). Die Auswertung besteht darin, die Elemente der Verhaltensstichproben zu verarbeiten (Verrechnung) und sie dann zu interpretieren und somit zu psychologisch brauchbaren Hypothesen zu gelangen. Sowohl Verrechnung als auch Interpretation bei den verschiedenen Methoden können in sehr unterschiedlichem Ausmaß objektiv sein.

Die Hypothesen der einzelnen psychodiagnostischen Methoden (Auswertung) müssen anschließend miteinander verglichen (d.h. auf Übereinstimmung und Unterschiede überprüft) und verknüpft werden. Das Ergebnis dieses Prozesses bezeichnet man als *Integration* oder auch als Befund. Bei diesem Vorgehen sind zwei Schritte zu unterscheiden: einmal werden die Hypothesen zu einzelnen Bereichen integriert (z.B. zur Intelligenz, zum sozialen Verhalten); zum anderen werden die Hypothesen zu den verschiedenen Bereichen miteinander verknüpft. Bezogen z.B. auf die Intelligenz würde das bedeuten, daß wir feststellen, welchen Stellenwert sie in der Gesamtpersönlichkeit hat und welchen Einfluß andere Persönlichkeitsvariablen auf die intellektuelle Leistungsfähigkeit haben: Gleiche intellektuelle Fähigkeiten können bei unterschiedlichen Motiven und Interessen ganz unterschiedlich eingesetzt werden; die intellektuellen Möglichkeiten können als Ausgleich zu anderen Problemen besonders gepflegt oder aber unter der Last anderer Probleme an der Entfaltung gehindert werden.

Die Integration faßt also die psychologischen Informationen über den Pb zusammen, sofern sie für die Beantwortung der Fragestellung wichtig erscheinen.

4.5. Diagnose

In der Medizin versteht man unter *Diagnose* das Erkennen und Benennen von Krankheiten; in der Klinischen Psychologie ist dieser medizinische Einfluß deutlich erkennbar; für die Diagnostische Psychologie insgesamt (allgemein) aber wäre folgende Definition angebrachter: Erkennen und Benennen (besser: Beschreiben der relativen Ausprägung) individueller Verhaltens- und Erlebensmerkmale (die durchaus nicht von der Norm im Sinne einer „Krankheit“ abweichen müssen).

Eine Diagnose ist nur dann brauchbar, wenn sie das Individuum klassifiziert, d.h. einer von mehreren möglichen Klassen oder Kategorien zuordnet (z.B. schulreif – nicht schulreif; glaubwürdig – nicht glaubwürdig; geeignet – nicht geeignet; „normal“ – „neurotisch“ – „psychotisch“) und wenn sich aus dieser Klassifizierung folgerichtig oder notwendig die Beantwortung der Fragestellung und damit die Behandlung ergibt.

Wie wir aus den Beispielen in der Klammer entnehmen können, ist dies in ganz unterschiedlichem Ausmaß der Fall. Während sich nämlich mit der Klassifizierung „schulreif" oder „nicht geeignet" die Behandlung folgerichtig ergibt (nämlich Einschulung oder Ablehnung des Bewerbers), ist mit der Etikettierung „neurotisch" oder „psychotisch" (oder Unterkategorien wie zwangsneurotisch, hysterisch ...) wenig gewonnen. Im klinischen Bereich ist der Wert der Diagnose daher sehr umstritten (s. Kap. Klinische Psychologie).

4.6. Beantwortung der Fragestellung und Prognose

Mit den im Befund zusammengetragenen Daten bzw. mithilfe der Diagnose muß der Psychologe versuchen, die Frage zu beantworten bzw. bei ihrer Beantwortung eine Entscheidungshilfe zu geben, deretwegen die gesamte psychodiagnostische Untersuchung durchgeführt wurde.

Die Frage beantworten heißt, dem Auftraggeber mitteilen, welche psychologisch sinnvoll erscheinende Konsequenz zu ziehen man vorschlägt; dabei ergibt sich das Problem, den Auftraggeber von dem Ergebnis der Untersuchung zu überzeugen; dies ist besonders dann schwierig, wenn sich unangenehme Konsequenzen daraus ergeben (z.B. Kind in eine niedrigere Schulform zurückversetzen; liebgewonnene Verhaltensweisen und Einstellungen bei der Erziehung aufgeben ...). Der Auftraggeber wird oft die Aussagen des Psychologen zunächst so wahrnehmen und verarbeiten (indem er bestimmte „überhört" oder „vergißt", andere über- oder unterbewertet), daß sie mit seinen Ansichten übereinstimmen. Es ist sehr schwierig, eine feste Meinung abzubauen und eine andere Überzeugung an ihre Stelle zu setzen. Die gesamte psychologische Arbeit kann umsonst gewesen sein, wenn sie dem Auftraggeber nicht richtig vermittelt werden kann.

Mit der Beantwortung der Fragestellung ist nahezu immer eine Prognose verbunden, d.h. es muß dargestellt werden, wie die zu treffende Entscheidung sich im Laufe der Zeit auswirkt. Wenn z.B. die Frage: „Ist mein Sohn in der Lage, die Oberschule zu besuchen?" bejaht wird, ist die darin implizierte Prognose: er wird das Schulziel erreichen.

Bei der Prognose ergibt sich nun ein bisweilen kaum lösbares Problem: selbst wenn wir über den Pb alle für die Beantwortung der Frage bedeutsamen Informationen hätten, wäre es allein auf Grund dieser Informationen nicht möglich, das Verhalten vorherzusagen; wir benötigten nämlich außerdem noch Informationen über die Situation, in der sich der Pb bewähren soll; zudem müßten wir noch die Einflüsse kennen, die auf den Pb von der Zeit der Untersuchung bis zum Zeitpunkt der Bewährung erleichternd oder belastend einwirken. Wir wollen das an einem Schulbeispiel verdeutlichen: Auf Grund der Fähigkeiten und der Persönlichkeit des Pb nehmen wir an, daß er unter „normalen" (!) Bedingungen dazu in der Lage sein müßte, die Oberschule erfolgreich zu durchlaufen; ob das wirklich geschieht, hängt von vielen Faktoren ab, von denen wir einige zur Zeit der Untersuchung nicht kennen; solche Faktoren sind z. B. das Verhalten der Lehrer, Mitschüler und Eltern zum Pb (verhalten sich die Lehrer eher demokratisch oder eher autoritär? Vermitteln sie nur Stoff, oder kümmern sie sich auch um die Sorgen ihrer Schüler? Welche Auswirkung hat das auf den Pb?).

Solche *Situationsanalysen*, die die Prognosen sicherlich erheblich verbessern würden, sind heute noch sehr selten. So ist der Psychologe gerade bei diesen Informationen häufig auf Vermutungen und seinen „gesunden Menschenverstand" angewiesen.

Aus den wiederholt aufgezeigten Problemen beim Diagnostizieren selbst und aus den bislang unzureichenden Situationsanalysen dürfte deutlich geworden sein, daß es bei diagnostischen Bemühungen nur darum gehen kann, die Wahrscheinlichkeit einer richtigen Entscheidung zu erhöhen. Als Konsequenz daraus sollten diagnostisch begründete Entscheidungen nicht endgültig, sondern immer vorläufig sein, d. h. der Psychologe muß die Richtigkeit seiner Entscheidung immer neu überprüfen, damit er möglicherweise korrigierend eingreifen kann.

4.7. Bewährung

Die Beantwortung der Fragestellung und das Anbieten einer Entscheidungshilfe bedeuten nur ein vorläufiges Ende der diagnostischen Tätigkeit. Es sollte selbstverständlich sein (ist es aber leider nicht!), die Wirksamkeit der psychologischen Entscheidungshilfe zu kontrollieren. Dies geschieht durch sog. Bewährungskontrollen, die im klinischen Bereich auch als Katamnesen bezeichnet werden. Überprüfen wir nicht, in welchem Maße unsere Hilfen akzeptiert wurden und erfolgreich waren, können wir gar nichts über den Erfolg unserer Arbeit aussagen und mögliche Fehler nicht kontrollieren und korrigieren.

Zur Überprüfung der Bewährung wird ein Bewährungskriterium benötigt, das im allgemeinen vom *Auftraggeber* festgelegt wird. Es ist leicht einzusehen, daß bei verschiedenen Bewährungskriterien der Erfolg psychodiagnostischer Tätigkeit ganz unterschiedlich zu beurteilen wäre (solche unterschiedlichen Bewährungskriterien wären z. B. Zufriedenheit des Arbeitgebers, d. h. maximale Arbeitsleistung oder Zufriedenheit des Arbeitnehmers; das Individuum an bestimmte Gesellschaftsstrukturen anpassen oder es in die Lage versetzen, über sich selbst bestimmen zu können). Aus diesem Beispiel und früheren dürfte deutlich hervorgehen, daß psychologische Tätigkeit nicht „wertfrei" ist, sondern gesellschaftspolitische Bedeutung hat.

5. Ausblick

Der Stand der Diagnostischen Psychologie ist zur Zeit wenig zufriedenstellend. Dies liegt vor allem daran, daß die Güte der gebräuchlichen Verfahren und die Entwicklung der Situationsanalyse unbefriedigend sind. Es bleibt abzuwarten, wie die Entwicklung verlaufen wird: denkbar ist, daß die derzeitigen Methoden weiter verfeinert werden; eine andere Möglichkeit besteht darin, von den allgemeinen Testverfahren wegzukommen und spezifische Tests für die gezielte Beantwortung bestimmter Fragestellungen zu entwickeln.

Literatur

ANASTASI, A.: Psychological Testing. Macmillan, New York, [3]1968 (ein Standard-Lehrbuch, das einen umfassenden Einblick in das Gebiet der Diagnostischen Psychologie bietet)

CRONBACH, L. J.: Essentials of Psychological Testing. Harper and Brothers, New York, [3]1970 (ebenfalls ein Standard-Lehrbuch, das einen umfassenden Einblick in das Gebiet der Diagnostischen Psychologie bietet)

HARTMANN, H.: Psychologische Diagnostik. Kohlhammer, Stuttgart, 1970 (Thema ist der diagnostische Prozeß, besonders die Aspekte: Auftrag, Untersuchung und Gutachten)

XII. Pädagogische Psychologie

von Karin Bredenkamp

In den letzten Jahren scheint sich in der BRD ein „Bildungsboom" abzuzeichnen. Politiker aller Schattierungen haben für ihre Wahlpropaganda offenbar ein neues Lieblingsthema entdeckt: die Bildungspolitik. Die Themen „Vorschulerziehung", „Gesamtschule", „Arbeiterbildung" etc. findet man mit schöner Regelmäßigkeit auf politischen Versammlungen und in Parteiprogrammen behandelt, wenngleich jeweils unterschiedliche Dinge gefordert werden. So plädiert ein Politiker für Vor- und Gesamtschulen, um Bildungsreserven aus unterprivilegierten Schichten (Arbeiter und Landbevölkerung) zu mobilisieren. Ein anderer Politiker wiederum meint, die neueren Schulmodelle zeichneten sich lediglich durch „wildes Herumexperimentieren" aus, zeigten aber keine nennenswerten Ergebnisse; immerhin habe sich bei keiner der bisherigen Modellschulen eine Überlegenheit gegenüber den herkömmlichen Schulen aufweisen lassen. Ein dritter Politiker bestreitet gar, daß es in der BRD unterprivilegierte Schichten gebe: Schulische und berufliche Erfolge, so meint er, seien allein von der Intelligenz abhängig; die Zugehörigkeit zu sozialen Klassen spiele dabei keine Rolle. Ähnlich widersprüchliche Ansichten sind auch in unseren Massenmedien wie Zeitungen, Rundfunk, Fernsehen immer wieder anzutreffen. Bei einigen dieser Medien scheint sich in neuester Zeit immer mehr die Tendenz abzuzeichnen, neue Erziehungsformen, Unterrichtsmethoden sowie Experimente im Bereich der Erziehung prinzipiell zu befürworten. Die in dieser Einführung angesprochenen Themen wie Gesamtschule, Lernen, Intelligenz, soziale Schicht, Unterrichtsmethoden, Medien geben andeutungsweise einen Einblick in jene Probleme, mit denen sich die Pädagogische Psychologie beschäftigt.

1. Aufgabe der Pädagogischen Psychologie

Aufgabe der Pädagogischen Psychologie ist es, die „psychische Seite der Erziehung" zu untersuchen. Diese allgemeine Aussage ist recht vieldeutig und tatsächlich haben Pädagogische Psychologen unterschiedliche Ansichten über die konkreten Aufgaben und Fragestellungen ihrer Disziplin. Einige Fachleute sehen beispielsweise ihre Aufgabe darin, *einzelnen* Schülern bei Schwierigkeiten in der Schule (z.B.

Lese-Rechtschreib-Schwäche, Kontaktmangel) zu helfen; andere Forscher untersuchen Fragen der optimalen Bildsamkeit und Entwicklung der Schüler (Mit welchem Alter ist ein Kind schulreif? Wann kann es die Grundbegriffe der Algebra erlernen?). In Übereinstimmung mit zahlreichen Pädagogischen Psychologen vertreten wir folgende Ansicht: Die Pädagogische Psychologie untersucht die *Bedingungen und Ergebnisse schulischer Lernprozesse.* Im Gegensatz zur Lernpsychologie wird in der Pädagogischen Psychologie weniger versucht, allgemeine Gesetzmäßigkeiten des Lernens zu erforschen; vielmehr wird versucht, einige für das schulische Lernen relevante Ergebnisse der Lernforschung anzuwenden und jene die „reinen" Lerngesetze störenden Bedingungen zu untersuchen.

In Abb. 1 werden die wesentlichen Bedingungen schulischen Lernens sowie die angestrebten Lernergebnisse (Lernziele) kurz dargestellt.

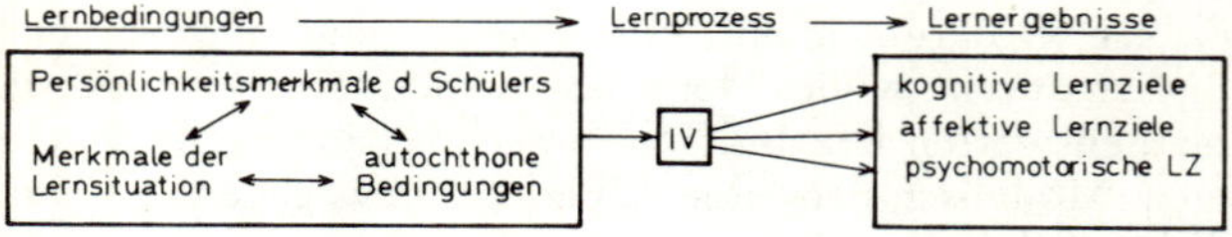

Zunächst einmal soll das Schema erläutert werden; anschließend werden die konkreten Aufgaben der Pädagogischen Psychologie anhand dieses Schemas dargestellt.

Bei den auf der linken Seite des Schemas angegebenen drei Bedingungsklassen handelt es sich um Oberbegriffe, unter die zahlreiche Bedingungen subsumiert werden, die die Lernergebnisse des Schülers beeinflussen. Unter „Persönlichkeitsmerkmale des Schülers" wird z. B. subsumiert: seine Intelligenz, seine Vorkenntnisse auf einem bestimmten Gebiet, seine Leistungsmotivation, Ängstlichkeit, Impulsivität und soziale Herkunft. Der Bereich „Merkmale der Lernsituation", der auch mit „Lernumwelt" bezeichnet wird, umfaßt eine Reihe sehr unterschiedlicher Bedingungen: In diese Klasse fallen z. B. *sozialpsychologische* Bedingungen (Verhalten des Lehrers, Verhalten der Schulklasse oder einzelner Schüler), *Art des Unterrichts* (konventioneller Unterricht oder Anwendung bestimmter Fernsehprogramme), *Art der Schule* (Haupt-, Real-, Oberschule, Modellschule). Unter „autochthonen Bedingungen" verstehen wir solche Faktoren, die sich auf den eigentlichen Lernprozeß („reines" Lernen) beziehen, z. B. das Ausmaß der Übung eines Lernstoffes, seine Schwierigkeit, die Übertragung des Gelernten auf einen anderen Bereich (Transfer) etc. Die Pfeile zwischen den Bedingungen sollen angeben, daß zwischen ihnen eine *Wechselwirkung* besteht, daß sich die drei Bedingungsklassen gegenseitig beeinflussen. Ein ängstlicher, leistungsmotivierter Schüler (Persönlichkeitsmerkmale) hat bei einem Lehrer, zu dem er eine gute persönliche Beziehung hat (Merkmal der Lernsituation) und bei relativ leichten Aufgaben (autochthone Bedingung) wesentlich bessere Lernergebnisse als bei einem ihm unsympathischen Lehrer, der zudem noch ein schwieriges Fach unterrichtet. Außer den Wechselwirkungen *zwischen* den Bedingungsklassen gibt es noch die Wechselwirkungen zwischen den Bedingungen *innerhalb* einer Klasse. Aus eigenen Schulerfahrungen wissen wir, daß ein intelligenter und fleißiger („leistungsmotivierter") Schüler andere Leistungen erzielt als ein intelligenter fauler Schüler.

Von den Lernbedingungen führt ein Pfeil zu den Lernprozessen. Hiermit wird angedeutet, daß die Lernprozesse, die sich im Schüler abspielen, durch die Lernbedingungen beeinflußt werden. Auf diese Prozesse wird hier nicht weiter eingegangen, da sie im Kapitel Lernen und Gedächtnis ausführlich behandelt werden. Dort wird auch erklärt, daß der Lernprozeß der direkten Beobachtung nicht zugänglich ist, weshalb in Abb. 1 unter „Lernprozeß" die Abkürzung IV für „intervenierende Variable" (erschlossener Lernprozeß) steht.

Auf der rechten Seite des Schemas werden einige *Lernergebnisse* aufgeführt, die durch bestimmte Lernbedingungen hervorgerufen werden. Genauer gesagt werden jene *Unterrichtsziele* spezifiziert, die erreicht werden sollen. In Anlehnung an Bloom et al. (1956) werden drei Lernzielklassen voneinander unterschieden, wobei jede Klasse wiederum eine große Zahl differenzierter Lernziele enthält. Der erste Bereich umfaßt *kognitive Lernziele*, die es mit Wissen, Denken, Problemlösen etc. zu tun haben. Es handelt sich dabei im wesentlichen um solche Fähigkeiten, die für das Lösen mathematischer Probleme, für die Anfertigung eines Aufsatzes oder einer Übersetzung etc. von Bedeutung sind. Der zweite Bereich der *affektiven Lernziele* bezieht sich auf die Interessen, Motivationen, Einstellungen, Haltungen etc. So kann z. B. das Interesse für Politik oder eine bestimmte Einstellung gegenüber einer politischen Gruppe bei den Schülern hervorgerufen werden. Bei den *psychomotorischen Lernzielen* geht es um manuelle und motorische Fertigkeiten, die beispielsweise im Werk- oder Handarbeitsunterricht erworben werden.

Im folgenden soll auf die Aufgabe der Pädagogischen Psychologie – die Erforschung der *Bedingungen* und *Ergebnisse* schulischer Lernprozesse – etwas näher eingegangen werden. Es ist dabei nicht unsere Absicht, einen möglichst vollständigen Aufgabenkatalog aufzuführen.

Anhand von Abb. 1 lassen sich zwei Aufgabenklassen voneinander unterscheiden: Die Erforschung der Lernbedingungen einerseits und die Analyse der Lernziele andererseits.

(a) *Lernbedingungen*

Hinsichtlich der Lernbedingungen werden in der Pädagogischen Psychologie zwei Hauptprobleme untersucht. Es wird einmal ermittelt, welche Bedingungen sich *generell* auf das schulische Lernen auswirken. So konnte beispielsweise festgestellt werden, daß die Intelligenz des Schülers keine so überragende Rolle im Hinblick auf die Leistung einnimmt, wie häufig angenommen wird. Eine mindestens ebenso wichtige Rolle spielt die soziale Herkunft. FERDINAND (1969) konnte z.B. in einer sehr sorgfältig durchgeführten Untersuchung nachweisen, daß sich Arbeiterkinder und Oberschichtkinder, die bei Eintritt in die Volksschule die gleichen Ergebnisse in einem Intelligenztest hatten, bereits nach zwei Schuljahren erheblich voneinander unterschieden. Die Arbeiterkinder hatten nicht nur schlechtere Zeugnisnoten im Lesen, Rechtschreiben und Rechnen, sondern schnitten auch bei objektiven Intelligenz- und Leistungstests schlechter ab als die Oberschichtkinder.

Zum anderen werden gerade in jüngster Zeit die *Wechselwirkungen* der Bedingungen immer häufiger untersucht, um festzustellen, welche *Bedingungskombinationen* für bestimmte Schüler bzw. Schülergruppen am günstigsten/ungünstigsten sind. Im letzten Teil dieses Kapitels wird am Beispiel des „schlechten Schülers" ausführlich diskutiert, welche ungünstigen Bedingungskombinationen zu seinen schlechten Leistungen geführt haben können.– Die Erforschung der mannigfaltigen Lernbedingungen und ihrer Wechselwirkungen dient im wesentlichen zwei Zielen: Es soll eine *Optimierung* der Lernbedingungen und somit schnelleres und leichteres Lernen sowie besseres Behalten erreicht werden; zum anderen wird die *Vorhersage* von Leistungen aufgrund der Kenntnis der psychologisch relevanten Bedingungen angestrebt.

(b) *Lernziele*

Ein Blick in die heute verbindlichen Lehrpläne, die sich durch vage Formulierungen ihrer Lehrziele auszeichnen, läßt eine Änderung in mehrfacher Hinsicht als notwendig erscheinen. Die Lehrziele sind – und dies läßt sich trotz ihrer Vagheit erkennen – z.T. inadäquat: Der Schüler kann das Gelernte weder für seine spätere Arbeit im Beruf oder beim Studium noch für seine privaten Interessen ausreichend anwenden. Die in den heutigen Lehrplänen definierten Lernziele sind insbesondere dann revisionsbedürftig, wenn sie auf den Erwerb von Faktenwissen (z. B. Geschichtszahlen) und auf das Auswendiglernen von Gedichten etc. abzielen. In diesem Falle wird nicht nur schnell vergessen, sondern es besteht auch nicht die Möglichkeit, das Gelernte in einem anderen Bereich anzuwenden. Stattdessen sollten die Lehrziele solche Dinge beinhalten, die der Schüler langfristig artikulieren kann, und gerade hier kann die Pädagogische Psychologie einen wesentlichen Beitrag leisten: So könnten z. B. affektive Lernziele formuliert werden, die überdauerndes Neugierverhalten und Leistungsmotivation fördern. Eine Verwirklichung des affektiven Lernziels „Leistungsmotivation“ geschieht z. B. in dem kompensatorischen Vorschulprogramm von ALSCHULER (1967); man hat nämlich erkannt, daß die geringeren Schulleistungen unterprivilegierter Kinder zum großen Teil auf ihre niedrige Leistungsmotivation zurückzuführen sind.

Auch im Bereich der kognitiven Lernziele sind solche Lehrziele wie „Wissen“, „Kenntnisse“ durch jene Lehrziele zu ergänzen, die *überdauernde* kognitive Fähigkeiten enthalten. Bei dem Lernziel „Übungsübertragung“ (Transfer) könnte der Schüler die Fähigkeit erwerben, das auf einem bestimmten Gebiet erworbene Wissen auf andere Gebiete und Probleme zu übertragen. Hat der Schüler diese Fähigkeit der Übungsübertragung erst einmal erworben, so kann ihm diese Fähigkeit auch später sehr nützlich sein. Ein Medizinstudent kann z. B. sehr ökonomisch arbeiten, wenn er das in der Chemie und Physik erworbene Wissen auf Fächer wie die Physiologie und Neurologie überträgt

Neben der Formulierung neuer Lernziele besteht eine wichtige Aufgabe der Pädagogischen Psychologie darin, die Lehrziele zu konkretisieren und Methoden zu ihrer Erreichung anzugeben. Solche Lehrziele müssen unverwechselbar eindeutig beschrieben werden, d. h. das Lehrziel gibt an, welche *beobachtbaren Verhaltensweisen* ein Schüler zeigen muß, wenn er das Ziel erreicht hat. Dies soll an einem einfachen Beispiel demonstriert werden. Wenn das Lernziel heißt „Lösung von quadratischen Gleichungen mit einer Unbekannten“, so darf vom Schüler nicht die Lösung eingekleideter Rechenaufgaben verlangt werden, die es erforderlich machen, eine quadratische Gleichung *aufzustellen.* Hiermit ist ein ganz anderes Lernziel intendiert, nämlich die „Fähigkeit, bestimmte Probleme als quadratische Gleichungen darstellen zu können.“

Die Konkretisierung von Lernzielen hilft dem Lehrer, Ungerechtigkeiten zu vermeiden und Aufgaben lösen zu lassen, die keinem anderen Lernziel zugehören als die zuvor im Unterricht geübten. Ein Schüler, der Gleichungen vom Typ $ax^2 + bx + c = 0$ zu lösen gelernt hat, muß andererseits nicht in der Lage sein, zu erkennen, daß die Lösung dieser Gleichung verlangt wird, wenn die Aufgabe heißt: „Wieviele Leute haben einander die Hände geschüttelt, wenn insgesamt 4950 Händedrücke ausgetauscht wurden und jedes Personenpaar nur einmal bei der Zählung berücksichtigt wurde?“

Die Konkretisierung von Lernzielen findet ihre Anwendung heute vorwiegend beim Programmierten Lernen (Lehrmaschinen, programmierte Lehrbücher), könnte aber einen wesentlichen Beitrag zur größeren Transparenz der Lehrpläne leisten. Ferner dürfte sie Voraussetzung für eine gerechtere Leistungsbewertung in der Schule sein. Eine nähere Darstellung der Schulnotenproblematik müssen wir uns aus Platzgründen versagen. Wir möchten in diesem Zusammenhang nur auf die für Schüler, Eltern und Bildungspolitiker gleichermaßen interessanten Untersuchungen von INGENKAMP (1971) verweisen.

2. Forschungsstrategien

Im Anfangsstadium der Pädagogischen Psychologie stand die bloße Übertragung psychologischer Erkenntnisse auf pädagogische Probleme im Vordergrund, d.h. die Forscher übertrugen ihre im Laboratorium gewonnenen Ergebnisse ohne weitere Einschränkungen auf das komplexe pädagogische Feld. Viele Lehrer wendeten z. B. lernpsychologische Erkenntnisse mit großem Optimismus im Klassenraum an, in der Hoffnung, ihr mehr oder weniger intuitives– und deshalb oftmals unsicheres– Verhalten zugunsten wissenschaftlicher Methoden aufgeben zu können. So wurde beispielsweise zu Beginn des 20. Jahrhunderts THORNDIKES Lerntheorie (Connectionismus) von progressiven Lehrern angewendet, die eine soziale Reform wünschten und in der schulischen Erziehung das Hauptinstrument zur Erreichung dieses Ziels sahen. Die Schüler konnten– so wurde angenommen– die im Sinne der sozialen Reform erwünschten „sozial nützlichen Verhaltensweisen" aufgrund der THORNDIKEschen Lerngesetze relativ einfach lernen.

Es stellte sich heraus, daß dieses Vorgehen wenig zur Erhellung schulischer Lernprozesse beitragen konnte, da die relevanten Lernbedingungen im Laboratorium und in der Schule völlig verschieden waren. Die Pädagogische Psychologie verstand sich in der Folgezeit immer mehr als selbständige Disziplin mit eigenem Problemkreis.

Der heutige Stand der Pädagogischen Psychologie kann im wesentlichen dadurch gekennzeichnet werden, daß zentrale Probleme wie die Auswirkung von Lob und Tadel, die Lernbereitschaft der Schüler, die Bedingungen der Lernübertragung, der Einfluß des Lehrers und der Schulklasse intensiv untersucht werden. Inzwischen liegen zahlreiche– oftmals scheinbar widersprüchliche– Ergebnisse zu diesen zentralen Problemen vor. Während man um 1930 (SKINNER, THORNDIKE) noch überzeugt war, daß generell durch Lob bessere Lernleistungen erzielt würden, stützen heutige Forschungsergebnisse eher die Ansicht, daß – je nach den vorliegenden *zusätzlichen* Bedingungen– einmal Lob und ein anderes Mal Tadel günstiger ist. So ist beispielsweise Lob bei ängstlichen Schülern mit geringem Selbstvertrauen günstiger, während nichtängstliche Schüler oftmals durch Kritik zu besseren Lernleistungen angespornt werden. Die Ergebnisse scheinen einander nur dann zu widersprechen, wenn die Ängstlichkeit der Schüler nicht in Betracht gezogen wird. In heutiger Zeit werden der Komplexität schulischen Lernens multivariate Forschungsansätze gerecht, die es erlauben, in einer Untersuchung eine Vielzahl von Bedingungen und abhängigen Lernvariablen zu berücksichtigen (s. Kap. Methoden).

3. Bedingungen des schulischen Lernens am Beispiel des „schlechten“ Schülers

Am Beispiel des schlechten Schülers sollen einige schulische Lernbedingungen, die in den vorangegangenen Abschnitten bereits mehrfach erwähnt wurden, noch einmal verdeutlicht werden. Es ist selbstverständlich, daß man von *dem* schlechten Schüler eigentlich gar nicht sprechen kann. Allen schlechten Schülern ist zwar gemeinsam, daß sie *Mißerfolg* in der Schule, d.h. schlechte Schulleistungen und Noten haben; dieser Mißerfolg kann aber auf sehr verschiedene Ursachen zurückführbar sein, und auch das Gesamtverhalten schlechter Schüler kann sehr unterschiedlich sein. Nach E. HÖHN (1967) zeigen schlechte Schüler z.B. sehr häufig aggressives Verhalten gegenüber Lehrern und Mitschülern, sind unbeliebt und werden oftmals zum Außenseiter. Andere Schüler, die Mißerfolg in der Schule haben, ziehen sich in sich selbst zurück, kompensieren ihren Mißerfolg durch sportliche Leistungen oder außerschulische Interessen, zeigen kein sozial auffälliges Verhalten.

Auf den trivialen Fall, daß intellektuell wenig begabte Schüler schlechte Schulleistungen erbringen, soll hier nicht weiter eingegangen werden. Es soll auch nicht näher dargestellt werden, warum Kinder aus unterprivilegierten Schichten in der Schule häufig versagen, da dem interessierten Laien die relevante Literatur leicht zugänglich ist (s. hierzu Kursbuch 24). Stattdessen soll der Fall eines schlechten Schülers geschildert werden, der aus der Mittelschicht stammt, dessen Intelligenz über dem Durchschnitt liegt, der keine Krankheiten durchgemacht hat, die für die schlechten Schulleistungen verantwortlich sein könnten, etc., von dem man oberflächlich betrachtet also annehmen müßte, daß er keine Lernschwierigkeiten hat.

Der Schüler H.D., 9 Jahre, wurde von seiner Lehrerin in die schulpsychologische Beratungsstelle überwiesen; hier wurde eine sehr ausführliche Untersuchung durchgeführt, die die Ursachen der Lernschwierigkeiten aufhellen sollte. Die im folgenden zusammengefaßten Informationen stammen aus zahlreichen psychologischen Tests, die

H. D. in der Beratungsstelle absolvierte, sowie aus Gesprächen mit H.D., seiner Lehrerin und seinem Vater.

Zunächst der Bericht der Lehrerin:

Der Schüler H.D. hatte bis zum Ende der 2. Volksschulklasse gute bis durchschnittliche Leistungen. Von dieser Zeit an fielen der Lehrerin hauptsächlich Leistungsschwankungen auf: Einige Diktate waren relativ fehlerlos, in anderen wimmelte es von Fehlern. Ähnliche Schwankungen zeigten sich auch bei Rechenarbeiten. Seine Schrift beurteilte die Lehrerin als krakelig, oberflächlich dahingeschmiert, völlig unleserlich. Da sie, die Lehrerin, gesehen habe, daß die schlechten Leistungen auf die Faulheit von H.D. zurückzuführen seien, da sich ja gute und schlechte Leistungen abwechselten, habe sie den Schüler H.D. etwas härter herangenommen, um ihn zum regelmäßigen Arbeiten zu zwingen. Sie habe z.B. einige seiner Diktatfehler an die Tafel geschrieben, und er mußte sie – unter dem Gelächter der ganzen Klasse – verbessern. Sie habe ihn auch, nachdem sie festgestellt habe, daß er seine Hausaufgaben unvollständig und manchmal überhaupt nicht erledigte, in dieser Hinsicht etwas stärker überwacht. Als H.D. dem Unterricht mehrmals unentschuldigt ferngeblieben sei, habe sie sich mit den Eltern in Verbindung gesetzt, um nach dem Grund zu fragen; die Eltern seien völlig überrascht gewesen, denn sie hätten ihren Sohn jeden Tag in die Schule geschickt. – Auf die Frage nach dem sozialen Verhalten von H.D. in der Schule meinte die Lehrerin, ihr gegenüber sei er meist sehr „bockig" und „verstockt", zumeist überhöre er ihre Fragen völlig; seine einzige Teilnahme am Unterricht bestehe in letzter Zeit darin, diesen durch Schwätzen, lautes Husten, Papierrascheln etc. zu stören. Sie selbst habe inzwischen resigniert und lasse ihn im Unterricht „links liegen". Bei seinen Mitschülern sei er wegen seiner Angeberei ziemlich unbeliebt; er prahle mit der großen Arztpraxis seiner Eltern, mit berühmten Leuten, die seine Eltern als Patienten aufsuchten, mit seinem Spielzeug etc. Es fänden sich immer einige – wenn auch stets wechselnde – Mitschüler, die sich seine großtuerischen Reden anhörten und die ihn wohl ein bißchen bewunderten.

Im Rahmen der Untersuchung zeigte sich, daß für die Lernschwierigkeiten wahrscheinlich mehrere Bedingungen verantwortlich waren.

3.1. Bedingungen der Lernumwelt

Am Ende der 2. Klasse hatte ein Lehrerwechsel stattgefunden. Nach Aussagen des Schülers H.D. fand er seine frühere Lehrerin viel netter als die jetzige; bei jener habe er gern gearbeitet, und wegen seiner guten Leistungen sei er damals oft *gelobt* worden. „Die Neue *schimpft* immer nur, die sagt nur etwas über die schlechten, nie etwas über die guten Diktate; die blamiert mich vor der Klasse und alle lachen mich aus, wenn ich einen Fehler mache; da sage ich lieber gar nichts mehr, dann können sie mich nicht auslachen. Die in der Klasse sind alle doof, die interessieren mich gar nicht."

Aus dem bisher Gesagten können folgende Bedingungen abstrahiert werden:

3.1.1. Lob / Tadel – Leistungsmotivation

Lob ist bei diesem Schüler – wie sehr häufig bei jüngeren Kindern – eine wesentliche Bedingung für gute Schulleistungen, d.h. Lob führt zur

Steigerung der Leistungsmotivation. Tadel kann zwar auch leistungsmotivierend wirken, insbesondere bei älteren intelligenten Kindern, aber bei *anhaltendem* Tadel (Mißerfolg) tritt häufig das Gegenteil ein: Der Schüler resigniert, senkt sein Anspruchsniveau und kompensiert seinen Mißerfolg auf irgendeine Weise.

3.1.2. Beziehungen zu den Mitschülern: Sozialer Status

Die Bedingungenkombination „schulischer Mißerfolg" – „geringer sozialer Status" (Extremfall: Außenseiterposition) ist sehr oft anzutreffen. Die Mitschüler übernehmen sehr häufig das Lehrerurteil „der ist dumm" (vgl. Imitationslernen), verspotten und hänseln den schlechten Schüler wegen seiner schlechten Noten, sodaß fast automatisch sein sozialer Status, d.h. sein Ansehen in der Klasse, sinkt. Die meisten Schüler empfinden das Absinken des sozialen Status oder sogar die Außenseiterposition, als noch schwerwiegender als den schulischen Mißerfolg und sie finden sich mit dieser Rolle weniger leicht ab als mit dem Mißerfolg. Von daher ist auch zu verstehen, daß H.D. nicht versucht, seine Leistungen zu verbessern, wohl aber, seinen Status durch Angeberei anzuheben. Bei Klassen mit älteren Schülern, bei denen sich ein mehr oder weniger ausgeprägtes Zusammengehörigkeitsgefühl bereits entwickelt hat (s. Kap. Sozialpsychologie), wird der schlechte Schüler weit seltener gleichzeitig zum Außenseiter. Vielmehr stehen die Mitschüler dem Verhalten des Lehrers häufig kritisch gegenüber, verurteilen dessen geringe Einfühlung in den schlechten Schüler, oder zweifeln die Gerechtigkeit der Noten an.

3.2. Persönlichkeitsmerkmale des Schülers

Mithilfe verschiedener Tests, die in der Beratungsstelle durchgeführt wurden, versuchte man einige Persönlichkeitsmerkmale des Schülers H.D. festzustellen. Zunächst wurde seine allgemeine Intelligenz ermittelt, die weit über dem Durchschnitt lag, so daß er aufgrund seiner Begabung ohne weiteres ein Gymnasium hätte besuchen können. Es muß allerdings erwähnt werden, daß diese überdurchschnittlichen Intelligenzwerte nur bei solchen Tests erreicht wurden, bei denen eine Kommunikation zwischen H.D. und dem Untersuchungsleiter vorlag; nach der Beantwortung jeder Testaufgabe fragte H.D. den Untersucher, ob seine Antwort richtig gewesen sei, erwartete ein Lob, mit dem der Untersucher auch nicht sparte; erst dann erklärte sich H.D. bereit, die nächste Aufgabe zu lösen. Bei einem sog. Paper-and-Pencil-Test, (s. Kap. Diagnostik), den H.D. *allein* ausfüllen mußte, starrte er minutenlang in die Luft, wollte zwischendurch nach Hause gehen, und löste nur ganz wenige Aufgaben fehlerfrei; entsprechend lag ein Intelligenzwert weit unter dem Durchschnitt vor, es zeigte sich quasi eine Parallele zu seinem schulischen Mißerfolg.

3.2.1. Sicherheit/Unsicherheit. Lob, Intelligenz

Anhand der obigen Darstellungen läßt sich sehr gut die Wechselwirkung zwischen Unsicherheit, Lob und Leistungen aufzeigen. Unsichere, ängstliche Schüler trauen sich meist weniger zu; um Mißerfolgserlebnisse zu vermeiden, senken sie von vornherein oftmals ihr Anspruchsniveau. Um gute Leistungen zu erzielen, sind sie sozusagen auf Lob und Anerkennung „angewiesen".

3.3. Autochthone Lernbedingungen

Aus einem Gespräch mit dem Vater des Schülers erfuhr der Untersucher, daß dieser seinen Sohn nach der Unterredung mit der Lehrerin ziemlich hart in die „Zange nehme". Er pauke mit ihm das große und kleine Einmaleins, lasse ihn ständig Diktate schreiben, und trotzdem würden die Leistungen nicht besser. Sein anderer Sohn, der 1 Jahr jünger sei, könne alles viel besser, und er sage H.D. oft, er solle sich an seinem kleineren Bruder ein Beispiel nehmen. Über eines wundere er, der Vater, sich allerdings: H.D. könne das Einmaleins am „Schnürchen" heruntersagen, wenn man ihm aber eine entsprechende eingekleidete Aufgabe gebe, so versage er völlig; auch Schimpfen und Schreien nützten dann nichts mehr.

3.3.1. Mechanisches Lernen – Lernen durch „Einsicht"

Der Unterschied zwischen mechanischem Lernen (Pauken, Drill) und einsichtigem Lernen wird in obigem Beispiel recht deutlich. Relativ einfache Aufgaben wie das Einmaleins können durch ständiges *Üben* gelernt werden, ohne daß der Schüler das Gelernte verstehen muß. Der Schüler hat z.B. die Multiplikation 5 x 100 = 500 mechanisch gelernt. Anschließend wird ihm die folgende eingekleidete Aufgabe vorgelegt: Ein D-Zug fährt 5 Stunden lang mit der konstanten Geschwindigkeit 100 km/Stunde. Wie viele km hat er nach dieser Zeit zurückgelegt?

Diese eingekleidete Aufgabe kann nicht mechanisch als Mulitplikation von 5 x 100 gelöst werden, sondern verlangt zusätzlich die Erkenntnis (*Einsicht*), daß es sich bei dieser Aufgabe überhaupt um eine Multiplikationsaufgabe handelt.

4. Schluß

Es sollen nun noch einmal die Bedingungen und Ziele des schulischen Lernens, die am Beispiel des schlechten Schülers H.D. konkret dargestellt wurden, anhand von Abbildung 1 zusammengefaßt werden.

Als wesentliche Bedingungen, die zur Klasse der *Lernumwelt* gehören, wirkten sich insbesondere anhaltender Tadel der Lehrerin, Verspottung vor der Klasse sowie eine Außenseiterrolle innerhalb der Klassengemeinschaft aus. Als wesentliche *Persönlichkeitsmerkmale* konnten hohe Intelligenz, geringe Leistungsmotivation, geringes Anspruchsniveau und Wunsch nach Anerkennung ermittelt werden. Als *autochthone* Lernbedingungen wurde neben der Übung beim mechanischen Lernen die Rolle der Einsicht betont.

An dem dargestellten konkreten Beispiel zeigte sich ebenfalls sehr deutlich, daß nicht eine Bedingung *allein* für schulische Leistungen verantwortlich ist, sondern vielfältige Bedingungskombinationen.

Am Beispiel des schlechten Schülers lassen sich kognitive und affektive Lernziele voneinander abheben; psychomotorische Lernziele blieben unberücksichtigt. So hat der Schüler H.D. das *kognitive Lernziel* „Kenntnis der Multiplikation" erreicht, nicht aber das Ziel „Einsicht in Probleme"; letzteres konnte er deshalb nicht erreichen, weil er nur die Lernschritte für das „Kenntnisziel der Multiplikation" absolviert hatte, nicht aber jene Lernschritte, die für das Ziel „Einsicht in Probleme" notwendig gewesen wären. Das Erreichen *affektiver Lernziele* „Leistungsmotivation", „Interesse für Rechnen oder Rechtschreibung" wurden durch das Verhalten der Lehrerin und des Vaters nicht nur nicht gefördert, sondern geradezu gehemmt.

Literatur

AUSUBEL, D. P.: Educational Psychology. A Cognitiv View. Holt, Rinehart and Winston, Inc., New York, 1968 (Lehrbuch der Pädagogischen Psychologie, in dem hauptsächlich „einsichtiges" Lernen beschrieben wird)

CRONBACH, L. J.: Einführung in die Pädagogische Psychologie. Weinheim, Berlin, Basel, Beltz, 1971 (In die deutsche Sprache übersetztes Lehrbuch)

De CECCO, J. P.: The Psychology of Learning and Instruction: Educational Psychology. Prentice-Hall, Inc. Englewood Cliffs, New Jersey, 1968 (leicht verständliches und gut durchgegliedertes Lehrbuch der Pädagogischen Psychologie. Versuch, einige Ergebnisse der Lernpsychologie auf die Pädagogische Psychologie anzuwenden)

ENZENSBERGER, H. M und MICHEL, K. M. (Hg.): Kursbuch 24: Schule, Schulung, Unterricht Kursbuch Verlag, Wagenbach, 1971 (kritische Beiträge zur Pädagogischen Psychologie Schwerpunkt: (Kompensatorische) Erziehung unterprivilegierter Schichten)

WEINERT, F. (Hg.): Pädagogische Psychologie. Kiepenheuer und Witsch, Köln, 1967 (enthält wichtige Originalarbeiten auf dem Gebiet der Pädagogischen Psychologie)

XIII. Klinische Psychologie

von Margret Wens und Christa Wirtz

1. Einleitung

Klinische Psychologie kann mit Schraml definiert werden als „Anwendung der Ergebnisse und Methoden aller psychologischen Grundlagendisziplinen in Institutionen, in denen heilend oder vorbeugend mit kranken, gefährdeten oder anpassungsgestörten Menschen umgegangen wird“ (S. 21).

Was aber ist krank, gefährdet, anpassungsgestört; was ist normales und was abnormales Verhalten? Grundsätzlich muß davon ausgegangen werden, daß zwischen sog. normalem und gestörtem Verhalten fließende Übergänge bestehen und noch keine Übereinstimmung gefunden worden ist, von welchem Grad an ein Mensch als psychisch krank bezeichnet wird. Man hat versucht, sich der Definition „krank“ oder „gesund“ von drei Aspekten her zu nähern: a) von der statistischen Norm: Gesundheit entspricht hier dem beim Durchschnitt der Bevölkerung auftretenden Verhalten; b) von der medizinischen Norm: gesund bedeutet hier alles, was zweckmäßig funktioniert und c) der kulturellen Norm: Gesundheit bezeichnet die größtmögliche Akzeptierung und Anpassung an kulturelle und gesellschaftliche Regeln.

Alle drei Definitionen reichen nicht aus, präzise Aussagen über normales und krankes Verhalten zu machen; lediglich grobe Abweichungen können als solche klar erkannt werden, während es bei leichteren Ausprägungen Überschneidungen und unklare Bereiche gibt.

Verbunden mit dem Problem der Normalität ist das Problem der Abgrenzung bestimmter Krankheitsbilder voneinander, d.h. der Benennung und Klassifizierung gestörten Verhaltens. Die drei wichtigsten Diagnosen, mit denen der klinische Psychologe konfrontiert wird, sind: 1.) *organische Hirnschädigungen,* (z.B. eine schwere Hirnhautentzündung, die einen geistigen Entwicklungsrückstand zu Folge hat); 2.) *Neurosen* (seelisch und/oder milieubedingte Persönlichkeitsstörungen); 3.) *Psychosen* (schwerste Störungen der Geistestätigkeit und der Erlebnisverarbeitung). Differenziertere Unterklassifizierungen, v.a. bei den Neurosen (z.B. Hysterie, Zwangsneurose) werden in der letzten Zeit immer stärker kritisiert. Hauptpunkte dieser Kritik sind, daß a) eine sichere Kategorisierung von Patienten kaum möglich ist, weil klar voneinander abgegrenzte und sich ausschließende Symptombilder höchst selten sind und daß b) nur ein geringer Zusammenhang zwischen einer diagnostischen Kategorie und einem daraus resultierenden

Behandlungsplan besteht. Von daher sollte eine Diagnose keine etikett-hafte Bezeichnung sein, sondern vielmehr den Versuch darstellen, die Natur einer individuellen Krankheit zu verstehen und darauf aufbauend einen Therapieplan aufzustellen. Für die Therapie wichtig ist zudem, daß die Diagnose nicht nur die negativen Abweichungen und Ausfälle, sondern auch intakte Bereiche umfaßt.

Grundsätzlich muß davon ausgegangen werden, daß psychische Erkrankungen nur unter Einbeziehung der Umwelt des Patienten zu verstehen sind, da die Umweltbedingungen an der Entstehung und Aufrechterhaltung der Krankheit mehr oder minder mitbeteiligt sind. Von daher dürfen Diagnose und Therapie den Patienten nicht isoliert sehen, sondern müssen dessen Umwelt miteinbeziehen.

Unter Umwelt müssen dabei zunächst die engsten Beziehungspersonen (Partner, Eltern etc.) verstanden werden, dann aber auch andere Gruppen, zu denen der Patient gehört (z.B. am Arbeitsplatz) und schließlich wird man in nicht wenigen Fällen auch Erwartungen und Forderungen der gesamten Gesellschaft miteinbeziehen müssen. Dabei stellt sich oft die Frage, ob es Ziel der Therapie ist, den Patienten an die Forderungen der Umwelt anzupassen (z.B. ihn arbeitsfähig zu machen) oder aber ihm zu helfen, sich selbst in seiner Abweichung zu akzeptieren (z.B. Homosexualität).

Die in der Definition verwendeten Begriffe „heilend" und „vorbeugend" deuten auf die wichtigsten Funktionen des klinischen Psychologen hin: er hat einmal die Aufgabe, Menschen, die sich hilfesuchend an ihn wenden oder von anderen Institutionen geschickt werden, bei der Überwindung ihrer Schwierigkeiten zu helfen. Dies geschieht nach genauer Analyse von Art und Ausmaß der Schwierigkeiten durch diagnostische Methoden und auf dem Weg über Beratungsgespräche, gezielte therapeutische Techniken oder die Überweisung in andere, geeignetere Institutionen (z.B. heilpädagogische Heime). Ein zweiter Arbeitsschwerpunkt liegt in der prophylaktischen Tätigkeit, d.h., es wird versucht, durch gezielte Öffentlichkeitsarbeit das Auftreten von Verhaltensstörungen, Konflikten etc. zu verhindern, bzw. zu verringern. Dies geschieht in Form von Diskussionen, z.B. mit Eltern und Schülern, in Form von aufklärerischer Tätigkeit, z.B. in Fragen der Sexualerziehung, in Form von Beratung, z.B. in Schulen und Heimen sowie im Rahmen der kompensatorischen Erziehung. Der letztgenannte Arbeitsbereich des Psychologen, die Prophylaxe, wird z.Zt. im Vergleich zur diagnostischen und therapeutischen Tätigkeit noch in viel zu geringem Maße praktiziert. Dies erscheint wenig einsichtig, wenn man bedenkt, daß diese Arbeitsweise wesentlich ökonomischer ist, da sie größere Personenkreise einbezieht und nicht erst dann mit der Arbeit beginnt, wenn schon Verhaltensstörungen aufgetreten sind.

2. Der Arbeitsbereich des klinischen Psychologen

Die Tätigkeit des klinischen Psychologen ist nur dann sinnvoll, wenn er im Rahmen eines gut funktionierenden Teams arbeitet. Die Mitarbeiter dieses Teams müssen a) fachlich qualifiziert b) gleichberechtigt und c) voll verantwortlich sein. Konventionell hierarchisch aufgebaute Institutionen (wie z. B. die Klinik alten Stils) passen also in diesen Rahmen wenig. Allzu leicht wird der klinische Psychologe dann fälschlich als medizinische Hilfskraft eingestuft und liefert so als „Testmaschine“ lediglich Diagnose um Diagnose. An den weiteren Maßnahmen (Aufstellung des Therapieplans, Fragen der Rehabilitation) wird er nicht beteiligt.

Zu einem *diagnostisch-therapeutischen Team* gehören: der Mediziner, der Psychologe, das Krankenpflegepersonal, der Sozialarbeiter, verschiedene Spezialtherapeuten, wie z. B. der Beschäftigungs-, der Bewegungs-, der Sprachtherapeut, der Sozialpädagoge, der Psychagoge, der Psychotherapeut. Die therapeutischen Funktionen werden abhängig von der therapeutischen Ausbildung und auf die Probleme des Patienten ausgerichtet verteilt. Fachliche Qualifikation, Gleichberechtigung und Eigenverantwortlichkeit der einzelnen Teammitglieder sollten dazu führen, ausschließlich den Patienten und seine Rehabilitation in den Mittelpunkt der Arbeit zu stellen.

Der klinische Psychologe kann in sehr unterschiedlichen Arbeitsbereichen mit verschiedenartigsten Fragestellungen tätig werden. Am häufigsten ist er in Beratungsstellen – Erziehungsberatung, schulpsychologischer Beratungsdienst, Familien- und Eheberatung und in zunehmendem Maße in der Arbeit mit suchtgefährdeten und drogenabhängigen Menschen eingesetzt. Es kommt z. B. in der Erziehungsberatungsstelle darauf an, das dissozial anmutende Verhalten eines 10-jährigen, der lügt, Diebereien begeht und wegläuft, den stark beunruhigten und diesem Verhalten verständnislos gegenüberstehenden Eltern zu erklären und ihnen die Motivation des Kindes für dieses Verhalten verständlich zu machen. Das Problem innerer Vereinsamung und Kontaktlosigkeit, der zwischenmenschlichen Beziehungsstörung, der Lernstörung, der sexuellen Störung kommen auf den Psychologen zu, der in der Studentenberatung tätig ist. Mit Fragen der Einschulungsreife, dem Problem der Legasthenie (Schreib-Lese-Störung) beschäftigt sich der Schulpsychologe. Der psychologische Mitarbeiter in der Familien- und Eheberatung muß sich mit Fragen der Familienplanung bis hin zu sogenannten Familienneurosen, d. h. neurotischen Verhaltensmustern eines Partners, die unmittelbar verknüpft sind mit denen des anderen, auseinandersetzen. Im Klinikum ist der Psychologe hauptsächlich in der psychiatrischen und der psychosomatischen Klinik tätig. In einer psychiatrischen Klinik hat er es meist mit Patienten zu tun, die an einer sog. *endogenen Psychose,* d.h. an schwersten Störungen der Geistestätigkeit und Erlebnisverarbeitung erkrankt sind (z.B. Schizophrenie); die an schweren *Neurosen* (d.h. seelisch- oder milieubedingten Persönlichkeitsstörungen, z.B. Zwangskrankheiten, wie der Waschzwang, schwere Angstzustände etc.) leiden oder bei denen eine körperlich begründbare Gehirnerkrankung nachweisbar ist. Den Patienten einer *psychosomatischen* Abteilung sind funktionelle, körperliche Störungen (z.B. Magen- und Darmgeschwüre, Asthma, Magersucht, bestimmte Formen nervöser Herz- und Kreislaufstörungen) gemeinsam, Krankheiten, die in Wechselwirkung körperlicher und seelischer Faktoren verstanden werden.

Die Mitarbeit des klinischen Psychologen in den anderen Kliniken ist noch weitgehend unpopulär. Wie sinnvoll und wichtig sie z.B. in einer Kinderklinik ist, in der primär rein körperliche Beschwerden (z.B. Infektionskrankheiten, Erkrankungen der inneren Organe) diagnostiziert und behandelt werden, soll folgendes Beispiel verdeutlichen: ein Kind, das wegen schwerster Unterernährung in die Klinik gebracht wurde, kann eine Fülle psychologischer Fragestellungen aufwerfen: es zeigt im Laufe seines stationären Aufenthaltes ein gestörtes Spielverhalten, seine Sprachentwicklung ist retardiert und auch die intellektuellen Fähigkeiten entsprechen nicht denen eines Gleichaltrigen. Hier kann der Psychologe entscheidende Weichen zur weiteren Förderung des Kindes stellen. In der Orthopädie ist der psychologische Mitarbeiter deshalb ein wichtiges Teammitglied, da die Gruppen der Kranken, die an bleibenden Beeinträchtigungen leiden, wie an einer Querschnittslähmung, an einer Conterganschädigung, an Kinderlähmung etc., oft einen neurotischen Überbau entwickeln. Sie lernen falsch oder nur unzureichend gut, mit ihrer Krankheit umzugehen aufgrund des ständigen Bewußtseins, krank, anderen Menschen unterlegen oder deswegen diskriminiert zu sein.

Der testpsychologischen Diagnostik – bis heute leider immer noch Hauptaufgabenbereich des klinischen Psychologen – ist in diesen verschiedenen Institutionen der Versuch gemeinsam, Einblick in die psychologischen Zusammenhänge der Krankheit zu bekommen. Sinnvoll ist die diagnostische Tätigkeit nur dann, wenn die sich daraus ergebenden Konsequenzen bei der Aufstellung des Therapie- und Rehabilitationsplans miteinbezogen werden. Oft werden psychologische Befundberichte nur mehr oder weniger verwertet; dieses Unverständnis des Mediziners beruht nicht zuletzt darauf, daß er während seiner Ausbildung mit Fragen aus dem Gebiet der Klinischen Psychologie fast nicht konfrontiert wurde. Erst in neuerer Zeit wird damit begonnen, die Klinische Psychologie als reguläres Fach in den Ausbildungsplan miteinzubeziehen.

3. Funktionen des klinischen Psychologen

3.1. Die diagnostische Funktion

Der größte Teil der im klinischen Bereich arbeitenden Psychologen verwendet die meiste Zeit auf diagnostische Tätigkeit. Mit Hilfe verschiedener Verfahren wie Anamneseerhebung, Exploration, testpsychologischer Methoden (s. Kap. Diagnostische Psychologie) wird versucht, Aussagen über verschiedene Persönlichkeitsbereiche eines Menschen zu machen (z.B. Intelligenz, sozialer Kontakt, Konfliktbereiche, hirnorganisch bedingte Ausfallserscheinungen etc.). Es ist zu betonen, daß die Güte der zur Zeit existierenden psychologischen Testverfahren nur zu Hinweisen auf bestimmte Persönlichkeitsbereiche und -störungen und nicht zu gesicherten Aussagen berechtigt. Es kommt letztlich darauf an, den Menschen in seiner Interaktion mit seiner Umwelt (Familie und Gesellschaft) zu verstehen und nicht Symptomketten oder Verhaltensweisen isoliert zu sehen.

Wieviel und welche Art von Diagnostik betrieben werden soll, ist abhängig davon, ob ihre Ergebnisse für die anschließende Betreuung des Patienten (z.B. in Form einer Beratung, Therapie, Heimunterbringung) erforderlich sind. Die Diagnostik ist also nur als Entscheidungshilfe (s. Kap. Diagnostische Psychologie) sinnvoll. Der in vielen Institutionen betriebene enorme Zeitaufwand an Diagnostik steht häufig in keinem Verhältnis zu den geringen therapeutischen Möglichkeiten, die man anbieten kann; er erscheint von daher äußerst fragwürdig.

3.2. Die beratende Funktion

Grundsätzlich ist diese Tätigkeit nicht scharf abzugrenzen von der diagnostischen und therapeutischen Funktion. Sie stellt mitunter sogar das Bindeglied zwischen beiden her. Aufgabe der *Beratung* ist es zunächst, den Betreffenden über die Untersuchungsergebnisse klar verständlich zu informieren. Diese Information hat aber gleichzeitig auch therapeutischen Charakter: die Untersuchungsbefunde dienen dazu, ein bestimmtes psychologisches Problem für den Betreffenden transparent zu machen. Der Psychologe tritt im Gespräch in ein Familiengefüge ein, er arbeitet kritische Konflikte heraus, gewinnt Einsichten in komplizierte Partnerbeziehungen und versucht dann eine Konfliktberatung und Entscheidungshilfe demjenigen zu geben, der sich ratsuchend an ihn wendet. Wichtig ist in der Beratung, daß dem Patienten Raum zu aktiver Mitarbeit an der Lösung seiner Probleme gegeben wird. Der autoritär strukturierte Psychologe, der den Patienten bewertend kritisiert, ihn nicht zu Wort kommen läßt, oder ihm seine eigenen Wertvorstellungen aufoktroyiert, fördert nicht, sondern hindert den Patienten daran, eine für ihn positive Einstellungsänderung zu vollziehen. Es kommt darauf an, mit dem Patienten gemeinsam Zusammenhänge und Möglichkeiten der Verhaltensänderung zu erarbeiten.

Ebenfalls in den Rahmen einer psychologischen Beratung gehört die Diskussion der zu ergreifenden Maßnahmen. Hier reichen die Möglichkeiten von einer stationären Aufnahme im einen Fall bis hin zum Versuch der Einflußnahme auf die unzureichenden Wohnverhältnisse einer gesamten Familie. In diesem Bereich wird der klinische Psychologe immer wieder mit der Diskrepanz zwischen den sich aus seiner Diagnostik dringend ergebenden Notwendigkeiten und den begrenzten Möglichkeiten der Behandlung und Rehabilitation in der Realität konfrontiert. Ein kriminell gewordener Heranwachsender gehört eben meist nicht ins Gefängnis, sondern in eine – wie immer geartete – pädagogisch-psychotherapeutische Führung oder Behandlung. Doch die Realisierung dieser Maßnahme ist durch das Mißverhältnis zwischen Angebot und therapeutischer Hilfe und Nachfrage erschwert. Die Diagnostik einer Legasthenie bei einem Schulversager kann mitunter nutzlos sein, da Therapiemöglichkeit (spezielle Nachhilfestunden oder das Training an einer computergesteuerten Lernmaschine) nicht gegeben sind. Der Fantasie und Eigeninitiative des klinischen Psychologen sind auf diesem Gebiet keine Grenzen gesetzt.

Neben der Einzelberatung stellt die Gruppen- und Institutionsberatung einen weiteren Arbeitsschwerpunkt dar. Diese Gruppen (z. B. Jugendämter, Sozialarbeiter, Heime) betreuen außerhalb der klinischen Einrichtungen potentielle Patienten (Problemfamilien, Strafentlassene, Suchtgefährdete). Beratung heißt in diesem Fall gemeinsame Selbsterfahrung im Umgang mit gefährdeten Menschen und die gemeinsame Erarbeitung psychologischer Fragestellungen. In dieser Arbeit liegt für den klinischen Psychologen letztlich auch die Chance, Öffentlichkeitsarbeit und politische Einflußnahme auszuüben. Damit gehört er in die Gruppe all derer, die versuchen, über den eigenen, festgesetzten, tradierten Arbeits- und Aufgabenbereich hinaus sozialhygienisch und sozialpolitisch wirksam zu werden.

3.3. Die Gutachterfunktion

In zunehmendem Ausmaß wird der klinische Psychologe als Sachverständiger tätig. Er wird z. B. herangezogen, bei der Erstellung von Renten- und Entschädigungsgutachten, zu forensischen Gutachten (s. Kap. Forensische und Kriminal-Psychologie); er nimmt gutachterlich Stellung zu Fragen des Aufenthaltsbestimmungsrechts, der Sorgerechtsregelung und der Besuchsregelung bei Kindern aus Problemfamilien oder geschiedenen Ehen. Diese Arbeit wirft eine Fülle von Problemen auf. Zunächst muß der klinische Psychologe, der gutachterlich tätig ist, auf seine Unabhängigkeit vom Auftraggeber (Versicherungsgesellschaft, Justiz in unseren Beispielen) bedacht sein. Er muß sich aber auch gegen die oft rein biologistisch-somatisch ausgerichtete Auffassung des medizinischen Sachverständigen durchsetzen. Daß nur diejenigen Krankheiten, die nachweislich körperlich begründet sind, in unserem Beispiel Schuldfreiheit oder aber Schmerzensgeld erbringen, ist eine weit verbreitete Überzeugung unter Medizinern. Der Psychologe hat die Verpflichtung, über die Fragestellung hinaus, psychologische und gesellschaftliche Hintergründe und Zusammenhänge aufzudecken. Allerdings beginnen die Juristen erst zögernd, die Erkenntnisse von Soziologie, Psychologie und Psychoanalyse zu akzeptieren..

3.4. Die therapeutische Funktion

Das Dilemma beginnt damit, daß der klinische Psychologe für jegliche Form von *Behandlungen* gewöhnlich nicht ausgebildet ist. Andererseits kann ihn die rein diagnostische Tätigkeit auf die Dauer nicht befriedigen. Er muß sich therapeutische Techniken in einer zusätzlichen Ausbildung aneignen, die gewöhnlich neben seiner beruflichen Tätigkeit abläuft und die im extremsten Fall (Ausbildung zum analytischen Psychotherapeuten) fünf Jahre und länger dauern kann und mit erheblichen finanziellen Belastungen verbunden ist. Danach – und dies ist ein berufspolitisches Dilemma – ist der Psychologe nicht berechtigt, seine Behandlungen selbständig durchzuführen. Den Patienten, dem er eine Psychotherapie anbieten möchte, kann er nicht selbständig aussuchen, wobei unterstellt wird, daß die Eignung zu einer solchen Behandlung nur der analytisch ausgebildete Mediziner stellen kann, da angeblich die tiefenpsychologischen und neurosentheoretischen Kenntnisse des Psychologen hierzu nicht ausreichen. 1971 hat sich die kassenärztliche Gesellschaft immerhin dazu durchringen können, für den analytisch-therapeutisch ausgebildeten Psychologen eine Liquidationsmöglichkeit über die Kasse zu schaffen. Allerdings bedeutet das immer noch, daß ein Mediziner, der ebenso wie der Psychologe die Ausbildung zur analytischen Psychotherapie sich zusätzlich erworben hat, ihn zu einer solchen Behandlung ermächtigen muß.

Das Problem jeder Psychotherapie ist ihre Zielsetzung. Die Neurose des Patienten, der sich in Psychotherapie begibt, ist entstanden durch Störungen während seiner Entwicklung, in der Auseinandersetzung mit sich selbst und den eigenen Bedürfnissen einerseits und den Forderungen der Umwelt (Familie und Gesellschaft) andererseits. Immer wieder stellt sich von daher die Frage, wo der Bezugspunkt des

Behandlungsziels – der Gesundung – liegt. Primär gilt es, den Patienten von seinen subjektiv empfundenen Leiden (z. B. der Furcht, sich auf der Straße unter Menschen zu bewegen, dem Zwang, sich viele Male die Hände waschen zu müssen, der Depression) zu befreien. Aber es gibt auch Menschen, die einen Leidensdruck nicht zeigen, die sich nicht krank fühlen und dennoch von der Umwelt als Kranke eingestuft und als behandlungsbedürftig angesehen werden. In diese Gruppe gehören z. B. die nicht seßhaften, vagabundierenden, „arbeitsscheuen", sog. Verwahrlosten. (Gammler, Hippies), wobei es selbstverständlich in dieser Gruppe ebenso wie in anderen auch Kranke und Behandlungsbedürftige gibt. Auch die überwiegende Zahl der Homosexuellen wird in diese Kategorie – krank und therapiebedürftig, aber ohne Empfindung für die eigene Krankheit – eingestuft. Hier stellt sich für den Therapeuten die Aufgabe, Bedingungen zu schaffen, daß der Betreffende in seiner Individualität akzeptiert wird und sich selbst akzeptiert (Aufklärung und Beeinflussung der Umgebung und Gesellschaft).

Im folgenden soll eine Auswahl einiger therapeutischer Verfahren kurz dargestellt werden.

3.4.1. Die analytische Psychotherapie

Diese Behandlungsform hat ihre theoretische Grundlage in Erkenntnissen S. Freud's (1856–1939), die größtenteils auch heute noch verbindlich sind. Weiterentwicklungen erfolgten durch die neoanalytischen Schulen, in Deutschland durch Schultz-Hencke (1892–1953). Theoretisch wird davon ausgegangen, daß unaufgelöste, unbewältigte Konflikte – die ihre Wurzel bereits in der frühen Kindheit haben können – die Symptome hervorgebracht haben und die Neurose ausmachen. Folgt man der Vorstellung Freud's, der die Persönlichkeit des Menschen in drei große Funktionsbereiche (Es-Ich-Überich) einteilt, so kann man die Entstehung von psychischen Symptomen darin sehen, daß es dem Ich, dem bewußten, realitätsorientierten, zwischen den beiden anderen psychischen Bereichen vermittelnden Anteil der Persönlichkeit nicht gelungen ist, Konflikte entweder erfolgreich zu lösen, oder aber erfolgreich zu verdrängen, d. h. unbewußt zu machen. Diese unbewältigten Konflikte entwickeln eine Eigendynamik, sie leben im Unbewußten fort und stören das psychische Gleichgewicht. Die psychische Kraft, die das Bewußtwerden dieser Konflikte verhindert, wird Abwehr genannt; sie äußert sich in dem Widerstand, Verdrängtes, Konflikthaftes ins bewußte Erleben aufsteigen zu lassen. Wird diese Abwehr schwach oder zerfällt, so kommt das Abgewehrte, der Konflikt, in entstellter Form – als Symptom – zum Vorschein.

Der Patient liegt während der Therapie möglichst entspannt auf einer Couch, was den Vorteil hat, daß eigene Einfälle und Gesprächsthemen spontaner geäußert werden als im sonst üblichen sich Gegenübersitzen. Er wird aufgefordert, seine Gedanken, Fantasien und Einfälle frei zu äußern, ungeachtet, ob er sie für unwichtig, fehl am Platz, peinlich, fantastisch etc. hält. Auch Träume oder Vergangenes, momentane Gefühle und Stimmungen – etwa dem Analytiker und der analytischen Situation gegenüber – gehören hierher. Das Einhalten dieser sog. Grundregel, d.h. das Bemühen um größtmögliche Offenheit, ist Grundvoraussetzung der analytischen Therapie. Der Analytiker übernimmt in diesem Bündnis die Rolle des wohlwollend verstehenden Zuhörers, der sich aktiver Beratung, Belehrung, eigener Meinungs- oder Gefühlsäußerungen weitgehend enthält. Im Verlauf der Analyse belebt der Patient Affekte und Gefühle, er entwickelt dem Analytiker gegenüber Verhaltensweisen, die mit FREUD als Neuauflagen früherer Beziehungen den Eltern und Geschwistern gegenüber verstanden werden können. Dieser Vorgang wird als Übertragung bezeichnet. In dem Material, das der Patient in seine Analyse einbringt, kristallisieren sich im Laufe der Behandlung die Widerstände heraus, die sich gegen das Aufkommen konflikthaltiger Inhalte gebildet haben, es werden die Lücken in Wahrnehmung und Erleben des Patienten deutlich. Diese Widerstände (FREUD) und Lücken (SCHULTZ-HENCKE) gilt es für den Patienten zu erkennen, zu erleben, ihre Bedeutung für die eigene Person zu verstehen, um sie dann zu überwinden, d.h. durchzuarbeiten. Bei diesem Prozeß ist der Analytiker durch Deutungen behilflich. Deuten meint zunächst ein Aufmerksammachen auf Zusammenhänge innerhalb der Person des Patienten, die diesem nicht ohne weiteres sichtbar sind. Auf diese Weise soll der Patient Zugang zu seinen unbewußten Motivationen und Bestrebungen bekommen. Es kommt hierbei entscheidend auf die aktive Mitarbeit des Patienten an, auf seine Bereitschaft, sich selbst zu erkennen und sich auch mit den unangenehmen Seiten seiner Persönlichkeit zu konfrontieren. Mit DÜHRSSEN (in SCHRAML, 1970) kann man den Deutungsprozeß derartig definieren, daß ein bestimmter Gefühlsprozeß in Gang gebracht wird, „dessen Abschluß eine harmonische Auseinandersetzung mit seiner eigenen Impuls- und Wunschwelt mit sich bringt und zugleich eine verbesserte bzw. realitätsgerechtere Beurteilung der Umwelt" (S. 394).

3.4.2. Die Gesprächspsychotherapie (GT)

Die GT, die auch als nicht-direktive oder klientzentrierte Therapie bezeichnet wird, wurde in den 40er Jahren von ROGERS in den USA entwickelt und wird derzeit in Deutschland vor allem von TAUSCH und seinen Mitarbeitern vertreten.

Die therapeutische Gesprächssituation wird als Interaktionsgeschehen (In-Beziehung-Treten von zwei oder mehreren Personen mittels Sprache, Mimik, Gestik) angesehen, dessen Merkmale und Bedingungen (s. Therapeuten- und Klientenvariablen) grundsätzlich erforschbar sind. Diese empirische Kontrolle des therapeutischen Geschehens war früh Kennzeichen der GT und hob sie deutlich von anderen Therapiearten, wie z. B. der klassisch-psychoanalytischen, ab.

Grundannahme ist, daß innerhalb der Persönlichkeit eine spontane und autonome Kraft zur Selbstgestaltung und -heilung existiert, d. h. es wird von der grundsätzlichen Überzeugung ausgegangen, daß der Klient (dies ist die Bezeichnung des Patienten bei der GT) unter günstigen psychologischen Bedingungen in der Lage ist, selbständig seine Probleme anzugehen und zu beheben. Die günstigen Bedingungen können durch die gezielte Verwirklichung bestimmter Verhaltensweisen des Therapeuten geschaffen werden. Aus den bisherigen Untersuchungen haben sich folgende Variablen des Therapeutenverhaltens als besonders wichtig für positive Persönlichkeitsänderungen beim Klienten ergeben:

1. Verbalisierung emotionaler Erlebnisinhalte des Klienten: Der Therapeut greift besonders die gefühlsmäßigen Erlebnisinhalte des Klienten auf und teilt sie ihm so mit, wie er sie verstanden hat; eher verstandesbetonte und den Klienten nicht unmittelbar selbst betreffende Inhalte werden also vernachlässigt bzw. der Therapeut ist in solchen Fällen bemüht, dem Klienten die gefühlsmäßige Bedeutung dieser Inhalte näher zu bringen.

2. Positive Wertschätzung und emotionale Wärme des Therapeuten für den Klienten, d. h. die nicht an Bedingungen geknüpfte grundsätzlich positive und akzeptierende Einstellung des Therapeuten, die unabhängig von Verhaltensweisen und Äußerungen des Klienten ist. Gelingt es dem Therapeuten, die oben erwähnten Verhaltensweisen zu verwirklichen, so ermöglicht er es damit dem Klienten, die folgenden Verhaltensweisen, die entscheidend für den Ausgang der Therapie sind, zu zeigen:

a) Selbstexploration: Der Klient spricht über seine augenblicklichen gefühlsmäßigen Erlebnisse, er sucht nach neuen Gesichtspunkten und entdeckt neue Zusammenhänge in seinem Erleben und Verhalten; damit in engem Zusammenhang steht das b) unmittelbare gefühlsmäßige Erleben innerhalb der Therapie („experiencing"); dies ist insofern bedeutsam, als die meisten Probleme des Klienten nur dadurch und nicht distanziert-verstandesmäßig bewältigt werden können.

Das Verhalten von Therapeut und Klient läßt sich – nachdem es auf

Tonband oder Videorecorder gespeichert wurde – auf Schätzskalen nach dem Grad der Verwirklichung der oben erwähnten Variablen einstufen. Diese Methode ermöglicht sowohl eine Kontrolle des Therapeuten (und damit eine Schulung und eine möglichst optimale Verwirklichung guten Therapeutenverhaltens), als auch eine empirische Feststellung solcher Verhaltensvariabeln bei Therapeut und Klient, die zu einem positiven Therapieausgang führen.

3.4.3. Verhaltenstherapien (VT)

VT bezeichnet eine Vielzahl therapeutischer Methoden, deren gemeinsame Grundlage die Ergebnisse der experimentellen Verhaltensforschung, besonders der Lernpsychologie, sind. Ihr Ziel ist eine Veränderung von Verhaltensweisen. Der Begriff „Verhalten" ist dabei sehr weit gefaßt und bezeichnet alle beim lebenden Organismus beobachtbaren Vorgänge (z. B. Sprache, motorisches Verhalten; soziales, sexuelles und Arbeits-Verhalten; süchtiges, zwanghaftes, ängstliches oder überaktives Verhalten etc.). Bei der Veränderung von Verhalten kann man grob zwei Ziele unterscheiden: einmal sollen vorhandene Verhaltensweisen, die störend oder unerwünscht sind, verändert, bzw. beseitigt werden; zum anderen sollen fehlende Verhaltensweisen aufgebaut, d. h. erlernt werden. Grundannahme ist dabei, daß alles Verhalten gelernt ist, also auch Fehlverhalten. Daher gelten die bei normalem Verhalten gefundenen Lerngesetze auch für gestörte Verhaltensweisen und können für deren Veränderung angewendet werden.

In Abhebung von anderen therapeutischen Techniken wird innerhalb der VT das zu verändernde Verhalten direkt angegangen und es wird nicht versucht, Verhaltensänderungen durch den Rückgriff auf frühere oder frühkindliche Erlebnisse oder die Interpretation und Durcharbeitung von Gefühlen zu erreichen.

Grundlage jeder VT ist eine genaue und ausführliche Analyse der zu behandelnden Störung, z. B. des Stotterns (Verhaltensanalyse). Dabei soll die Störung möglichst genau beschrieben und die Häufigkeit ihres Auftretens aufgezeichnet werden: darüberhinaus müssen die ihr vorausgehenden und nachfolgenden Ereignisse festgestellt werden. Diese Verhaltensanalyse ermöglicht die Aufstellung eines genauen, individuell auf einen bestimmten Patienten abgestimmten Therapieplanes.

Im folgenden sollen zwei häufig verwendete VT-Techniken erläutert werden:

1) systematische Desensibilisierung: Mit dieser Technik werden vor allem Ängste und Befürchtungen (Phobien) angegangen, z. B. Examenangst, Angst bei sexuellen Kontakten, Phobien bei bestimmten Tieren. Die angstauslösenden Situationen bzw. Verhaltensweisen werden dabei

in einer Hierarchie von sehr wenig bis extrem ängstigend angeordnet und der Reihe nach in der Fantasie vorgestellt (z.B. von „der Lehrer kündigt eine Klassenarbeit an" bis zu „ich sitze bei einer Klassenarbeit vor meinem Heft und mir fällt überhaupt nichts ein"). Wesentlich ist dabei, daß die jeweilige Vorstellung in einem Zustand tiefer körperlicher Entspannung durchgeführt wird. Hiermit wird erreicht, daß die bisher ängstigende Situation diese ängstigende Wirkung dadurch verliert, daß sie in einer angstfreien Situation (Entspannung) vorgestellt wird.

2) operantes Konditionieren: Mit dieser Technik werden besonders neue Verhaltensweisen gelernt; dies geschieht dadurch, daß über das Belohnen von Ansätzen oder Teilen erwünschter Verhaltensweisen diese allmählich aufgebaut werden.

Ein mutistisches Kind (gezieltes Verweigern der Sprache bei gesunden Sprachwerkzeugen) soll das Sprechen erlernen; dabei wird zunächst jede spontane Lautäußerung systematisch belohnt, z.B. durch Bonbons; durch Münzen, die gegen bestimmte attraktive Dinge eintauschbar sind; durch freundliche Zuwendung des Therapeuten). Durch gezielten Einsatz der Belohnung bei allmählich komplexer werdenden Lautäußerungen werden die zunächst undifferenzierten Laute zu immer differenzierteren und der Sprache ähnlicher werdenden Äußerungen geformt (z.B. von a über au zu Haus), später zu bestimmten Wortverbindungen (einfache Sätze). Damit der Therapeut nicht immer auf das spontane Auftreten des gewünschten Verhaltens zu warten braucht, wird diese Methode meist durch eine andere VT-Technik, das Modell-Lernen unterstützt; für unser Beispiel würde das bedeuten, daß der Therapeut Laute und Wörter vorspricht und alle Wiederholungen von Seiten des Kindes belohnt.

3.4.4. Die psychagogische Behandlung

Vielfach wird heute unter der Bezeichnung „psychagogische Verfahren" eine Fülle der unterschiedlichsten Behandlungsformen subsumiert, die von einer begleitenden und unterstützenden Betreuung und Beratung psychisch gestörter Personen – diese unscharfe Definition von Psychagogik ist weit verbreitet – bis hin zur heilpädagogischen Verhaltenstherapie von Kindern reicht. Psychagogische Behandlung im strengen Sinn meint jedoch ein in einer eigenen Fachausbildung – z.B. an einem psychagogischen oder psychotherapeutischen Institut – erlerntes tiefenpsychologisch ausgerichtetes Verfahren zur Psychotherapie neurotischer Fehlentwicklungen von Kindern und Jugendlichen. Die Methoden sind der Erlebens- und Ausdruckswelt des entsprechenden Entwicklungsalters angepaßt: in der Spieltherapie mit Kindern geschieht die Auseinandersetzung mit und Verarbeitung von seelischen Konflikten auf der vorwiegend unbewußten Ebene des Spiels. Das Kind kann in gestaltendem Spiel seine Ängste und Konflikte darstellen und überwinden lernen und wird dadurch ermutigt, neue Verhaltensmöglichkeiten zu entfalten. Auf eine direkte Verbalisierung und bewußtmachende Deutung kann bei dieser Therapieform weitgehend verzichtet werden. Auch in der psychagogischen Behandlung von Jugendlichen bleiben Spiel und spielerisches Gestalten ein Medium der Auseinandersetzung. Mit zunehmendem Alter tritt die verbale Äußerung von Konflikten und die reflektierende Verarbeitung in den Vordergrund. Die Jugendlichentherapie – obgleich sie nach eigenen Gesetzen abläuft, die noch sehr wenig erforscht und praktiziert sind – nähert sich der analytischen Therapie Erwachsener.

Die bisher beschriebenen therapeutischen Techniken werden in leicht abgewandelter Form auch in Gruppen angewendet. Gruppentherapien haben Einzeltherapien gegenüber den Vorteil, daß in der gleichen Zeit eine größere Zahl von Patienten behandelt werden kann. Die Bedeutung dieses ökonomischen Gesichtspunktes wird klar, wenn man bedenkt, wie gering die Zahl ausgebildeter Therapeuten im Vergleich zur Zahl psychisch Kranker im Augenblick noch ist. Darüberhinaus stellt die therapeutische Gruppe eine soziale Realität dar, in der zwischenmenschliche Beziehungen ähnlichen Gesetzen unterworfen sind wie in Gruppen „draußen", in der Familie, am Arbeitsplatz etc. Zwischenmenschliches Miteinanderumgehen kann in einer therapeutischen Gruppe direkt beobachtet, d. h. kontrolliert und gelernt werden. Es ist allerdings zu betonen, daß die Entscheidung, ob ein Patient in der Gruppe oder einzeln behandelt werden soll in erster Linie von der Art seiner Störungen abhängt.

3.5. Die wissenschaftliche Funktion

Im Vergleich zu allen bisher erwähnten Funktionen des klinischen Psychologen nimmt die Forschungstätigkeit zur Zeit leider noch einen zu geringen Raum ein. Dies ist um so bedauerlicher, als die von ihm verwendeten Methoden – seien es nun diagnostische oder therapeutische – noch keinesfalls die Güte und Effektivität besitzen, daß man sie ohne Skepsis und Zweifel verwenden könnte. Hinzu kommt, daß der Psychologe aufgrund seiner Ausbildung im Vergleich zu anderen im klinischen Bereich tätigen Berufsgruppen zur Forschungsarbeit gute Voraussetzungen mitbringt. Er hat es gelernt, auf wissenschaftliche Weise mit psychologischen Problemen umzugehen und psychologische Fragestellungen quantitativ zu bearbeiten.

Der in der Forschung arbeitende klinische Psychologe wird mit folgenden Problembereichen konfrontiert: 1. mit den von ihm verwendeten diagnostischen Verfahren; in diesen Rahmen gehören z.B. Gültigkeits- und Meßgenauigkeitsüberprüfungen (s. Kap. Diagnostische Psychologie), die Erstellung von Normen für bestimmte Patientengruppen sowie die Entwicklung neuer testpsychologischer Verfahren. 2. beschäftigt sich der Psychologe mit der Überprüfung der Veränderungen, die durch irgendeine Behandlungsform beim Patienten eingetreten sind, d.h. eine Überprüfung der Effektivität von Beratungen und Therapien. Dabei ist es nicht nur wichtig, Art und Ausmaß des Erfolges festzustellen, sondern es muß auch untersucht werden, auf Grund welcher Bedingungen diese Erfolge eingetreten sind. Dies bedeutet eine genaue Analyse der Interaktionsprozesse zwischen Patient und Therapeut, bzw. Proband und Berater.

4. Ausblick

In der klinischen Psychologie besteht z. Zt. eine erhebliche Diskrepanz zwischen der Zahl der Hilfesuchenden und den Möglichkeiten, ihnen zu helfen. Zudem stellen diejenigen, die sich an klinische Institutionen wenden, nur einen geringen Teil aller Hilfsbedürftigen dar. Schließlich kann einem nicht geringen Prozentsatz der Patienten durch die derzeit angebotenen Behandlungsmöglichkeiten nicht oder nur wenig geholfen werden. Aus dieser Situation, die auch für den klinischen Psychologen sehr belastend ist, müssen folgende Konsequenzen gezogen werden: Die Anzahl therapeutisch, diagnostisch arbeitender Psychologen muß erheblich erhöht werden. Die Methoden müssen verbessert und unter stärkerer Einbeziehung soziologischer Faktoren weiterentwickelt werden. Am wichtigsten ist aber sicherlich, vorbeugende Tätigkeit aktiver zu betreiben.

Literatur

SCHRAML, W. J.: Abriß der klinischen Psychologie. Kohlhammer, Stuttgart, 1969 (eine knappe, leicht verständliche Einführung)

SCHRAML, W. J.: Klinische Psychologie. Huber, Bern, 1970 (ein umfangreiches Lehrbuch)

XIV. Forensische und Kriminal-Psychologie

von Rainer Leisner

1. Einleitung

Als kriminell werden alle jene Verhaltensweisen definiert, die gegen gesetzlich kodifizierte, normative Regeln verstoßen. Welches Verhalten in einer Gesellschaft als illegitim betrachtet, mit Strafe bedroht und institutionell verfolgt wird, hängt mithin zunächst von den Soll-Normen ab, die eine Gesellschaft zu gegebener Zeit als gültig bzw. durchsetzungswürdig akzeptiert.

Art und Form der Sanktionen, mit denen diese Normen gegenüber davon abweichenden Individuen durchgesetzt werden, gründen sich darüberhinaus auf einem quasi-psychologischen Vorverständnis menschlichen Handelns, das unter der Voraussetzung individueller Verantwortlichkeit seinen Ausdruck im derzeit gültigen Schuldstrafrecht findet: Aus juristischem Blickwinkel ist die gewollte, bewußt geplante und überlegt durchgeführte Tat die Regel, die nicht-vorsätzliche, ziellose und zufällig begangene Tat die Ausnahme. Allein unter dem Dogma der Willensfreiheit ist Strafe, d.h. Übelzufügung sinnvolle Reaktion auf den Rechtsbruch, allein daher kann sie in Unterordnung unter den Sühnegedanken als zugleich bessernd motiviert werden.

Der „Gegenstand" der Forensischen und Kriminal-Psychologie, nämlich Untersuchung und Behandlung krimineller Individuen, ist vorgegeben. Aus der Kenntnis des normalen menschlichen Verhaltens erwartet man von ihr Aufschlüsse über den in rechtlicher Hinsicht abnormen Teil der Bevölkerung. Das Faktum der Abnormität hat der Psychologe dabei allerdings nicht festzustellen, sondern als juristisch definiert hinzunehmen. Nur aus dieser Sicht ist die bisherige fraglose Unterordnung der „gerichtlichen Psychologie" unter das Recht bzw. unter die Wissenschaft vom Recht verständlich. Damit aber ist der engere Aufgabenkreis der Forensischen Psychologie im traditionellen Sinn deutlich vorgezeichnet: Generell hat sie Hilfsfunktion für die ihr übergeordneten Wissenschaften vom Recht und die staatlichen Instanzen der Rechtsprechung. Diese eindeutige Stellung als angewandte Wissenschaft wird noch verstärkt durch die geschichtlich bedingte Konkurrenz zur Forensischen Psychiatrie, in diesem Sinn ebenfalls eine Hilfswissenschaft. Die historisch verfestigten Implikationen dieser Einordnung der Forensischen und Kriminal-Psychologie bestimmen im wesentlichen auch heute noch ihre Aufgaben und ihre gesellschaftliche Funktion.

2. Aussagepsychologie

Eine der frühesten Anwendungen der wissenschaftlichen Psychologie überhaupt erstreckte sich auf die Untersuchung von Aussagen bei Gericht. Besonders initiiert durch A. Binet und W. Stern wurden seit etwa 1900 Ergebnisse der experimentellen Psychologie, speziell der Wahrnehmungs- und Gedächtnisforschung auf das Problem von Aussagen im Strafprozeß übertragen.

Die Ausgangsfrage einschlägiger Forschungen lautet: Inwieweit können Aussagen von Prozeßbeteiligten einen objektiven Sachverhalt wiedergegeben? Aufgrund welcher Einflüsse variiert der Objektivitätsgrad von Berichten über erlebte Ereignisse?

Die typischen Experimente waren zweifacher Art. Zum einen wurden den Versuchspersonen Bilder oder kurze Filmstreifen vorgelegt. Im Anschluß daran fand ein „Verhör" über die wahrgenommenen Objekte bzw. Vorgänge statt. Durch Variation der Bedingungen, unter denen die Darbietung und Reproduktion des Materials stand, wurde eine Vielzahl von Merkmalen aufgefunden, die zu Differenzen zwischen objektiv vorgegebenem Sachverhalt und subjektiv erlebtem und erinnertem Ereignis beitragen. Neben diese „Laboratoriumsversuche" traten zweitens bald wirklichkeitsnähere Versuchsanordnungen. Hier wurden vor den Versuchsteilnehmern kürzere Szenen vorgespielt, etwa indem ein Assistent des Versuchsleiters in ein Seminar „hereinplatzt" und eine Auseinandersetzung provoziert. Anschließend nahmen dann die Versuchpersonen zu diesem Ereignis Stellung, sei es in Form freier Schilderungen, sei es Beantwortung von Fragen.

Das hauptsächliche Ergebnis dieser Forschungen läßt sich dahingehend zusammenfassen, daß fehlerfreie Aussagen überaus selten sind. Vielmehr sind die Schilderungen verschiedener Beobachter außerordentlich heterogen, bedingt einerseits durch situative Momente (z. B. Instruktion, Form der Schilderung, Zeitabstand zwischen Ereignis und Wiedergabe, Komplexität des Ereignisses), andererseits durch persönlichkeitsspezifische Faktoren (z. B. Interesse, Aufmerksamkeit, Alter, Geschlecht).

Umfang und Bedeutung dieser Forschungsrichtung werden allein aus dem Umstand erhellt, daß aus W. Stern's speziellen Aufsätzen „Beiträge zur Psychologie der Aussage" (1904–1906) die allgemeinere „Zeitschrift für Angewandte Psychologie" (seit 1907) entstanden ist.

Aus den eher experimentell orientierten Anfängen der Aussagepsychologie hat sich eine umfangreiche psychologische Gutachtertätigkeit entwickelt, vor allem nach dem 2. Weltkrieg. Insbesondere zu Sittlichkeitsprozessen, in denen Kinder als Opfer beteiligt sind, wird häufig ein Psychologe oder Psychiater zur Beurteilung der Glaubhaftigkeit von Aussagen beigezogen. Eine wichtige Rolle spielt die Gutachtertätigkeit dann, wenn der Beschuldigte die ihm zur Last gelegten Taten bestreitet und die Zeugenaussagen eine wesentliche oder gar die ausschlaggebende Beweisgrundlage darstellen. Aus der Gutachterpraxis heraus sind wiederum weitere wissenschaftliche Beiträge erwachsen, die in der Regel auf der Grundlage von Einzelfällen eine Verbesserung der Glaubwürdigkeitskriterien anzielen.

Die Bewertung von Aussagen setzt zumindest den Äußerungswillen der betroffenen Zeugen oder Angeklagten voraus. Sofern dies nicht der Fall ist, wird im Bereich der psychologischen Tatbestandsdiagnostik versucht, die einer Tat verdächtige Person gegen ihren Willen zu überführen. Die historisch früheste der einschlägigen Methoden ist der Assoziationsversuch: Die Versuchsperson wird mit Wort-Listen konfrontiert, die eine Mischung aus unverfänglichen und – jeweils auf die Person und den fraglichen Sachverhalt gemünzten – verfänglichen Materialien darstellen. Aus Auffälligkeiten im Verhalten des Beschuldigten soll seine Beteiligung an einer spezifischen Tat erschlossen werden. Nach demselben methodischen Prinzip sind auch jene Verfahren aufgebaut, die anhand motorischer oder physiologischer Verhaltensmerkmale einen Schluß auf mögliche Tatbeteiligung zulassen sollen. Das bekannteste dieser Verfahren ist der fälschlicherweise so genannte „Lügendetektor“: Die Versuchsperson ist an eine Apparatur angeschlossen, die physiologische Meßwerte liefert (s. Kap. Psychophysiologie). Eine Veränderung der physiologischen Reaktionen bei Vorlage kritischer Reize soll auf Tatbeteiligung verweisen.

Zwar hat der Bundesgerichtshof die Verwendung des „Lügendetektors“ im Strafverfahren als unzulässig erklärt, da hiermit gegen den Grundsatz der freiwilligen Äußerung verstoßen wird. Die einschlägigen Untersuchungen – besonders in Amerika, wo der „Lügendetektor“ mit Zustimmung des Beschuldigten eingesetzt werden darf – haben jedoch offenbar die kriminalistischen Methoden „befruchtet“, vor allem die Taktik bei Vernehmungen und Verhören. In der kriminalpolizeilichen Ermittlungsarbeit werden darüberhinaus bisweilen auch andere psychodiagnostische Hilfsmittel benutzt, z. B. graphologische Schriftvergleiche, Verhaltensbeobachtungen oder Tests. Nicht zuletzt haben sich Aussagepsychologie und psychologische Tatbestandsdiagnostik in zahlreichen Veröffentlichungen niedergeschlagen, die auf eine verbesserte Ermittlung von Straftaten und eine raschere Überführung von Straftätern abzielen.

3. Beurteilung von Schuldfähigkeit und Verantwortlichkeit

Das in der Bundesrepublik geltende Strafrecht stammt in seinem Kern aus dem Jahre 1871. Seitdem wurde es in Teilen über 70 mal verändert und neueren Gesichtspunkten angepaßt. Durch das Strafgesetzbuch werden jene Verhaltensweisen mit Strafe bedroht, die das gesellschaftliche Zusammenleben gefährden. Die Strafe, z. B. Geldbuße oder Freiheitsentzug, bemißt sich nach der Schuld, die der Täter durch sein Verhalten „auf sich geladen hat." Entscheidende Voraussetzung für die Strafbarkeit einer Handlung ist die Verantwortlichkeit des Täters für seine Tat. Für die Masse der Straftäter wird zweierlei angenommen: Sie seien erstens zur Einsicht in das Unrechtmäßige ihres Handelns fähig (sog. Einsichtsfähigkeit). Zweitens hätten sie sich für ihre Tat willentlich entschlossen, d. h. gewissermaßen zwischen den Alternativen Unterlassen oder Begehen der Tat entschieden (sog. Willensfreiheit).

Ausnahmen von dieser juristischen Modellvorstellung menschlichen Handelns werden in speziellen gesetzlichen Bestimmungen erfaßt. Zunächst sind Kinder bis zum vollendeten 14. Lebensjahr im Sinne der Strafgesetze nicht verantwortlich für ihre Handlungen. Zum zweiten werden jugendliche und heranwachsende Straftäter nicht nach dem allgemeinen, d. h. für Erwachsene geltenden Strafrecht verfolgt, sondern nach dem Jugendgerichtsgesetz von 1953 (JGG). Für 14 bis 17 jährige, d. h. jugendliche Straftäter wird in § 3 JGG bestimmt:

„Ein Jugendlicher ist strafrechtlich verantwortlich, wenn er zur Zeit der Tat nach seiner sittlichen und geistigen Entwicklung reif genug ist, das Unrecht seiner Tat einzusehen und nach dieser Einsicht zu handeln. Zur Erziehung eines Jugendlichen, der mangels Reife nicht verantwortlich ist, kann der Richter dieselben Maßnahmen anordnen wie der Vormundschaftsrichter". Die Beurteilung des Entwicklungsstandes 18 bis 20 jähriger, d. h. heranwachsender Straftäter wird in § 105 des Jugendgerichtsgesetzes gefordert: „(1) Begeht ein Heranwachsender eine Verfehlung, die nach den allgemeinen Vorschriften mit Strafe bedroht ist, so wendet der Richter die für einen Jugendlichen geltenden Vorschriften der §§ 4 bis 32 an, 1. wenn die Gesamtwürdigung der Persönlichkeit des Täters bei Berücksichtigung auch der Umweltbedingungen ergibt, daß er zur Zeit der Tat nach seiner sittlichen und geistigen Entwicklung noch einem Jugendlichen gleichstand, oder 2. wenn es sich nach der Art, den Umständen oder den Beweggründen der Tat um eine Jugendverfehlung handelt. (2) Das Höchstmaß der Jugendstrafe für Heranwachsende beträgt zehn Jahre."

Eine bedeutsame Ausnahme für Erwachsene macht drittens das geltende Recht in § 51 des Strafgesetzbuches.

„§ 51 (Unzurechnungsfähigkeit; verminderte Zurechnungsfähigkeit)

1. Eine strafbare Handlung ist nicht vorhanden, wenn der Täter zur Zeit der Tat wegen Bewußtseinsstörung, wegen krankhafter Störung der Geistestätigkeit oder wegen Geistesschwäche unfähig ist, das Unerlaubte der Tat einzusehen oder nach dieser Einsicht zu handeln.

2. War die Fähigkeit, das Unerlaubte der Tat einzusehen oder nach dieser Einsicht zu handeln, zur Zeit der Tat aus einem dieser Gründe erheblich vermindert, so kann die Strafe nach den Vorschriften über die Bestrafung des Versuchs gemildert werden."

Nach dem zweiten Gesetz zur Reform des Strafrechts lauten die entsprechenden Formulierungen vom 1.10.1973 an:

„§ 20. Schuldunfähigkeit wegen seelischer Störungen. Ohne Schuld handelt, wer bei Begehung der Tat wegen einer krankhaften seelischen Störung, wegen einer tiefgreifenden Bewußtseinsstörung oder wegen Schwachsinns oder einer schweren anderen seelischen Abartigkeit unfähig ist, das Unrecht der Tat einzusehen und nach dieser Einsicht zu handeln.

§ 21. Verminderte Schuldfähigkeit. Ist die Fähigkeit des Täters, das Unrecht der Tat einzusehen oder nach dieser Einsicht zu handeln, aus einem der in § 20 bezeichneten Gründe bei Begehung der Tat erheblich vermindert, so kann die Strafe nach § 49 Abs. 1 gemildert werden". Eine entscheidende Neuerung bringt viertens die Strafrechtsreform in § 65, der die „Unterbringung in einer sozialtherapeutischen Anstalt" regelt. Die sozialtherapeutische Anstalt soll – anders als das herkömmliche Gefängnis bzw. das inzwischen abgeschaffte Zuchthaus, anders auch als psychiatrische Einrichtungen – mit „besonderen therapeutischen Mitteln und sozialen Hilfen" die „Resozialisierung" bestimmter Täter anstreben. Voraussetzung für eine Einweisung ist u.a., daß „der Täter eine schwere Persönlichkeitsstörung aufweist".

Diese vier gesetzlichen Bestimmungen deuten die wesentlichen Fragen an, die mit Hilfe psychiatrischer und psychologischer Erkenntnisse beantwortet werden sollen: Wann sind die im Gesetz berücksichtigten Sachverhalte von altersgemäßer „sittlicher und geistiger Entwicklung", von „Bewußtseinsstörung", von „krankhafter Störung der Geistestätigkeit" oder „schwerer Persönlichkeitsstörung" etc. gegeben? Deutlicher stellt das urteilende Gericht im Einzelfall seine Fragen an den psychiatrischen oder psychologischen Sachverständigen: War der $16^1/_2$ jährige Täter X, der einen Autodiebstahl mit anschließender Unfallfolge sowie Fahrerflucht begangen hat, „nach seiner sittlichen und geistigen Entwicklung reif genug, das Unrecht seiner Tat einzusehen und nach dieser Einsicht zu handeln"?

Der psychologische Sachverständige begutachtet in der Regel – sofern er bei „Bagatellen" wie im Beispielfall überhaupt befragt wird – den jeweiligen Täter nach Maßgabe der allgemeinen psychodiagnostischen Methoden (s. Kap. Diagnostische Psychologie), d. h. er erstellt in erster Linie ein Persönlichkeitsbild des Täters. Spezielle Verfahren, die auf die gerichtliche Fragestellung gemünzt sind, hat er nicht zur Verfügung. An dieser Stelle kristallisiert sich die Problematik des Gegensatzes zwischen juristischer Verurteilung und psychologischer Beurteilung: Der Psychologe wird normalerweise verstehen können, daß etwa im Beispielfall der Täter als entsprungener Fürsorgezögling subjektiv keine andere Verhaltensalternative als die des Autodiebstahls hatte und nach dem Unfall nichts anderes tun als flüchten konnte. Er wird in der Regel darüberhinaus dem Richter diese Handlungsweise auch verstehbar machen können, falls sie dem Richter nicht ohnehin einsichtig ist, zumal wenn Richter wie Psychologe über die Verhältnisse in deutschen Fürsorgeanstalten orientiert sind (z. B. durch BROSCH, 1971 oder WENZEL, 1970). Der Richter jedoch muß aus seiner ihm zugedachten Funktion aller psychologischen Plausibilität zum Trotz ein Urteil fällen, da von Jugendlichen dieses Alters generell die Einsicht erwartet werden kann – und der Psychologe wird hier nichts anderes sagen können – daß der Diebstahl von Kraftfahrzeugen unrechtmäßig ist. Gegen die psychologische Erklärung steht die juristische Überzeugung daß „der Täter auch hätte anders handeln können, wenn er nur gewollt hätte".

Komplexere und problematischere Grundbeziehungen zwischen Recht und Psychologie in den angeführten Gesetzesbestimmungen können in diesem Fall nur beiläufig angedeutet sein. Sie ergeben sich im wesentlichen aus der Bemühung, strafrechtliche Normen unter Berufung auf psychologische Erkenntnisse durchzusetzen. Oder aber von ihrer Durchsetzung im psychologisch bzw. psychiatrisch definierten Fall des besonderen Täters abzusehen.

4. Psychologie im Strafvollzug

Das Schuldstrafrecht mit seinem Dogma der Willensfreiheit und Verantwortlichkeit des Individuums findet seine konsequente Fortsetzung im Strafvollzug: Die Strafe dient dazu, „die Allgemeinheit zu schützen, dem Gefangenen zu der Einsicht zu verhelfen, daß er für begangenes Unrecht einzustehen hat und ihn wieder in die Gemeinschaft einzugliedern. Der Vollzug soll den Willen und die Fähigkeit des Gefangenen wecken und stärken, künftig ein gesetzmäßiges und geordnetes Leben zu führen" (Dienst-und Vollzugsordnung für den Strafvollzug, DVollzO, Nr. 57). Die Strafvollzugspraxis entspricht der hier erkennbaren Reihenfolge der Vollzugsziele – Schutz der Allgemeinheit, Sühne, Resozialisierung – in betonter Weise. Die beiden ersten Ziele werden durch Einsperrung, Isolierung und weitgehenden Entzug sonst normaler Lebensmöglichkeiten im allgemeinen erreicht, wenn auch nur für die meist begrenzte Dauer des Gefängnisaufenthaltes. Dem Strafzweck der „Resozialisierung" hingegen dient gegenwärtig nur ein Minimum an organisierter Hilfe.

Prinzipiell wird das Verhalten von Häftlingen durch eine Vielzahl von Vorschriften reglementiert. Aus den umfangreichen Bestimmungen der DVollzO seien zwei Beispiele angeführt:

– An Vergünstigungen können Gefangenen unter bestimmten Voraussetzungen („gute Führung", „anhaltender Fleiß" etc.) u. a. gewährt werden: „Aushändigung weiterer Lichtbilder nahestehender Personen, Ausschmücken des Haftraumes mit Bildern oder Blumen, schriftliches Arbeiten, Besitz von Schreibgerät, eigener Bücher, Musikinstrumente und Spiele ..." (DVollzO, Nr. 62). – Der Gefangene verdient durch die – für Strafgefangene zwingend vorgeschriebene – Arbeit nicht, sondern er erhält lediglich „eine Arbeitsbelohnung, wenn er leistet, was von ihm gefordert wird" – in der Regel ein bestimmter Akkordsatz. „Der Gefangene hat auf Arbeits- und Leistungsbelohnung keinen Rechtsanspruch" (DVollzO, Nr. 96). Die Höhe dieser Arbeitsbelohnung beträgt einschließlich der gängigen Leistungsprämien derzeit kaum mehr als durchschnittlich 50,– bis 60,– DM monatlich, wovon der Gefangene zur Bestreitung unmittelbarer Bedürfnisse beim Einkauf etwa die Hälfte bis Zweidrittel erhält. Der Rest wird dem sogenannten Rücklagenkonto für die Entlassung gutgeschrieben. Zwar bemühen sich die Justizminister der Länder bereits seit längerem um eine bundeseinheitliche Reform dieses Punktes, doch ist nicht abzusehen, wann diese eine von vielen dringlichen Veränderungen des Strafvollzugs eintreten wird.

Auf diese knapp angedeuteten Rahmenbedingungen eines Strafvollzugssystems, das auf den Grundsätzen von Zwang, Disziplin und Arbeit fußt, trifft der Psychologe relativ unvorbereitet.

Überraschenderweise nämlich scheint die wissenschaftliche Psychologie kaum Kenntnis genommen zu haben vom gleichsam „natürlichen Experiment", das sich in der Strafanstalt ereignet: Individuen werden extremen Lebensbedingungen unterworfen, die mit den Existenzmöglichkeiten normaler Menschen in Freiheit wenig gemein haben, sie werden „depriviert", indem ihnen wesentliche Daseinsvoraussetzungen sozialer, ökonomischer und sexueller Art vorenthalten werden. Eine kontrollierte Erfassung der damit verbundenen Wirkungen auf das Verhalten von Gefangenen in Haft oder nach ihrer Entlassung ist bisher nicht erfolgt. Insbesondere fehlen noch alle Vergleichsuntersuchungen, die die Wirksamkeit unterschiedlicher Strafmaßnahmen bzw. Vollzugsformen überprüfen. Aus gelegentlichen, relativ unsystematischen Erfahrungsberichten Betroffener (s. Werner, 1969; Scheu, 1971) oder von Strafanstaltspsychologen und -psychiatern wird das Ausmaß der physischen und psychischen Deformation Inhaftierter deutlich. Und daß das postulierte Ziel der „Resozialisierung" nicht erreicht wird, signalisiert allein die Rückfallquote von 60 bis 80%.

In den etwa 300 bundesdeutschen Haftanstalten befinden sich im Jahresdurchschnitt ständig rund 50000 Gefangene, entweder zur Verbüßung einer schon verhängten, rechtskräftigen Strafe (Strafgefangene) oder in Erwartung ihres Gerichtsverfahrens (Untersuchungshäftlinge). Die Zahl der direkt im Strafvollzug tätigen Psychologen ist auf etwa 50 zu schätzen, d.h. im Bundesdurchschnitt kommt ein Psychologe auf 1000 Häftlinge. Dabei ist allerdings zu berücksichtigen, daß die Stellenbesetzung je nach Art des Gefängnisses (Jugendstrafanstalt, Erwachsenenstrafanstalt, Untersuchungsgefängnis oder Vollzugskrankenhaus) sowie nach Bundesland sehr verschieden ist (in Bayern z.B. waren 1969 neun Psychologen im Strafvollzug tätig, in Bremen, dem Saarland und Schleswig-Holstein hingegen keiner).

Die Tätigkeit des Psychologen im Strafvollzug ist in Nr. 26 DVollzO geregelt: „Den in den Anstalten tätigen Psychologen liegt die Mitarbeit an der Persönlichkeitsforschung ob sowie die Zusammenfassung und Auswertung ihrer Ergebnisse. Sie wirken mit beim Aufstellen und Durchführen des Vollzugsplanes, bei der Freizeitgestaltung, bei der Aus- und Fortbildung der Bediensteten sowie möglichst bei der gruppen- und einzeltherapeutischen Behandlung Gefangener". In den entsprechenden Dienstordnungen der einzelnen Bundesländer wird die psychologische Gutachtertätigkeit noch ausdrücklicher an die erste Stelle gesetzt.

Das Schwergewicht der psychologischen Tätigkeit liegt auch im Strafvollzug auf Diagnose und Prognose, insbesondere wenn man die erwähnte Relation von Gefangenen zu Psychologen berücksichtigt. Aufgrund dieses Zahlenverhältnisses können andere als diagnostische Funktionen gar nicht oder nur in Ansätzen wahrgenommen werden. Aber selbst die in der DVollzO vorgesehene Persönlichkeitserforschung wird aufgrund der mangelhaften Personalsituation vor allem in Strafanstalten für Erwachsene nur in einem Bruchteil aller Fälle durchgeführt, wie einer repräsentativen Umfrage in deutschen Strafanstalten zu entnehmen ist (s. MÜLLER-DIETZ und WÜRTENBERGER, 1969). Überwiegend bleibt die diagnostische Erfassung auf Routinefragebögen oder -gespräche beschränkt, die häufig genug von Nicht-Fachleuten durchgeführt werden. Ausführliche psychologische Persönlichkeitsgutachten werden etwas häufiger auf Anforderung durch die vollstreckenden Gerichte erstellt, wenn etwa eine „eingehende Würdigung der Gesamtpersönlichkeit" in Hinsicht auf besondere Vollstreckungsmaßnahmen erforderlich wird, z.B. Verlegung oder vorzeitige Entlassung.

Nur graduell günstiger sind die Verhältnisse in Jugendstrafanstalten, obwohl hier gezielte pädagogische und psychotherapeutische Maßnahmen besonders dringlich erscheinen und in Denkschriften immer wieder gefordert werden. Zwar postuliert das Jugendgerichtsgesetz in § 91 als Ziel des Jugendstrafvollzugs „Erziehung", doch haben in der Praxis strafrechtliche Gesichtspunkte Vorrang vor allen pädagogischen Überlegungen. Ein Beispiel für die unpersönliche, routinemäßige „pädagogische" Behandlung ist das Rapportsystem: Wünsche oder Beschwerden können vom Gefangenen nur nach schriftlicher Anmeldung bei den zuständigen Stellen (Anstaltsleitung, Fürsorge, ärztlicher, pädagogischer oder psychologischer Dienst etc.) vorgebracht werden. Spontane Aussprachemöglichkeiten fehlen nahezu ganz. Nicht selten ist die Pädagogik auf einen traditionellen Schulunterricht beschränkt. Auch für jugendliche Rechtsbrecher lauten die Leitideen der „Behandlung": Sicherheit, Ordnung und Arbeit. Unter diesen Voraussetzungen bleibt die Tätigkeit des Psychologen nicht selten auf eine konsequenzenlose Individualdiagnostik beschränkt. Solange etwa die Berufsausbildung in den Strafanstalten auf landwirtschaftliche und handwerkliche Berufe und Hilfstätigkeiten ausgerichtet bleibt, ist eine gezielte Beratung im Einzelfall überflüssig, da die notwendigen Realisierungsmöglichkeiten fehlen.

5. Beiträge zur Erforschung der Kriminalität

In der Bundesrepublik wurden im Jahr 1970 über 2,4 Millionen Straftaten registriert, Verkehrs- und Staatsschutzdelikte nicht mitgerechnet. 1,16 Millionen dieser bekanntgewordenen Delikte wurden aufgeklärt, wobei die Aufklärungsquote je nach Art der Straftat stark schwankte. So betrug sie bei den Kapitalverbrechen Mord und Totschlag 94%, bei schweren Diebstählen aber nur 24,8%. Fast 65% aller erfaßten Straftaten waren Eigentumsdelikte, also einfacher und schwerer Diebstahl besonders von, aus und an Kraftfahrzeugen sowie Raub. 8% entfielen auf Betrug, Untreue und Urkundenfälschung, 2,2% auf Sittlichkeitsdelikte. Die restlichen 25% verteilen sich auf alle übrigen Straftaten, vom Kapitalverbrechen über den Rauschgifthandel bis hin zur Fahnenflucht. Im Zuge der polizeilichen Ermittlungen wurden etwas über 1 Million Täter gefaßt, davon 67,1% Erwachsene, 25,8% Jugendliche und Heranwachsende sowie 7,1% Kinder.

Die klassische Frage der Kriminalpsychologie richtet sich auf den einzelnen Straftäter: Warum wird ein Individuum straffällig? Wo liegen die Ursachen seiner Kriminalität? Unter welchen Bedingungen verhält es sich normabweichend? Der Begriff „abweichendes Verhalten" steht dabei als Sammelformel für sozial auffällige Verhaltensweisen. Diese schließen Kriminalität mit ein, richten sich jedoch darüber hinausgehend auf strafrechtlich zwar irrelevante, sozial aber relevante Normverstöße wie Prostitution, Alkoholismus u.ä.

Der allgemeine Forschungsansatz besteht darin, Kriminelle und Nicht-Kriminelle einander gegenüberzustellen und nach Unterschieden in ihrer Persönlichkeit zu suchen. Die Annahme ist, daß sich normabweichendes Verhalten auf bestimmte organische, psychische und soziale Merkmale des Rechtsbrechers zurückführen und dadurch erklären lasse.

Eine der früheren einschlägigen Erklärungen ist die Theorie vom „geborenen Verbrecher" (LOMBROSO). Seitdem ist durch Zwillingsuntersuchungen immer wieder versucht worden, die These von der anlagebedingten Kriminalität zu erhärten. Trotz der augenfälligen Beziehung zwischen Gesellschaftsstruktur und Kriminalität (s. zur Jugendkriminalität den Überblick von MOSER, 1970) herrscht in der Forschung der individualisierende Aspekt vor: Faktoren wie körperlicher Konstitution, intellektuellen Defekten, angeborenen oder erworbenen Charaktermängeln, spezifischen Eigenschaften wie Neurotizismus, Extraversion oder Stimmungslabilität, einzelnen sozialen Auffälligkeiten wie Unehelichkeit, Verwaisung, mangelnder Schul- und Berufsausbildung wird kriminogene, d.h. kriminalitätsauslösende oder -verursachende Kraft zugeschrieben. Besonders in den Arbeiten des amerikanischen Ehepaares S. und E. GLUECK (1968) wird deutlich, daß einzelne solcher Faktoren nie, häufig nicht einmal die Kombination mehrerer Merkmale, Kriminalität verursacht. Vielmehr müssen hinsichtlich Ursache und lebensgeschichtlicher Entwicklung mindestens drei Gruppen von Straftätern unterschieden werden:

1. Entwicklungstäter als Hauptgruppe jugendlicher und heranwachsender Straftäter. Kriminalität erscheint hier regelmäßig neben weiteren Anzeichen von gestörter Anpassung, die ihren Anfang in der frühen Kindheit nimmt. In den Sozialisationsbedingungen dieser Täter lassen sich chronische Konfliktquellen aufzeigen, die eine normale Entwicklung vereiteln. Wesentliches Defizit für diese Kinder aus sog. „Problemfamilien" ist die mangelnde stabile Bindung an primäre Bezugspersonen.

2. Konflikt- oder Krisentäter, deren delinquentes Verhalten einen Lösungsversuch aktueller Existenzprobleme darstellt. Die Kriminalität hat hier häufig nur episodischen Charakter, falls sie nicht über die Identifikation mit kriminellen Vorbildern im Strafvollzug und die soziale Abwertung des Vorbestraften den Grundstein einer „kriminellen Karriere" legt.

3. Häufig wird eine dritte Gruppe angeführt, die der „Berufsverbrecher" oder Hang-, Neigungs- und Gewohnheitstäter. Als gemeinsames Merkmal werden regelmäßig angeborene oder erworbene antisoziale

Charakterzüge genannt. Beschreibende Begriffe wie „Psychopathie" oder neuerdings „Soziopathie" sollen die prinzipielle charakterliche Abartigkeit dieser Täter belegen und werden nicht selten in ihrem Erklärungswert überschätzt. So schreibt etwa WITTER (1970): „Soweit es sich bei den psychopathischen Persönlichkeiten um Störende und nicht um Leidende handelt, sind sie definitionsgemäß unter den Kriminellen besonders häufig zu erwarten und auch tatsächlich vertreten. Ja, die intellektuell schwach begabte, gemütsarme oder gemütslose psychopathische Persönlichkeit kann geradezu als ein Grundtypus des Rückfallkriminellen bezeichnet werden. In dieser Sicht können die Bezeichnungen psychopathische und kriminelle Persönlichkeit fast zur Tautologie werden. Wollte man dennoch die typologische Persönlichkeitsdiagnose Psychopathie als Exkulpationsgrund gelten lassen, dann würde die Neigung zur Kriminalität an sich ein Kriterium zur Heranziehung des § 51, und unser Schuldstrafrecht würde in seiner geltenden Form jeden kriminalpolitischen Sinn verlieren" (S. 167).

Dieses Zitat erhellt einmal mehr die grundsätzliche Problematik der Kriminalpsychologie auch in der Ursachenforschung, die sich aus ihrer „hilfswissenschaftlichen" Stellung (s. Einleitung) ergibt: Die Bemerkung, daß der „psychopathische Rückfalltäter" unter den Kriminellen besonders häufig vertreten sei, ist nur dann verständlich, wenn man weiß, daß hier wissenschaftliche Erkenntnisse allein auf gutachterlicher Betätigung basieren, d.h. auf einer ganz besonderen Stichprobe von Straftätern, die keineswegs repräsentativ ist. Der durchschnittliche Kriminelle unterscheidet sich bezüglich der meisten untersuchten Persönlichkeitszüge eben nicht von seinem „konformen Nachbarn" (SACK, 1968).

Noch deutlicher im Zeichen der Anwendung steht die Forschung in einem zweiten Hauptbereich: Hier geht es um die Vorhersage künftiger Straffälligkeit im Einzelfall. Zwei methodische Prinzipien stehen sich gegenüber: Im „statistischen Prognoseverfahren" wird eine quantitative Gewichtung derjenigen Merkmale angestrebt, die in unterschiedlichem Maß Erst- oder Rückfallkriminalität bedingen. Im „klinischen Prognoseverfahren" soll das künftige Verhalten schon delinquenter Individuen durch qualitative Wertung ihres Lebenslaufes mithilfe psychodiagnostischer Methoden vorausgesagt werden. Die praktische Anwendung beider Methoden steht derzeit ganz im Dienst der Strafrechtspflege, wirkt sich also in erster Linie auf das Strafmaß bzw. die Form der Bestrafung aus (z.B. Aussetzung einer Freiheitsstrafe zur Bewährung, Sicherheitsverwahrung). Eine differenziertere Zielsetzung unter Einbeziehung therapeutischer Behandlungsmöglichkeiten scheitert an den Unzulänglichkeiten des Strafvollzuges.

Luchterhand Texte Strafvollzug-Strafverfahren 2 (Vorschriften über Untersuchungshaft und Strafvollstreckung, Dienst- und Vollzugsordnung, Ländervorschriften über Vollzugslockerung, Reformempfehlungen, Erläuterungen zum Strafvollzug). Luchterhand, Neuwied-Berlin, 1969 (Sammlung einschlägiger Gesetzestexte, die das Ausmaß der „Verwaltung" Gefangener und die Grenzen der Psychologie im Strafvollzug verdeutlichen)

MOSER, T.: Jugendkriminalität und Gesellschaftsstruktur. Suhrkamp, Frankfurt, 1970 (Überblick über die wichtigsten soziologischen und psychoanalytischen Erklärungsversuche zur Jugendkriminalität)

SCHEU, W.: Verhaltensweisen deutscher Strafgefangener heute. Schwartz u. Co, Göttingen, 1971 (Erfahrungsbericht eines Betroffenen nach mehr als zehnjähriger Haft)

SCHÜLER-SPRINGORUM, H.: Was stimmt nicht mit dem Strafvollzug? Wegner, Hamburg, 1970 (eine knappe Skizze wichtiger Mängel des Strafvollzugs und der Strafvollzugsreform)

WERNER, W.: Vom Waisenhaus ins Zuchthaus. Suhrkamp, Frankfurt, 1969 (Autobiographie eines „exemplarischen Kriminellen", der die Fragwürdigkeit des Schuldstrafrechts augenfällig macht)

XV. Betriebs- und Werbepsychologie

von Michael Ort

1. Betriebspsychologie

1.1. Einleitung

Als Ergebnis der Rationalisierungsbestrebungen in der Industrie zeigten sich um 1900 erste Ansätze einer Übertragung psychologischer Erkenntnisse auf die Probleme der Industrie. Hugo MÜNSTERBERG prägte für die „Anwendung der Psychologie auf die Probleme des praktischen Lebens" den Ausdruck *„Psychotechnik";* heute steht an seiner Stelle der neutralere Begriff *„angewandte Psychologie"*, oder in engerem Sinne – mehr dem damaligen Forschungsschwerpunkt entsprechend *„Betriebspsychologie"*. Die Ersetzung des ursprünglichen Fachterminus steht für den Wandel der zugrundeliegenden Auffassung vom Menschen, der sich spätestens seit Elton MAYO (s. u.) wenigstens theoretisch vollzogen hat. Man sah um die Jahrhundertwende den Menschen als eine Art „Maschine", deren Leistung behindert wurde durch unnötige Bewegungen, rasche Ermüdung infolge der Ansammlung von Abfallprodukten im Körper und durch Behinderungen aus der physikalischen Umgebung wie schlechte Lichtverhältnisse, Lärm, zu hohe Luftfeuchtigkeit u. ä. und nicht zuletzt durch mangelhafte Beschaffenheit der „Maschine" Mensch selbst.

Entsprechend diesen Vorstellungen galten die Aufgaben der Psychotechnik

1. der Bestimmung derjenigen Eigenschaften der Arbeitskräfte, die zur Erledigung der jeweils in Frage kommenden Tätigkeit optimal sind, was zu der nicht gerade humanen Strategie der reinen Auslese führte,
2. der Vermeidung von Leerlaufbewegungen durch Zeit- und Bewegungsstudien,
3. der Suche nach Mitteln zur Abschwächung von Ermüdungserscheinungen und
4. der Auffindung derjenigen Umweltbedingungen, die ein Maximum an Produktivität garantierten.

1.2. Wissenschaftliche Betriebsführung

Beispielhaft für die „psychotechnische" Vorgehensweise sind die Arbeiten des Begründers der sog. *„wissenschaftlichen Betriebsführung"* („scientific management") Frederic Winslow TAYLOR (1856–1915):

TAYLOR, ein Quäker aus Philadelphia, war Zeit seines Lebens enthusiastisch bemüht, Wege zur Leistungssteigerung zu finden. Als College-Student war er ein begeisterter Baseball-Spieler und studierte intensiv die Technik dieses Spiels, um bessere Ergebnisse erzielen zu können. Er entwickelte die Methode des „Überhandschlags" und erzielte damit so gute Erfolge, daß diese Art, den Ball zu schlagen, schließlich allgemeine Verbreitung fand. Für das Tennisspiel entwickelte TAYLOR einen löffelförmigen Schläger, der sich aber, obwohl er recht effizient war, nicht durchsetzen konnte. Noch vor Beendigung seines College-Studiums beeinträchtigte ein Augenleiden TAYLORS Sehvermögen so stark, daß ein Arzt ihm riet, jeden Gedanken an eine akademische Laufbahn aufzugeben und statt dessen lieber eine Tätigkeit zu erlernen, bei der seine Augen nicht so sehr beansprucht würden. TAYLOR ließ sich daraufhin in verschiedenen technischen Berufen ausbilden und wechselte mehrmals den Arbeitsplatz.

Auch jetzt noch getragen vom Streben nach höherer Leistung, strebte er nach der Verwirklichung folgender drei Grundsätze:

1. Wähle für eine bestimmte Arbeit den geeignetsten Mann aus (Schlagwort: der rechte Mann am rechten Platz)
2. Lehre ihn die für diese Tätigkeit effizientesten Arbeitsmethoden und Bewegungen und
3. Belohne höhere Leistung durch höhere Bezahlung.

Den Grundsätzen 1. und 2. lag die Annahme zugrunde, daß, wie für die Herstellung bestimmter Gegenstände bestimmte Maschinen, so auch für die Ausführung bestimmter Tätigkeiten bestimmte Menschen optimal sind. Grundsatz 3. war für TAYLOR wesentlich, da er der Überzeugung war, daß Geld den einzigen Anreiz darstellt, der einen Menschen zu höherer Leistung anzutreiben imstande ist.

Gelegenheit zur Überprüfung der „Richtigkeit" seiner Grundsätze erhielt TAYLOR, als er eine Stellung bei der Bethlehem Steel Company als „beratender Ingenieur im Management" bekam. Hier beobachtete er sorgfältig die Arbeitsweise von 75 Arbeitern, die mit dem Verladen von Roheisen beschäftigt waren.

Die Durchschnittsleistung der Arbeiter betrug 12 $^1/_2$ Tonnen pro Tag. TAYLOR kam zu dem Ergebnis, daß ein wirklich effizienter Arbeiter einen Tagesdurchschnitt von etwa 48 Tonnen schaffen müßte. Die

Betriebsleitung, der er seine Vorstellungen vortrug, bezweifelte das zwar, ließ ihm aber freie Hand, seine Behauptung zu beweisen. TAYLOR suchte sich für seine Zwecke einen Arbeiter namens Schmidt aus, der ihm als besonders kräftig und fleißig aufgefallen war, und von dem er wußte, daß er äußerst geldgierig war. Diesen Schmidt nun begleitete TAYLOR, nachdem er ihm mehr Lohn in Aussicht gestellt hatte, bei seiner Arbeit, beobachtete ihn minutiös, ließ ihn verschiedene Verladetechniken ausprobieren, gab ihm verschiedene Handwerksgeräte, variierte die Ruhepausen usw., bis er schließlich die effizienteste Verlademethode herausgefunden hatte. Der Erfolg dieser Bemühungen war, daß Schmidt mit der neuen Methode Tag für Tag statt der bisherigen $12^1/_2$ nun $47^1/_2$ Tonnen Roheisen verladen konnte und dies ohne nachzulassen während der folgenden drei Jahre, während derer er unter ständiger Beobachtung blieb.

Die Betriebsleitung war natürlich sehr angetan von TAYLORS Erfolg und ließ von da an alle Verladearbeiten des Werkes nach dessen Methoden vornehmen. Auf diese Weise erzielte die Bethlehem Steel Company eine Reduktion der für das Verladen benötigten Arbeitskräfte von 500 auf 140 Mann, was ihr, obwohl die Arbeiter 60% mehr Lohn erhielten, eine Jahresersparnis von 75000 Dollar einbrachte.

TAYLORS Arbeitsmethoden wurden später weiter verfeinert, insbesondere als durch Zuhilfenahme von Photoapparat und Filmkamera eine bis ins kleinste Detail vollständige Erfassung der Bewegungsabläufe bei der Arbeit eine optimale Ökonomisierung der verschiedenen Arbeitsgänge ermöglichte.

Die Zeit- und Bewegungsstudien erregten schon sehr bald den Widerstand der Arbeiter; sie fühlten sich in ihrer Freiheit noch stärker eingeschränkt, als es bisher schon der Fall war, da ihnen jetzt sogar die einzelnen Arbeitsbewegungen vorgeschrieben wurden, sie lebten in erhöhter Angst, ihren Arbeitsplatz zu verlieren, falls sie den durch die effizientesten Arbeiter gesetzten Maßstab nicht erreichen konnten; sie befürchteten, daß die durch die Ökonomisierung der Bewegungen erzielten Leistungssteigerungen ihrer Gesundheit schaden könnten und sie vor Erschöpfung nach der Arbeit nicht mehr in den Genuß der höheren Löhne kämen, sie fühlten sich ausgebeutet und lediglich als Objekte zur Befriedigung des Profitstrebens der Unternehmer; schließlich befürchteten sie, daß die Lohnerhöhung bei der nächstbesten Rezession wieder rückgängig gemacht würde.

Daß viele dieser Einwände nicht unberechtigt sind, hat sich in der Vergangenheit mehrfach gezeigt. Dies läßt sich daran sehen, daß der Erfolg der „wissenschaftlichen Betriebsführung" daran gemessen wurde, wieviele Arbeitskräfte nach ihrer Einführung entlassen werden konnten; daß die Betriebe weit davon entfernt waren, die Arbeiter ihrer erhöhten Leistung entsprechend zu entschädigen; und daß oft genug in Rezessionszeiten Lohnreduktion und Entlassungen erfolgten.

TAYLORS „wissenschaftliche Betriebsführung" wurde deshalb etwas ausführlicher geschildert, weil gerade sie als Hilfsmittel zur Ausbeutung von Lohnabhängigen eine besonders nachhaltige negative Wirkung erzielt hat: sie zeigt sich noch heute in den Ausleseverfahren vieler Betriebe (s. Personalbegutachtung) und nicht zuletzt auch in den maximal rationalisierten Bewegungsabläufen, z.B. bei Fließbandarbeiten, bei denen sich die Arbeitskräfte in besonderem Maße ihrer Abhängigkeit bewußt werden (s. Kursbuch 21).

1.3. Ermüdungsforschung und Umweltbedingungen

Neben den Zeit- und Bewegungsstudien bildeten weitere Forschungsschwerpunkte zur Steigerung der Produktivität der Arbeitnehmer die Untersuchung der Ermüdungsursachen und deren Bekämpfung sowie die Feststellung der für die jeweils zu erbringende Arbeitsleistung optimalen Umweltbedingungen. Da eine Darstellung der vielen Einzelergebnisse dieser Untersuchungen den Rahmen dieser Schrift sprengen würde, sollen nur einige allgemeinere Resultate herausgegriffen werden:

1.3.1. Ermüdungsforschung

In der Ermüdungsforschung merkte man sehr bald, daß man zwischen verschiedenen Phänomenen zu unterscheiden hatte, wie Erschöpfungszuständen bei schwerer körperlicher Arbeit, Mattigkeit bei geistiger Anstrengung, durch monotone Arbeiten bedingte Sättigungsgefühle oder gar Schläfrigkeit, tageszeitlich bedingte Müdigkeit („Tagesperiodik") etc.

Je nachdem, auf welche Ursachen die Ermüdungserscheinungen zurückzuführen waren, zeigten sich verschiedene Maßnahmen im Sinne der Verhinderung einer Abnahme der Leistung erfolgreich: um nur die wichtigsten zu nennen: man fand heraus, daß bei Einführung von mehreren Kurzpausen während des Arbeitstages die Gesamtleistung trotz verminderter effektiver Arbeitszeit zunahm, d.h. daß die Produktivität so gesteigert wurde, daß die durch die Pausen verlorene Zeit mehr als kompensiert wurde. Auch dem durch die Tagesperiodik bedingten Leistungsabfall konnte man durch jeweils kurz vor einem Leistungstief (z.B. ca. 11.00 Uhr vormittags) angesetzte Pausen die Spitze nehmen; Sättungserscheinungen bei monotonen Arbeiten begegnete man erfolgreich durch z.B. Rhythmisierung der Aufgaben oder durch Abwechslung, letztere zeigte sich besonders effektiv auch bei geistiger Arbeit.

1.3.2. Umweltbedingungen

Bei den Umweltbedingungen variierte man Art und Stärke der Beleuchtung, die Farbgestaltung des Arbeitsplatzes und seiner Umgebung, die Arbeitsraumtemperatur, Luftfeuchtigkeit, Luftbewegung, Einflüsse von Lärm und Musik, aber auch Übersichtlichkeit und Lesbarkeit von Anzeigeinstrumenten, Handlichkeit der zu betätigenden Hebel und Schalter etc. Es zeigte sich dabei zunächst allgemein, daß eine Verbesserung dieser Bedingungen, d.h. in der Regel eine von den betroffenen Arbeitskräften als angenehmer empfundene Veränderung auch zu einer Erhöhung der Arbeitsleistung führte.

1.4. Sozialpsychologie des Betriebes

Eine Wende in der betriebspsychologischen Forschung bedeuteten die Untersuchungen in den Hawthorne-Werken der Western Electric Company, die unter der Leitung von Elton MAYO von 1924–1927 in Chicago stattfanden; sie waren zwar – wie die meisten der damaligen Untersuchungen – geplant zur Erforschung der Wirksamkeit einiger Faktoren der Arbeitsumwelt, zeigten aber so überraschende Ergebnisse, daß sich unter ihrem Einfluß allgemein das Denken bezüglich der Probleme der Betriebspsychologie veränderte. Leistungsfähigkeit und Produktivität wurden nicht mehr einfach als Funktion von Beleuchtung, Ermüdung, Raumtemperatur oder als Funktion der Lohnhöhe (TAYLOR) betrachtet. Fragen der Führerschaft (s. Kap. Sozialpsychologie), der Effektivität von Führungsstilen (s. Kap. Pädagogische Psychologie) und der zwischenmenschlichen Beziehungen („human relations", s.u.) tauchten auf und wurden zu zentralen Forschungsschwerpunkten.

Aufgrund ihrer großen Bedeutung sollen die „Hawthorne-Studien" im folgenden etwas eingehender geschildert werden (nach J.A.C. BROWN, 1954): MAYO und seine Mitarbeiter begannen ihre Untersuchungen mit dem Auftrag, die Auswirkungen verschiedener Beleuchtungsbedingungen bei der Arbeit zu studieren. Sie suchten sich dafür zwei Gruppen von Arbeitern aus. Bei einer Gruppe (Testgruppe) wurde die Beleuchtungsintensität gesteigert, bei der anderen Gruppe (Kontrollgruppe) wurden die alten Bedingungen unverändert beibehalten. Ergebnis: die Arbeitsleistung der Testgruppe und wider Erwarten auch der Kontrollgruppe stieg in gleichem Ausmaß an.

Als die Experimentatoren daraufhin – neugierig geworden – die Beleuchtungsintensität für die Testgruppe auf das ursprüngliche Maß reduzierten, stieg die Leistung noch einmal an.

Es mußte hier also ein Faktor wirksam sein, der die Leistung ansteigen ließ, egal wie die Beleuchtungsbedingungen waren. Um diesen Faktor herauszufinden, wurden weitere Experimente angeschlossen:

Die Forscher suchten sich dafür sechs Arbeiterinnen aus, die damit beschäftigt waren, Telefonrelais zusammenzusetzen. Während der ganzen Experimente, die einige Jahre in Anspruch nahmen, war ein Beobachter im Testraum anwesend, der alle Verhaltensweisen protokollierte, die Arbeitsbedingungen registrierte, die durchschnittliche Stundenproduktion notierte, die Arbeiterinnen über den Fortgang der Untersuchung auf dem laufenden hielt, deren Beschwerden zuhörte und sie zu Verbesserungsvorschlägen anregte, die er alle bereitwillig akzeptierte.

Die verschiedenen Abschnitte der Untersuchung dauerten jeweils zwischen vier und zwölf Wochen und erbrachten folgende Resultate:

1. Unter normalen Bedingungen (48-Stunden-Woche, Samstagsarbeit, keine Ruhepausen) produzierten die Arbeiterinnen 2400 Relais pro Woche.
2. Die Arbeiterinnen mußten für acht Wochen im Akkord arbeiten: die Leistung stieg an.
3. Für einen Zeitraum von fünf Wochen wurden zwei fünfminütige Ruhepausen, eine morgens und eine abends, eingeführt: die Leistung nahm nochmals zu.
4. Die Ruhepausen wurden auf je zehn Minuten verlängert: die Leistung erhöhte sich stark.
5. Es wurden sechs fünfminütige Pausen eingeführt: die Leistung sank etwas. Die Arbeiterinnen erklärten dies damit, daß durch die häufigen Unterbrechungen ihr Arbeitsrhythmus gestört werde.
6. Man kehrte zu den zwei Ruhepausen zurück und teilte während der ersten einen warmen Imbiß aus, der von der Firma kostenlos zur Verfügung gestellt wurde: die Leistung stieg an.
7. Die Gesamtarbeitszeit wurde um eine halbe Stunde verkürzt, so daß die Arbeiterinnen früher Feierabend machen konnten: die Leistung stieg an.
8. Die Gesamtarbeitszeit wurde um eine ganze Stunde verkürzt: die Leistung blieb gleich.
9. Als letzter Schritt wurden alle Vergünstigungen wieder rückgängig gemacht, so daß die Arbeiterinnen wieder unter den Ausgangsbedingungen der Untersuchung beschäftigt waren. Dieser Zustand wurde für zwölf Wochen beibehalten: die durchschnittliche Arbeitsleistung mit 3000 Relais pro Woche war die höchste, die während der ganzen Untersuchung erzielt werden konnte.

Es zeigte sich also auch in diesem Abschnitt der „Hawthorne-Studien", daß das mechanistische Konzept vom Menschen, das eine lineare

Beziehung zwischen Arbeitsbedingungen und Produktivität vorausgesagt hatte, nicht aufrecht erhalten werden konnte.

MAYO nahm zur Erklärung der ständigen Leistungssteigerung an, daß es die veränderte soziale Situation selbst sei, die sich hier auswirke. Eine Befragung der Arbeiterinnen hatte nämlich ergeben, daß sie es als angenehm empfanden, nicht mehr unter der strengen Kontrolle des Meisters zu stehen, sondern statt dessen unter der viel freizügigeren Überwachung des Beobachters, der sie mitbestimmen ließ, ihre Meinung – selbst wenn es sich um vielleicht unberechtigte Vorwürfe handelte – immer akzeptierte, sie nicht zur Arbeit antrieb und sich auch nicht daran störte, wenn sie sich bei der Arbeit unterhielten. Besonders durch letzteres bekamen die Arbeiterinnen viel engeren Kontakt zueinander, die Atmosphäre wurde gelöster und es zeigte sich eine veränderte (positivere) Einstellung zum Betrieb.

Als die Untersuchungen in ähnlicher Weise auf das ganze Werk ausgedehnt wurden, zeigte sich eine neue Überraschung: es gab Abteilungen, die unter den verschiedenen Arbeitsbedingungen stets die gleiche Leistung erbrachten. Selbst wenn Anreize in Form von höherer Bezahlung gesetzt wurden, zeigte sich keine Produktivitätssteigerung.

Bei näherer Untersuchung dieses Phänomens fand man heraus, daß sich in diesen Abteilungen spontane Gruppen (informelle Gruppen) gebildet hatten. In diesen bildeten sich Normen (s. Kap. Sozialpsychologie), die sowohl die Produktivität als auch die Interaktion der Gruppenmitglieder beeinflußten, und die von allen Mitgliedern dieser Gruppen eingehalten werden mußten. Nichteinhalten der selbstgesetzten Standards wurde sofort durch die anderen Gruppenmitglieder bzw. deren Führer mit negativen Sanktionen bedacht (Beschimpfen, Ächtung o.ä.).

Bei einer anderen Gruppe des Werkes zeigte sich, daß die selbstgesetzten Standards sich auch produktionssteigernd auswirken können. Diese Gruppe lag in ihrer Leistung stets etwa ein Drittel höher als die anderen Gruppen. Der Grund dafür war, daß sich die Mitglieder dieser Gruppe als eine Art Elitegruppe fühlten; sie waren stolz darauf, mehr zu leisten als die anderen.

1.4.1. Human-Relation-Bewegung

Als die Ergebnisse der Hawthorne-Studien bekannt geworden waren, setzten die Betriebspsychologen alles daran, Methoden zur Beeinflussung der informellen Gruppennormen zu entwickeln. Man ersann Mittel zur Herstellung eines die Effektivität begünstigenden, gelockerten sozialen Klimas und versuchte durch Analyse der Eigenschaften und Verhaltensweisen der Führer besonders erfolgreicher Gruppen eine

Grundlage für die Schulung und Ausbildung von Führungskräften zu schaffen.

Unter dem Schlagwort „Seid nett zueinander“ bildete sich besonders in Amerika ein neuer Zweig innerhalb der Betriebspsychologie aus, die *„human relations“-Bewegung,* die mit ihrem *„human relation training“* neue Wege zur Lösung sozialer Konflikte innerhalb der Betriebe, zur Schulung von Führungskräften etc. beschritt.

Die beiden verbreitetsten Methoden des „human relation training“ sind das Sensitivitätstraining und das Rollenspiel.

1.4.1.1. Sensitivitätstraining

Beim *Sensitivitätstraining* treffen sich Gruppen von ungefähr zwölf Personen über einen Zeitraum von zwei oder mehr Wochen täglich für zwei bis drei Stunden. Es handelt sich dabei um Angehörige verschiedener Abteilungen eines Betriebes, die sich nach Möglichkeit nicht untereinander kennen sollten, damit nicht Statusdifferenzen die Gruppenatmosphäre stören.

Das Wesen des Trainings besteht in einer Gruppendiskussion, in der alle Teilnehmer ihre persönlichen Probleme, Erfolge, Frustrationen, Fehler, persönlichen Differenzen etc. zur Diskussion stellen. Das Thema der Diskussion spielt dabei eine untergeordnete Rolle; Hauptsache, es wird möglichst offen diskutiert.

Die Gruppenteilnehmer sollen durch die Besprechung und Kritik ihrer Probleme und die Diskussion der Probleme der Anderen lernen, sich selbst kritischer gegenüberzustehen, vor allem aber sich in die Lage der Anderen hineinzuversetzen und deren Gedanken und Gefühle nachzuvollziehen. Damit soll schließlich eine Änderung der Einstellungen und Verhaltensweisen gegenüber den Arbeitskollegen im Betrieb erreicht werden, die geeignet ist, eine bessere Arbeitsatmosphäre zu schaffen. Dieser Prozeß der Einstellungsänderung ist allerdings nicht einfach in Gang zu setzen. Einstellungen sind in die Persönlichkeit und das Selbstbild des Individuums integriert, und eine Kritik der Einstellungen bedeutet daher immer auch eine Kritik der Person selbst. Die dadurch entsehenden Unsicherheitsgefühle und Ängste erregen einen heftigen Widerstand in der betroffenen Person, der sich meist in Aggressionen nach außen äußert und die Bereitschaft zur Einstellungsänderung blockiert. In den weiteren Gruppensitzungen wird dieser Widerstand zu brechen versucht, was im Erfolgsfall häufig eine Wendung der Aggressionen nach innen zur Folge hat, die ihrerseits die Änderungsbereitschaft fördern helfen. Daß eine solche Radikalkur, die einer Gehirnwäsche nicht unähnlich ist (s. E.H. Schein, 1964), psychische Schäden zur Folge haben kann, im besten

Fall aber einer Manipulation der Psyche gleichkommt, wird von den Befürwortern des Sensitivitätstrainings mit folgenden Argumenten verharmlost (nach TANNENBAUM, WESCHLER und MASSARIK, 1961):

1. Veränderungen der Einstellungen von Personen würden nur dann hervorgerufen, wenn diese Personen selbst mit gewissen Aspekten ihres Verhaltens unzufrieden seien; wenn jemand die Psyche verändere, dann seien es die Betroffenen selbst, der Trainer leiste nur die notwendige Hilfestellung.

2. Der Trainer sollte feinfühlig genug sein, zu merken, wann eine Person in Gefahr ist, ernsthaften Schaden zu erleiden; er habe dann die Möglichkeit, der Person zu helfen durch Unterstützung während der Gruppensitzung, durch psychotherapeutische Beratungen etc. Außerdem sei bisher noch von keinem Nervenzusammenbruch infolge „human relation training" berichtet worden (!!!).

Unnötig darauf hinzuweisen, daß es sich bei einer Einstellungsänderung, die aufgrund massiven Druckes der Gruppenmitglieder zustande kam, kaum um eine freiwillige Entscheidung handeln dürfte, und daß nicht jede psychische Schädigung von einem Nervenzusammenbruch begleitet sein muß, sondern oft so subtil ist, daß sie von außen gar nicht bemerkt werden kann.

1.4.1.2. Rollenspiel

Eine vergleichsweise harmlosere Methode zur Erzielung von Einstellungsänderungen stellt das Rollenspiel dar, bei dem die Kritik nicht direkt gegen die Person geht, sondern mehr gegen die Rolle, von der man sich gegebenenfalls distanzieren kann.

Beim *Rollenspiel* wird eine hypothetische Konfliktsituation geschaffen, in welcher verschiedene Personen die Rolle anderer Leute spielen müssen. Nach ein paar Minuten wird das Spiel unterbrochen, und die Teilnehmer diskutieren ihre Gefühle und Einstellungen. Dadurch soll einer Person ermöglicht werden, zu reagieren wie ihr Untergebener, ihr Vorgesetzter etc., um auf diese Weise ein größeres Verständnis für die Lage und das Verhalten des Betreffenden zu gewinnen und sich selbst distanzierter zu sehen.

Als Hilfe zur praktischen Durchführung des Rollenspiels in der Industrie wurden eine Reihe von Fällen entwickelt, die gutausgewogene Konfliktsituationen darstellen. Es ist üblich, immer auch einige Situationen spielen zu lassen, die aus anderen Berufen als vom Spieler ausgeübt stammen, um ein Überwiegen von gewohnten Entscheidungen zu Lasten der gewünschten Spontaneität zu vermeiden. Die Fälle enthalten in der Regel zwei Instruktionen, eine für jede Seite des Konflikts.

Diese Instruktionen weisen den Spieler in die Situation ein und zeigen ihm, welche Rolle er zu übernehmen hat. Jeder Spieler erhält nur seine eigene Instruktion, über die seines Partners wird er nicht informiert.

Die Gefahr, die in den beiden beschriebenen Methoden liegt, ist, daß sie im allgemeinen – falls sie überhaupt eine Wirkung erzielen – dazu mißbraucht werden, die Einstellungen und Meinungen der Trainingsteilnehmer in Richtung der kapitalistischen Einstellungen der Führungsschicht zu verändern. Getreu dem „seid nett zueinander" werden innerbetriebliche Konflikte nicht mehr offen ausgetragen; an ihre Stelle tritt die Verschleierungstaktik einer heilen Welt, in der es Aufgabe eines jeden ist, durch Denkverzicht Ruhe und Ordnung, vor allem aber ein Maximum an Produktivität aufrecht zu erhalten.

Von den wenigen Untersuchungen über die Wirksamkeit des „human relation training" wird denn auch in mehreren Lehrbüchern der Industrie-Psychologie folgende angeführt (z.B. in TIFFIN und McCORMICK, 1965): Eine Gruppe Nähmaschinenlehrer erhielt ein achtstündiges „human relation training"; eine weitere Gruppe Nähmaschinenlehrer (Kontrollgruppe) erhielt keine besondere Schulung. Die technischen Aspekte des Maschinennähens und dessen Lehrmethode wurden nicht verändert.

Ergebnis: Arbeiter, die von geschulten Lehrern im Maschinennähen unterrichtet wurden, lernten wesentlich schneller und erreichten viel größere Fortschritte als die Arbeiter der Kontrollgruppe.

1.5. Berufsberatung – Personalbegutachtung – Personalauslese

Die Menschen unterscheiden sich hinsichtlich ihrer körperlichen und geistigen Fähigkeiten, der fachlichen Voraussetzungen und der Interessen. Da es sehr viele Berufe gibt (über 20.000 verschiedene Berufe wurden schon 1950 in der BRD registriert), die jeweils verschiedene Fähigkeiten und Kenntnisse voraussetzen, sind diese interindividuellen Differenzen sehr nützlich. Gäbe es sie nicht, so wären Berufe mit höchstem Prestige und Lohn jeweils überfüllt und weniger attraktive Berufe würde niemand mehr erlernen wollen. So aber ergibt sich aufgrund dieser Differenzen schon eine relativ gute Verteilung auf die verschiedenen Berufe. Viele lassen sich aber bei ihrer Berufswahl eher von Modeströmungen als von wirklichen Interessen und Begabungen leiten, weil sie oft über sich selbst nicht genau genug Bescheid wissen. Daß dies zu einer ständigen Enttäuschung in dem falsch gewählten Beruf führen kann, liegt auf der Hand.

1.5.1. Berufsberatung

Aufgabe des Psychologen in der *Berufsberatung* ist es, solche Enttäuschungen vermeiden zu helfen – nicht nur im Interesse dessen, der die Berufswahl treffen soll. Der *beratende* Psychologe versucht mit Hilfe von Begabungs- und Interessentests die Eignungsstruktur des Probanden herauszufinden und schlägt ihm danach verschiedene Berufe vor, von denen er annehmen kann, daß sie für den Probanden geeignet sind. Er besitzt auch Kenntnisse über das Verhältnis offener Stellen der betreffenden Berufe zu der Nachfrage nach diesen Berufen. Da es ganz selten Personen mit einer extrem einseitigen Eignungs- und Interessenstruktur gibt – diese Ausnahmen würden wohl auch kaum einen Berufsberater aufsuchen – kann der Berufsberater meistens auf einen Beruf ausweichen, der sowohl in bezug auf Sicherheit des Arbeitsplatzes als auch Zufriedenheit optimal – wenn auch selten ideal – ist; im konkreten Fall könnte das heißen, daß einem Probanden, der z.B. an sozialer Tätigkeit interessiert und für sie geeignet ist, statt zum Psychologen zum Sozialarbeiter geraten wird, da in letzterem Beruf das Angebot an freien Stellen wesentlich größer ist (bei nahezu gleicher Bezahlung).

Das eben entworfene Bild des Berufsberaters stellt leider bis jetzt noch die idealtypische Forderung an ihn dar, da ihm durch die Beschränktheit seines Handwerkszeugs bei der Bestimmung der Grenzen und Möglichkeiten der Probanden lediglich Annäherungen an die Wirklichkeit gelingen können. Der Exaktheitsgrad der Voraussagen des Berufsberaters und damit seiner Beratungen ist primär davon abhängig, wie genau die zu messenden Merkmale erfaßt werden können und in welchem Grade diese Merkmale für den ihnen zugeordneten Beruf tatsächlich wesentlich sind. Ersteres fällt in den Problemkreis der psychologischen Diagnostik (s. Kap. Diagnostische Psychologie); die für einen bestimmten Beruf wesentlichen Anforderungen werden durch eine möglichst detaillierte Analyse der in diesem Beruf auszuübenden Tätigkeiten und deren Voraussetzungen bestimmt. Es gibt Berufe, deren Anforderungen so einfach sind (z. B. Handlangerdienste), daß nahezu jeder Proband zu seiner Ausübung befähigt ist; Meßprobleme bezüglich der Anforderungen dürften hier wohl kaum zu erwarten sein. Andere Berufe wiederum verlangen ganz spezifische Fähigkeiten (z.B. Uhrmacher ...), deren Bestimmung sehr exakte Analysen erforderlich macht. Am problematischsten ist die Bestimmung von relativ unspezifischen Anforderungen wie sie etwa bei der Ausübung sozialer Tätigkeiten erforderlich sind. Ein Beispiel soll zeigen, wie sehr hier die Meinungen auseinander gehen können: befragt man verschiedene Psychologen, welchen Anforderungen ein Bewerber für das

Studium der Psychologie mit dem Ziel psychotherapeutischer Betätigung genügen soll, so erhält man u.a. folgende Aussagen: jeder Abiturient ist grundsätzlich zu diesem Beruf befähigt ..., bes. Menschen mit sozialen Problemen sind für solche Berufe geeignet, da sie sich am besten in andere einfühlen können ..., neurotische Menschen sind am besten geeignet (Sigmund FREUD war selbst neurotisch) ..., nur extrem wenig neurotische und weit überdurchschnittliche intelligente Personen sind zu einem solchen Beruf befähigt (elitäre Position).

1.5.2. Personalbegutachtung und Personalauslese

Die der Berufsberatung gestellten Aufgaben werden von der modernen Psychologie auch mehr und mehr als die Aufgabe des in der *Personalbegutachtung* eines Betriebes tätigen Psychologen angesehen; auch er sollte sich darum bemühen, die individuelle Interessen- und Begabungsstruktur des Stellenbewerbers festzustellen und ihn danach – unabhängig von den Interessen des Betriebes – zu beraten. Unabhängig heißt dabei, dem Bewerber das für ihn Beste zu raten, selbst wenn es gegen die Betriebsinteressen sein sollte. In der Regel wird dies nicht der Fall sein, da durch erhöhte Zufriedenheit des Arbeitnehmers mit seiner Tätigkeit seine Produktivität zunimmt, seine Fehlleistungen abnehmen und auch weniger Arbeitsplatzwechsel auftritt; es treten aber auch Fälle auf, in denen ein Bewerber, von dem eine geringere Produktivität zu erwarten ist als von einem anderen, diesem anderen – entgegen den Betriebsinteressen – vorgezogen werden sollte, etwa weil seine persönliche Problematik die betreffende Stelle für ihn unentbehrlich macht und der andere mehrere Stellen in Aussicht hat, so daß für ihn eine Absage leichter zu verkraften wäre. Grundsätzlich müßte aber natürlich auch hier die Befähigung zur Ausübung der betreffenden Tätigkeit und – wenn möglich – das Interesse an ihr gewährleistet sein. Letzteres dürfte allerdings nur bei Mittelschichtberufen möglich sein, da kaum anzunehmen ist, daß z.B. ein Arbeitnehmer, der sich aus einer ökonomischen Zwangssituation heraus um eine Betätigung an einem Fließband bewirbt, Interesse an dieser Arbeit haben wird.

Leider hat sich der beratende Standpunkt bei der Personalbegutachtung bis heute noch nicht durchsetzen können; wahrscheinlich, weil die Betriebspsychologen selbst in einem Abhängigkeitsverhältnis zu ihrem Betrieb stehen und daher jede Entscheidung, die gegen die Betriebsinteressen gerichtet ist, vermeiden, ja sich oft mit diesen Interessen identifizieren.

Da die Bewertung der Personalbegutachtungstätigkeit der Betriebspsychologen durch die Betriebsführung erfolgt, liegt im allgemeinen der Bewertungsmaßstab fest: die Personalbegutachtung soll zu einer Auslese derer führen, die ein Maximum an Qualität und Effektivität der Arbeitsleistung garantieren; dem entspricht denn auch die heute leider noch allgemein angestrebte Strategie der „reinen Auslese", die schon von F. W. TAYLOR (s. o.) propagiert wurde: das Grundprinzip für die zu treffenden Ausleseentscheidungen ist hier die maximale Qualifikation für einen bestimmten Arbeitsplatz. Es werden stets die Besten aus den verfügbaren Arbeitskräften ausgewählt, wobei nur die Eignung für den speziellen Arbeitsplatz, nicht die gesamte Eignungsstruktur interessiert. Was mit den „Nichtgeeigneten" geschieht, ist deren eigene Sache; selten, daß sie wenigstens über ihr Abschneiden informiert werden.

Wenn in Zeiten der Hochkonjunktur nicht nur nach diesem Prinzip ausgelesen werden kann, da ein Überangebot an offenen Stellen zur Einstellung auch weniger geeigneter Leute nötigt, so bedeutet das noch lange nicht eine Wende zu humaneren Ausleseprinzipien. Dies zeigt sich sehr rasch, wenn in der folgenden Rezession unabhängig von der jeweils individuellen Problematik die schwächsten Arbeitskräfte entlassen werden, weil der Unternehmer seinen Profit gefährdet sieht.

1.6. Arbeitssicherheit

Der Beitrag der Psychologie zur Förderung der Arbeitssicherheit besteht in der Hauptsache aus folgenden Aufgaben:

Analyse der Ursachen von Unfällen, Unfallverhütung, Sicherheitserziehung und die Erforschung der psychischen Auswirkungen von Unfällen zur Verhinderung langzeitiger negativer Folgeerscheinungen.

1.6.1. Ursachen von Unfällen:

In der Erforschung der Unfallursachen lassen sich zwei Hauptrichtungen charakterisieren: die eine legt den Schwerpunkt auf die menschlichen bzw. psychologischen Faktoren, die andere sieht die Unfallursachen eher in den Bedingungen der Umwelt, wie technische Mängel, ungenügende Sicherheitsmaßnahmen etc. Die lange Zeit vertretene Meinung, es gäbe einen ganz bestimmten Persönlichkeitstyp, den Unfäller, der aufgrund seiner vom „normalen" Menschen unterschiedenen Persönlichkeitsstruktur besonders zu Unfällen neige, hat sich in den untersuchten Gebieten (Aktivität, Intelligenz, Emotionalität, Konzentrationsfähigkeit u. a.) nicht nachweisen lassen. Mehr Einfluß zeigte sich bei veränderlichen Faktoren wie Mißstimmung, Ermüdung, Alkoholeinfluß, um nur einige zu nennen. Nicht gering zu achten ist die Erhöhung der Unfallwahrscheinlichkeit durch soziale Einflüsse, die beispielsweise in einem gestörten Verhältnis zwischen Arbeitskollegen, zum Vorgesetzten, zum Ehepartner gegeben sind; auch Unzufrieden-

heit mit der Arbeit, dem Verdienst, den Aufstiegsmöglichkeiten konnten in diesem Sinne als wirksam nachgewiesen werden.
Zwei eindeutig festgestellte Gruppen von Unfallursachen stellen die physiologischen und die psychologischen Mängel dar; zu ersteren sind beispielsweise zu rechnen Farbenblindheit, verminderte Sehschärfe, Gehörstörungen, Störungen der nervlichen Funktionen etc., zu den psychologischen Mängeln zählen ungenügende Erfahrung mit dem Arbeitsmaterial, ungenügende Kenntnis der Arbeitsverfahren sowie der Sicherheitsvorschriften.

Insgesamt betrachtet hat die Gruppe der menschlichen bzw. psychologischen Faktoren bei weitem den größten Anteil am Zustandekommen von Unfällen (meist wird diese Gruppe unter dem Schlagwort „menschliches Versagen" zusammengefaßt), es folgen dann mit relativ weitem Abstand die technischen Mängel (z.B. nicht verdeckte Getriebe, rotierende Werkzeuge, sich lösende Teile, ausströmende Gase, Versagen der Bremsen u.a.), ungenügende Sicherheitsmaßnahmen (s.u.) und störende Umweltbedingungen (z.B. verschmutzte Luft, Lärm, irritierendes oder ungenügendes Licht, extreme Temperaturen, unübersichtlicher oder unbequemer Arbeitsplatz).

1.6.2. Unfallverhütung:

Verhältnismäßig klar sind die Maßnahmen, die solche Unfälle verhindern sollen, die durch technische Mängel oder störende Umweltbedingungen verursacht sind; es müßten nämlich nur die betreffenden Mängel beseitigt werden. Da aber oft genug bei den technischen Fragestellungen innerhalb der Betriebe (z.B. Anschaffung bzw. Neuanschaffung von Maschinen etc.) die Aufgabe im Vordergrund steht, Möglichkeiten zur Steigerung der Leistungsmenge und -genauigkeit zu schaffen, wird immer wieder zu wenig berücksichtigt, daß Maschinen, die auf die effektivste Produktion ausgerichtet sind, nicht notwendigerweise mit der größtmöglichen Sicherheit zu bedienen sind.

Auch die physiologischen Mängel sind relativ problemlos wirkungsvoll zu bekämpfen; beispielsweise durch kompensatorische Maßnahmen (z.B. Brille, Hörgerät ...), oder falls eine Kompensation nicht möglich ist, durch Beschäftigung der betreffenden Arbeitskräfte mit Tätigkeiten, bei deren Ausübung der Mangel keine nachteilige Wirkung hat. Entsprechendes gilt für die Verhinderung negativer Auswirkung psychologischer Mängel, die meist durch eine umfassende und vorbeugende Arbeitsunterweisung behoben werden können.

Den menschlichen Faktoren unter den Unfallursachen, die nicht auf ausgesprochene Mängel zurückzuführen sind, kann man durch Sicherheitserziehung beizukommen versuchen; leider wird dies bisher nur im

Bereich des Straßenverkehrs in größerem Maße betrieben. In den Betrieben scheut man oft vor den Kosten, die eine solche Sicherheitserziehung mit sich bringen würde zurück und begnügt sich meist mit dem Anbringen von Warnschildern, Plakaten mit Unfallabbildungen u. ä. Aus diesem Grunde liegen auch über die Wirksamkeit sicherheitspädagogischer Maßnahmen innerhalb von Betrieben noch recht wenige Untersuchungen vor; diese wenigen allerdings sprechen für eine große Effektivität der Sicherheitserziehung: In einer Untersuchung von Ewell (1955) z. B. ging die Frequenz der Arbeitsunfälle während einer länger dauernden intensiven Sicherheitskampagne von 30 Unfällen pro 1.000 Arbeitsstunden auf 1,01 Unfälle pro 1.000 Arbeitsstunden zurück.

1.6.3. Rehabilitation:

Ein in den letzten Jahren immer stärker vordrängendes Teilgebiet der Betriebspsychologie befaßt sich mit der Rehabilitation, d. h. der beruflichen und menschlichen Wiedereingliederung von Menschen, die durch Unfälle und deren Folgeerscheinungen (z. B. Amputation eines Körpergliedes) eine so starke psychische Schädigung erlitten haben, daß es ihnen schwerfällt oder gar unmöglich wird, aus eigener Kraft darüber hinwegzukommen. Oft ist das Selbstvertrauen solcher Personen derart erschüttert, daß Depressionszustände und Lebensunlust die Folge sind. Aufgabe des Psychologen ist es, den Rehabilitanden aus ihrer gesellschaftlichen Isolierung herauszuhelfen und ihnen neues Selbstvertrauen zu vermitteln.

2. Werbepsychologie

Wesentliches Merkmal einer kapitalistischen Wirtschaftsstruktur ist der hohe Anteil der Werbung am Bruttosozialprodukt (in der BRD waren es 1964 schon 2,35%); dieser Aufwand, der in der Regel allein auf den Verbraucher abgewälzt wird, dient zur Gewährleistung eines von Bedürfnisschwankungen des Konsumenten unabhängigen Profits.

Die Tätigkeit des Psychologen in der Werbung umfaßt zum einen die Entwicklung und Erprobung vergleichsweise harmloser Mittel zur Aufmerksamkeitsweckung für ein bestimmtes Produkt, wobei vor allem Erkenntnisse aus der Wahrnehmungspsychologie (s. Kap. Wahrnehmung) nutzbar gemacht werden (Wirkung von Kontrast, Größe, Intensität und Qualität von Farben etc.), aber auch, – in neuerer Zeit in immer stärkerem Umfang Appelle an Interessen und Triebe; zum andern befaßt sich der Werbepsychologe mit der Feststellung beim Verbraucher vorhandener Bedürfnisse, mit dem Herausfinden der

Eigenschaften eines bestimmten Produktes, die von der Zielgruppe am ehesten bevorzugt werden, und mit der Ermittlung der zum Kauf führenden Beweggründe *(Motivforschung)*. Methodisch wird das in der Regel mittels Fragebogenaktionen und Interviewerhebungen gemacht.

Würden die hierbei gewonnenen Ergebnisse und Einsichten zur Grundlage der Schaffung von, den echten Bedürfnissen der Verbraucher entsprechenden Produkten gemacht, wäre dies ein Weg, der nicht nur Fehlinvestitionen verhindern könnte, sondern auch zu einer erheblichen Einsparung an Werbungskosten führen würde, was wiederum beides dazu beitragen könnte, das Preisniveau des Endproduktes zu senken.

Meist aber verläuft heute die werbepsychologische Praxis dem entgegen: von seiten der Industrie besteht ein Bedarf nach höherer Produktion (egal ob das zu Produzierende nützlich ist oder nicht), und die Werbemittel werden aktiviert, um beim Verbraucher ein Bedürfnis nach dem Produzierten zu wecken. Mit anderen Worten, der Werbepsychologe, dessen Existenz von Aufträgen aus der Industrie abhängig ist, wird oft dazu veranlaßt, seine Motivforschung als Bedingung der Möglichkeit zu bestreiten, neue – der Über- bzw. Fehlproduktion angepaßte Bedürfnisse zu schaffen.

Konkret sieht das so aus: Hat man z. B. herausgefunden, daß Bewunderung von Männlichkeit (wie immer sie definiert sei) bei Frauen weit verbreitet ist und dementsprechend bei Männern der Wunsch, männlich zu erscheinen, so kann man dadurch, daß man in der Werbung ständig suggeriert, daß das Rauchen einer bestimmten Zigarettenmarke Männlichkeit symbolisiere, ein neues Bedürfnis (nach dieser Zigarettensorte) unter Ausnutzung des vorhandenen Bedürfnisses (nach Männlichkeit) schaffen. Genau dies aber bezeichnet einen Aspekt dessen, was man gemeinhin als Konsumterror bezeichnet: ein unnützes, ja sogar schädliches Produkt wird durch Assoziation mit einem bestehenden Bedürfnis propagiert.

Daß die mit diesem Beispiel gekennzeichnete Vorgehensweise eine allgemein verbreitete Praxis darstellt, ließe sich durch viele Beispiele belegen; erwähnt sei aber noch eine ähnlich weit verbreitete Werbemethode, bei der selbst davor nicht zurückgeschreckt wird, die im Menschen vorhandenen Ängste zu aktivieren und für Werbezwecke nutzbar zu machen: eine Rasierwasserfirma wirbt mit dem Slogan ‚tun Sie es (im Sinne von: schenken Sie es ihm) bevor es eine Andere tut‘ – das Rekurrieren auf eine Tendenz zur Eifersucht bzw. Angst vor Verlust des Partners ist eindeutig, die Angst soll zum Kauf zwingen. Oder: man denke an die vor einigen Jahren angelaufene ‚Krawattenmuffel-Kampagne‘, bei der die Angst davor, ‚outsider‘ zu sein, weidlich zur Absatzsteigerung von Krawatten ausgenutzt wurde (s. hierzu den ausgezeichneten Bericht von Klaus Horn in „Manipulation der Meinungsbildung", 1971).

Um Mißverständnissen vorzubeugen: verurteilt wird hier nur der Mißbrauch, der mit den in der Werbung liegenden Möglichkeiten getrieben wird, nicht die Werbung oder die Tätigkeit des Werbepsychologen per se; die Weckung schon latent vorhandener Bedürfnisse, die nach einer Erleichterung oder Verbesserung der Lebensbedingungen ausgerichtet sind, kann man nicht unbesehen verwerfen; es gibt genügend Fälle, in denen so etwas sinnvoll sein kann. So wird kaum etwas dagegen einzuwenden sein, daß durch die Herstellung von und Werbung für z.B. elektrische Küchenhilfen, Telephone, Fernsehapparate ... ein Bedürfnis nach diesen geweckt wurde.

Nur sollte der Werbepsychologe im kritischen Bewußtsein seines Einflusses auf die Gesellschaft um eine humanere Anwendung seiner Wissenschaft kämpfen.

Literatur

Bornemann, E.: Betriebspsychologie. Gabler, Wiesbaden, 1967 (eine relativ ausführliche und klare Darstellung des gegenwärtigen Standes der Forschungen auf dem Gebiet der Betriebspsychologie)

Mittenecker, E.: Methoden und Ergebnisse der psychologischen Unfallforschung. Deuticke, Wien, 1962 (ein guter und umfassender Bericht, der seinen anspruchsvollen Titel zu Recht führt)

Benesch, H.: Wirtschaftspsychologie. Reinhardt, München, 1962 (ein leicht verständlicher Überblick über die neuere Werbe- und Wirtschaftspsychologie)

XVI. Beruf (Psychologie in Studium und Beruf)

von C. F. Graumann, F. Weinert und M. Amelang

Sind das Verstehen, die Vorhersage und die Kontrolle des Verhaltens nach Auffassung vieler Psychologen zentrale Aufgabe der wissenschaftlichen Psychologie, dann ist es überraschend, wie wenig sich die Psychologen um dasjenige Verhalten gekümmert haben, das mit den Begriffen Studium und berufliche Praxis der Psychologie zu kennzeichnen ist. Erst in den letzten Jahren, mit dem raschen Anstieg der absoluten und relativen Zahl der Psychologiestudierenden und den damit auftauchenden Ausbildungsproblemen, wurde eine Reihe von Analysen in Angriff genommen, die die bestehenden Informationslükken zu schließen beginnen (z.B. AMELANG und TIEDEMANN 1971; FISCH et al. 1970; HOYOS 1965; ORLIK et al. 1971; SATERDAG et al. 1971). Auch über die konkrete berufliche Praxis des Psychologen liegt erst mit dem von BENESCH und DORSCH (1971) herausgegebenen Band eine ausführliche Übersicht vor. Schließlich hat sich die Deutsche Gesellschaft für Psychologie, die Vereinigung der in Lehre und Forschung tätigen psychologischen Wissenschaftler, entschlossen, alle zwei Jahre anläßlich ihrer Kongresse einen Bericht über die Lage der Psychologie erstatten zu lassen (vgl. GRAUMANN 1973, HERRMANN 1974, PAWLIK 1975, FEGER 1977). Damit wird es künftig Verantwortlichen möglich sein, auch auf die Fragen eine Antwort zu geben, die Studienanfänger der Psychologie bezüglich des Studiengangs und der beruflichen Praxis stellen.

Zum Abschluß dieses „Steckbriefes“ sollen derartige Fragen formuliert und in Kürze beantwortet werden. Wir haben diese Fragen in vier Komplexe gegliedert: (1) die Beziehung zwischen wissenschaftlichem Studium und beruflicher Praxis, (2) Forderungen und Erwartungen an die Psychologie, (3) die berufliche Situation des Psychologen und (4) Forderungen des Psychologen an die Gesellschaft. Im Anhang soll schließlich die neue Rahmenprüfungsordnung für das mit dem Diplom abschließende Studium der Psychologie wiedergegeben werden.

1. Die Beziehung zwischen wissenschaftlichem Studium und beruflicher Praxis

Die Motivation von Abiturienten, Psychologie zu studieren, richtet sich z. T. auf das vermeintlich interessante Studium selbst, z. T. auf eine vermeintlich befriedigende berufliche Tätigkeit. Über beide Tätigkeiten bestehen jedoch nur wenige klare, zumindest aber einseitige, Vorstellungen. Zwar wird nach den jüngsten Untersuchungen von Fisch et al. (1970) und Amelang und Tiedemann (1971) das sachliche bzw. wissenschaftliche Interesse als Hauptbeweggrund, Psychologie zu studieren, genannt, und nur knapp 3 bzw. 5 Prozent geben persönliche Probleme bzw. die Popularität des Faches als Motiv an. Bedenklich stimmt aber, daß dieselben Befragten von den anderen behaupten, daß sie zu fast einem Fünftel wegen persönlicher Schwierigkeiten bzw., weil es modisch ist, Psychologie studierten. Zu den meistgenannten Beweggründen, Psychologie zu studieren, wird außerdem das soziale Interesse, das Bedürfnis nach sozialem Engagement genannt.

Sicherlich spielen die Vorkenntnisse der Abiturienten eine Rolle bei der Studienwahl: sie liegen zumeist in der populären psychoanalytischen Literatur, woher oft das Fehlurteil stammt, die Psychologie habe es in erster Linie mit krankhaftem Seelenleben zu tun, wie denn überhaupt der Laie die „Psycho-Disziplinen“ Psychologie, Psychiatrie, Psychosomatik, Psychoanalyse, gerne vermengt. Tatsächlich ist die klinische Psychologie, zu der die Psychoanalyse zu zählen ist, nur eines von zur Zeit zwischen acht und zehn psychologischen Prüfungsfächern. Was im Verlauf des im Regelfall zehnsemestrigen Psychologiestudiums, das mit der Diplomhauptprüfung abschließt und durch eine Diplomvorprüfung halbiert wird, an Fächern bzw. Wissensgebieten angeboten wird, kann den vorangehenden Kapiteln entnommen werden. Zu ergänzen bleibt, daß die Kapitel 1–9 das normale Lehrangebot für die (ersten fünf =) Vordiplomsemester repräsentieren (obgleich Sozialpsychologie vorerst noch am Ende des Studiums geprüft wird). Die Kapitel 10–15 stehen für die sogenannten Hauptdiplomfächer. Daran ändert sich nach dem Inkrafttreten der neuen Prüfungsordnung (s. Anhang) nur soviel, daß (a) Sozialpsychologie Fach der Diplomvorprüfung wird und – vor allem – (b) der Studierende der höheren Semester eine Wahlmöglichkeit im Sinne einer Schwerpunktsbildung hat, je nachdem welche Berufsausübung er anstrebt. Diese Änderung gegenüber der alten Prüfungs- und Studienordnung, die etwa im Bundesland Baden-Württemberg schon durchgeführt und mit einem entsprechenden Studienplan inhaltlich ausgefüllt ist, impliziert eine Kritik am Bestehenden. Der „Breitband-Psychologe“, der „von allem etwas studiert, ist nicht so auf die berufliche Praxis vorbereitet wie derjenige, der exemplarisch vertiefend Psychologie in Hinblick auf eine mehr pädagogische“, eine „klinische“ oder eine „wirtschaftliche“ Praxis oder aber auf eine Forschungstätigkeit hin studiert (Hoyos und Tack 1970).

Aber auch mit der neuen Prüfungsordnung wird noch das Problem zu bewältigen sein, das in der Beziehung zwischen wissenschaftlichem

Grundstudium und beruflicher Praxis besteht. Sein Kern liegt in der Diskrepanz zwischen reiner Forschung und alltäglicher Praxis. Diese Diskrepanz resultiert, kurz gesagt, daraus, daß in der experimentellen Untersuchung, als dem Paradigma psychologischer Forschung überhaupt, die problematische Situation, etwa im Labor, rigoros vereinfacht und in dieser Reduzierung gegenüber dem Alltag ebenso rigoros vom Experimentator kontrolliert wird. Dem stehen in der alltäglichen Praxis gegenüber die oft unüberschaubar komplexen Bedingungen menschlichen Verhaltens und eine – wenn überhaupt so zu bezeichnende – mannigfache, oft in sich widersprüchliche „Kontrolle" (s. WEINERT 1969). Mit anderen Worten beruhen psychologische Gesetze, Theorien und allgemeine Aussagen oft auf „reinen" Fällen, die dem, was praktisch-alltäglich der Fall ist, nicht klar erkennbar entsprechen. Umso wichtiger wird für den Studierenden, der sich vor allem mit den wissenschaftlichen Methoden vertraut machen muß, deren Grenzen zu erkennen und Verfahren kennen zu lernen, die, wenngleich weniger „exakt", auch konkrete Alltagssituationen zu analysieren gestatten. Der jüngste Trend zu „ökologischen" und „naturalistischen" Methoden kommt diesem Interesse entgegen. Schließlich hat die berufliche Praxis in Klinik, Beratung, Erziehung, Personalarbeit, Verkehrs- und Arbeitssicherheit etc. ihre je eigenen Gesetze, die sich nicht unbedingt aus der wissenschaftlichen Psychologie herleiten lassen. Sie machen vielmehr eine Praxeologie der Praxis aus, in die prinzipiell politische, ökonomische, technische, soziologische und psychologische Kategorien eingehen, die jedoch noch weitgehend ungeschrieben ist. Sie kann auch nicht fertig geschrieben werden, da Praxis nichts Gegebenes ist, sondern als Möglichkeit der Psychologie, in die Gesellschaft hineinzuwirken, ständig neu kritisch überprüft und geschaffen werden muß. Daß dies nicht nur außerhalb und unabhängig von Lehre und Forschung an den Universitäten geschieht, muß die ständige Sorge der Lehrenden und Lernenden bleiben.

2. Forderungen und Erwartungen an die Psychologie

Begriffe wie Emanzipation, Chancengleichheit, lebenslanges Lernen, Resozialisation etc. sind Schlagwort gewordene verbale Markierungen innerhalb der leidenschaftlich geführten, aktuellen gesellschaftskritischen und bildungspolitischen Diskussion. Neue Modelle der Vorschulerziehung, des Schulaufbaues, der Berufsausbildung, der Hochschulreform, der Arbeitsorganisation, der Heimerziehung, des Strafvollzugs, des Städtebaues, der Umweltgestaltung und der Hilfe für psychisch Kranke werden entwickelt und erprobt. In diesem Zusammenhang stößt man immer wieder auf Forderungen und Erwartungen an die Psychologie als der Wissenschaft vom menschlichen Verhalten und Erleben.

So sieht z. B. der 1970 vorgelegte Strukturplan für das Bildungswesen der BRD ein umfassendes System institutionalisierter Bildungsberatung vor. Dieses soll sich in Schullaufbahnberatung, Berufsbildungsberatung und individualpsychologische Beratung gliedern. Im Hinblick auf die zuletzt genannte Aufgabe heißt es wörtlich:

„Individuelle Lern- und Verhaltensschwierigkeiten können sehr verschiedene Ursachen haben (Akzeleration, Umwelteinflüsse, die Lockerung der familiären Bindungen, Leistungsdruck, Aversion, Kontaktarmut, Fehler und Versäumnisse des gesellschaftlichen Systems). In Institutionen und Gruppen werden die Schwierigkeiten und Konflikte, die Sorgen und Nöte des Einzelnen häufig nicht oder nicht genügend wahrgenommen. Hier zu helfen, ist die Aufgabe der individual-psychologischen Beratung. Diese wird in manchen Fällen psychotherapeutisch bestimmt sein" (S. 93).

Voraussetzung für eine wissenschaftlich seriöse Befriedigung derartiger gesellschaftlicher Bedürfnisse ist die Entwicklung von Theorien, in denen die vielfältigen Bedingungs-Wirkungs-Zusammenhänge zwischen sozialen, institutionellen und individuellen Faktoren so beschrieben und erklärt werden, daß daraus praxisrelevante Handlungsanweisungen abgeleitet werden können. Davon sind die Psychologie und die anderen Sozialwissenschaften gegenwärtig noch weit entfernt.

Der praktisch tätige Psychologe ist deshalb allzu häufig gezwungen, wissenschaftliche Erkenntnisse und Verfahren unter problematischen Bedingungen anzuwenden und Lücken der Forschung durch persönliche Erfahrungen zu kompensieren. So entsteht in der Öffentlichkeit leicht das Bild einer allmächtig-ohnmächtigen Wissenschaft, die in universaler Fragestellung Beiträge zur Lösung der sozialen und persönlichen Probleme verspricht, ohne die daran geknüpften Erwartungen im konkreten Einzelfall stets erfüllen zu können. Die Folgen davon sind ein unreflektiertes Nebeneinander von Wissenschaftsgläubigkeit und Skepsis, von Hoffnung auf die erhellende, ja erlösende Wirkung psychologischer Methoden einerseits und Furcht vor der unkontrollierten Macht der „Seelenschnüffler" andererseits.

So wäre denn das Image der Psychologie und der Psychologen in der öffentlichen Meinung mehrdeutig, widersprüchlich und undifferenziert? Ein solcher Eindruck könnte nicht verwundern, wenn man bedenkt, daß die Psychologie jahrhundertelang teils spekulativ im Rahmen der Philosophie, teils als handfeste, gewinnträchtige praktische Menschenkenntnis betrieben wurde, daß die empirisch-wissenschaftliche Psychologie erst auf eine knapp hundertjährige Geschichte zurückblicken kann und daß in unserem Land bis zum heutigen Tag die Berufsbezeichnung „Psychologe" ungeschützt ist (nicht hingegen: „Diplom-Psychologe“!), so daß sich jeder „Briefonkel“, jeder Scharlatan, jeder Geschäftemacher ungestraft so nennen kann.

Trotz dieser eher mißlichen Umstände belegt eine Reihe von empirischen Untersuchungen, daß das Bild des Psychologen in der öffentlichen Meinung nicht unbedingt ein negatives ist. Hofstätter (1965) erkundete z. B. die Vorstellungen, die sich Nichtpsychologen von Psychologen machen. Zum Vergleich wurden das Selbstverständnis der Psychologen und ihre Meinung über die Urteile der Nichtpsychologen erfragt. Die folgende Tabelle zeigt die Reaktionen auf einige in Fragebogenform vorgelegte Behauptungen über die Psychologie.

Die in der Tabelle zusammengefaßten Ergebnisse erlauben mindestens drei Schlußfolgerungen:

Zum einen wird die Psychologie von Nichtpsychologen insgesamt gesehen durchaus positiv bewertet; zum zweiten unterscheiden sich die

Behauptung	Befragte P (51) %	PNP (50) %	NP (99) %
18. Psychologie ist eine brotlose Kunst (Ja)	14	58	7
14. Psychologie ist ein Modestudium (Ja)	58	88	38
5. Wegen eigener Schwierigkeiten kommen immer mehr Leute auf die Idee, Psychologie zu studieren (Ja)	70	86	4[illegible]
21. Psychologiestudenten sind verschrobener als andere Studenten (Ja)	34	72	25
9. Psychologie ist eine ernstzunehmende Wissenschaft (Nein)	12	52	5
32. Die meisten Psychologen bekommen später selbst einen »Tick« (Ja)	32	78	34
23. Psychologiestudenten verlieren durch ihr Studium ihre Natürlichkeit (Ja)	18	80	38
26. Weil sie selbst nicht durchschaut werden wollen, benehmen sich Psychologen so undurchsichtig (Ja)	26	70	31
29. Psychologen beschäftigen sich zuviel mit den Privatangelegenheiten anderer Leute (Ja)	32	80	42
25. Psychologen werden in ihrem Studium zu Sachlichkeit und Logik erzogen (Nein)	28	76	43
20. Psychologen betrachten andere Menschen als Versuchskaninchen (Ja)	28	70	40
19. In der Praxis können die Psychologen mit all ihren Theorien nichts anfangen (Ja)	18	54	28
Mittel	31	72	31

Tab. 1: Prozentualer Anteil von Stellungnahmen zu einigen Behauptungen über die Psychologie, geäußert von Nichtpsychologen (NP), von Psychologen (P) und von Psychologen als vermutliche Urteile von Nichtpsychologen (PNP) [nach Hofstätter 1965, S. 255].

Urteile von Psychologen und Nichtpsychologen nur unwesentlich voneinander (vgl. auch FÜRNTRATT 1969), und haben sich, wie die Resultate einer 1977 durchgeführten Replikationsstudie zeigen, weiter angeglichen. Schließlich befürchten Psychologen offenbar eine weitaus kritischere Einstellung gegenüber ihrem Fach und ihrer Tätigkeit. Es sieht demnach so aus, „als fürchteten die Psychologen, ihre nichtpsychologischen Partner könnten gemerkt haben, wie sehr bei ihrem beruflichen Selbstbild ein Wunsch Pate gestanden habe. Sie übersehen dabei freilich, daß ihre Partner selbst von dem Wunsche geleitet werden, das im Psychologen anzutreffen, was sie in ihrem eigenen Lebenskampfe nötig zu haben vermeinen" (HOFSTÄTTER 1965, S. 269).

Dieser Befund wurde kürzlich durch eine Schweizer Untersuchung in vollem Umfang bestätigt: In einer repräsentativen Bevölkerungsstichprobe erwachsener Deutsch-Schweizer fanden VONTOBEL und RIES (1969), daß 74% aller Befragten die spezifischen psychologischen Tätigkeitsgebiete richtig erkannten, wobei sie die Bedeutung der diagnostischen und beratenden Funktion sowie die Nähe zu pädagogischen, psychiatrischen und seelsorgerischen Aufgaben besonders hervorhoben.

Der gesellschaftliche Bedarf an Psychologen und die notwendige öffentliche Forderung dieser Wissenschaft wurden überwiegend bejaht. Plausibel erscheint weiter, daß das Bild des Psychologen mit zunehmendem Alter der Befragten verschwommener wird, daß die Kenntnisse über und die Kontakte zu Psychologen mit steigender Sozial- und Bildungsschicht zunehmen und daß bessere Kenntnisse und engere Kontakte wiederum das Bild des Faches und seiner Vertreter positiv beeinflussen.

Ähnlich wie in der von HOFSTÄTTER durchgeführten Untersuchung zeigte sich allerdings wiederum, daß sowohl Psychologiestudenten wie praktisch tätige Psychologen das Bild ihrer Disziplin in der Öffentlichkeit falsch einschätzen. Viele von ihnen vermuten, als unwissenschaftlich, unseriös und wenig kompetent gehalten und vom Nichtpsychologen nicht ganz ernst genommen zu werden.

Da diese für Psychologen eigentlich fatale Fehldiagnose der öffentlichen Meinung auch schon für die Studenten des Fachs charakteristisch ist, können die negativ akzentuierten Erwartungen nicht als Folge von Erfahrungen, d.h. als Ergebnisse berufsspezifischer Lernprozesse interpretiert werden. Naheliegend erscheint es vielmehr, dieses verzerrte Spiegelbild als Projektion, d.h. als eine Nachaußenverlagerung eigener Unsicherheiten, Ängste und Konflikte zu deuten. Vielleicht erklärt dieses gestörte Verhältnis zur Öffentlichkeit z.T. auch eine gewisse Unzufriedenheit vieler praktisch tätiger Psychologen mit ihrer beruflichen Situation.

3. Die berufliche Situation des Psychologen

Die Fülle der von der Gesellschaft artikulierten psychologischen Aufgaben, die große Anzahl neugeschaffener beruflicher Positionen, die Zunahme der Studentenzahlen und die Steigerungsrate publizierter Forschungsergebnisse kennzeichnen die Psychologie international wie national als eine typische Wachstumswissenschaft. Ihre Expansion übertraf und übertrifft viele seit langem etablierte Natur- und Geisteswissenschaften. So erhöhte sich z. B. in der Bundesrepublik die Zahl der Psychologie-Studenten während der vergangenen 25 Jahre wie folgt:

1951/52: 831; 1961/62: 2016; 1965/66: 6152; 1969/70: 8279. Durch die seit Anfang der 70er Jahre auf alle Ausbildungsstätten der Bundesrepublik und West-Berlins ausgedehnten Zulassungsbeschränkungen wurden einer derart stürmischen Entwicklung gewisse Grenzen gesetzt. Dennoch stieg die Zahl der Studierenden weiter und betrug im Sommer-Semester 1971 11 000, im Winter-Semester 1973/74 12 934, davon etwa 45% weiblichen Geschlechts.

Fast ebenso expansiv entwickelte sich in dem entsprechenden Zeitraum die Zahl examinierter Vertreter des Faches. Während in unserem Land vor und nach dem letzten Krieg nur wenige in diesem Beruf tätig waren, schätzt man die Zahl praktizierender Psychologen für 1969 auf 5500 (Amelang & Tiedemann 1971), für 1973 bereits auf ca. 9000 (bislang unveröffentlichte Erhebungen von Amelang & Schröder an 2044 Absolventen des Zeitraumes 1969 – Frühjahr 1973). Damit aber scheint ungefähr die Versorgungsdichte der Bevölkerung mit Psychologen, die sich aufgrund internationaler Vergleiche, besonders mit den USA, günstigenfalls auf 17 Psychologen pro 100 000 Einwohner beläuft, schon erreicht zu sein! Der Fehlbestand von 6500 Psychologen, den Laucken & Schick (1971) noch feststellten, wäre demnach durch die hohen Absolventenzahlen der letzten Jahre in etwa bereits gedeckt, und ihre Prognose, daß „Psychologen, die zur Zeit ihr Studium beginnen . . ., nicht mehr sicher mit einem Arbeitsplatz im Beruf rechnen (können)" vor dem Hintergrund des verfügbaren Zahlenmaterials und der gegebenen Vergleichsmaßstäbe keineswegs unbegründet.

Eine gewisse Bestätigung mag diese These aus den folgenden Fakten erfahren, die in der Zusammenschau gesehen werden sollten. Eine Auszählung und qualitative Kategorisierung der Stellenangebote für Psychologen, die in drei psychologischen Fachzeitschriften[1] während des Zeitraums von 1969 bis 1976 erschienen, ergibt die in den Abb. 1 und 2 veranschaulichten Entwicklungsverläufe.

Wie ersichtlich, ist ganz allgemein von 1974 auf 1975 und noch stärker

[1] Wir danken dem Verlag für Psychologie C. J. Hogrefe, Göttingen, für die Überlassung der entsprechenden Jahrgänge von „Psychologische Rundschau", „Zeitschrift für Entwicklungs- und Pädagogische Psychologie" sowie „Zeitschrift für Klinische Psychologie"

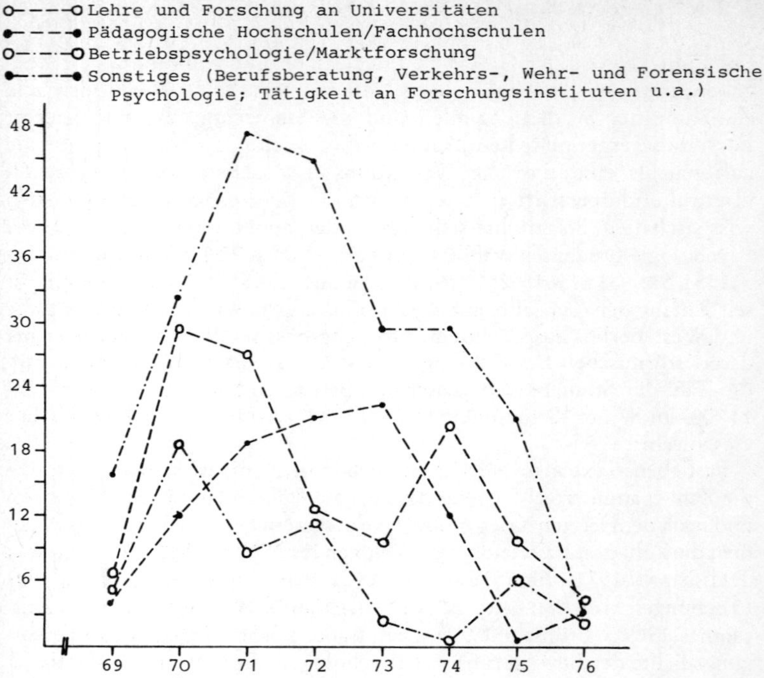

auf 1976 ein rapider Rückgang an Stellenangeboten zu verzeichnen (der schwerpunktmäßig für einzelne Tätigkeitsfelder schon früher einsetzt), nachdem schon für die Jahre 1971 bis 1974 Anzeichen einer gewissen Sättigung zu registrieren sind. Inwieweit der Rückgang durch die wirtschaftliche Rezession (mit-)bedingt ist, entzieht sich der Beurteilung; auf jeden Fall scheinen diese Umstände zu einigen Schwierigkeiten auf dem Arbeitsmarkt für diplomierte Psychologen geführt zu haben: Wie Abb. 3 erkennen läßt, verlaufen die der Bundesanstalt für Arbeit gemeldeten Zugänge an Stellenangeboten auf der einen, Zugänge an Stellengesuchen auf der anderen Seite bis ca. 1973/74 angenähert parallel, wohingegen sie für die letzten Jahre sehr deutlich zu Lasten der Stellungssuchenden auseinanderklaffen. „Ende Mai 1976 waren 740 Psychologen arbeitslos gemeldet; das waren 210 oder 38,9% mehr als Ende 1975 . . . Der Anteil der unter 30jährigen beträgt 60,4%" (Bundesanstalt für Arbeit 1976, S. 1297). Mit der letzteren Aussage wird die Vermutung bestätigt, daß die Probleme der Arbeitsfindung sich hauptsächlich bei denjenigen Stellungssuchenden verdichten, die gerade ihre Ausbildung beendet haben.

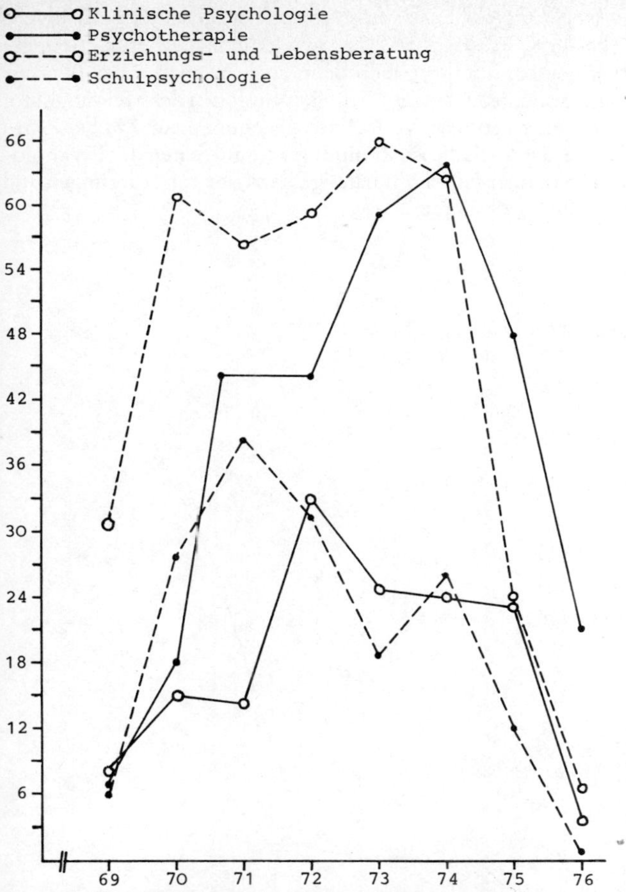

Abb. 1 und 2: Häufigkeit der im Zeitraum von 1969 bis 1976 in psychologischen Fachzeitschriften ausgeschriebenen Stellen für Psychologen; Aufgliederung nach den angegebenen Berufsfeldern

Gewiß sind die herangezogenen Daten nur einige *Indikatoren* für das interessierende Geschehen, fehlerbehaftet und nicht völlig repräsentativ;[2] dennoch ist unverkennbar, daß angesichts des Umstandes, daß augenblick-

[2] In der Tat registriert SAGASSER (1977, mündliche Mitteilung) bei einer qualitativen Aufschlüsselung der Stellenangebotszugänge der Zentralstelle für Arbeitsvermittlung, daß von 1974 zu 1976 kein oder nur ein geringfügiger Rückgang von Stellenangeboten für den Klinischen und Beratungsbereich vorliegt, während die Einbrüche in den anderen Berufsfeldern näherungsweise das in den Abb. 1a und 1b veranschaulichte Ausmaß erreichen.

lich so viele Personen Psychologie studieren, wie es diplomierte Absolventen dieses Faches gibt, in absehbarer Zukunft erhebliche Beschäftigungsprobleme unvermeidbar sind (weshalb denn auch in nüchterner Beurteilung dieser Sachlage heute 24% von Nicht-Psychologen der Meinung sind, daß „Psychologie eine brotlose Kunst" sei, gegenüber nur 7% bei HOFSTÄTTER 1965, und sich auch die Zustimmungsrate auf Seiten der Psychologen von 14 auf 27% drastisch erhöht hat, vgl. dazu oben: Forderungen und Erwartungen an die Psychologie).

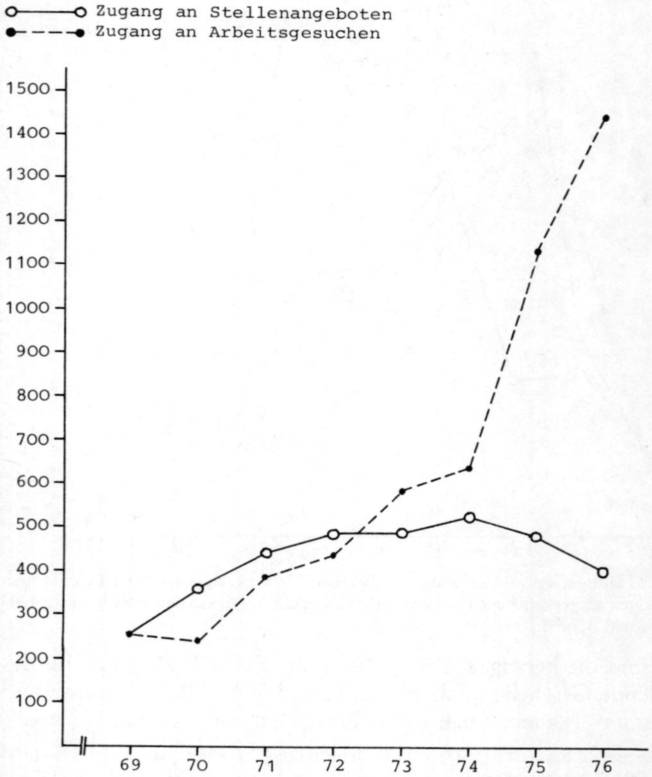

Abb. 3.: Häufigkeit der Neuzugänge an Stellenangeboten und Arbeitssuchenden im Fach Psychologie bei der Bundesanstalt für Arbeit während des Zeitraumes 1969 bis 1976

Freilich mag dieses nur gelten, wenn es nicht zu einer wesentlichen Vermehrung von Stellen für Psychologen im öffentlichen wie privatwirtschaftlichen Bereich kommt mit dem Ziel, die Sozial- und Gesundheitsfürsorge der Bevölkerung weiterhin zu verbessern. Gerade in dieser Hinsicht waren fast alle Voraussagen der Vergangenheit falsch, fehlt es doch an Kriterien, nach denen der künftige gesellschaftliche Bedarf an ausgebildeten Psychologen prognostiziert werden kann. Auch ist bislang ungeklärt, in welchem Wechselwirkungsverhältnis berufliches Angebot und gesellschaftliche Nachfrage stehen. Zudem ist HECKHAUSEN entschieden zuzustimmen in der Auffassung, daß im Zusammenhang mit dieser Problematik die „Qualitätsfrage der Psychologie-Ausbildung weit dringlicher als die Quantitätsfrage ist" (1969, S. 83).

In Einzelbereichen läßt sich ein Defizit an Psychologen unschwer aufzeigen. Greifen wir etwa das Beispiel der Schulpsychologie und Bildungsberatung auf: Fordert man mit dem UNESCO-Institut für Pädagogik für jeweils 1000 Schüler einen hauptamtlichen Schulpsychologen, so läßt sich in der BRD ein Bedarf von 2500 Fachkräften errechnen. INGENKAMP ermittelte jedoch 1965 lediglich einen Bestand von 106 Schulpsychologen, zu denen bis 1973, zieht man die Resultate neuerer Erhebungen heran, weitere 250 hauptamtliche Fachkräfte gestoßen sind.

Ähnlich ist die Lage der Erziehungsberatungsstellen. Die vorhandenen 450, meist städtischen Einrichtungen beklagen unangemessen lange Wartefristen für ihre Klientele und den Mangel an psychologisch ausgebildetem Personal für die eigentlich notwendige, jedoch zeitraubende Therapiearbeit. Als realistisches Nahziel wird deshalb mindestens eine Verdreifachung des Beratungsangebotes gefordert. Der in solchen Zahlen zum Ausdruck kommende Bedarf läßt sich für die Klinische Psychologie generell feststellen. Das wachsende individuelle und kollektive Bedürfnis nach psychologischer Untersuchung, Beratung und Behandlung, der Mangel an approbierten Psychotherapeuten (die nach einem Medizin- oder Psychologiestudium eine kostspielige Zusatzausbildung mit Lehranalyse, sechssemestrigem Spezialstudium und Kontrollanalysen absolvieren müssen) und die experimentalpsychologisch fundierte Entwicklung neuer Therapieformen (Verhaltenstherapie, Gesprächstherapie, Gruppentherapie z. B.) haben dazu beigetragen, daß „62% der klinischen Psychologen Behandlungen durchführen. Es zeigt sich, daß die praktischen Anforderungen und Bedürfnisse auch die Therapie einschließen, obwohl dafür die gesetzlichen Regelungen fehlen und von manchen Ärzten den Psychologen das Recht, in der Therapie tätig zu sein, noch abgesprochen wird" (DUHM 1971).

Relativ umfassende Übersichten über die vielfältigen, sich ständig erweiternden, differenzierenden und spezialisierenden Tätigkeitsbereiche für diplomierte Psychologen finden sich bei ARNOLD (1967) und in dem von

BENESCH und DORSCH herausgegebenen Band „Berufsaufgaben und Praxis des Psychologen" (1971). Eine *empirische* Dokumentation über die berufliche Situation der Psychologen in der Bundesrepublik haben AMELANG und TIEDEMANN (1971) vorgelegt. Sie befragten 1092 Personen, die zwischen 1962 und 1969 an einem der Psychologischen Institute der Bundesrepublik oder West-Berlins das Diplom erworben hatten. Deren Arbeitgeber und Tätigkeitsbereiche lassen sich wie in Tab. 2 klassifizieren.

Ähnlich wie in den USA ist auch bei uns etwa die Hälfte aller Psychologen bei einem staatlichen oder kommunalen Arbeitgeber beschäftigt. Nur jeweils 6–7% sind freiberuflich und in der Industrie tätig. Hervorzuheben ist dabei, daß mehr als 40% auf den Gebieten der Klinischen Psychologie und Beratung (einschließlich Schulpsychologie) arbeiten und daß von den jüngeren Psychologen etwa ein Viertel nach Abschluß des Studiums (vorläufig) an der Hochschule verbleibt.

Bei der Beurteilung des monatlichen Bruttoeinkommens (68,4% verdienen zwischen 1300 und 2500 DM), das dem anderer Berufe mit vorausgegangener Universitätsausbildung entsprach, muß man berücksichtigen, daß die befragten Psychologen erst seit relativ kurzer Zeit berufstätig waren. Auch darf das seinerzeitige allgemeine Lohn- und Gehaltsniveau nicht außer acht gelassen werden. Den o. a. neueren Ermittlungen von AMELANG und SCHRÖDER zufolge gaben 67% der im Jahre 1974 Befragten an, zwischen 2500 und 3000 DM zu verdienen.

Die Frage nach der subjektiven Zufriedenheit mit der eigenen beruflichen Situation wurde erwartungsgemäß sehr uneinheitlich beantwortet. Je nach der Art der dominierenden Tätigkeitsmerkmale, des Arbeitsanfalls, der Arbeitsorganisation, des Arbeitskontextes und des persönlichen Entscheidungsspielraumes ergaben sich große Unterschiede bei der Bewertung der eigenen Tätigkeit in ihrer Bedeutung für andere und in der Beurteilung der Berufstätigkeit im Verhältnis zu den persönlichen Erwartungen. Generell kann man feststellen, daß vielen die Tätigkeit an einer Hochschule recht attraktiv erscheint und daß die Psychotherapeuten ihre Arbeit besonders positiv bewerten. Demgegenüber äußerten Wehr- und Verkehrspsychologen beträchtliche Kritik gegenüber ihrer beruflichen Situation.

Bedenklich stimmen muß schließlich die von vielen erlebte Diskrepanz zwischen den beruflichen Anforderungen und der absolvierten Ausbildung. Nur 46% der Befragten waren der Ansicht, das Studium habe ihnen für die Berufstätigkeit eine ausreichende Grundlage vermittelt; 51% waren gegenteiliger Meinung. Hier lauten die neueren Zahlen gar 33% bzw. 63%! Besonders kritisch äußerten sich klinische Psychologen, Psychotherapeuten sowie Erziehungs-, Ehe- und Lebensberater. Für notwendig gehalten wurden vor allem ein vermehrter Praxisbezug der gesamten Ausbildung (u. a. eine stärkere Gewichtung der Ferienpraktika!), eine stärkere Spezialisierung im zweiten Studienabschnitt und verbesserte Möglichkeiten der beruflichen Fort- und Weiterbildung – Forderungen also, die z. T. von der künftigen Rahmenprüfungsordnung bewußt aufgegriffen

Arbeitgeber	Tätigkeitsbereich *) 00	01	02	03	04	05	06	07	10	11	12	13	14	15	16	17	18		ml.	wbl.
Freiberuflich	4	4	16			7	10			31				4	1	19		6,1	5	10
Behörden	12		19	20	2		6	12	1	7	6	1	1	3	4	4		22,4	23	29
Hochschulen	10	1					1	1		2		53	29	1	2	1		26,1	36	21
Staatl. und halbstaatl. Forsch. Inst.	7				5			5	2			17	2	49		12		3,8	5	4
Kommerz. Forsch. Inst.					3	81		3	3					3		6		2,8	3	3
Kirchl. Institutionen	10	1	60	1	1	1				11			1		13	2		10,3	7	19
Ind./Wirtsch.	1		1			52	22		1	5				1	1	14		7,3	11	4
Presse/Massenkommunik./Stiftungen, Sonstg.	9	4	8		6	8		2		11		6	4	13	9	21		4,9	6	5
Verbände/Kamm.	23		27	4					15	15				4	4	8		2,4	2	4
TÜV	10		5		5				67		5			5		5		1,9	2	2
ohne Angabe																		11,8		
	8,2	1,0	12,5	4,7	5,1	5,0	2,2	3,4	2,5	6,2	1,5	15,3	8,2	3,9	3,4	5,5	11,4	100%	100%	100%
Männlich		7	1	8	5	8	6	3	3	3	4	3	21	12	6	3	8		100%	
Weiblich		13	1	23	6	3	5	2	4	3	11		12	5	3	5	4		100%	

*) 00 Klinische Psychologie
01 Psychotherapie
02 Erziehungs-, Ehe-, Lebensberatung
03 Berufsberatung
04 Human Engineering, Arbeits- u. Betriebspsychologie
05 Marktforschg. u. Werbepsychologie
06 Forensische Psychol.
07 Schulpsychologie
10 Verkehrspsychologie
11 Beratungsfunktionen (Counseling)
12 Wehrpsychologie
13 Forschung an Hochschulen
14 Lehre u. Forschung an Hochschulen
15 Forschung an hochschulähnlichen Institutionen
16 Psychologie an Fachschulen
17 Sonstiges
18 ohne Angaben

Tab. 2: Aufteilung der Probanden nach Arbeitgeber und Tätigkeitsbereich. In den Feldern sind auf die einzelnen Zeilensummen relativierte Angaben aufgeführt (in %; z. B. sind von allen Freiberuflichen 4% in der Klinischen Psychologie tätig etc.). Die Randverteilungen stellen Prozentanteile der jeweiligen Gruppen an der Gesamtzahl aller Fälle dar (aus AMELANG u. TIEDEMANN 1971 a, S. 164 f).

werden (Hoyos u. Tack 1970)! Ungeklärt bleibt natürlich dabei, inwieweit die erlebten Schwierigkeiten tatsächlich in vollem Umfang durch Mängel der Ausbildung erklärt werden können oder ob sie nicht z.T. Folgen des unbefriedigenden Forschungsstandes, des prinzipiell problematischen Theorie-Praxis-Verhältnisses und der inzwischen erfahrenen Untauglichkeit des Studiums zur Lösung persönlicher Konflikte sind.

So kann es auch nicht überraschen, daß die im Beruf stehenden Psychologen auf die Frage, ob sie „auf Grund ihrer bisherigen Erfahrungen interessierten Personen, die die üblichen Voraussetzungen dafür erfüllen, in der Mehrzahl der Fälle zu einem Psychologiestudium raten" würden, sehr unterschiedlich reagierten. Nur 4% antworteten mit „ja, dringend nahelegen", 42% mit „eher empfehlen als abraten", 21% waren unentschieden, und 2% würden „unbedingt abraten" (Amelang u. Tiedemann 1972). Als Ablehnungsgründe wurden u.a. die ungesicherte Stellung der Psychologie gegenüber anderen Wissenschaftsdisziplinen, die schwer vorhersehbare Entwicklung des Stellenmarktes und die Abhängigkeit der Beschäftigung von konjunkturellen Schwankungen genannt. Immerhin würden von den befragten Psychologen selbst 40% gewiß und 30% wahrscheinlich wieder Psychologie studieren; nur 11% entschieden sich für „wahrscheinlich nicht" (Amelang u. Tiedemann 1971).

4. Forderungen des Psychologen an die Gesellschaft

In dem Maße, wie der Psychologie Studierende und sie praktizierende die Bedingungen menschlichen Verhaltens kennen lernt, wie er psychologische Gesetzmäßigkeiten menschlichen Zusammenlebens erkennt, lernt er auch die Möglichkeiten kennen, um Bedingungen dort zu verändern, wo Verhalten zu Störungen, Zusammenleben zu Konflikten führt. Soziales Engagement und Verantwortungsbewußtsein vorausgesetzt, ist der Psychologe in einem besonderen Maße geneigt, aus seinen Erkenntnissen Forderungen abzuleiten. Notwendig wird damit der Psychologe in einer demokratischen Gesellschaft zu einem wichtigen, aber unbequemen Ratgeber, der mit seinen Folgerungen rasch in Konflikt mit „Interessenten" gerät. Gesetzgebung, Rechtsprechung und Strafvollzug, Bildungsplanung, Erziehung und Unterrichtung, Vorsorge, Diagnose und Therapie, Stadtplanung, Verkehrsregelung und Unfallverhütung haben in den vergangenen Jahren mit wechselndem Erfolg Impulse vonseiten der psychologischen Wissenschaft erhalten, außerhalb der Bundesrepublik Deutschland stärker als bei uns. Es ist zu erwarten, daß mit der raschen Zunahme an Psychologen deren Einfluß auch stärker, ihre Stimme hörbarer wird.

Damit diese kritische Stimme aber nicht nur laut wird, sondern auch Beachtung findet, müssen diejenigen, die sie erheben, mit dem, was sie an Verbesserungen anzubieten haben, auch überzeugen. Nun gehören zu jedem Überzeugen zwei, und wir haben erfahren, daß diejenigen, die etablierte Position und Interessen wahren, eine beachtliche Resistenz gegenüber Neuerungen, ja schon gegenüber „Experimenten" haben. Der Psychologe, der Veränderungen bewirken will, hat in der Regel keine Machtposition. Ihm bleiben – wie dem Wissenschaftler überhaupt – nur die besseren Argumente: die überlegene Kenntnis und das methodische Inventar, sie zu realisieren. Das aber bedeutet: eine bessere Ausbildung, als sie die derzeit überfüllten Psychologischen Institute der Bundesrepublik in der Regel anbieten können.

Die Hauptforderung des Psychologen an die Gesellschaft, an den Staat, lautet deshalb: Wenn diese Gesellschaft für ihre wesentlichen öffentlichen Aufgaben Psychologen braucht, dann kann sie sich nur gut ausgebildete leisten. Dazu müssen die Psychologischen Institute der Bundesrepublik aus der längst chronisch gewordenen personellen Misere herausgeführt werden. Die Überforderung der viel zu wenigen Hochschullehrer durch ständig wachsende Studentenzahlen läßt sich weder durch den bildungspolitischen Skandal des numerus clausus „lösen", noch durch die Zumutung der Heraufsetzung des Lehrkontingents, noch dadurch, daß man es den Studierenden überläßt, sich selbst zu unterrichten.

Nur eine Vermehrung der Lehrstellen, die nicht immer nur hinter der Entwicklung nachhinkt, kann bei gleichzeitiger Veränderung der Lehrkörperstruktur (Abschaffung der hierarchischen Strukturen) Abhilfe schaffen. Diese Abhilfe sollte vor allem zu dem führen, was alle Reformer mit Recht immer wieder verlangen und auch die neue Prüfungsordnung impliziert, zur forschungsintensiven Ausbildung zum frühestmöglichen Zeitpunkt des Studiums. Wenn die effektive Forschungskapazität der meisten deutschen Psychologischen Institute heute unter dem Niveau liegt, das die Forschungspotenz der dort arbeitenden Wissenschaftler eigentlich erreichen sollte, dann liegt dies zu einem wesentlichen Teil daran, daß neben Ausbildungs-, Beratungs-, Gutachter- und Verwaltungstätigkeiten die für größere Forschungsarbeiten – vor allem in Forschungskollektiven – erforderliche Zeit fehlt. Gerade psychologische Forschung aber als Forschung an und mit Menschen braucht sehr viel Zeit. Das gilt in wesentlichem Maße für diejenige Forschung, die die empirische Basis für die Beantwortung der großen Fragen der Gesellschaft an die Psychologie liefern soll.

Eine zweite Forderung, die seit längerem erhoben wird, hängt eng mit der Erfüllung der ersten zusammen. In sehr vielen öffentlichen Bereichen wird zunehmend die Mitwirkung des Psychologen gefordert, weil man erkannt hat, daß individual- und sozialpsychologische Faktoren eine entscheidende Rolle spielen, so im Rechts-, Gesundheits- und Erziehungswesen. Diese Bereiche stehen jedoch traditionsgemäß unter der „Jurisdiktion“ von Juristen, Medizinern und Pädagogen, die bis zum heutigen Tage dem Psychologen nur eine Hilfsfunktion zuzuweisen geneigt sind. Durch eine Fülle von Restriktionen, die bis zum Recht der Berufsbezeichnung und -ausübung gehen, werden hierzulande Psychologen immer noch in sekundäre Funktionen gedrängt, als gelte es, „angestammte Territorien“ zu verteidigen. Wo dies geschieht, hat man noch nicht erkannt, daß Wissenschaften *einander dienen* können. Die Psychologie ist der Erziehungswissenschaft oder Kriminologie genauso Hilfswissenschaft wie diese beiden Wissenschaften es für die pädagogische oder forensische Psychologie werden müssen. Statusdifferenzen sind daraus jedoch nicht abzuleiten. Vielmehr ist zu fordern, daß der Psychologe, der im pädagogischen, klinischen oder forensischen Bereich arbeitet, auch voll anerkannt, befugt und besoldet arbeitet, wie das in unseren Nachbarländern längst selbstverständlich ist.

Eine weitere Forderung der Psychologie sei an den Schluß gestellt. Auch sie ist in anderen Ländern erfolgreich verwirklicht. Sie lautet: Psychologie an die Sekundarschulen! Längst hat man auch in der Bundesrepublik erkannt, daß die Praxis und die Probleme, auf die die Schule vorbereiten soll, nicht nur technischer und sprachlicher Art sind.

Auf die Dauer wird der aus Sprachen und Naturwissenschaft zusammengefaßte Lehrkatalog durch ein Lehrangebot in Sozialwissenschaft ergänzt werden müssen. Elementare Informationen über Probleme und Methoden der Individual- und Sozialpsychologie können, wenn sie schon auf der Oberstufe angeboten werden, nicht nur den Übergang zum Psychologiestudium schaffen. Sie bereiten auch den Heranwachsenden besser auf die Auseinandersetzung mit persönlichen und sozialen Problemen vor, als dies zur Zeit der Fall ist.

Literatur

Amelang, M. und Tiedemann, J.: Psychologen im Beruf: I. Studienverlauf und Berufstätigkeit. Psychologische Rundschau, *22*, 1971, S. 151–186

Amelang, M. und Tiedemann, J.: Psychologen im Beruf: II. Kritik an Studium und Fortbildungsmöglichkeiten. Psychologische Rundschau, *23*, 1972, 155–132 (Kritische Analyse).

Benesch, H. und Dorsch, F. (Hg): Berufsaufgaben und Praxis des Psychologen. Reinhardt, München/Basel, 1971 (eine kurze Darstellung psychologischer Berufe und Gebiete der Angewandten Psychologie)

Bundesanstalt für Arbeit: Amtliche Nachrichten der Bundesanstalt für Arbeit, **24**, Heft 12, 1976

Feger, H.: Zur Lage der Psychologie. Psychologische Rundschau, **28**, 1977, 1–21

Herrmann, Th.: Zur Lage der Psychologie. Bericht 28. Kongr. Deutsche Ges. Psychol. in Saarbrücken 1972, Band 1, Göttingen (Hogrefe) 1974, 3–25

Graumann, C. F.: Zur Lage der Psychologie. Bericht 27. Kongr. Deutsche Ges. Psychol. in Kiel 1970, Göttingen (Hogrefe) 1973, 19–37

Laucken, U. und Schick, A.: Einführung in das Studium der Psychologie. Klett, Stuttgart, 1971 (einige Hinweise für das Psychologie-Studium)

Pawlik, K.: Zur Lage der Psychologie. Bericht 29. Kongr. Deutsche Gs. Psychol. in Salzburg 1974, Band 1, Göttingen (Hogrefe) 1975, 3–38

Rahmenordnung
für die Diplomprüfung
in der Psychologie

– von der Kommission für Prüfungs- und Studienordnungen verabschiedet am 27.11.1970 –

§ 1 Zweck der Prüfung

Die Diplomprüfung bildet den Abschluß des Studiums der Psychologie. Durch die Diplomprüfung soll festgestellt werden, ob der Kandidat gründliche Fachkenntnisse in den verschiedenen Gebieten der Psychologie erworben hat und die Fähigkeit besitzt, nach wissenschaftlichen Methoden selbständig zu arbeiten.

§ 2 Diplomgrad

Aufgrund der bestandenen Diplomprüfung wird der akademische Grad „Diplom-Psychologe" (abgekürzt „Dipl.-Psych.") verliehen.

§ 3 Prüfungen, Studiendauer

(1) Der Diplomprüfung geht die Diplom-Vorprüfung voraus.
(2) In den örtlichen Prüfungsordnungen und in den Studienplänen sind der Studiengang und die Prüfungen so zu regeln, daß der Student die Diplom-Vorprüfung nach dem 4. Semester und die Diplomprüfung im Anschluß an das 8. Semester abschließen kann. Dabei sind die Voraussetzungen festzulegen, unter denen die Prüfungen auch früher abgeschlossen werden können.
(3) Die örtlichen Prüfungsordnungen sollen für den Fall, daß ein Student sich zum letzten Teil der Diplom-Vorprüfung nicht bis zum Ende des 5. Semesters gemeldet hat, bestimmen, daß die Diplom-Vorprüfung als erstmals nicht bestanden gilt.
(4) Die örtlichen Prüfungsordnungen können eine Teilung der Diplom-Vorprüfung und der Diplomprüfung in Prüfungsabschnitte vorsehen.

§ 4 Prüfungsausschuß

(1) Für die Organisation der Prüfungen und die durch diese Rahmenordnung zugewiesenen Aufgaben ist ein Prüfungsausschuß zu bilden.[1] Er hat in der Regel nicht mehr als 7 Mitglieder. Die Amtszeit der Mitglieder beträgt in der Regel 5 Jahre.
(2) Der Vorsitzende, sein Stellvertreter, die weiteren Mitglieder des Prüfungsausschusses sowie deren Stellvertreter werden für die Diplom-Vorprüfung und die Diplomprüfung von der zuständigen Fakultät bzw. Abteilung oder Fachbereich aus dem Lehrkörper im weiteren Sinne bestellt.

[1] Die örtlichen Prüfungsordnungen können vorsehen, daß je ein Prüfungsausschuß für die Diplom-Vorprüfung und die Diplomprüfung gebildet wird.

(3) Der Prüfungsausschuß achtet darauf, daß die Bestimmungen der Prüfungsordnung eingehalten werden. Er berichtet regelmäßig der Fakultät (Abteilung, Fachbereich) über die Entwicklung der Prüfungen und Studienzeiten und gibt Anregungen zur Reform der Studienpläne und Prüfungsordnungen.

(4) Die Mitglieder des Prüfungsausschusses haben das Recht, den Prüfungen beizuwohnen.

§ 5 Prüfungskommissionen

(1) Der Prüfungsausschuß bestellt die Prüfer und die Beisitzer. Er kann die Bestellung dem Vorsitzenden übertragen. Zum Prüfer kann grundsätzlich bestellt werden, wer in dem der Prüfung vorausgehenden Studienabschnitt eine eigenverantwortliche Lehrtätigkeit ausgeübt hat. Alle Prüfer, die an der Prüfung eines Kandidaten beteiligt sind, bilden eine Prüfungskommission. Der Vorsitzende des Prüfungsausschusses sorgt dafür, daß dem Kandidaten die Namen der Prüfer rechtzeitig bekanntgegeben werden.

(2) Mündliche Prüfungen sollen, wenn möglich, vor mehreren Mitgliedern der Prüfungskommission (Kollegialprüfung) als Gruppenprüfungen abgelegt werden. Findet die Prüfung nicht als Kollegialprüfung statt, so ist sie in Gegenwart mindestens eines Beisitzers durchzuführen. Die örtlichen Prüfungsordnungen sollen festlegen, wieviele Studenten in einer Gruppe geprüft werden können.

I. Diplom-Vorprüfung

§ 6 Zulassung

(1) Der Antrag auf Zulassung zur Diplom-Vorprüfung ist schriftlich zu stellen.

(2) Dem Antrag sind beizufügen:
1. ein Lebenslauf,
2. das Reifezeugnis oder ein von der zuständigen staatlichen Stelle als gleichwertig anerkanntes Zeugnis,
3. das Studienbuch oder die an der jeweiligen Hochschule an seine Stelle tretenden Unterlagen,
4. die nach den örtlichen Prüfungsordnungen erforderlichen Nachweise über eine erfolgreiche Teilnahme an Übungen und entsprechenden Lehrveranstaltungen. Die örtlichen Prüfungsordnungen sollen bei Einführung zeitlich gestaffelter Teilprüfungen festlegen, welche Nachweise auch nach der Zulassung zur Diplom-Vorprüfung vor bestimmten Teilprüfungen zusätzlich beizubringen sind.
5. eine Erklärung darüber, ob der Kandidat bereits eine Diplom-Vorprüfung oder eine Diplomprüfung in der Fachrichtung Psychologie nicht bestanden hat,
6. gegebenenfalls der Nachweis über die Zahlung der Prüfungsgebühr.

(3) Kann ein Kandidat ohne sein Verschulden die erforderlichen Unterlagen gemäß Abs. 2 nicht in der vorgeschriebenen Weise beibringen, so kann der Prüfungsausschuß ihm gestatten, die Nachweise auf andere Art zu führen.

(4) Der Kandidat muß mindestens das letzte Semester vor der Diplom-Vorprüfung an der Hochschule eingeschrieben gewesen sein, an der er die Zulassung zur Diplom-Vorprüfung beantragt.

§ 7 Anrechnung von Studienleistungen

(1) Einschlägige Studiensemester an wissenschaftlichen Hochschulen im Geltungsbereich des Grundgesetzes und dabei erbrachte Studienleistungen werden angerechnet.

(2) Studiensemester an anderen wissenschaftlichen Hochschulen und dabei erbrachte einschlägige Studienleistungen werden angerechnet, sofern ein gleichwertiges Studium nachgewiesen wird.
Die Gleichwertigkeit wird durch die von Kultusministerkonferenz und Westdeutscher Rektorenkonferenz gebilligten Äquivalenzvereinbarungen festgestellt. Bei Zweifeln an der Gleichwertigkeit kann die Zentralstelle für ausländisches Bildungswesen gehört werden.

(3) Studiensemester in benachbarten Fachrichtungen und dabei erbrachte Studienleistungen können nach Maßgabe der örtlichen Prüfungsordnungen angerechnet werden.

§ 8 Zulassungsverfahren

(1) Über die Zulassung, insbesondere über die Anrechnung von Studienleistungen nach § 7, entscheidet der Vorsitzende des Prüfungsausschusses. Eine ablehnende Entscheidung kann nur der Prüfungsausschuß selbst tref-

(2) Die Zulassung darf nur versagt werden, wenn
- a) die Unterlagen unvollständig sind oder
- b) die für die Zulassung im übrigen festgelegten Voraussetzungen nicht erfüllt sind oder
- c) der Kandidat die Diplom-Vorprüfung oder die Diplomprüfung in der Fachrichtung Psychologie an einer wissenschaftlichen Hochschule im Geltungsbereich des Grundgesetzes endgültig nicht bestanden hat.

§ 9 Ziel, Umfang und Art der Prüfung

(1) Durch die Diplom-Vorprüfung soll der Kandidat nachweisen, daß er sich die inhaltlichen Grundlagen der Prüfungsfächer, ein methodisches Instrumentarium und eine systematische Orientierung erworben hat, die erforderlich sind, um das weitere Studium mit Erfolg zu betreiben.

(2) Die Diplom-Vorprüfung besteht aus Prüfungen in folgenden Fächern:
1. Methodenlehre
2. Allgemeine Psychologie I
3. Allgemeine Psychologie II
4. Entwicklungspsychologie
5. Differentielle Psychologie und Persönlichkeitsforschung
6. Sozialpsychologie
7. Physiologische Psychologie oder Physiologie in den für die Psychologie bedeutsamen Ausschnitten.

(3) Die örtlichen Prüfungsordnungen regeln, in welchen Fächern die Diplom-Vorprüfung schriftlich oder mündlich oder schriftlich und mündlich durchgeführt wird. Die Entscheidung „nicht ausreichend“ kann in den einzelnen Prüfungsfächern nur nach mündlicher Prüfung getroffen werden.

(4) Die örtlichen Prüfungsordnungen bestimmen, in welchem Zeitraum die Vorprüfung insgesamt oder in welchen Zeiträumen die Prüfungsleistungen der einzelnen Abschnitte abgeschlossen sein müssen. Sie können vorsehen, daß der Kandidat den Prüfer oder eine Gruppe von Prüfern vorschlagen kann. Diesem Vorschlag soll nach Möglichkeit entsprochen werden.

§ 10 Schriftliche Arbeiten

Soweit nach den örtlichen Prüfungsordnungen Klausurarbeiten und sonstige schriftliche Arbeiten vorgesehen sind, soll der Kandidat darin nachweisen, daß er in begrenzter Zeit und mit beschränkten Hilfsmitteln Probleme mit den geläufigen Methoden seines Faches erkennen und Wege zu ihrer Lösung finden kann.

§ 11 Mündliche Prüfung

(1) Die örtlichen Prüfungsordnungen setzen Mindest- und Höchstprüfungszeiten fest. Je Kandidat und Fach soll die Prüfungszeit mindestens 15 Minuten betragen.
(2) Die Gegenstände und Ergebnisse der Prüfung in den einzelnen Fächern sind in einem Protokoll festzuhalten.
(3) Bei mündlichen Prüfungen sind Studenten, die sich der gleichen Prüfung unterziehen wollen, nach Maßgabe der vorhandenen Plätze als Zuhörer zuzulassen. Ein Einspruchsrecht der Kandidaten bleibt unberührt.
Die Zulassung erstreckt sich nicht auf die Beratung und Bekanntgabe des Prüfungsergebnisses an die Kandidaten.

§ 12 Bewertung der Vorprüfungsleistungen

(1) Die Noten für die einzelnen Prüfungsleistungen werden von dem jeweiligen Prüfer festgesetzt.
Für die Bewertung der Leistungen sind folgende Noten zu verwenden:
1 = sehr gut; 2 = gut; 3 = befriedigend; 4 = ausreichend;
5 = nicht ausreichend.
Zur differenzierteren Bewertung der Leistungen kann in den örtlichen Prüfungsordnungen die Möglichkeit vorgesehen werden, Zwischenwerte dadurch zu bilden, daß man die Notenziffern um 0,3 erniedrigt oder erhöht. Auch können Übungsarbeiten oder sonstige Leistungsnachweise nach Maßgabe der örtlichen Prüfungsordnungen berücksichtigt werden.
(2) Die Fachnote errechnet sich aus dem Durchschnitt der einzelnen Prüfungsleistungen. Die örtlichen Prüfungsordnungen können einzelnen Prüfungsleistungen ein besonderes Gewicht beimessen.
Die Fachnote lautet:

bei einem Durchschnitt	bis 1,5	sehr gut
bei einem Durchschnitt über 1,5	bis 2,5	gut
bei einem Durchschnitt über 2,5	bis 3,5	befriedigend
bei einem Durchschnitt über 3,5	bis 4,3	ausreichend

(3) Die Prüfung ist bestanden, wenn sämtliche Fachnoten mindestens „ausreichend" (bis 4,3) sind.
(4) Die Gesamtnote errechnet sich aus dem Durchschnitt der Fachnoten in den einzelnen Prüfungsfächern. Für die Bildung der Gesamtnote gilt Abs. 2 Satz 2 entsprechend.

Die Gesamtnote einer bestandenen Prüfung lautet:

bei einem Durchschnitt		bis 1,5	sehr gut
bei einem Durchschnitt	über 1,5	bis 2,5	gut
bei einem Durchschnitt	über 2,5	bis 3,5	befriedigend
bei einem Durchschnitt	über 3,5	bis 4,3	bestanden

§ 13 Versäumnis, Rücktritt, Täuschung, Ordnungsverstoß

(1) Die Prüfung gilt unbeschadet einer Regelung nach § 3 Abs. 3 auch dann als nicht bestanden, wenn der Kandidat zu einem Prüfungstermin ohne triftige Gründe nicht erscheint oder wenn er nach Beginn der Prüfung ohne triftige Gründe von der Prüfung zurücktritt.

(2) Die für den Rücktritt oder die Versäumnis geltend gemachten Gründe müssen dem Prüfungsausschuß unverzüglich schriftlich angezeigt und glaubhaft gemacht werden. Bei Krankheit des Kandidaten kann der Vorsitzende des Prüfungsausschusses die Vorlage eines ärztlichen Attestes verlangen. Erkennt der Vorsitzende des Prüfungsausschusses die Gründe an, so wird ein neuer Termin anberaumt. Die bereits vorliegenden Prüfungsergebnisse sind in diesem Fall anzurechnen.

(3) Die Prüfung kann vom Prüfungsausschuß ganz oder teilweise als nicht bestanden erklärt werden, wenn der Kandidat eine Täuschungshandlung begangen oder sich eines Verstoßes gegen die Ordnung während der Prüfung schuldig gemacht hat.

(4) Ablehnende Entscheidungen des Prüfungsausschusses sind dem Kandidaten unverzüglich schriftlich mitzuteilen und zu begründen.

§ 14 Wiederholung der Diplom-Vorprüfung

(1) Die Prüfung kann jeweils in den Fächern, in denen sie wegen „nicht ausreichender" Leistungen nicht bestanden ist, an derselben Hochschule wiederholt werden. Gilt die Prüfung als nicht bestanden (§ 13), so entscheidet die Prüfungskommission, in welchem Umfang die Prüfung zu wiederholen ist.

(2) Die Frist, innerhalb der die Wiederholungsprüfung abzulegen ist, bestimmt der Prüfungsausschuß.

(3) Eine zweite Wiederholung desselben Prüfungsfaches, desselben Prüfungsabschnittes oder der ganzen Diplom-Vorprüfung ist nur in Ausnahmefällen zulässig.

§ 15 Zeugnis

(1) Über die bestandene Vorprüfung ist innerhalb von 4 Wochen ein Zeugnis auszustellen, das die in den Einzelfächern erzielten Noten und die Gesamtnote sowie die Namen der Prüfer enthält. Das Zeugnis ist vom Vorsitzenden des Prüfungsausschusses zu unterzeichnen.

(2) Ist die Vorprüfung nicht bestanden oder gilt sie als nicht bestanden, so erteilt der Vorsitzende des Prüfungsausschusses dem Kandidaten hierüber einen schriftlichen Bescheid, der auch darüber Auskunft gibt, in welchem Umfang und gegebenenfalls innerhalb welcher Frist die Vorprüfung wiederholt werden kann.

(3) Der Bescheid über die endgültig nicht bestandene Prüfung ist mit einer Rechtsbehelfsbelehrung zu versehen.

II. Diplomprüfung

§ 16 Zulassung

(1) Zur Diplomprüfung wird zugelassen, wer
1. Die Diplom-Vorprüfung bestanden hat,
2. die in den örtlichen Prüfungsordnungen möglichst konkret zu beschreibenden Leistungen erbracht hat.

(2) Für die Zulassung zur Diplomprüfung gelten §§ 6 und 8 entsprechend. Dem Antrag auf Zulassung ist außerdem beizufügen:
1. das Zeugnis über die bestandene Diplom-Vorprüfung,
2. eine Bescheinigung über die Ableistung von mindestens zwei Praktika von je mindestens sechs *Monaten* Dauer. Näheres regeln die örtlichen Prüfungsordnungen.
3. ggf. ein Antrag auf eine Prüfung in Zusatzfächern gemäß § 22

(3) Die örtlichen Prüfungsordnungen sollen bei Einführung zeitlich gestaffelter Teilprüfungen festlegen, welche Nachweise auch nach der Zulassung zur Diplomprüfung vor bestimmten Teilprüfungen zusätzlich beizubringen sind.

§ 17 Anrechnung von Studien- und Prüfungsleistungen

(1) Diplom-Vorprüfungen, die ein Kandidat an wissenschaftlichen Hochschulen im Geltungsbereich des Grundgesetzes in derselben Fachrichtung bestanden hat, werden angerechnet.

(2) Vorprüfungen, die ein Kandidat an anderen wissenschaftlichen Hochschulen in derselben Fachrichtung bestanden hat, werden angerechnet, sofern Gleichwertigkeit besteht. Die Gleichwertigkeit wird durch die von Kultusministerkonferenz und Westdeutscher Rektorenkonferenz gebilligten Äquivalenzvereinbarungen festgestellt. Bei Zweifeln an der Gleichwertigkeit kann die Zentralstelle für ausländisches Bildungswesen gehört werden

(3) Vorprüfungen, die ein Kandidat an wissenschaftlichen Hochschulen in vergleichbarer oder benachbarter Fachrichtung bestanden hat, können nach Maßgabe der örtlichen Prüfungsordnungen angerechnet werden.

(4) Bezüglich der Anrechnung von Studienleistungen gilt § 7 entsprechend.

§ 18 Umfang der Prüfung

Die Diplomprüfung besteht aus:
1. der schriftlichen Bearbeitung einer konkreten Fragestellung aus einem der vom Kandidaten nach Ziff. 2 zu wählenden Gebiete;
2. der mündlichen Prüfung in den einzelnen psychologischen Fächern, die durch einen schriftlichen Prüfungsteil ergänzt werden kann.
   Der Katalog der psychologischen Fächer gliedert sich in drei Schwerpunktsbereiche:
   I Schwerpunktbereich Methodik:
   psychologische Diagnostik, andere Methoden und Techniken.
   II Schwerpunktbereich Anwendung,
   III Schwerpunktbereich Grundlagenvertiefung.

Die Fächer dieser Schwerpunktbereiche werden in den örtlichen Prüfungsordnungen im einzelnen festgelegt.
Der Prüfling wählt mit Zustimmung des Vorsitzenden des Prüfungsausschusses mindestens 4 Fächer aus, und zwar aus jedem Schwerpunktbereich mindestens eines.

3. der Prüfung in einem weiteren Fach, das mit Zustimmung des Vorsitzenden des Prüfungsausschusses einem der Psychologie benachbarten Fachgebiete zu entnehmen ist.
4. der Diplomarbeit.

§ 19 Diplomarbeit

(1) Die Diplomarbeit soll zeigen, daß der Kandidat in der Lage ist, ein Problem aus seiner Fachrichtung selbständig nach wissenschaftlichen Methoden zu bearbeiten. Das Thema muß so beschaffen sein, daß es innerhalb der vorgesehenen Frist bearbeitet werden kann.

(2) Das Thema der Diplomarbeit kann erst nach der Zulassung des Kandidaten zur Prüfung, jedoch nicht vor Ende des 4. Studiensemesters nach bestandener Diplom-Vorprüfung gestellt werden. Im übrigen regeln die örtlichen Prüfungsordnungen, zu welchem Zeitpunkt das Thema der Diplomarbeit ausgegeben werden kann.

(3) Die Diplomarbeit kann von jedem in Forschung und Lehre tätigen Mitglied des Lehrkörpers gestellt und betreut werden; die Ausgabe erfolgt über den Vorsitzenden des Prüfungsausschusses. Dem Kandidaten ist Gelegenheit zu geben, für das Thema Vorschläge zu machen. Die Diplomarbeit darf mit Zustimmung des Vorsitzenden des Prüfungsausschusses in einer Einrichtung außerhalb der Hochschule ausgeführt werden, wenn sie dort von einem in Forschung und Lehre tätigen Mitglied des Lehrkörpers betreut werden kann. Die örtlichen Prüfungsordnungen können hinsichtlich des Personenkreises gemäß Satz 1 und Satz 3 weitergehende Regelungen treffen.

(4) Auf Antrag sorgt der Vorsitzende des Prüfungsausschusses dafür, daß ein Kandidat zum vorgesehenen Zeitpunkt (Abs. 2 Satz 2) das Thema einer Diplomarbeit erhält.

(5) Die Zeit von der Themenstellung bis zur Ablieferung der Arbeit soll 6 Monate, bei experimentellen Arbeiten 12 Monate nicht überschreiten. Auf Antrag des Aufgabenstellers kann der Prüfungsausschuß die Bearbeitungszeit in Ausnahmefällen auf insgesamt höchstens 9 bzw. 15 Monate verlängern. Das Thema kann nur einmal und nur aus triftigen Gründen und mit Einwilligung des Vorsitzenden des Prüfungsausschusses zurückgegeben werden.

(6) Bei der Abgabe der Diplomarbeit hat der Kandidat schriftlich zu versichern, daß er die Arbeit selbständig verfaßt und keine anderen als die angegebenen Quellen und Hilfsmittel benutzt hat.

§ 20 Annahme und Bewertung der Diplomarbeit

(1) Die Diplomarbeit ist fristgemäß bei dem Vorsitzenden des Prüfungsausschusses abzuliefern; der Abgabezeitpunkt ist aktenkundig zu machen.

(2) Die Diplomarbeit ist von dem Hochschullehrer, der die Arbeit gestellt hat,

zu beurteilen. Soll die Arbeit mit „nicht ausreichend" bewertet werden, so ist sie auch von einem zweiten Gutachter zu beurteilen.

(3) In den örtlichen Prüfungsordnungen kann vorgesehen werden, daß sie stets von einem zweiten, vom Vorsitzenden des Prüfungsausschusses zu bestimmenden Gutachter zu beurteilen ist.

(4) In den Fällen des Abs. 2 Satz 2 und des Abs. 3 entscheidet bei nicht übereinstimmender Beurteilung die Prüfungskommission über die endgültige Bewertung.

§ 21 Klausurarbeiten und sonstige schriftliche Arbeiten, mündliche Diplomprüfung

Für die schriftliche und mündliche Diplomprüfung gelten §§ 10 und 11 entsprechend.

§ 22 Zusatzfächer

(1) Der Kandidat kann sich in weiteren als den vorgeschriebenen Fächern einer Prüfung unterziehen (Zusatzfächer).

(2) Das Ergebnis der Prüfung in diesen Fächern wird auf Antrag des Kandidaten in das Zeugnis aufgenommen, jedoch bei der Festsetzung der Gesamtnote nicht mit einbezogen.

§ 23 Bewertung der Leistungen

(1) Für die Bewertung der einzelnen Prüfungsleistungen in der Diplomprüfung, der Leistungen in den einzelnen Prüfungsfächern und für die Bildung der Gesamtnote gilt § 12 entsprechend. Die Diplomprüfung ist auch dann nicht bestanden, wenn die Diplomarbeit mit der Note „nicht ausreichend" bewertet worden ist.

(2) Bei der Bildung der Gesamtnote wird die Diplomarbeit doppelt gewertet.

(3) Bei überragenden Leistungen kann das Gesamturteil „mit Auszeichnung bestanden" erteilt werden.

§ 24 Versäumnis, Rücktritt, Täuschung, Ordnungsverstoß

Die Diplomprüfung gilt auch dann als nicht bestanden, wenn die Diplomarbeit nicht fristgemäß abgeliefert wird. Im übrigen gilt § 13 entsprechend.

§ 25 Wiederholung der Diplomprüfung

(1) Die Prüfungen in den einzelnen Fächern und die Diplomarbeit können bei „nicht ausreichenden" Leistungen einmal in derselben Hochschule wiederholt werden. § 14 Abs. 2 bzw. § 19 Abs. 3 bis 6 und § 20 gelten für die Wie-

derholung entsprechend; eine Rückgabe des Themas der Diplomarbeit ist jedoch nicht zulässig.

(2) Gilt die Prüfung in einzelnen Fächern als nicht bestanden oder wird sie als nicht bestanden erklärt, so entscheidet der Prüfungsausschuß, in welchem Umfang die Prüfung in einzelnen Fächern oder ob sie in allen Teilen zu wiederholen ist. Gilt die Diplomprüfung als nicht bestanden, weil die Diplomarbeit nicht fristgemäß abgeliefert wurde, so erhält der Kandidat ein neues Thema; eine Rückgabe des Themas ist nicht zulässig.

(3) Eine zweite Wiederholung der Diplomarbeit ist ausgeschlossen. Eine zweite Wiederholung der übrigen Prüfungsleistungen ist nur möglich, wenn der Kandidat in mindestens einem Fach die Note „ausreichend" erhalten hat. Abs. 2 Satz 1 gilt entsprechend.

§ 26 Zeugnis

(1) Hat ein Kandidat die Diplomprüfung bestanden, so erhält er über die Ergebnisse ein Zeugnis. § 15 Abs. 1 und 2 gilt entsprechend. Als Datum des Zeugnisses ist der Tag anzugeben, an dem alle Prüfungsleistungen erfüllt sind.

(2) Der Bescheid über die endgültig nicht bestandene Prüfung ist mit einer Rechtsbehelfsbelehrung zu versehen.

§ 27 Diplom

(1) Gleichzeitig mit dem Zeugnis wird dem Kandidaten ein Diplom mit dem Datum des Zeugnisses ausgehändigt. Darin wird die Verleihung des akademischen Grades „Diplom-Psychologe" beurkundet.

(2) Das Diplom wird von dem Vertreter des für die Verleihung zuständigen Organs und dem Vorsitzenden des Prüfungsausschusses unterzeichnet und mit dem Siegel der Hochschule oder der Fakultät versehen.

§ 28 Ungültigkeit der Diplom-Vorprüfung und der Diplomprüfung

(1) Hat der Kandidat bei einer Prüfung getäuscht und wird diese Tatsache erst nach der Aushändigung des Zeugnisses bekannt, so kann der Prüfungsausschuß nachträglich die Gesamtnote entsprechend berichtigen oder die Prüfung für nicht bestanden erklären.

(2) Waren die Voraussetzungen für die Zulassung zu einer Prüfung nicht erfüllt, ohne daß der Kandidat hierüber täuschen wollte, und wird diese Tatsache erst nach der Aushändigung des Zeugnisses bekannt, so wird dieser Mangel durch das Bestehen der Prüfung geheilt. Hat der Kandidat die Zulassung vorsätzlich zu Unrecht erwirkt, so entscheidet der Prüfungsausschuß unter Beachtung der allgemeinen verwaltungsrechtlichen Grundsätze über die Rücknahme rechtwidriger Verwaltungsakte.

(3) Ist das Nichtbestehen der Prüfung festgestellt, so ist das unrichtige Prüfungszeugnis einzuziehen. Eine Entscheidung nach Abs. 1 und Abs. 2 Satz 2 ist nach einer Frist von 5 Jahren ab dem Datum des Prüfungszeugnisses ausgeschlossen.

§ 29 Aberkennung des Diplomgrades

Die Entziehung des akademischen Grades „Diplom-Psychologe“ richtet sich nach den gesetzlichen Bestimmungen.

§ 30 Prüfungsgebühren

Für Prüfungsgebühren gelten die landesrechtlichen Bestimmungen.

§ 31 Übergangsbestimmungen

Prüfungsordnung für den Diplomstudiengang Psychologie der Universität Heidelberg vom 1. Juni 1976

I. Allgemeines

§ 1 Zweck der Prüfung

Die Diplomprüfung bildet den berufsqualifizierenden Abschluß des Studiums. Durch die Diplomprüfung soll festgestellt werden, ob der Kandidat die für den Übergang in die Berufspraxis notwendigen gründlichen Fachkenntnisse in ausgewählten beruflichen Tätigkeitsfeldern erworben hat, die Zusammenhänge seines Faches überblickt und die Fähigkeit besitzt, wissenschaftliche Methoden und Erkenntnisse anzuwenden.

§ 2 Diplomgrad

Ist die Diplomprüfung bestanden, verleiht die Wirtschafts- und Sozialwissenschaftliche Fakultät der Universität Heidelberg den akademischen Grad „Diplom-Psychologe“ (abgekürzt: „Dipl.-Psych.“).

§ 3 Studiendauer und Prüfungen

(1) Die Regelstudienzeit beträgt 8 Semester; in der Regelstudienzeit ist die Zeit für die Anfertigung der Diplomarbeit nicht enthalten.
(2) Der Diplomprüfung geht die Diplom-Vorprüfung voraus.
(3) Die Diplom-Vorprüfung und die Diplomprüfung können in Prüfungsabschnitte eingeteilt werden. Die Prüfungen müssen bei der Diplom-Vorprüfung innerhalb eines Zeitraums von 6 Monaten und bei der Diplomprüfung innerhalb eines Zeitraums von 12 Monaten abgelegt werden.
(4) Die Diplom-Vorprüfung soll nach Abschluß des 4. Fachsemesters abgelegt werden. Bei Erfüllung der Zulassungsbedingungen nach § 8 Abs. 1 kann die Diplom-Vorprüfung bereits nach Abschluß des 3. Fachsemesters abgelegt werden. Die Diplom-Vorprüfung muß einschließlich aller evtl. Wiederholungen spätestens am Beginn der Vorlesungszeit des 7. Fachsemesters abgeschlossen werden. Ansonsten besteht kein Prüfungsanspruch mehr, es sei denn, daß der

Studierende die Nichtablegung der Prüfung nicht zu vertreten hat; hierüber entscheidet der Prüfungsausschuß.

(5) Die Diplomprüfung soll nach dem 4. Semester nach Bestehen der Diplom-Vorprüfung abgelegt werden. Bei Erfüllung der Zulassungsbedingungen nach § 14 Abs. 1 kann die Diplomprüfung bereits nach Abschluß des dritten Fachsemesters nach der Diplom-Vorprüfung abgelegt werden.

(6) Meldet sich ein Studierender nicht zur Ablegung des ersten Abschnittes der Diplom-Vorprüfung bzw. zur Ablegung aller noch ausstehender Prüfungen am Ende des 5. Semesters an, soll er vom Prüfungsausschuß schriftlich auf die Möglichkeit hingewiesen werden, die Studienberatung des Psychologischen Instituts in Anspruch zu nehmen. Entsprechendes gilt für die Diplomprüfung.

(7) Ist die Regelstudienzeit von 8 Semestern um 2 Semester überschritten, so endet die Zulassung zum Studiengang gemäß § 53 Abs. 3 HSchG.
Meldet sich der Bewerber nicht innerhalb eines Jahres nach Beendigung der Zulassung zum Studiengang ordnungsgemäß zur Diplomprüfung, so kann er zur Prüfung nicht mehr zugelassen werden, es sei denn, daß er die Überschreitung der Jahresfrist nicht zu vertreten hat.

(8) Auf Antrag des Kandidaten erteilt der Prüfungsausschuß schon vorab eine rechtsverbindliche Auskunft, ob eine vom Studierenden beabsichtigte Überschreitung von diesem nicht zu vertreten ist.

(9) Für die Bestimmungen der Studiendauer nach den vorstehenden Regelungen werden Zeiten der Beurlaubung nach der Immatrikulationsordnung der Universität nicht angerechnet.

§ 4 Prüfungsausschuß

(1) Für die Organisation der Prüfungen im Diplomstudiengang Psychologie und die durch diese Prüfungsordnung zugewiesenen Aufgaben wird ein Prüfungsausschuß gebildet. Er besteht aus fünf Mitgliedern. Die Amtszeit der Mitglieder beträgt drei Jahre, für studentische Mitglieder ein Jahr.

(2) Der Vorsitzende, sein Stellvertreter und die weiteren Mitglieder des Prüfungsausschusses sowie für die weiteren Mitglieder je ein Stellvertreter werden von der Wirtschafts- und Sozialwissenschaftlichen Fakultät bestellt. Die Mehrheit der Mitglieder muß Universitätslehrer sein; der Vorsitzende und sein Stellvertreter müssen als Universitätslehrer Beamte auf Lebenszeit sein. Dem Prüfungsausschuß soll mindestens ein Mitglied des Lehrkörpers im weiteren Sinne angehören, das von den Vertretern des Lehrkörpers im weiteren Sinne in der Fachgruppenkonferenz Psychologie vorgeschlagen wird, ferner ein Hauptfachstudierender der Psychologie, der von den studentischen Mitgliedern der Fachgruppenkonferenz Psychologie vorgeschlagen wird. Das studentische Mitglied des Prüfungsausschusses soll möglichst die Diplom-Vorprüfung abgeschlossen haben; sein Stimmrecht ist nach Maßgabe des § 26 Abs. 4 HSchG beschränkt.

(3) Der Prüfungsausschuß achtet darauf, daß die Bestimmungen der Prüfungsordnung eingehalten werden. Er berichtet mindestens alle 2 Jahre der Fakultät über die Entwicklung der Prüfungen und Studienzeiten und gibt Anregungen zur Reform der Studienpläne und der Prüfungsordnung.

(4) Der Prüfungsausschuß kann mit dem Recht der Rücknahme seine Entscheidungsbefugnis zu einzelnen Aufgabenbereichen dem Vorsitzenden übertragen. Der Vorsitzende hat dabei das Recht, jederzeit im Einzelfall eine Entscheidung durch den Ausschuß herbeizuführen.

(5) Widerspruchsentscheidungen trifft in jedem Fall der Prüfungsausschuß.

(6) Die Mitglieder des Prüfungsausschusses haben das Recht, der Abnahme der Prüfungen beizuwohnen.

§ 5 Prüfer und Beisitzer

(1) Der Prüfungsausschuß bestellt die Prüfer für die einzelnen Prüfungsfächer auf die Dauer von fünf Jahren sowie die Beisitzer; die Bestellung kann vorzeitig aufgehoben werden. Als Beisitzer sollen möglichst Mitglieder des Lehrkörpers nach § 27 Abs. 1 oder Abs. 2 HSchG bestellt werden; die Diplomprüfung für Psychologen oder eine ihr wenigstens gleichwertige Prüfung muß der Beisitzer in jdem Fall abgelegt haben.

(2) Als Prüfer werden in der Regel Universitätslehrer (§ 27 Abs. 1 HSchG) bestellt. Mitglieder des Lehrkörpers nach § 27 Abs. 2 Nr. 2, 5 und 6 HSchG (Akademische Räte, Lehrbeauftragte, Gastprofessoren und Gastdozenten) können zu Prüfern bestellt werden, soweit Universitätslehrer in dem notwendigen Maß nicht zur Verfügung stehen. Mit Zustimmung der Fakultät kann der Prüfungsausschuß auch promovierte Mitglieder des Lehrkörpers nach § 27 Abs. 2 Nr. 3 und 4 HSchG (Wiss. Assistenten und Wiss. Angestellte) mit deren Zustimmung zu Prüfern bestellen, vorausgesetzt, daß sie innerhalb der der Prüfung vorangehenden zwei Jahre eine eigenverantwortliche und selbständige Lehrtätigkeit ausgeübt haben und daß Universitätslehrer in dem notwendigen Maß nicht zur Verfügung stehen.

(3) Für jedes Prüfungsfach sollen nach Möglichkeit mindestens zwei Prüfer bestellt werden, deren Namen rechtzeitig vor den Anmeldeterminen zu den Prüfungen bekannt sein müssen. Der Kandidat kann unter mehreren für ein Fach bestellten Prüfern einen Prüfer vorschlagen. Diesem Vorschlag soll nach Möglichkeit entsprochen werden; ein Rechtsanspruch auf einen bestimmten Prüfer besteht nicht.

(4) Der Vorsitzende des Prüfungsausschusses sorgt dafür, daß die Termine für die Einzelprüfungen und die Zuordnung der Kandidaten zu den Prüfern spätestens vier Wochen vor den einzelnen Prüfungen bekanntgemacht werden.

§ 6 Anrechnungen von Studien- und Prüfungsleistungen

(1) Studienzeiten, die im Diplomstudiengang Psychologie an wissenschaftlichen Hochschulen im Geltungsbereich des Grundgesetzes abgeleistet wurden und dabei erbrachte Studienleistungen werden angerechnet.

(2) Studienzeiten in anderen Studiengängen an wissenschaftlichen Hochschulen im Geltungsbereich des Grundgesetzes sowie an anderen Hochschulen und dabei erbrachte Studienleistungen werden angerechnet, soweit ein fachlich gleichwertiges Studium vorliegt. Für die Gleichwertigkeit von Studienzeiten und Studienleistungen an Hochschulen, die außerhalb des Geltungsbereichs des Grundgesetzes liegen, sind die von der Kultusministerkonferenz und der Westdeutschen Rektorenkonferenz gebilligten Äquivalenzvereinbarungen maßgebend. Bei Zweifel an der Gleichwertigkeit kann die Zentralstelle für ausländisches Bildungswesen gehört werden.

(3) Die Diplom-Vorprüfung, Prüfungen in einzelnen Fächern der Diplom-Vorprüfung und andere gleichwertige Prüfungsleistungen, die der Studierende an wissenschaftlichen Hochschulen im Geltungsbereich des Grundgesetzes in demselben Studiengang bestanden hat, werden angerechnet. Prüfungsleistungen in anderen Studiengängen oder an anderen wissenschaftlichen Hochschulen werden angerechnet, soweit sie gleichwertig sind. Abs. 2 Satz 2 und 3 gelten entsprechend.

(4) In staatlich anerkannten Fernstudien erworbene Leistungsnachweise werden, soweit sie gleichwertig sind, als Studien- oder Prüfungsleistungen angerechnet. Bei der Festlegung der Gleichwertigkeit sind gemeinsame Beschlüsse der Kul-

tusministerkonferenz und der Westdeutschen Rektorenkonferenz zu beachten.

(5) Die Entscheidungen nach Abs. 1 bis Abs. 4 werden vom Prüfungsausschuß getroffen.

§ 7 Versäumnis, Rücktritt, Täuschung

(1) Eine Prüfungsleistung gilt als mit „nicht ausreichend" (5,0) bewertet, wenn der Kandidat zu einem Prüfungstermin ohne triftige Gründe nicht erscheint, wenn er nach Beginn der einzelnen Prüfung ohne triftige Gründe von der Prüfung zurücktritt oder wenn er die Diplomarbeit nicht fristgerecht (vgl. § 16 Abs. 6) einreicht.

(2) Die für den Rücktritt oder das Versäumnis geltend gemachten Gründe müssen dem Prüfungsausschuß unverzüglich schriftlich angezeigt und glaubhaft gemacht werden; bei Krankheit des Kandidaten ist ein ärztliches Attest vorzulegen. Über die Anerkennung der Gründe entscheidet der Prüfungsausschuß. Werden die Gründe anerkannt, so wird ein neuer Prüfungstermin bestimmt. Die bereits vorliegenden Prüfungsleistungen werden anerkannt.

(3) Versucht der Kandidat das Ergebnis seiner Prüfungsleistung durch Täuschung oder Benutzung nicht zugelassener Hilfsmittel zu beeinflussen, gilt die betreffende Prüfungsleistung als mit „nicht ausreichend" (5,0) bewertet.

(4) Ablehnende Entscheidungen des Prüfungsausschusses sind dem Kandidaten unverzüglich schriftlich mitzuteilen und zu begründen.

II. Diplom-Vorprüfung

§ 8 Zulassung

(1) Zur Diplom-Vorprüfung kann nur zugelassen werden, wer

1. das Reifezeugnis oder ein durch Rechtsvorschrift oder von der zuständigen staatlichen Stelle als gleichwertig anerkanntes Zeugnis besitzt,
2. die Zulassung zum Diplomstudiengang Psychologie erhalten und ein ordnungsgemäßes Studium gemäß §§ 3, 6 durchgeführt hat,
3. an den folgenden Lehrveranstaltungen erfolgreich teilgenommen hat:
   a) Statistik,
   b) Praktikum für empirisches Arbeiten,
   c) Testtheorie,
   d) 2 Seminare in den Fächern nach § 10 Abs. 2 Ziffer 2–7,
4. innerhalb eines der unter Absatz 1 Ziffer 3 d) genannten Seminare eine begrenzte wissenschaftliche Fragestellung anhand von Primärliteratur schriftlich (ca. 15–25 Seiten) erfolgreich bearbeitet hat. Gruppenarbeiten sind hierfür ausgeschlossen,
5. im Ausmaß von mindestens 10 Stunden mit typischen Situationen und Verfahren psychologischer Datenerhebung Erfahrungen als Versuchsperson gewonnen hat. Dieser Nachweis ist in Form von Bescheinigungen zu führen, die von den für die Durchführung der Datenerhebungen verantwortlichen Mitgliedern des Lehrkörpers zu unterzeichnen sind.

(2) Der Antrag auf Zulassung zur Diplom-Vorprüfung ist schriftlich zu stellen. Dem Antrag sind beizufügen:

1. die Nachweise über das Vorliegen der in Abs. 1 genannten Zulassungsvoraussetzungen,
2. eine Darstellung des Bildungsganges,
3. das Studienbuch oder die an seine Stelle tretenden Unterlagen,

4. eine Erklärung über Art und Ergebnisse evtl. bereits früher abgelegter oder begonnener und nicht erfolgreich abgeschlossener akademischer Prüfungen in der Fachrichtung Psychologie,
5. ggf. ein Antrag gemäß § 10 Abs. 7 auf Ausschluß der Öffentlichkeit,
6. ggf. eine Aufstellung der gemäß § 5 Abs. 3 vorgeschlagenen Prüfer.

(3) Ist es dem Kandidaten nicht möglich, eine nach Abs. 1 erforderliche Unterlage in der vorgeschriebenen Weise beizufügen, kann der Prüfungsausschuß gestatten, den Nachweis auf andere Art zu führen.

(4) Der Kandidat muß in der Regel mindestens das letzte Semester vor Beginn der Diplom-Vorprüfung als ordentlicher Studienrender im Diplomstudiengang Psychologie an der Universität Heidelberg eingeschrieben gewesen sein.

§ 9 Zulassungsverfahren

(1) Über die Zulassung entscheidet der Prüfungsausschuß. Die Entscheidung über den Zulassungsantrag wird dem Bewerber schriftlich mitgeteilt. Eine Ablehnung ist zu begründen.

(2) Die Zulassung ist zu versagen, wenn
1. die in § 8 Abs. 1 und Abs. 2 genannten Voraussetzungen nicht erfüllt sind oder
2. die Unterlagen unvollständig sind oder
3. der Kandidat die Diplomvorprüfung oder die Diplomprüfung im Fach Psychologie an einer wissenschaftlichen Hochschule im Geltungsbereich des Grundgesetzes endgültig nicht bestanden hat oder
4. der Kandidat den Prüfungsanspruch für die Diplomvorprüfung oder Diplomprüfung im Studienfach Psychologie verloren hat.

§ 10 Ziel, Umfang und Art der Prüfung

(1) Durch die Diplomvorprüfung soll der Studierende nachweisen, daß er sich die inhaltlichen Grundlagen des Faches Psychologie, ein methodisches Instrumentarium und eine systematische Orientierung erworben hat, die erforderlich sind, um das weitere Studium mit Erfolg zu betreiben. Diese Zielsetzungen werden durch den Studienplan näher bestimmt.

(2) Die Diplomvorprüfung besteht aus je einer mündlichen Prüfung in folgenden Fächern:
1. Methodenlehre
2. Allgemeine Psychologie I
3. Allgemeine Psychologie II
4. Entwicklungspsychologie
5. Differentielle Psychologie und Persönlichkeitsforschung
6. Sozialpsychologie
7. Physiologische Psychologie oder Physiologie in den für die Psychologie bedeutsamen Ausschnitten.

(3) Die Prüfungstermine sind nach Möglichkeiten so zuzuteilen, daß zwischen den einzelnen Prüfungen eines Kandidaten mindestens sieben prüfungsfreie Tage liegen; mit Zustimmung des Kandidaten kann die Zwischenzeit auch kürzer sein.

(4) Die Prüfungen werden mündlich vor einem Prüfer und einem Besitzer abgelegt. Vor der Festsetzung der Note hört der Prüfer den Beisitzer. Das Prüfungsergebnis ist dem Kandidaten unmittelbar im Anschluß an seine mündliche Prüfung mitzuteilen.

(5) Jeder Kandidat wird einzeln geprüft. Die Prüfungszeit beträgt bei mündlichen Prüfungen je Kandidat und Fach etwa 30 Minuten.
(6) Der Beisitzer führt das Protokoll. In dem Protokoll sind Beginn und Ende, die wesentlichen Gegenstände der Prüfung und die Prüfungsnote sowie ggf. besondere Ereignisse festzuhalten. Das Protokoll wird vom Prüfer und vom Beisitzer unterzeichnet.
(7) Studierende der Psychologie sind bei den mündlichen Prüfungen nach Maßgabe der vorhandenen Plätze vom Prüfer als Zuhörer zuzulassen. Es sollen nach Möglichkeit 5 bis 10 Plätze zur Verfügung stehen. Die Zulassung erstreckt sich nicht auf die Beratung und auf die Bekanntgabe des Prüfungsergebnisses an den Kandidaten. Auf Antrag eines Kandidaten wird die Öffentlichkeit vom Prüfer ausgeschlossen.

§ 11 Bewertung der Prüfungsleistungen

(1) Für die Bewertung der Leistungen sind folgende Noten zu verwenden:

1 = sehr gut	eine besonders hervorragende Leistung
2 = gut	eine erheblich über dem Durchschnitt liegende Leistung;
3 = befriedigend	eine Leistung, die in jeder Hinsicht durchschnittlichen Anforderungen entspricht;
4 = ausreichend	eine Leistung, die trotz ihrer Mängel durchschnittlichen Anforderungen entspricht;
5 = nicht ausreichend	eine Leistung mit erheblichen Mängeln.

Die Noten für die einzelnen Prüfungsleistungen werden von dem jeweiligen Prüfer festgesetzt.
(2) Die Prüfung ist bestanden, wenn sämtliche Fachnoten mindestens „ausreichend" (4,0) sind.
(3) Die Gesamtnote errechnet sich aus dem Durchschnitt der Fachnoten in den einzelnen Prüfungsfächern. Die Gesamtnote einer bestandenen Prüfung lautet:

Bei einem Durchschnitt	bis 1,50 sehr gut
bei einem Durchschnitt über 1,50	bis 2,50 gut
bei einem Durchschnitt über 2,50	bis 3,50 befriedigend
bei einem Durchschnitt über 3,50	bis 4,00 ausreichend

§ 12 Wiederholung der Diplom-Vorprüfung

(1) Die Prüfung kann jeweils in den Fächern wiederholt werden, in denen sie nicht bestanden ist oder als nicht bestanden gilt. Eine zweite Wiederholungsprüfung ist in höchstens 3 Prüfungsfächern zulässig.
(2) Die Wiederholung von Prüfungen in einzelnen Fächern und zweite Wiederholungen sind nur zulässig, wenn sie innerhalb der in § 3 Abs. 4 bezeichneten Frist abgeschlossen werden können.

§ 13 Zeugnis

(1) Über die bestandene Diplom-Vorprüfung wird ein Zeugnis ausgestellt, das die in den Einzelfächern nach § 10 Abs. 2 erzielten Noten und die Gesamtnote sowie die Namen der Prüfer enthält. Das Zeugnis ist von dem Vorsitzenden des Prüfungsausschusses zu unterzeichnen. Das Zeugnis ist möglichst nicht später als 4 Wochen nach der letzten Prüfungsleistung auszustellen. In begründeten

Fällen ist vor der Zeugnisausstellung dem Studierenden eine Bescheinigung auszustellen, daß er die Diplom-Vorprüfung bestanden hat.

(2) Hat der Kandidat die Diplom-Vorprüfung oder einzelne Fächer der Diplom-Vorprüfung nicht bestanden oder gelten sie als nicht bestanden, so erteilt der Vorsitzende des Prüfungsausschusses dem Kandidaten hierüber einen schriftlichen Bescheid, der auch darüber Auskunft gibt, innerhalb welcher Frist die nichtbestandenen Prüfungen wiederholt werden können.

(3) Der Bescheid über die endgültig nicht bestandene Diplom-Vorprüfung ist mit einer Rechtsbehelfsbelehrung zu versehen.

(4) Hat der Kandidat die Diplom-Vorprüfung nicht bestanden, wird ihm auf Antrag und gegen Vorlage der entsprechenden Nachweise sowie der Exmatrikulationsbescheinigung eine schriftliche Bescheinigung ausgestellt, die die erbrachten Prüfungsleistungen und deren Noten sowie die zur Diplom-Vorprüfung noch fehlenden Prüfungsleistungen enthält und erkennen läßt, daß die Diplom-Vorprüfung nicht bestanden ist (Muster in Anlage).

III. Diplomprüfung

§ 14 Zulassung

(1) Zur Diplomprüfung kann nur zugelassen werden, wer
1. das Reifezeugnis oder ein durch Rechtsvorschrift oder von der zuständigen staatlichen Stelle als gleichwertig anerkanntes Zeugnis besitzt,
2. die Diplom-Vorprüfung in der Fachrichtung Psychologie an einer wissenschaftlichen Hochschule im Geltungsbereich des Grundgesetzes bestanden hat; § 6 bleibt unberührt,
3. mindestens zwei Praktika von insgesamt mindestens 12 Wochen Dauer abgeleistet hat.
   Die Mindestdauer des einzelnen Praktikums beträgt 4 Wochen; ein Praktikum von mindestens 6 Wochen soll nach Möglichkeit im Bereich des Faches liegen, das im Schwerpunktbereich Anwendung gewählt wird. Diese Praktika sind in der Regel unter der Betreuung eines Diplom-Psychologen in Stellen abzuleisten, die vom Prüfungsausschuß als dafür geeignet befunden sein müssen. Die Praktika müssen sich hinsichtlich der in ihnen repräsentierten psychologischen Aufgabenbereiche unterscheiden. Die Praktika sollen in der Regel während des Psychologiestudiums und nach der Diplom-Vorprüfung und jeweils während der vorlesungsfreien Zeit absolviert werden. Alternativ dazu kann der Studierende mit Genehmigung des Prüfungsausschusses ein Halbjahrespraktikum ableisten; diese Zeit wird nach § 7 Abs. 1 HSchG nicht in die Regelstudienzeit eingerechnet.
   Unter welchen Voraussetzungen für die Ableistung eines Praktikums eine Bescheinigung erteilt werden kann, regelt der Prüfungsausschuß,
4. in mindestens vier der vom Studierenden gemäß § 15 Abs. 2 gewählten Ausbildungsfächer sowie in einem weiteren Fach gemäß § 15 Abs. 3 („Nachbarfach") an dem Ausbildungsprogramm nach Maßgabe des Studienplans erfolgreich teilgenommen hat; als Leistungsnachweis sind zu erwerben: in den Schwerpunktbereichen I und II pro Fach zwei Scheine, im Schwerpunktbereich III und im Nachbarfach pro Fach 1 Schein.
5. Ferner ist eine Erklärung darüber abzugeben, welches Fach für die Prüfung gemäß § 15 Abs. 3 gewählt wurde.
6. Ggf. ist ein Antrag auf Prüfung in Zusatzfächern gemäß § 19 zu stellen.

(2) Im übrigen gelten § 8 Abs. 2–4 und § 9 entsprechend.

§ 15 Ziel, Umfang und Art der Prüfung

(1) Die Diplomprüfung besteht aus

1. der schriftlichen Bearbeitung (Klausurarbeit) einer praxisbezogenen Problemstellung aus einem vom Kandidaten nach Abs. 2 gewählten Prüfungsfach aus dem Schwerpunktbereich Anwendung. Auf begründeten Antrag des Kandidaten kann der Prüfungsausschuß eine Problemstellung aus einem anderen Fach der Fächergruppen nach Abs. 2 Nr. I und III (Schwerpunktbereiche Methodik und Grundlagenvertiefung) zulassen. Die Aufgabenstellungen werden von den für die jeweiligen Fächer bestellten Prüfern festgelegt; § 5 Abs. 1–4 gelten entsprechend,
2. je einer mündlichen Prüfung in vier der in Abs. 2 genannten psychologischen Fächer, wobei ein Prüfungsfach aus jedem Schwerpunktbereich gewählt werden muß,
3. der mündlichen Prüfung in einem weiteren, der Psychologie benachbarten Fach („Nachbarfach"),
4. der Diplomarbeit.

(2) Die Prüfungsfächer in den drei Schwerpunktbereichen sind:

I. Schwerpunktbereich Methodik:
- a) Diagnostik
- b) Psychotherapeutische und pädagogische Interventionsmethoden

II. Schwerpunktbereich Anwendung:
- c) Anwendungsfeld Klinische Psychologie (Psychotherapie)
- d) Anwendungsfeld Pädagogische Psychologie (Erziehungs- und Bildungsberatung)

III. Schwerpunktbereich Grundlagenvertiefung:
- e) Lernen und Denken
- f) Persönlichkeitsentwicklung und abweichendes Verhalten
- g) Soziale Kognition und Kommunikation
- h) Theoretische Psychologie
- i) Forschungsmethodik
- j) Forschungsmethodik
- j) Ökologische Psychologie
- k) Mathematische Psychologie

Die Fächer unter j) und k) sind auch als Zusatzfächer gemäß § 19 Abs. 1 wählbar.

(3) Als benachbarte Fächer gemäß Absatz 1 Ziffer 3 sind wählbar:

Erziehungswissenschaften
Humangenetik
Kriminologie
Mathematik
Philosophie
Physiologie
Psychopathologie
Psycholinguistik
Psychosomatik
Soziologie
Betriebswirtschaft

Auf begründeten Antrag kann der Prüfungsausschuß auch andere Fächer als „Nachbarfächer" genehmigen. In diesem Fall müssen die Anforderungen vergleichbar sein.

§ 16 Diplomarbeit

(1) Die Diplomarbeit soll zeigen, daß der Kandidat in der Lage ist, ein Problem aus der Psychologie selbständig nach wissenschaftlichen Methoden zu bearbeiten. Die Diplomarbeit soll auf erfahrungswissenschaftlich gewonnenen Daten aufbauen. Die Diplomarbeit kann auch in Form einer Gruppenarbeit zugelassen werden, wenn der als Prüfungsleistung zu bewertende Beitrag des einzelnen die Anforderungen nach Satz 1 und 2 erfüllt und aufgrund der Angabe von Abschnitten, Seitenzahlen oder anderen objektiven Kriterien, die eine eindeutige Abgrenzung ermöglichen, deutlich unterscheidbar ist. Die Aufgabenstellung für den einzelnen Bearbeiter soll bereits bei der Themenausgabe festgelegt werden. Das Thema der Diplomarbeit muß so beschaffen sein, daß es innerhalb der in Abs. 6 Satz 1 genannten Frist bearbeitet werden kann.

(2) Die Diplomarbeit ist in unmittelbarem Anschluß an die bestandene schriftliche und mündliche Prüfung anzufertigen. Das Thema wird vom Vorsitzenden des Prüfungsausschusses spätestens 6 Wochen nach Abschluß der Prüfungsleistungen gemäß § 15 Abs. 1 Ziffer 1–3 zugeteilt; der Zeitpunkt der Themenausgabe ist aktenkundig zu machen. Ausnahmen von dieser Bestimmung kann der Prüfungsausschuß in begründeten Fällen auf Antrag genehmigen, insbesondere wenn nur noch eine Prüfung ansteht.

(3) Der Studierende stellt bei der Anmeldung zur letzten mündlichen Prüfung in der Diplomprüfung einen Antrag auf Zuteilung des Themas für seine Diplomarbeit; er soll dabei einen Themenvorschlag einreichen, der mit dem in Aussicht genommenen Betreuer abgestimmt ist. Entspricht der Themenvorschlag den in Abs. 1 genannten Anforderungen, soll er nach Möglichkeit berücksichtigt werden.
Die Diplomarbeit darf mit Zustimmung des Prüfungsausschusses in einer Einrichtung außerhalb des Psychologischen Instituts und außerhalb der Universität angefertigt werden; dabei muß gewährleistet sein, daß sie dort von einem der in Abs. 4 genannten Mitglieder des Lehrkörpers oder von einem in einer anderen Institution tätigen Universitätslehrer nach vergleichbaren Standards betreut wird.

(4) Die Diplomarbeit wird von einem Universitätslehrer (§ 27 Abs. 1 HSchG) betreut. Mit Zustimmung des Prüfungsausschusses kann sie in Ausnahmefällen auch von Mitgliedern des Lehrkörpers nach § 27 Abs. 2 Nr. 2, 5 und 6 HSchG betreut werden, sofern diese eine eigenverantwortliche und selbständige Lehrtätigkeit ausgeübt haben und sofern Universitätslehrer in dem notwendigen Maß nicht zur Verfügung stehen. Mit Zustimmung der Fakultät kann der Prüfungsausschuß auf Antrag unter den genannten Bedingungen auch promovierte Mitglieder des Lehrkörpers im Sinne von § 27 Abs. 2 Nr. 3 und 4 HSchG zur Betreuung von Diplomarbeiten zulassen, wenn dadurch die Vorbereitung auf die Habilitation nicht beeinträchtigt wird; das Thema kann hier nur im Einvernehmen mit einem Universitätslehrer ausgegeben werden.

(5) Auf Antrag vermittelt der Vorsitzende des Prüfungsausschusses dem Kandidaten einen Betreuer für die Erstellung eines Themenvorschlags; auf Antrag sorgt der Vorsitzende auch dafür, daß der Kandidat innerhalb der nach Abs. 2 vorgegebenen Frist ein Thema für die Diplomarbeit erhält.

(6) Die Zeit vor der Ausgabe des Themas bis zur Ablieferung der Diplomarbeit soll 6 Monate nicht überschreiten. Auf begründeten Antrag kann der Prüfungsausschuß die Bearbeitungszeit einmal um 6 Monate verlängern. Das Thema kann nur einmal aus triftigen Gründen mit Einwilligung des Prüfungsausschusses zurückgegeben werden.

(7) Bei der Abgabe der Diplomarbeit hat der Kandidat schriftlich zu versichern, daß er seine Arbeit – bei einer Gruppenarbeit seinen entsprechend gekennzeichneten

Anteil der Arbeit – selbständig verfaßt und keine anderen als die angegebenen Quellen und Hilfsmittel benutzt hat.

§ 17 Annahme und Bewertung der Diplomarbeit

(1) Die Diplomarbeit ist fristgemäß in dreifacher Ausfertigung (Format: DIN A 4) bei dem Vorsitzenden des Prüfungsausschusses abzuliefern. Der Abgabezeitpunkt ist aktenkundig zu machen. Wird die Diplomarbeit nicht fristgemäß abgeliefert, gilt sie als mit „nicht ausreichend" bewertet.
(2) Im Rahmen anderer Prüfungsverfahren früher eingereichte Arbeiten können anerkannt werden, soweit sie den Anforderungen an eine Diplomarbeit genügen und nach vergleichbaren Verfahrensregeln angefertigt wurden.
(3) Die Diplomarbeit wird von dem Mitglied des Lehrkörpers beurteilt, das die Arbeit betreut hat. Der Prüfungsausschuß bestellt einen Zweitgutachter; für den Fall, daß der Betreuer gemäß § 16 Abs. 4 ein Mitglied des Lehrkörpers nach § 27 Abs. 2 Nr. 2–6 HSchG ist, muß der Zweitgutachter Universitätslehrer sein. Die Diplomarbeit soll von jedem Gutachter innerhalb von zwei Monaten beurteilt sein.
(4) Stimmen zwei Gutachter in der Beurteilung der Diplomarbeit nicht überein, versuchen sie, zu einer gemeinsamen Note zu gelangen. Sofern keine Einigung zustande kommt, setzt der Vorsitzende des Prüfungsausschusses nach Anhörung der beiden Gutachter die Note innerhalb des durch die Notenvorschläge der Gutachter definierten Bereiches der Notenskala auf eine volle Notenstufe fest.

§ 18 Klausuren, schriftliche und mündliche Prüfungen

(1) In der schriftlichen Prüfung (Klausur) soll der Kandidat nachweisen, daß er die ihm vorgegebenen Aufgabenstellungen in begrenzter Zeit und mit beschränkten Hilfsmitteln erfolgreich bearbeiten kann.
(2) Die schriftliche Prüfung (Klausur) wird vom Prüfer oder von einer von ihm beauftragten Person beaufsichtigt. Für die Bearbeitung stehen 5 Stunden zur Verfügung.
(3) Der Prüfungsausschuß legt die allgemeinen Rahmenbedingungen für die Klausuren fest, innerhalb deren der Prüfer über die im einzelnen zugelassenen Hilfsmittel entscheidet.
(4) Die Prüfungszeit beträgt bei mündlichen Prüfungen je Kandidat und Fach etwa 30 Minuten.

Für die mündlichen Prüfungen gilt § 10 Abs. 4, 6 und 7 entsprechend.

§ 19 Zusatzfächer

(1) Der Kandidat kann sich in weiteren als den vorgeschriebenen Fächern einer Prüfung unterziehen; wählbar sind dabei Fächer, die in einem anderen als dem Diplomstudiengang für Psychologen als Prüfungsfächer anerkannt sind. Außerdem sind die psychologischen Fächer j) und k) des Schwerpunktbereichs Grundlagenvertiefung entsprechend § 15 Abs. 2 als Zusatzfächer zugelassen. Für die Durchführung der Prüfung gelten §§ 10–12 entsprechend.
(2) Das Ergebnis der Prüfung in diesen Fächern wird auf Antrag des Kandidaten in das Zeugnis aufgenommen, jedoch bei der Festsetzung der Gesamtnote nicht mit einbezogen.

§ 20 Bewertung der Leistungen

(1) Für die Bewertung der Leistungen in den einzelnen Prüfungsfächern gemäß § 15 Abs. 2, im Nachbarfach, in der Klausur und in der Diplomarbeit gilt § 11 Abs. 1.
(2) Die Diplomprüfung ist bestanden, wenn alle Prüfungsleistungen nach § 15 Abs. 1 jeweils mit mindestens „ausreichend" bewertet sind.
(3) Die Gesamtnote errechnet sich aus dem Durchschnitt der in § 15 Abs. 1 bezeichneten 7 Prüfungsleistungen; die Diplomarbeit wird dabei doppelt gewichtet. Die Gesamtnote wird nach § 11 Abs. 3 Satz 2 auf eine volle Note gerundet festgesetzt.

§ 21 Wiederholung der Diplomarbeit

(1) Alle Prüfungen in den einzelnen Fächern, die Klausurarbeit und die Diplomarbeit können bei „nicht ausreichenden" Leistungen einmal wiederholt werden. Eine zweite Wiederholung ist nur bei höchstens 3 Prüfungsleistungen nach § 15 Abs. 1 – einschließlich der Klausur – möglich. Eine zweite Wiederholung der Diplomarbeit ist ausgeschlossen. Die Wiederholungsprüfungen einschließlich evtl. Zweitwiederholungen müssen innerhalb von 2 Jahren abgeschlossen sein.
(2) Bei Wiederholung der Diplomarbeit ist eine Rückgabe des Themas nur zulässig, wenn der Kandidat von dieser Möglichkeit nicht schon früher Gebrauch gemacht hatte. Für die Wiederholung der Diplomarbeit ist dem Kandidaten unverzüglich vom Vorsitzenden des Prüfungsausschusses ein Thema zuzuteilen; der Kandidat kann einen Themenvorschlag machen.

§ 22 Zeugnis

(1) Hat ein Kandidat die Diplomprüfung bestanden, so erhält er über die Ergebnisse ein Zeugnis. Das Zeugnis enthält die Fachnoten, die Namen der Prüfer und die Gesamtnote und bescheinigt den Abschluß der Diplomprüfung mit dem Datum der letzten erfolgreichen Prüfungsleistung (in der Regel dem Abgabetag der Diplomarbeit); es trägt ferner die Daten der Unterzeichnung durch den Dekan und den Vorsitzenden des Prüfungsausschusses. Das Zeugnis muß zum frühestmöglichen Zeitpunkt ausgestellt werden.
(2) Der Bescheid über die endgültig nicht bestandene Diplomprüfung ist mit einer Rechtsbehelfsbelehrung zu versehen.
(3) § 13 Abs. 4 gilt entsprechend.

§ 23 Diplom

(1) Gleichzeitig mit dem Zeugnis wird dem Kandidaten ein Diplom mit dem Datum des Abschlusses der Diplomprüfung ausgehändigt. Darin wird die Verleihung des akademischen Grades „Diplom-Psychologe" beurkundet.
(2) Das Diplom wird vom Dekan der Wirtschafts- und Sozialwissenschaftlichen Fakultät der Universität Heidelberg und vom Vorsitzenden des Prüfungsausschusses unterzeichnet und mit dem Siegel der Universität versehen.

§ 24 Ungültigkeit der Diplom-Vorprüfung und der Diplomprüfung

(1) Hat der Kandidat bei einer Prüfung getäuscht und wird diese Tatsache erst nach der Aushändigung des Zeugnisses bekannt, so kann der Prüfungsausschuß nachträglich die betroffene Note entsprechend berichtigen und die Prüfung ganz oder teilweise für nicht bestanden erklären.
(2) Waren die Voraussetzungen für die Zulassung zu einer Prüfung nicht erfüllt, ohne daß der Kandidat hierüber täuschen wollte und wird diese Tatsache erst nach der Aushändigung des Zeugnisses bekannt, so wird dieser Mangel durch das Bestehen der Prüfung geheilt. Hat der Kandidat die Zulassung vorsätzlich zu Unrecht erwirkt, so entscheidet der Prüfungsausschuß unter Beachtung der allgemeinen verwaltungsrechtlichen Grundsätze über die Rücknahme rechtswidriger Verwaltungsakte.
(3) Dem Kandidaten ist vor einer Entscheidung Gelegenheit zur Äußerung zu geben.
(4) Das unrichtige Prüfungszeugnis ist einzuziehen und ggf. ein neues zu erteilen. Eine Entscheidung nach Abs. 1 und Abs. 2 Satz 2 ist nach einer Frist von fünf Jahren ab dem Datum des Prüfungszeugnisses ausgeschlossen.
(5) Für die Entziehung des akademischen Grades „Diplom-Psychologe" gelten die gesetzlichen Bestimmungen.

§ 25 Einsicht in die Prüfungsakten

(1) Nach Abschluß des Prüfungsverfahrens wird dem Kandidaten auf Antrag Einsicht in seine schriftlichen Prüfungsarbeiten, die darauf bezogenen Gutachten der Prüfer und in die Prüfungsprotokolle gewährt.
(2) Der Antrag ist innerhalb eines Jahres nach dem Datum des Abschlusses der Diplom-Vorprüfung bzw. der Diplomprüfung beim Prüfungsausschuß zu stellen. Der Vorsitzende des Prüfungsausschusses bestimmt Ort und Zeit der Einsichtnahme.
(3) Die Prüfungsunterlagen werden fünf Jahre beim Psychologischen Institut aufbewahrt und anschließend an die Archivverwaltung abgegeben. Die Diplomarbeit verbleibt im Psychologischen Institut.

§ 26 Inkrafttreten, Übergangsregelungen

(1) Diese Prüfungsordnung tritt am 1. Oktober 1976 in Kraft.
(2) Wer zu diesem Zeitpunkt bereits das Studium der Psychologie aufgenommen, aber die Diplom-Vorprüfung noch nicht abgelegt hat, kann diese entweder
   a) bis Anfang des Winter-Semesters 1978/79 nach der Prüfungsordnung vom 26. Mai 1966 oder
   b) ab Winter-Semester 1977/78 nach der am 1. Oktober 1976 in Kraft getretenen Prüfungsordnung ablegen.
(3) Wer zum Zeitpunkt des Inkrafttretens der neuen Prüfungsordnung das Studium der Psychologie aufgenommen und die Diplom-Vorprüfung bereits abgelegt hat, kann
   a) die Diplom-Hauptprüfung bis zum Beginn des Winter-Semesters 1979/80 nach der alten Ordnung oder
   b) ab Winter-Semester 1979/80 nach der neuen Prüfungsordnung ablegen.

(4) Wer die Diplom-Vorprüfung nach der alten Prüfungsordnung abgelegt hat und die Diplom-Hauptprüfung nach der neuen Ordnung ablegen will, muß sich einer Zusatzprüfung im Fach Sozialpsychologie unterziehen. Dabei gelten die Anforderungen der in Kraft getretenen neuen Prüfungsordnung.

(5) Studierende, die nach Inkrafttreten dieser Prüfungsordnung die Diplom-Hauptprüfung nach der alten Prüfungsordnung ablegen, können die Diplomarbeit entsprechend den Bestimmungen der neuen Prüfungsordnung auch nach Abschluß der mündlichen Prüfung anfertigen.

(6) Studierenden, die nach Inkrafttreten dieser Prüfungsordnung die Diplom-Vorprüfung nach der Prüfungsordnung vom 25. Mai 1966 ablegen, steht unabhängig von ihrer Semesterzahl die für den Hauptdiplom-Studiengang vorgesehene Studienzeit plus ein Studienjahr zur Verfügung.

Literaturverzeichnis

AGNOLI, J. und BRÜCKNER, P.: Die Transformation der Demokratie. Frankfurt 1968

ALLPORT, F.H.: Theories of Perception and the Concept of Structure. NY 1955

ALLPORT, G.W.: Gestalt und Wachstum in der Persönlichkeit. Meisenheim am Glan 1970

ALSCHULER, A.S.: The Achievement Motivation Development Project. Occasional Paper No. 3, Harvard Research and Development Center on Educational Differences 1967

AMELANG, M. und TIEDEMANN, I.: Psychologen im Beruf: Studienverlauf und Berufstätigkeit. Psychol. Rdsch. 1971, *22*, S. 151–186

ARNOLD, W.: Psychologe. In: Bundesanstalt für Arbeit, Nürnberg (Hg.): Blätter zur Berufskunde 3–11 B 0 1. Bielefeld 1967

BAKAN, D.: The Test of Significance in Psychological Research. Psychol. Bull. 1966, *66*, S. 423–437

BANDURA, A., ROSS, D., ROSS, S.A.: Vicarious reinforcement and imitative learning, J. of Abnormal and Social Psychology, 1963, 67, S. 601–607

BANDURA, A.: Social-Learning Theory ot Identificatory Processes. In: GOSLIN, D.A. Handbook of Socialization, Theory and Research. Chicago 1969

BERNSTEIN, B.: Sozio-kulturelle Determinanten des Lernens. In: WEINERT, F.: Pädagogische Psychologie. Köln-Berlin 1967

BARNETT, R.J.: Der amerikanische Rüstungswahn oder die Ökonomie des Todes. Hamburg 1971

BENESCH, H. und DORSCH, F. (Hg.): Berufsaufgaben und Praxis des Psychologen. München – Basel 1971

BISCHOF, N.: Erkenntnistheoretische Grundlagenprobleme der Wahrnehmungspsychologie. In: METZGER, W., 1966

BLOOM, B.S., ENGELHART, M.D., FURST, E.J., HILL, W.H. and KRATHWOHL, D.R. (Eds.): Taxonomy of Educational Objectives: The Classification of Educational Goals. Handbook 1: Cognitive domain, NY 1956

BREDENKAMP, J.: Über die Anwendung von Signifikanztests bei Theorietestenden Experimenten. Psychol. Beitr. 1969, *11*, S. 275–285

BRENGELMANN, J.C.: Persönlichkeit. In: MEILI, R. und ROHRACHER, H. (Ed.) Lehrbuch der experimentellen Psychologie, Bern – Stuttgart ²1968

BROSCH, P.: Fürsorgeerziehung. Frankfurt 1971

BROWN, I.A.C.: The Social Psychology of Industry. London 1954

BRUDER, K.J.: Zum Problem der Methode der Psychologie, Psychologen Info 6, Heidelberg 1970a

BRUDER, K.J.: Wissenschaftskritik. Zum Stand der Diskussion. Organ der Basisgruppen Psychologie 1970b, *1*, S. 51

BRUDER, K.J.: Taylorisierung des Unterrichts zur Kritik der Instruktionspsychologie, Kursbuch 1971a, *24*, S. 113–130

BRUDER, K.J.: Kritische Psychologie oder Kritik der Psychologie. Organ der Basisgruppen Psychologie 1971b, *2*, S. 76–83

CATTELL, R.B., SAUNDERS, D.R. and STICE, G.F.: Handbook of the Sixteen Personality Factor Questionnaire, Champaign, ILL. ³1957

CATTELL, R.B.: The Scientific Analysis of Personality, Harmondsworth, Middlesex 1965

COWLES, J.T.: Food Tokens as Incentives for Learning by Chimpanzees, Comp. Psychol. Monogr. 14, No. 5, 1937

CRONBACH, L.J.: The two Disciplines of Sientific Psychology, Am. Psychologist 1957, *12*, S. 671–684

DEUTSCHER BILDUNGSRAT: Strukturplan für das Bildungswesen, Stuttgart 1970

DOLLARD, J., DOOB, L.W., MILLER, N.E., MOWRER, O.H. and SEARS, R.R.: Frustration and Aggression, New Haven 1939

DUNCKER, K.: Zur Psychologie des produktiven Denkens, Berlin 1966

Duhm, E.: Referat, gehalten anläßlich der öffentlichen Anhörung von Sachverständigen zur Lage der Psychiatrie vor dem Bundestagsausschuß für Jugend, Familie und Gesundheit. In: Mitteilungen des Berufsverbandes Deutscher Psychologen. Beilage zu Heft 22/3 der Psychol. Rdsch., 1971, S. 2–4

Ebbinghaus, H.: Die Psychologie jetzt und vor 100 Jahren. In: Ribot, Th. 4e congrès international de Psychology, Paris 1901, S. 49–60

Edwards, A. L.: Versuchsplanung in der psychologischen Forschung, Weinheim ³1971

Enzensberger, H. M. (Hg.): Kursbuch 21, 1970

Enzensberger, H. M. und Michel, K. M. (Hg.): Schule, Schulung, Unterricht. In: Kursbuch 24, Wagenbach 1971

Ewell, J. M.: Safety Bulletin 1955 in: L. Siegel: Industrial Psychology, Homewood 1969

Eysenck, H. J.: The Organization of Personality, J. Pers. 1951, *20*, S. 101–117

Eysenck, H. J.: Personality Inventory, London 1970

Ferdinand, W.: Über Schulreife und Schulleistung IQ-äquivalenter Kinder aus unterschiedlichem sozialen Milieu. Zeitschrift für Entwicklungspsychologie und Pädagogische Psychologie, 1969, Bd. 1, Heft 3, S. 190–199

Fisch, R., Orlik, P. und Saterdag, H.: Warum studiert man Psychologie? Psychol. Rdsch. 1970, 21, S. 239–256

Fischer, W., Ruhloff, J., Scarbath, H. und Thiersch, H. (Hg.): Normenprobleme in der Sexualpädagogik. Heidelberg 1971

Flugel, J. C.: Probleme und Ergebnisse der Psychologie – Hundert Jahre psychologischer Forschung. Stuttgart 1949

Freud, S.: Das Unbehagen in der Kultur. London 1948

Fürntratt, E.: Untersuchungen zum Image der Psychologie in Deutschland. Psychologische Beiträge, 1969, Bd. 11, S. 499–542

Gelb, A.: Die Erscheinungen des simultanen Kontrastes und der Eindruck der Feldbeleuchtung. Z. Psychol., 1932, *127*, S. 42–59

Gesell, A.: zitiert nach: Aebli, H. Die geistige Entwicklung als Funktion von Anlage, Reifung, Umwelt und Erziehungsbedingungen. In: Roth, H. Begabung und Lernen. Gutachten und Studien der Bildungskommission. Stuttgart 1969

Gibson, J. J.: The Perception of the Visual World. Boston 1950

Gibson, J. J. and Waddel, D.: Homogeneous Retinal Stimulation and Visual Perception. Amer. J. Psychol., 1952, *65*, S. 263–270

Glueck, S. and Glueck, E.: Deliquents and Nondeliquents in Perspective. Cambridge (Mass.) 1968

Graumann, C. F.: Eigenschaften als Problem der Persönlichkeitsforschung. In: Lersch, Ph. und Thomae, H. (Hg.) Handbuch Psychol. Bd. 4: Persönlichkeitsforschung und Persönlichkeitstheorie. Göttingen 1960

Graumann, C. F.: Grundlagen einer Phänomenologie und Psychologie der Perspektivität. Berlin 1960

Graumann, C. F.: Methoden der Motivationsforschung. In: Thomae, H. (Hg.) Handbuch Psychol. Bd. 2: Allgemeine Psychologie, II. Motivation. Göttingen 1965

Graumann, C. F.: Bericht über die Lage der Psychologie. In: Reinert, G. (Hg.) Bericht über den 27. Kongreß der Deutschen Gesellschaft für Psychologie. Göttingen 1971

Greenfield, P. M.: Über Kultur und Invarianz. In: Bruner, J. S., Olver, R. R., Greenfield, P. M. et al. Studien zur kognitiven Entwicklung. Stuttgart 1971

Habermas, J.: Analythische Wissenschaftstheorie und Dialektik. In: E. Topitsch (Hg.), Logik der Sozialwissenschaften. Köln, Berlin ³1966, S. 291–311

Habermas, J.: Erkenntnis und Interesse, Frankfurt 1968

Haider, M. (Hg.): Neuropsychologie, Bern 1971

Hall, C. S. and Lindzey, G.: Theories of Personality, NY 1957

Heckhausen, H.: Hoffnung und Furcht in der Leistungsmotivation, Meisenheim am Glan 1963

HECKHAUSEN, H.: Leistungsmotivation. In: Handbuch der Psychologie, Band 2: Allgemeine Psychologie, II. Motivation (THOMAE, H.; Hg.) Göttingen 1965
HECKHAUSEN, H.: Der künftige „gesellschaftliche" Bedarf an Psychologen. In: Beiträge zur Hochschulplanung, 8. Wuppertal 1969, S. 81–86
HEISENBERG, W.: Das Naturbild der heutigen Physik, Hamburg 1955
HOCHBERG, J.E.: Color Adaptation under Conditions of Homogeneous visual Stimulation (Ganzfeld). J. Exp. Psychol. 1951, *41*, S. 153–159
HÖHN, E.: Der schlechte Schüler. Sozialpsychologische Untersuchungen über das Bild des Schulversagers. München 1967
HÖRMANN, H.: Aussagemöglichkeiten psychologischer Diagnostik. Z. exp. angew. Psychol., 1964, *11*, S. 353–390
HOFSTÄTTER, P.R.: Psychologie, Fischer Lexikon. Frankfurt [6]1963 (erste Auflage 1957)
HOFSTÄTTER, P.R.: Was man vom Psychologen erwartet. In: HARDEST, F.P. und EYFERTH, K.: (Hg.), Forderungen an die Psychologie. Bern und Stuttgart 1965
HOFSTÄTTER, P.R.: Einführung in die Sozialpsychologie. Stuttgart [4]1966
HOLWAY, A.H. and BORING, E.G.: Determinants of Apparent Visual Size with Distance Variant.Amer. J. Psychol., 1941, *54*, S. 21–37
HOLZKAMP, K.: Theorie und Experiment in der Psychologie. Berlin 1964
HOLZKAMP, K.: Wissenschaft als Handlung. Versuch einer neuen Grundlegung der Wissenschaftslehre. Berlin 1968
HOLZKAMP, K.: Zum Problem der Relevanz psychologischer Forschung für die Praxis. Psychol. Rdsch. 1970a, *21*, S. 1–22
HOLZKAMP, K.: Wissenschaftstheoretische Voraussetzungen kritisch-emanzipatorischer Psychologie. Z. Soz. psychol. 1970b, 12, S. 5–21 und 109–142
HOLZKAMP, K.: Verborgene anthropologische Voraussetzungen der Allgemeine Psychologie. In: GADAMER, H.G. und VOGLER, (Hg.): Neue Anthropologie, Stuttgart 1971
HORN, K.: Zur individuellen Bedeutung und gesellschaftlichen Funktion von Werbeinhalten. In: ZOLL, R. (Hg.): Manipulation der Meinungsbildung. Opladen 1971
HOYOS, C. Graf: Die Lage der Psychologen in der Bundesrepublik Deutschland. In: HARDESTY, F.P. und EYFERTH, K. 1965, S. 240–251
HOYOS, C. und TACK, H.W.: Vorschläge für eine neue Rahmenprüfungsordnung im Fach Psychologie. Psychol. Rdsch. *21*, S. 295–308
HULL, D.L.: Mathematico-deductive Theorie of Rote Learning. New Haven, Connecticut 1940
INGENKAMP, K.H.: Die schulpsychologischen Dienste in der BRD. Weinheim 1966
INGENKAMP, K.H. (Hg.): Die Fragwürdigkeit der Zensurengebung. Weinheim 1971
JANKE, W.: Das Experiment in der Psychologie. In: Enzyklopädie der geisteswissenschaftlichen Arbeitsmethoden. 7. Lieferung: Methoden der Psychologie und Pädagogik. München, Wien, 1969
KAFKA, G.: Über Ureffekte. Acta Psychol. 7, 1950, S. 256–278
KATZ, D.: Die Erscheinungsweisen der Farben. Z. Psychol. Ergbd. 1911, *7*
KLUCKHOHN, C., MURRAY, H. and SCHNEIDER, D.M. (Ed.): Personality in Nature, Society and Culture. NY [2]1953
KÖHLER, W.: Gestaltpsychologie, New York 1917
KÖNIG, R. (Hg.): Soziologie, Fischer Lexikon, Frankfurt [2]1968
KOHLBERG, L.: Stage and Sequence: The Cognitive-Developmental Approach to Socialization. In: GOSLIN, D.A. Handbook of Socialization, Theory and Research. Chicago 1969
KOHLER, I.: Über Aufbau und Wandlungen der Wahrnehmungswelt. Wien 1951
Kollektiv am Institut für Philosophie, Karl Marx-Universität Leipzig: Die Wissenschaft von der Wissenschaft. Berlin 1968
KORTE, A.: Kinematoskopische Untersuchungen. Z. Psychol., 1915, *72*, S. 193–296
KRAUCH, H.: Prioritäten in der Forschungspolitik. München 1970
KRECH, D. and CRUTCHFIELD, R.S.: Elements of Psychology. NY [2]1965
KRETSCHMER, E.: Körperbau und Charakter. Berlin [24]1961

KROH, W.: Entwicklungspsychologie des Grundschulkindes. Weinheim [11]1964
LEHR, U.: Die Frau im Beruf. Frankfurt – Bonn 1969
LEINFELLNER, W.: Einführung in die Erkenntnis- und Wissenschaftstheorie. Mannheim 1965
LEIBFRIED, S. (Hg.): Wider die Untertanenfabrik. Köln 1967
LEIBFRIED, S.: Die angepaßte Universität. Zur Situation der Hochschulen in der BRD und den USA. Frankfurt 1968
LINSCHOTEN, J.: Strukturanalyse der binokularen Tiefenwahrnehmung. Groningen 1956
LORENZEN, P.: Methodisches Denken. Frankfurt [2]1969
MARX, K.: Das Kapital I, MARX ENGELS Werke, Bd. 23, Berlin 1968
METZGER, W.: Optische Untersuchungen am Ganzfeld. II. Mitteilung. Zur Phänomenologie des homogenen Ganzfeldes. Psychol. Forsch., 1930, *19*, S. 1–60
METZGER, W. (Hg.): Handbuch der Psychologie, Bd. I, 1. Halbband. Göttingen 1966
MÜLLER-DIETZ, H. und WÜRTENBERGER, Th.: Fragebogenquête zur Lage und Reform des deutschen Strafvollzugs. Bad Godesberg 1969
NITSCH, W., OFFE, C., GERHARD, U. und PREUSS, K.: Hochschule in der Demokratie. Kritische Beiträge zur Erbschaft und Reform der deutschen Universitäten. Neuwied-Berlin 1965
ORLIK, P., FISCH, R. und SATERDAG, H.: Warum studiert man Psychologie? Psychol. Rdsch. *21*, 1970
ORLIK, P., FISCH, R. und SATERDAG, H.: Fragen der soz. Orientierung von Studienanfängern des Faches Psychologie. Psychol. Rdsch. *22*, 1971, S. 17–37
PAWLOW, I. P.: Ausgewählte Werke. Berlin 1955
PETERS, K.: Ideologie und Methodologie in der bürgerlichen Psychologie. Organ der Basisgruppen Psychologie [2]1971, S. 84–93
PIAGET, J.: Das Erwachen der Intelligenz beim Kinde. Stuttgart 1969
POPPER, K.: Logik der Forschung. Tübingen [2]1966
RUBIN, E.: Visuell wahrgenommene Figuren. Kopenhagen 1921
RUBINSTEIN, S. L.: Grundlagen der allgemeinen Psychologie. VEB Volk und Wissen. Berlin [6]1968
RUSH, G. P.: Visual Grouping in Relation to Age. Arch. Psychol. 217 NY 1937, *37*
SACK, F. und KÖNIG, R.: Kriminalsoziologie. Frankfurt 1968
SATERDAG, H., APENBURG, E., FISCH, R. und ORLIK, P.: Die Selbstcharakterisierung des Faches Psychologie auf dem Hintergrund der klassischen fünf Wissenschaftsdisziplinen. Psychol. Rdsch. 22, 1971, S. 103–113
SCHEIN, E. H.: Management Development as a Process of Influence. In: LEAVITT and PONDY (Ed.) Readings in Managerial Psychology. Chicago 1964
SCHMIEDERER, I., SCHMIEDERER, R.: Der Kommunismus in der Sowjetunion. Frankfurt 1971
SCHÖNPFLUG, W., LUTZ, R. und KLEINBECK, U.: Das Studium der Psychologie. Schönings Studienführer (in Druck)
SDS-Marburg/Lahn (Hg.): Universität und Kapital: Technokratische Hochschulreform. Marburg/Lahn 1961
SELG, H.: Einführung in die experimentelle Psychologie. Stuttgart 1966
SELG, H. und BAUER, W.: Forschungsmethoden der Psychologie. Stuttgart 1971
SENDEN, M. von: Raum- und Gestaltauffassung bei operierten Blindgeborenen vor und nach der Operation. Leipzig 1932
SKINNER, B. F.: zitiert nach: BANDURA, A. Social Learning through Imitation. In: JONES, M R. (Ed.) Nebraska Symposium on Motivation 1962. Nebraska 1962
SOHN-RETHEL, A.: Geistige und körperliche Arbeit. Frankfurt 1970
STEGMÜLLER, W.: Probleme und Resultate der Wissenschaftstheorie und analytischen Philosophie. Bd. I: Wissenschaftliche Erklärung und Begründung; Bd. II: Theorie und Erfahrung. Berlin 1969
STERN, W.: Die Differentielle Psychologie in ihren methodischen Grundlagen. Leipzig [3]1921
TANNENBAUM, R., WESCHLER, I. R. and MASSARIK, F.: Leadership and Organisation. NY 1961
TAUSCH, R.: Effektive psychologische Verhaltensformen von Lehrer-Eltern bei der Unterrich-

tung und Erziehung von Kindern-Jugendlichen. Zusammenfassung eines Vortrages in Mannheim 1968

TAYLOR, F.W.: Scientific Management. NY 1947

THOMAE, H. und FEGER, H.: Hauptströmungen der neuen Psychologie Frankfurt – Bern 1969

THORNDIKE, E.L.: Animal Intelligence. NY 1911

TIFFIN, J. and McCORMICK, E.J.: Industrial Psychology. Prentice Hall [5]1965

TRAXEL, W.: Einführung in die Methodik der Psychologie. Bern – Stuttgart 1964

TURNBULL, C.M.: Some Oberservations regarding the Experiences and Behavior of the BaMbuti Pygmies. Amer. J. Psychol., 1961, *74*, S. 304–308

ULLMAN, L.P. and KRASNER, L.F.: A Psychological Approach to Abnormal Behavior. NY 1969

VERPLANCK, W.S.: The Control of the Content of Conversation: Reinforcement of Statements of Opinion. Journal of Abnormal and Social Psychology, 1955, *51*, S. 668–676

VONTOBEL, J. und RIES, M.-L.: Das Bild des Psychologen in der Öffentlichkeit und die Vermutungen der Psychologen darüber. Schweizerische Zeitschrift für Psychologie, 28, 1969, *2*, S. 111–134

WALLON, H. (Hg): Psychologie und Technik. In: Die Wissenschaft im Lichte des Marxismus. Rotdruck 1970

WATSON, J.B.: Bahaviorismus. Köln – Berlin 1968

WATSON, J.B. and RAYNER, R.: Conditional Emotional Reactions. Journal of Experimental Psychology 1920, *3*, S. 1–14

WEINERT, F.: Bedeutung der lernpsychologischen Grundlagenforschung für die angewandte Psychologie des Lernens und Lehrens. Einleitung: Lehrt die Psychologie lehren? In: IRLE, M. (Hg.): Bericht über den 26. Kongreß der Deutschen Gesellschaft für Psychologie, Tübingen 1968 und Göttingen 1969, S. 53–58

WEINERT, F.: Persönlichkeit und Lernen. Göttingen (in Vorbereitung)

WENZEL, H.: Fürsorgeheime in pädagogischer Kritik. Stuttgart 1970

WINCH, P.: Die Idee der Sozialwissenschaft und ihr Verhältnis zur Philosophie. Frankfurt 1966

WITTER, H.: Grundriß der gerichtlichen Psychologie und Psychiatrie. Berlin – Heidelberg – NY 1970

WOLFE, J.B.: Effectiveness of Token Rewards for Chimpanzees. Comp. Psychol. Monogr., 12, No. 60, 1936

ZAPF, W. (Hg.): Theorien des sozialen Wandels. Köln – Berlin [2]1970

Sachwortregister

UTB

Fachbereich Psychologie

5 Wellek: Psychologie (Francke). 3. Aufl. 1971. DM 5,60

116 Schlegel: Grundriß der Tiefenpsychologie 1 – Die Abwehrtheorie der Neurosen (Francke). 1972. DM 11,80

168 Werbik: Theorie der Gewalt (W. Fink). 1974. DM 16,80

216 Schlegel: Grundriß der Tiefenpsychologie 4 – Die Polarität der Psyche und ihre Integration (Francke). 1973. DM 18,80

225 Buser: Ausdruckspsychologie (E. Reinhardt). 1973. DM 13,80

227 Dienelt: Von der Psychoanalyse zur Logotherapie (E. Reinhardt). 1973. DM 9,80

273 Dieterich: Psychodiagnostik (E. Reinhardt). 1973. DM 18,80

274 Gaensslen/Schubö: Einfache und komplexe statistische Analyse (E. Reinhardt). 1973. DM 19,80

280 Wasna: Leistungsmotivation (E. Reinhardt). 1973. DM 14,80

282 Rachman: Wirkung der Psychotherapie (Steinkopff). 1974. DM 16,80

298 Dechêne: Verwahrlosung und Delinquenz (W. Fink). 1975. DM 19,80

371 Schlegel: Grundriß der Tiefenpsychologie 2 – Die trieb- und bedürfnispsychologische Betrachtungsweise in der Tiefenpsychologie (Francke). 1975. DM 16,80

393 Betz: Psychophysiologie der kognitiven Prozesse (E. Reinhardt). 1974. DM 19,80

394 Dornette/Pulkowski: Konfliktspiele (E. Reinhardt). 1974. DM 10,80

396 Wormser: Experimentelle Psychologie (E. Reinhardt). 1974. DM 19,80

453 Houben: Klinisch-psychologische Beratung (E. Reinhardt). 1975. DM 16,80

457 Frankl: Theorie und Therapie der Neurosen (E. Reinhardt). 1975. DM 21,80

474 Glatzel: Die Antipsychiatrie (Gustav Fischer). 1975. DM 9,80

499 Popp: Einführung in die Grundbegriffe der Allgemeinen Psychologie (E. Reinhardt). 1975. DM 17,80

508 Guss (Hrsg.): Gestalttheorie und Erziehung (Steinkopff). 1975. DM 23,80

605 Iseler/Perrez: Relevanz in der Psychologie (E. Reinhardt). 1976. DM 19,80

614 American Psychiatrie Assoc.: Verhaltenstherapie in der Psychiatrie (Steinkopff). 1976. DM 14,80

659 Schneewind (Hrsg.): Wissenschaftstheoretische Grundlagen in der Psychologie (E. Reinhardt). 1977. DM 16,80

662 Seibt: Psychoanalytische Charakterlehre (E. Reinhardt). 1977. DM 7,80